dicionário e prática de expressões idiomáticas

Lexikon | *referência essencial*

AMADEU MARQUES

dicionário e prática de expressões idiomáticas

1.001 + idioms, phrases, proverbs e suas word stories

inglês | português – português | inglês

LEXIKON EDITORA DIGITAL LTDA.
Av. Rio Branco, 123, sala 1710 – Centro
20040-005 Rio de Janeiro – RJ – Brasil
Tel.: (21) 3190 0472 – 2560 2601
www.lexikon.com.br – sac@lexikon.com.br

PRODUÇÃO EDITORIAL
Sonia Hey

REVISÃO
Adriana Kramer

PROJETO GRÁFICO MIOLO E CAPA
Filigrana Design

IMAGEM DA CAPA © *BaSza_piqam por Pixabay*

CIP-BRASIL. CATALOGAÇÃO NA PUBLICAÇÃO
SINDICATO NACIONAL DOS EDITORES DE LIVROS, RJ

M315d

Marques, Amadeu
Dicionário e prática de expressões idiomáticas: 1.001 + idioms, phrases, proverbs e suas word stories / Amadeu Marques. - 1. ed. - Rio de Janeiro: Lexikon, 2022.
448 p.; 23 cm.

Inclui bibliografia e índice
ISBN 978-65-88871-22-5

1. Língua inglesa - Dicionários - Português. 2. Língua portuguesa - Dicionários - Inglês. 3. Língua inglesa - Regionalismos - Dicionários. 4. Língua inglesa - Palavras e expressões. I. Título.

22-75350 CDD: 423.13
CDU: 811.111'373.72(038)

Todos os esforços foram feitos para encontrar os detentores dos direitos autorais das citações publicadas neste livro. Nem sempre isso foi possível. Teremos o maior prazer em creditá-los, caso sejam determinados.

APRESENTAÇÃO

Idioms ou *idiomatic expressions* são *phrases* (locuções; expressões) de duas ou mais palavras com significado diferente do sentido literal de cada uma das palavras que as compõem. Vamos imaginar que, assistindo a um episódio de ***House of Cards****, por exemplo, ouvimos alguém dizer que fulano ***bought the farm*** e que estava todo mundo muito triste por causa disso. Percebemos, pelo contexto, que ali há algo estranho. Se o fulano "comprou a fazenda", pela lógica isso não seria motivo para tristeza (a não ser que essa transação lhe tenha custado um braço e uma perna (***cost an arm and a leg***). A curiosidade nos leva à pesquisa, e pronto! Descobrimos que essa é uma expressão idiomática, coloquial, na verdade o sujeito não comprou fazenda nenhuma, mas sim que... esticou as canelas, foi tocar harpa no céu, morreu. E aí "a ficha cai" – ***the penny drops*** (outra expressão). *He bought the farm = he died.*

Todas as línguas têm suas expressões idiomáticas, usadas na linguagem coloquial, informal, geralmente no registro falado. A nossa língua portuguesa é rica em expressões desse tipo. Quando o goleiro do time adversário, para ganhar tempo, demora a repor a bola em jogo, todos os do nosso lado dizem que ele está "*fazendo cera*", o mesmo que ganhar tempo, retardar o prosseguimento do jogo.

A língua inglesa é riquíssima em *idioms*, e isso é um desafio para todos os que a estudam. Se você está lendo um diálogo em que alguém faz uma declaração considerada absurda e o interlocutor comenta que ***that certainly takes the cake***, cuidado com esse *idiom,* nada tem a ver com bolo. A expressão corresponde à nossa "isso é o fim da picada, o máximo do absurdo". Duas páginas depois, alguém em um escritório comenta que é bom você não ter contato com o chefe porque hoje ele está ***like a bear with a sore head***... Você já percebeu que essa é outra expressão idiomática, não faz sentido de forma literal: "igual a um urso com dor de cabeça". Não dá para entender a expressão literalmente, mas, por segurança (***to be on the safe side***), é bom que você ***give the boss a wide berth***, isto é, fique bem longe do chefe, que hoje está de muito mau humor (***like a bear with a sore head***).

Os coloquialismos e as expressões idiomáticas são parte integrante, ou seja, ***part and parcel,*** da linguagem informal da língua inglesa, como ela é escrita e principalmente como é falada hoje em dia. Portanto, todos nós, estudantes de inglês (eu continuo me considerando assim, para mim, todo dia é ***live and learn***) , temos de as conhecer, pelo menos as de uso mais frequente.

O que este *Dicionário e Prática de Expressões Idiomáticas* propõe é apresentar um bom número de expressões coloquiais que o estudante de inglês precisa conhecer. Há muitas outras, mas não seria viável uma cobertura completa, neste formato. Aqui apresentamos uma seleção de muito mais de 1.001, na verdade o número aproximado de *idioms* aqui selecionados é bem maior. São mais

* Expressão que não significa "*Casa de Cartões*" e sim "*Castelo de Cartas*".

de 1.800 locuções e expressões idiomáticas da língua inglesa, tanto britânicas quanto norte-americanas, apresentadas em ordem alfabética, com entradas principais, para cada uma das palavras-chave que compõem a expressão. Essas palavras-chave são denominadas verbetes-âncora, formadas por locuções, expressões, frases fixas, ditados, provérbios, cada um(a) com sua tradução, frases-exemplo e, muitas vezes, com saborosas *Word Stories*, que dão informações úteis e curiosas sobre a origem ou o uso dessas expressões.

Propor ao leitor que utilize o livro assim ou assado, desta forma ou de outra, não é o que se espera em uma democracia. ***On the other hand*** (por outro lado), não gostaríamos que o leitor se limitasse a usar este *Dicionário e Prática de Expressões Idiomáticas* apenas como um livro de referência, eventualmente buscando o significado de uma certa expressão e depois recolocando o volume na estante, para descansar e pegar pó, isso não é o que queremos fazer. Na verdade, estamos certos de que a forma mais produtiva e útil é deixar o livro à mão, ***near at hand,*** e, de vez em quando, avançar na leitura aos poucos, ***little by little***, na ordem alfabética certinha, sem pular nada, de A a Z. Isso porque as frases que servem de exemplo foram compostas de forma a incluir não apenas a *idiomatic expression* em questão, mas também outros *idioms*, que fazem parte do elenco e podem ser encontrados em outras partes do livro. Essa contínua reciclagem faz com que o leitor fixe o significado e consolide, então, pela recorrência, o sentido e o uso da expressão.

Uma outra maneira de explorar este *Dicionário e Prática de Expressões Idiomáticas* é pela consulta ao Índice Reverso, que se encontra ao final do livro, a partir da página 393. Digamos que o interesse do leitor seja saber como se diz, em inglês, uma expressão nossa, por exemplo, "*bater o martelo*". É só localizá-la em português, em ordem alfabética, e lá está o número do verbete-âncora em que se encontra a expressão em inglês (não vamos dizer aqui para não *dar um spoiler*) e assim "matar a charada". Por falar nisso, como ficaria a expressão idiomática "matar a charada" *in English*? Procure no Índice Reverso, na ordem alfabética em português: "matar a charada". Mais uma vez, vamos evitar os *spoilers*.

Ao final de cada cem verbetes-âncora fazemos uma Revisão, com exercícios e testes que visam ajudar o leitor a fixar o significado das expressões já vistas até aquele ponto.

Vamos começar? O primeiro verbete-âncora é (1) ***about***. Há muitas expressões em que a palavra *about* pode ser encontrada, de todas elas selecionamos seis. Em uma delas, além das definições ou expressões correspondentes em português, estamos apresentando uma *Word Story*, para informação e cultura, sempre útil. Ao final desse verbete-âncora, há uma referência cruzada, marcada com uma seta, indicando uma outra expressão em que *about* também pode ser encontrada, mas que não está apresentada aqui, e sim no verbete-âncora (62) **beat; beaten**. Isso para evitar repetições e assim aproveitar melhor o espaço.

Ready? ***Ready when you are***. *Go!*

Inglês | Português

A

1 about

be about to (happen/do something)

estar prestes a, a ponto de (acontecer/fazer algo) *Let's stop talking, the movie **is about to start**.*

How about that?

(expressando surpresa) E essa, hein? *They say they've found a cure for corruption. **How about that?***

how/what about ...?

1. que tal? *It's very hot in here. **How/What about** a glass of soda?*

2. e você? *I prefer water to soda. **How/What about** you?*

it's about time

está na hora/mais do que na hora *"It's 9 o'clock, Helen. **It's about time** you got up."*

Word Story A expressão pode ser usada em duas situações: quando já passou da hora de algo acontecer (uso mais comum), ou quando é quase a hora de algo acontecer. Outra observação importante sobre a expressão é o uso do verbo no "*simple past*" depois dela. Para dizermos, por exemplo, "Está mais do que na hora de você ir para a cama, Lelê." seria "*It's about time you **went** to bed, Lelê.*" Existe uma outra expressão usada com o mesmo sentido: *it's high time* (verbete-âncora 416).

That's about all/it.

(expressando o fim da conversa) Isso é tudo, nada mais. *"Anything else?" "No, **that's about all/it** for now."*

that's what (something) is about

do que se trata, o aspecto mais importante de (algo) *To love and be loved in return. **That's what life is about**.*

---

beat about/around the bush → SEE (62) beat; beaten

---

2 above

above all

acima de tudo *To be a leader you must **above all** be honest.*

above and beyond

(formal) muito além de, muito mais do que seria esperado *Heley de Abreu Silva Batista was a Brazilian teacher. She was a real heroine, who went **above and beyond** the call of duty, and lost her life because of that.*

Word Story Esta é uma expressão um tanto redundante, já que, nesse contexto, tanto *above* (acima de) quanto *beyond* (além de) indicam excesso. Ela geralmente precede, como no exemplo dado, a expressão "*the call of duty*" (o chamado/requisito do dever – verbete-âncora 242).

Heley de Abreu Silva Batista foi a professora que, em Janaúba, Minas Gerais, no dia 5 de outubro de 2017, teve um comportamento heroico em meio a uma tragédia que ocorreu na creche Gente Inocente, onde ela trabalhava. Em um tresloucado ato, um indivíduo ateou fogo à sala de aula da creche. Ela tentou evitar essa loucura, atracando-se com o sujeito, mas em vão. A creche pegou fogo mesmo, e algumas das crianças foram queimadas. Heley conseguiu salvar vinte e cinco dessas crianças, mas acabou ela própria perdendo a vida. Heley de Abreu Silva Batista é uma heroína de verdade.

---

above board → SEE (87) board; boarding
be a cut above (other people/things) → SEE (203) cut; cutting
be above/beyond suspicion → SEE (885) suspicion; sustainable
keep your head above water → SEE (404) head; headstand; healer

---

3 absence

Absence makes the heart grow fonder.

(literalmente: A ausência faz o coração gostar mais ainda.) Longe dos olhos, perto do coração. *Theo's children are living abroad at the moment and he misses them more than ever.* ***Absence makes the heart grow fonder.***

Word Story Já nos tempos do Império Romano essa expressão era conhecida. A primeira versão parece ter sido escrita pelo poeta Sextus Propertius: *Always toward absent lovers love's tide stronger flows.* (A maré do amor sempre flui com mais força na direção dos amantes ausentes.) Como acontece com muitos aforismos, sentenças e provérbios, existe um outro que passa uma mensagem totalmente oposta. Neste caso, existe o provérbio *Out of sight, out of mind.* (Longe dos olhos, longe do pensamento. – verbete-âncora 775). Com qual desses dois provérbios você concorda?

leave of absence

licença (para se ausentar do trabalho ou do serviço) *After having worked in that school for ten years, Katia was given* ***leave of absence***.

4 accident

by accident

por acaso, sem querer *Alexander Fleming discovered penicillin quite **by accident**.*

5 accomplished

Mission accomplished.

Missão cumprida. *Well, we've done exactly what we had to do. **Mission accomplished**.*

6 accord

of your own accord

voluntariamente, por querer, da sua própria vontade *Do you think Nixon resigned **of his own accord**?*

with one accord

(Reino Unido, formal) unanimemente, de comum acordo, todos juntos *The delegates rose **with one accord** from their seats and left the room.*

7 account; accountable; accounting

by/from all accounts

pelo que todos dizem ***By/from all accounts,** Enrico Caruso was the greatest tenor of all time.*

of no account

(formal) sem nenhuma importância *The color of a person's skin should be **of no account** under any circumstances.*

on account of

por causa de *Many small businesses have gone down the drain **on account of** the lockdown due to the coronavirus pandemic.*

on no account

de maneira nenhuma ***On no account** should you touch those live wires. Watch out!*

settle an account/a (or **the**) **score (with someone)**

acertar/ajustar contas (com alguém) *Professor Hagge says he wants to **settle an account/the score** with the guys who stole his thunder.*

take (something) into account

levar (algo) em conta, em consideração *"Professor Hagge, please **take into account** the fact that I was ill and had no time to prepare for the test."*

be held accountable (for something)

ser responsabilizado (por algo) *Trump incited a mob to storm the Capitol but he **has never been held accountable for that**.*

There's no accounting for taste.

(literalmente: Gosto não tem explicação.) Gosto não se discute. *"Tio Alvim had a choice between New York and Austin, Texas. He chose Austin, Texas." "Well, **there's no accounting for taste!**"*

8 ace

have an ace/a card up your sleeve

ter uma carta na manga, um plano secreto *Trump is a cunning politician, he **had an ace/a card up his sleeve** which he hoped might help him get reelected. He would declare that the election had been rigged. It didn´t work.*

9 achieve; achievement

sense of achievement

sensação de realização *Finishing her first short animated film gave Má Má a real **sense of achievement**.*

---

achieve your goal → SEE (363) goal; goalposts

---

10 Achilles

Achilles' heel

calcanhar de Aquiles, ponto fraco *I must confess I don´t cut the mustard at math. That´s my **Achilles' heel**.*

Word Story Segundo a mitologia grega, a ninfa Tétis mergulhou seu filho Aquiles nas águas sagradas do rio Styx, para com isso torná-lo imortal. Ela segurou o menino pelo calcanhar, e essa parte do corpo dele não foi coberta pela água, o que o tornou vulnerável. Mais tarde, durante uma batalha da guerra de Troia, uma flecha envenenada atingiu Aquiles no calcanhar, causando sua morte.

11 acid

acid test

(literalmente: teste com ácido) prova de fogo *Playing the piano for such a large audience was Phil's first **acid test**, but he played it cool and it was a great success.*

Word Story A expressão tem origem em um teste feito por garimpeiros para verificar se o que encontraram é mesmo ouro ou simplesmente "*fool's gold*" (verbete-âncora 318). O ouro é um dos poucos metais preciosos que não é afetado pela maioria dos ácidos, mas reage a uma mistura de ácido nítrico com ácido hidroclorídrico. Essa mistura de ácidos é muito antiga, na Idade Média tinha o nome de "*Aqua Regia*", a água real que conseguia dissolver o rei dos metais. O ***acid test*** até os dias de hoje é usado por garimpeiros e também por geólogos, para distinguir entre o calcário e outros tipos de rocha. E a expressão é usada metaforicamente para uma experiência difícil pela qual se tem de passar.

12 acorn; acquired

an acquired taste

um gosto adquirido *The first time I drank beer, I hated it, but now I like it. Beer is **an acquired taste** for me.*

Great/Tall oaks from little acorns grow.→ SEE (585) oak

---

13 across

across from

do outro lado, diretamente em frente a *The new restaurant is just **across from** the church, you can't miss it.*

come/run across (someone/something)

encontrar (pessoa/coisa) por acaso *I **came/ran across** my friend Carlos at the mall last week. I hadn't seen him in donkey's years.*

---

across the board → SEE (87) board; boarding
reach across the aisle → SEE (23) aisle

---

14 act; action

do a disappearing/vanishing act

sumir, desaparecer *Whenever Tina's mother comes to visit, John **does a disappearing/vanishing act**.*

get your act together

organizar-se, emendar-se, aprumar-se, tomar jeito, entrar na linha *Luke should stop lying and doing foolish things. He really should **get his act together**.*

put on an act

fingir, fazer teatro *After having lost the match, Neymar looked as if he was crying, but in fact he was just **putting on an act**.*

Actions speak louder than words.

(literalmente: As ações falam mais alto do que as palavras.) As ações valem mais do que as palavras. O que você faz é mais importante do que o que você diz. ***Actions speak louder than words****, and that is exactly what people like Bill Gates have been doing.*

be in action

estar em ação, em funcionamento *When will the new bullet train* ***be in action****, do you know?*

put (something – plans, ideas) into action

pôr algo (planos, ideias) em prática *Pasteur's ideas were* ***put into action*** *and millions of lives were saved because of that.*

---

act/play the fool → SEE (318) fool
an act of God → SEE (365) God; godmother
be caught in the act → SEE (135) catch; catch-22; caught

---

15 add; addition; advance

add fuel to the fire/flames

(literalmente: acrescentar combustível ao fogo/às chamas) botar lenha na fogueira, fazer algo que agrava uma situação ruim *Don was already furious and his niece's remarks during an interview only* ***added fuel to the flames****.*

to add insult to injury

(literalmente: para acrescentar um insulto à lesão) para piorar, quando uma desgraça não vem sozinha *Our car broke down in the middle of the road, and then,* ***to add insult to injury****, it started to rain cats and dogs.*

in addition

também, além disso *Umberto Eco was a university professor; he was,* ***in addition****, a writer.*

in addition to

além de ***In addition to*** *his work as a university professor, Umberto Eco was a novelist. "The Name of the Rose" was one of his most famous novels.*

in advance

com antecedência *If you do come to Rio, please let me know at least a week* ***in advance****.*

16 after

after all

afinal de contas *I had to defend him.* ***After all****, he's my brother.*

after hours

depois do expediente *Yesterday the employees had to stay **after hours** in the office to complete work.*

---

after a fashion → SEE (285) fashion
Shut/Lock/Close the stable door after the horse has bolted/escaped. → SEE (770) shut

---

17 afraid

I'm afraid

(antes de dizer algo que não vai agradar ao interlocutor) receio, lamento dizer que ***I'm afraid** your book has not been accepted and we will not publish it.*

18 again

again and again

muitas e muitas vezes, repetidamente *Tio Tavim has told that same story **again and again**, but his friends still listen to him with a smile.*

---

all over again → SEE (602) over; overall
but then (again) → SEE (113) but
Come again? → SEE (174) come; comfortable
Think again. → SEE (905) thick; thickens; thicker; thin; thing; think

---

19 against

be up against it

estar em uma situação difícil *When Frankie lost his job, they **were** really **up against it**.*

---

against all (the) odds → SEE (589) odd; odds
against your will → SEE (977) will; willing
go against the flow → SEE (313) flow
go against the grain → SEE (371) grain
swim against the stream/current → SEE (866) streak; stream

---

20 age

age of consent

maioridade (principalmente em questões sexuais) *Marion is now 18 years old, she has reached the **age of consent**, she can legally have sex, if that's what she wants.*

(be) under age

(ser) menor de idade *Bars do not serve alcoholic drinks to anyone (who* ***is****)* ***under age****.*

come of age

atingir a maioridade *It seems amazing that my little baby* ***has come of age****, but it's true, she's an adult now.*

---

golden age → SEE (366) gold; golden

---

21 agenda

hidden agenda

(literalmente: pauta escondida) plano dissimulado, razão secreta, carta na manga, motivo não revelado para agir de uma certa forma *I swear I have no* ***hidden agenda*** *in defending that project. I simply think it's a good idea, but it doesn't help me in any other way.*

22 air

be (up) in the air

1. (boatos, rumores), estar na expectativa de que algo venha a acontecer *There's something* ***(up) in the air****, some important changes are about to happen.*

2. (planos, assuntos) estar incerto, por decidir *We have been considering the idea of moving out, but those plans* ***are*** *still very much* ***up in the air****.*

float/walk on air

(informal, literalmente: flutuar/caminhar no ar) estar muito feliz *It was Theo's first child, and he was* ***floating/walking on air****.*

give yourself airs/put on airs

meter-se a importante, achar-se superior aos outros *Bill is very rich, he's got money to burn, but he is a simple guy, he doesn't* ***give himself airs/put on airs****.*

in the open air

ao ar livre *It was summer and we were in the park, enjoying a classical music concert* ***in the open air****.*

---

a breath of fresh air → SEE (98) breath
hot air → SEE (426) hot

---

23 aisle

go/walk down the aisle

(informal, literalmente ir/andar pelo corredor (entre duas fileiras de assentos, em uma igreja) casar-se, contrair matrimônio *Both the bride and the bridegroom had stars in their eyes as they **went/walked down the aisle**.*

reach across the aisle

(EUA, Política) tentar um entendimento político com representantes do partido que não é o seu *Democrats and Republicans have to **reach across the aisle** in order to get legislation passed.*

Word Story A expressão geralmente aplica-se a contextos da política partidária dos Estados Unidos. O corredor, nesse caso, representa a divisão ideológica entre os democratas e os republicanos. Quando um democrata, por exemplo, procura entendimento político com outro(s) do outro lado do "*aisle*", portanto, do partido republicano, ele está "***reaching across the aisle***". Está buscando acordo político, tentando cooperação quanto a lei(s) de interesse comum.

sit on the aisle/in the aisle seat

(especialmente no avião, mas também no ônibus, trem etc.) sentar-se no assento próximo ao corredor *If possible, I always choose to **sit on the aisle**. What's the use of sitting near the window and see nothing but clouds?*

24 ahead

ahead of time

antes, com antecedência *Mother prepared most of the sandwiches for the picnic **ahead of time**.*

ahead of your time

à frente de seu tempo *Leonardo da Vinci was a man **ahead of his time**.*

get ahead

ter sucesso *Luke is ambitious and unscrupulous. For him, the end justifies the means, he'll do anything to **get ahead**.*

Go ahead!

(inglês falado, usado no imperativo) Vá em frente! *"**Go ahead**, make my day."*

Word Story No filme *Sudden Impact* ("Impacto Fulminante" foi o título, no Brasil), o mocinho (Clint Eastwood, no papel de Dirty Harry Callahan), entra num bar e lá encontra os bandidos. Dirty Harry manda que eles se entreguem e diz que "nós não vamos deixar que vocês escapem". Por esse "nós" ele queria dizer "Smith, Wesson e ele próprio, Dirty Harry Callahan". É bom saber que, enquanto ele dizia isso, tinha um revólver

Smith & Wesson apontado para os bandidos. Do tiroteio que se seguiu restou só um bandido, fazendo a garçonete de refém e com o revólver apontado para Harry. O mocinho, então, com o seu Smith & Wesson apontado para o criminoso, disse a frase que usamos como exemplo. Essa frase foi incluída no *American Film Institute* como a sexta expressão mais memorável da história do cinema: "***Go ahead**, make my day.*" (Vá em frente, faça o meu dia feliz.)

straight ahead

(dando direções) sempre em frente *To get to the park, drive **straight ahead** and then turn left. You can't miss it.*

25 albatross; alec/aleck; alive

an albatross around your neck

(literalmente: um albatroz à volta do pescoço) um problema não resolvido, uma culpa que não se consegue superar *Trump's role as "inciter-in-chief" when a mob of his supporters stormed the Capitol on January 6th, 2021 has become **an albatross around his neck**. There's nothing he can do to make people forget that day.*

Word Story A expressão tem origem em um poema de Samuel Taylor Coleridge, intitulado *The Rime of the Ancient Mariner* (1798). O albatroz é uma ave oceânica, de corpo robusto, chega a atingir quatro metros de envergadura, e existe a superstição de que essa ave não deve ser caçada, pois matar um albatroz dá azar ao caçador. Nesse poema um marinheiro alveja um albatroz e, quando o navio fica parado, bloqueado pelo gelo, e a água potável acaba, os outros marinheiros culpam o tal caçador e o obrigam a colocar a ave morta à volta do pescoço, como se fosse um cachecol. No sentido moderno, se você, para pagar por uma certa culpa, é forçado a usar "***an albatross around your neck***", é fácil imaginar o seu constrangimento. Que mico, né? Ou, melhor, que albatroz!

alive and kicking

firme e forte, ativo, cheio de energia *Grandpa is over ninety now, but he's still vigorous and full of energy. He's **alive and kicking**.*

Word Story ***Alive*** significa "vivo", OK, mas o sentido de ***kicking*** (chutando), nessa expressão, é mais difícil de explicar. Existem duas teorias para a origem da expressão. Uma é do século passado e fala de um peixeiro que usava a frase para apregoar os seus peixes, tão fresquinhos que ainda estavam "chutando", entre as pedras de gelo na bancada. A outra versão é bem mais antiga. Vem da Idade Média, quando, durante a gravidez, as mães que esperavam seus bebês descreviam seus futuros rebentos como ***alive and kicking*** ainda no útero.

smart alec/aleck → SEE (801) smart; smash

26 all

all at once/all of a sudden

1. de repente, inesperadamente *It was a beautiful day, the sky was blue, but* ***all at once/all of a sudden*** *it started to rain.*

2. ao mesmo tempo *The judge told them to stop talking* ***all at once****, so that he could understand them.*

all but

quase *New Orleans was* ***all but*** *destroyed by Hurricane Katrina in 2005.*

all in all/when all is said and done

ao todo, pensando bem, levando tudo em consideração ***All in all/When all is said and done****, it has been a fruitful experience. We can't complain, it might have been much worse.*

All's well that ends well.

Tudo está bem quando acaba bem. *"****All's well that ends well****/ We've been through so much/ All's well that ends well/We must keep in touch (...)"* (Bee Gees)

Word Story Este provérbio é muito antigo, usado desde cerca de 1250, depois foi título de uma das comédias de Shakespeare e, nos nossos dias, título de uma canção do grupo musical Bee Gees.

above all → SEE (2) above
after all → SEE (16) after
all along/all the time → SEE (28) along
(all) by yourself → SEE (118) by
(all) on your own → SEE (604) own
all over again → SEE (602) over; overall
all over the place → SEE (642) place
all the rage/thing → SEE (681) rage
all the same → SEE (732) same
all wet → SEE (966) wet
at all costs/at any cost → SEE (188) cost
at all times → SEE (912) time; times
be all fingers and thumbs (Reino Unido)/ be all thumbs (EUA) → SEE (303) finger; fingertips
be all in the same boat → SEE (88) boat
be all set (for something/to do something) → SEE (751) set
by all means → SEE (529) McCoy; mean; means; measure

Don't put all your eggs in one basket. → SEE (253) egg; eggshells
for all → SEE (320) for
for all I care → SEE (320) for
for all I know → SEE (470) knew; know; knowledge
for all practical purposes → SEE (656) practical; practice; practise; practitioner
for/to all intents and purposes → SEE (444) intents
Grasp all, lose all. → SEE (374) grasp
It's all in the game. → SEE (343) game
make all the difference (to somebody) → SEE (221) difference; different
(not) at all → SEE (41) at; attached; attendance
win them all → SEE (978) win
with all due respect → SEE (696) rely; respect

27 alley; alone

leave/let you alone

largar, deixar em paz *Justin is a big star, but sometimes he wishes his fans would just* ***leave/let him alone****.*

let alone

(expressando uma situação que é altamente improvável de acontecer) muito menos *Scrooge never helps his friends,* ***let alone*** *people he does not know. He is a mean person.*

a blind alley → SEE (84) blind; blink

28 along

all along/all the time

o tempo todo, desde o início *I knew* ***all along/all the time*** *that he was not telling the truth.*

along with

juntamente com, além de *Guanabara Bay,* ***along with*** *San Francisco and Port Jackson (Sydney), is among the most beautiful bays in the world, for my money.*

get along (with someone) → SEE (355) get

29 ambulance; among

ambulance chaser

(gíria, EUA, literalmente: perseguidor de ambulâncias) advogado "de porta de xadrez" *That law firm does not hire any* ***ambulance chasers****.*

Word Story É claro que a expressão não deve ser entendida literalmente. É impensável que um advogado esteja tão desesperado a ponto de sair em perseguição a uma ambulância, e assim conquistar um cliente. Um ***ambulance chaser*** é um advogado que busca seus possíveis clientes entre vítimas de acidentes de tráfego e a elas propõe seus serviços, no sentido de mover processo de indenização contra quem provocou o acidente. É um termo pejorativo, como o nosso advogado "de porta de xadrez".

first among equals → SEE (262) equal

30 animals; another; ant

have ants in your pants

ter bicho-carpinteiro, não parar quieto *John-John seems to **have ants in his pants**, he just doesn't sit still.*

Word Story ***Ant*** vem de uma palavra do inglês antigo, que significa "criatura que corta". As formigas cortam folhas das plantas em pedacinhos e as levam para o formigueiro.

a different/another kettle of fish → SEE (221) difference; different
on a different note/on another note → SEE (580) note; nothing
One good turn deserves another. → SEE (935) turn; turning
Some (animals) are more equal than others. → SEE (262) equal

31 any; anybody; anything; anytime

anything but

tudo menos, muito pelo contrário *That politician says he never tells a lie, but in fact he is **anything but** truthful.*

anything goes

vale tudo, liberou geral, tudo é permitido *The boss has a very liberal personality and allows a lot of personal freedom, but that does not mean that **anything goes**.*

Anytime.

(em resposta a um agradecimento) De nada, à disposição a qualquer momento. *"Thank you for your help." "**Anytime.**"*

Any luck? → SEE (511) luck; lucky
any minute now → SEE (582) now; nowhere
at all costs/at any cost → SEE (188) cost

at any price → SEE (660) price
at any rate → SEE (686) rate
by any chance → SEE (141) chance
it's anybody's/anyone's guess → SEE (386) guess
take a chance/any chances → SEE (141) chance

32 apart

apart from

a não ser, tirando ***Apart from*** *their shyness, Phil and Debra are an ordinary couple, people like us.*

33 ape

go ape

(gíria, EUA, literalmente: virar um macaco) 1. ficar furioso, uma arara, muito zangado *Dave* ***went ape*** *when Sally called him a liar.*

2. ficar excitado, animado, empolgado *The audience* ***went ape*** *when Lady Gaga started singing that song.*

34 apple; appointment; April

a bad apple

(informal, literalmente: uma maçã ruim, estragada, podre) mau elemento, que destoa do grupo *Most police officers are decent guys, but there are also some* ***bad apples****.*

apple polisher

puxa-saco *Jack is nothing but an* ***apple polisher****. He's always trying to win the boss's favor.*

polish the apple

puxar o saco *There he is again,* ***polishing the apple****, always sucking up to the boss. What a bootlicker!*

Word Story Essas duas últimas expressões têm a ver com a antiga tradição das crianças, de levar para a escola, como presente, para o/a professor(a), uma maçã bem polidinha, tinindo de brilho.

the apple of your eye

a menina dos olhos, o/a favorito/a de alguém *They had three children, two boys and a girl, but Ann was* ***the apple of her father's eye****.*

Word Story Há mais de mil anos, o que hoje chamamos de pupila (do olho) chamava-se ***apple***. A palavra moderna, "pupila", vem do latim e só foi incorporada à língua inglesa em cerca de 1500. A visão era a ***apple***, considerada o mais precioso dos sentidos.

by appointment only

só com hora marcada *Flat for hire, 2 bedrooms. Viewing **by appointment only**.*

make an appointment

marcar uma consulta *I'd like to **make an appointment** with Dr. Sanders. Is he in attendance?*

April Fools' Day, All Fools' Day → SEE (318) fool

35 Arctic

the Arctic

O Ártico, a região à volta do Polo Norte ***The Arctic** has a very cold climate, especially in the winter.*

Word Story Ártico vem de uma palavra grega que significa "urso" ou "ursa". A constelação mais visível no céu do norte é chamada Ursa Maior. Quanto mais para o norte os gregos viajavam, mais visível para eles era a Ursa.

36 arm; around

arm in arm

de braço dado *Du and Val walked **arm in arm** into the hall, like two young people in love.*

be up in arms

estar em pé de guerra, protestando, revoltado(s) *The people were **up in arms** about the cancellation of the Carnival parade.*

cost an arm and a leg

(gíria, literalmente: custar um braço e uma perna) custar os olhos da cara, um dinheirão, uma fortuna *Traveling around the world must be a fantastic experience, a real pipe dream, but it will cost you **an arm and a leg**.*

with open arms

de braços abertos *Rio, guided by Christ the Redeemer, welcomes tourists **with open arms**.*

an albatross around your neck → SEE (25) albatross; alec/aleck; alive
around/round the clock → SEE (164) clock; clockwork

beat about/around the bush → SEE (62) beat; beaten
fool around → SEE (318) fool
just around the corner → SEE (187) corner
the other way around/round → SEE (600) order; other
twist someone's arm → SEE (937) twist

37 arrest

be under arrest

estar preso *"You **are under arrest**," the police officer told the suspect.*

house arrest

prisão domiciliar *Galileo Galilei was kept under **house arrest** in the final years of his life.*

38 arrival

dead on arrival

1. (pessoa) morto ao chegar *In spite of the paramedics' efforts, he was declared **dead on arrival** at the hospital.*

2. (coisa) sem chance de ser aprovado *The minister's proposal of new taxes is considered by many to be **dead on arrival**.*

on arrival

à chegada ***On arrival** at the hotel, each guest receives a town map.*

39 as

as a matter of fact

de fato, na verdade *I don't think the Pope is arrogant; **as a matter of fact** he always tries to be nice to everybody.*

as a rule

em geral, geralmente ***As a rule**, I don't drive at night.*

as best you can

da melhor forma possível, o melhor que você puder *I know it's a very hard test, but I'll answer the questions **as best I can**.*

Word Story Por mais estranho que possa parecer, a expressão é assim mesmo, não existe um segundo "*as*" depois de "*best*". *"We don't have an air conditioner here, we'll have to make do without one **as best we can**."*

as for/to

quanto a, sobre, com relação a *It was just a routine meeting. **As for/to** the possibility of new security measures, nothing was said.*

as from/of

a partir de, começando em *The new plan will be put in action* ***as from/of*** *today.*

as (people, things etc.) **go**

quando se trata de, em comparação com outros do mesmo tipo ***As*** *Mafia movies* ***go****, "The Godfather", starring Marlon Brando, is pretty good. I've seen it a dozen times.*

as if/though

como se *George talked to me* ***as if/though*** *nothing had happened. Business as usual, the show must go on.*

as/so long as

1. o tempo que (for indicado) *You may stay in the library* ***as long as*** *you wish.*

2. desde que, contanto que, sob a condição de que *You may stay there for hours,* ***as/so long as*** *you keep quiet.*

as soon as

assim que *I'll write to you with more details* ***as soon as*** *I am told about them.*

as well

também *Elton John sings and plays the piano* ***as well****.*

as well as

bem como, assim como *The book tells about the composer's life,* ***as well as*** *the songs he has written.*

as yet

ainda (não), até agora (não) *Susie said she would come to the party, but she hasn't come* ***as yet****.*

---

as a whole → SEE (974) whole
(as) blind as a bat → SEE (56) base; basket; bat
as chance/luck would have it → SEE (141) chance
(as) clean as a whistle → SEE (162) clean; cleansing; clear
(as) cool as a cucumber → SEE (185) cool
(as) dead as a dodo → SEE (211) dead; deaf; death
(as) deaf as a post → SEE (653) post; posted; poster
(as) drunk as a skunk → SEE (788) skip; skunk
(as) fast as quicksilver → SEE (286) fast
(as) fit as a fiddle → SEE (295) fiddle
(as) fresh as a daisy → SEE (204) daisy
As good as it gets. → SEE (368) good; goodbye; goods
as if by magic → SEE (518) magic
(as) mad as a hatter → SEE (401) hat; hatter
(as) mad as a March hare → SEE (399) hare

(as) poor as a church mouse → SEE (650) poor
(as) slippery as an eel → SEE (797) slip; slippery
(as) smooth as silk/a baby's bottom → SEE (806) smooth
(as) snug as a bug in a rug → SEE (810) snug
as soon as possible → SEE (819) soon; sooner
(as) steady as a rock → SEE (848) steady
(as) stubborn as a mule → SEE (873) stubborn
as the crow flies → SEE (197) crow
as they say/as the saying goes → SEE (735) say; saying
as usual → SEE (944) use; usual
be as one → SEE (596) one
be like/as different as chalk and cheese → SEE (149) cheese
business as usual → SEE (112) business
from now on/as from now/as of now → SEE (331) from

---

40 ask; asking; ass

ask for the moon

(literalmente: pedir a lua) pedir demais, querer o impossível *When I say that all politicians should be honest and decent, am I **asking for the moon**?*

ask for trouble

meter-se em confusão *If you leave the gate open like that, I'm afraid you're **asking for trouble**.*

for the asking

é só pedir, se você quiser, se tiver interesse *There are jobs **for the asking** now, but you've got to accept working under some special conditions.*

---

a pain in the neck/ass/butt → SEE (609) pain

---

41 at; attached; attendance

at a time

de cada vez *When Louis heard the great news, he ran up the steps two **at a time**, anxious to tell it to his family.*

at first

a princípio, no começo ***At first** I didn't like the book, but now I can't put it down.*

at hand

à mão, por perto *Ann works as a translator, and always keeps a dictionary **at hand**.*

at heart

no fundo, no seu íntimo *Uncle Axe seems to be harsh and stern, but he is a good man **at heart**.*

at large

1. como um todo, como um grupo *The President's speech should contain the aspirations of society **at large,** and not just those of his supporters.*

2. foragido *The criminals robbed a bank and are still **at large**.*

at least

no mínimo, pelo menos *You should study English for **at least** one hour every day.*

at length

1. por muito tempo *The senator talked **at length** about the new project.*

2. em detalhe, por completo *The new project will be examined and discussed **at length** in the next few weeks.*

at (long) last

finalmente *The good news is that they have **at (long) last** found an effective vaccine against that virus.*

at stake

em jogo *The minister made a heartfelt speech, as he knew his reputation was **at stake**.*

Word Story O substantivo *stake*, na expressão ***at stake,*** significa "aposta, quantidade de dinheiro apostada, em risco de ser ganha ou perdida" em um jogo, corrida ou competição. A expressão é bem antiga, aparece na peça *Troilus and Cressida*, de William Shakespeare: "*I see my reputation is **at stake**.*"

at (the) most

no máximo *That book is not expensive. It costs ten dollars **at (the) most**.*

at the stake

no poste *Joan of Arc was burned **at the stake**, as a witch, in 1431.*

Word Story O substantivo ***stake***, na expressão ***at the stake*** significa "poste", ao qual se amarravam as pessoas condenadas a morrer queimadas, na fogueira, nos tenebrosos tempos da Inquisição.

at the time

naquela época *Two men landed on the moon in 1969. We were living in Brasília **at the time**.*

at times

às vezes *They have pizza for dinner **at times**.*

(not) at all

(expressa ênfase, em frases negativas) mesmo, em absoluto, nem um pouco *Ted does **not** like reality shows **at all**. He really hates them.*

in attendance

em atendimento *I´d like to make an appointment with Dr. Sanders. Is he **in attendance**?*

---

all at once/all of a sudden → SEE (26) all
at a glance → SEE (359) glance
at a stretch → SEE (868) stretch
at all costs/at any cost → SEE (188) cost
at any price → SEE (660) price
at any rate → SEE (686) rate
at best → SEE (73) best; better
at bottom → SEE (92) bottom; bounds
at daylight → SEE (210) day; daylight
at ease → SEE (249) ease; easy
at fault → SEE (289) fault
at first hand → SEE (305) first
at first sight → SEE (305) first
at/in one go → SEE (362) go; goes
at loggerheads → SEE (503) lock; lodging; log; loggerheads
at once → SEE (595) on; once
at present/the moment → SEE (658) presence; present
at risk → SEE (706) risk
at the end of the day → SEE (259) end; enforcement; English
at the latest → SEE (479) last; late; later; latest
at your convenience → SEE (183) convenience
at your earliest convenience → SEE (183) convenience
at your elbow → SEE (255) elbow
at your fingertips → SEE (303) finger; fingertips
be at a loss → SEE (507) lose; loser; loss; lost
be at the end of your rope → SEE (717) rope
be (completely) at sea → SEE (739) sea
close/near at hand → SEE (394) hand; handbasket; handle
ill at ease → SEE (249) ease; easy
stand at ease → SEE (249) ease; easy
with no strings attached → SEE (870) strings

---

42 average

on average

em média *__On average__, Tio Carlim works eight hours a day, except on weekends.*

Word Story O substantivo ***average*** vem de um termo comercial em árabe, que significa "mercadoria avariada pela água do mar". Os comerciantes compartilhavam o custo desse estrago, ou avaria, em partes iguais, daí a ideia de "média". A primeira língua europeia a adotar o termo foi o italiano, como *"avaria"*, passando depois para o francês antigo como *"avarie"* e, no século XVI, em inglês, sendo-lhe incorporada a terminação *-age*, provavelmente por associação com o final da palavra *"damage"*, (dano, estrago), que é da mesma área semântica. Só no século XVIII o termo passou a ter o sentido matemático de "média".

43 avoid

avoid (someone/something) like the plague

evitar contato, manter distância de *Grandma Marly is frightened of barking dogs. She __avoids them like the plague__.*

44 aware; away

Not that I´m aware of./Not to my knowledge.

(inglês falado, em resposta a uma pergunta) Não que eu saiba. Não que seja do meu conhecimento. *"Anyone with heart problems in your family?" "__Not that I'm aware of./Not to my knowledge.__"*

get away with it → SEE (355) get
give away → SEE (358) give
give the game away → SEE (343) game
right away → SEE (703) right
take your breath away → SEE (98) breath

45 axe (Reino Unido), ax ou axe (EUA)

have an ax(e) to grind

(informal, literalmente: ter um machado para amolar) (geralmente em frases negativas) ter uma razão pessoal, escondida, para fazer algo *I __have no ax(e) to grind__ in criticizing those politicians, I just want them to be honest and decent.*

Word Story Essa expressão foi introduzida no idioma por um personagem ilustre: Benjamin Franklin. Em um artigo para um jornal de Boston, Franklin relata a visita de um vizinho, que se tinha mostrado interessado em conhecer o funcionamento da pedra de amolar, a "*grinding stone*" que Franklin tinha em casa. Franklin pegou no machado que o visitante inocentemente tinha nas mãos (aparentemente por acaso), e o usou para mostrar ao vizinho como funcionava bem a tal pedra de amolar. Só aí Franklin percebeu que o espertinho do vizinho tinha, mesmo, "um machado para amolar" e que esse era o verdadeiro motivo de sua visita. Franklin era muito educado e de brandos costumes, mas era caso para dizer ao espertinho do vizinho, "Na próxima, vai amolar outro, viu?!"

B

46 baby

baby boomer

pessoa nascida em um súbito período de alto índice de nascimentos, especificamente nos EUA e na Europa, depois da Segunda Guerra Mundial, de 1946 a 1964 *Lady Diana was a **baby boomer**, she was born in 1961.*

(as) smooth as silk/a baby´s bottom → SEE (806) smooth
be left holding the baby (EUA)/ bag (Reino Unido) → SEE (50) bag; baggage
sleep like a baby/log/top → SEE (794) sleep; sleeping
throw the baby out with the bathwater → SEE (57) bath; bathwater

---

47 back; backseat

back and forth

para a frente e para trás, de um lado para o outro *I don't know about you, but I feel like a criminal when I see a tiger pacing **back and forth** in his cage in a zoo.*

***Back and forth** in a cage in a zoo,*

A tiger is in a jail for animals.

The rest of his life he has nothing to do,

Except look at us and see the criminals.

(Amadeu Marques, *The ABC of Nature,* p. 27, Editora Ática, São Paulo.)

De um lado para o outro de uma jaula, em um zoológico,/

Um tigre está em uma prisão para animais./

O resto da vida ele nada mais faz/

Do que olhar para nós e ver os criminosos.

back to square one

de volta ao início, da estaca zero *With the hurricane, they lost everything they had, so they had to go* ***back to square one****.*

Word Story A expressão tem origem bem antiga, na rádio dos anos 1930, quando os jogos de futebol começaram a ser transmitidos pela BBC. A emissora criou um sistema que dividia virtualmente o gramado em quadrados numerados, que os locutores e comentaristas usavam para indicar aos ouvintes a posição da bola em determinado lance do jogo. A área ocupada pelo goleiro, de onde as jogadas de ataque começavam, era a ***square one*** e, cada vez que a bola era passada para ele, a jogada era descrita como ***back to square one***.

back to the drawing board

(literalmente: de volta à prancheta) de volta ao início, para correção de erros *After the space shuttle Challenger disaster in 1986, NASA's officials had to go* ***back to the drawing board****.*

behind your back

pelas costas, sem você saber *I don´t really care about what anyone might say* ***behind my back****. What about you?*

I'll be right back!

Já volto! *Stay put! I won't be long.* ***I'll be right back!***

backseat driver

pessoa que insiste em dar instruções ao motorista de como ele deve dirigir *The President always acts on impulse, he never follows the suggestions of any* ***backseat driver****.*

take a backseat

ficar em segundo plano, atuar de forma menos importante do que outra pessoa *The vice-president will certainly* ***take a backseat*** *when the President returns.*

give (something) back → SEE (358) give
on the back burner → SEE (108) burn; burner
the back of beyond → SEE (76) beyond
You scratch my back and I'll scratch yours. → SEE (737) score; scratch

48 bacon

bring home the bacon

(informal, literalmente: trazer o bacon para casa) 1. trabalhar para sustentar a família *Sean was a common decent man, who always* ***brought home the bacon****.*

2. dar conta do recado, ter sucesso em algo difícil *He fired another of his lawyers, who had evidently been unable to* ***bring home the bacon****.*

Word Story A expressão tem origem nas antigas feiras rurais e parques de diversões nos Estados Unidos. Vamos passar um filminho, pegar a nossa imaginária *time machine* e viajar para o passado. Estamos agora em uma dessas feiras, de frente para uma barraquinha, em que a atração é um porco "ensaboado" ou, melhor, "ensebado, engraxado". O desafio é conseguir pegar o escorregadio suíno e mantê-lo quietinho por um certo tempo. Parece fácil, mas nem tanto... Quem conseguia isso, levava para casa, não o "*bacon*" propriamente dito, (porque aquele porco tinha de cumprir tempo integral na barraquinha), mas levava o prêmio estipulado pelo dono da barraca, geralmente prêmio em dinheiro. Ou, quem sabe, umas fatias de bacon de verdade, tiradas de um outro porco que tinha tido pior sorte do que o "astro" daquela atração. As feiras nos condados e municípios do interior da América mudaram muito, mas o gosto do sucesso, de conseguir algo difícil, como imobilizar um escorregadio suíno, deu origem a uma expressão idiomática muito saborosa. *By the way*, dois ovinhos com bacon, uma boa ideia, não?

save someone's (own) bacon/neck/skin

(informal, literalmente: salvar o bacon/pescoço/a pele de alguém) socorrer, ajudar alguém a sair de uma situação difícil *Luke doesn't care about anyone but himself. All he's worried about is* ***saving his (own) bacon/neck/skin****.*

49 bad

bad blood

hostilidade, ódio *The country is politically divided, there is* ***bad blood*** *between democrats and republicans.*

bad breath

mau hálito *Billy should brush his teeth more often. His* ***bad breath*** *is very unpleasant. People usually give him a wide berth, just because of that.*

bad check

cheque sem fundos *Freddie once gave me a* ***bad check****, I couldn't cash it for lack of funds.*

bad debt

calote, dívida que não será paga *You might just as well say goodbye to that money. It's a* ***bad debt****.*

break bad

(gíria) "chutar o pau da barraca", jogar tudo para o alto *Walter White's life was a mess, so he decided to **break bad** and start selling drugs.*

My bad!

(EUA, gíria, admitindo o erro) Foi mal, errei! *Oops, **my bad**! I thought it was my seat. Sorry about that!*

---

a bad apple → SEE (34) apple; appointment; April
a bad hair day → SEE (392) hair; hairs
bad guy/good guy → SEE (390) guy; Guy
be a bad/poor/sore loser → SEE (507) lose; loser; loss; lost
in bad/good faith → SEE (278) faith
(someone/something) be bad news → SEE (574) new; Newcastle; news

---

50 bag; baggage

bag and baggage

de mala e cuia, com todos os seus pertences

*They didn't pay the rent and were thrown out, **bag and baggage**.*

be in the bag

(informal) estar no papo, sucesso garantido *When Cristiano Ronaldo scored the fourth goal, the match **was in the bag**.*

Word Story Desde o estabelecimento do Parlamento Britânico, todas as petições apresentadas à *House of Commons* (comparável à nossa Câmara dos Deputados), que tinham acolhimento favorável e seriam confirmadas como leis, eram tradicionalmente colocadas pelo *Speaker* (o líder do partido da maioria) dentro de uma bolsa de veludo, que ficava pendurada nas costas da cadeira desse líder. Quando os políticos e os jornalistas que cobriam as atividades parlamentares referiam-se a uma determinada petição como estando ***in the bag***, eles queriam dizer que a petição em breve seria lei. A bolsa de veludo, agora apenas simbólica, permanece pendurada atrás da cadeira do *Speaker*, mesmo nos dias de hoje. É mais uma tradição britânica.

be left holding the baby (EUA)/ **bag** (Reino Unido)

(informal) pagar o pato, arcar com a responsabilidade/culpa *Nobody admitted any responsibility and poor Leni **was left holding the baby/bag**.*

Word Story A versão inglesa, com a palavra ***bag***, é bem antiga, do século XVIII, e apresenta uma situação em que um bando de criminosos, a ponto de serem apanhados pela polícia, dão a um deles o saco com o produto do roubo, antes de fugirem, deixando o "premiado" comparsa para receber toda a culpa. No caso da nossa frase-exemplo, sobrou para a pobre da Leni. Maldade...

let the cat out of the bag

(literalmente: deixar o gato sair do saco) dar com a língua nos dentes, revelar um segredo sem querer *It was supposed to be a surprise party, but Crazy Daisy **let the cat out of the bag**.*

Word Story A expressão tem origem bem antiga, nas feiras rurais da Idade Média. O vendedor de leitões acaba de vender dois deles, vivinhos. Usando toda a sua malandragem, na hora de colocar os porquinhos em um saco para o freguês levar, o malandrão troca um dos leitões por um reles *stray cat*, gato de rua. Entrega o saco ao comprador, fecha a sua banca e nunca mais aparece naquela feira, sabe que o freguês vai ficar furioso porque, ao chegar a casa e ouvir um "*meow*" vindo do saco, ele vai literalmente ***let the cat out of the bag***.

It isn't my bag/cup of tea/thing. → SEE (202) cup; cupboard; curiosity; current

51 bait; baker

baker's dozen

treze, uma dúzia mais um *Louis brought home a **baker's dozen** of bagels.*

Word Story A expressão tem origem no antigo costume, na Inglaterra, de o padeiro dar um pão extra ao freguês que comprava uma dúzia. Ele fazia isso, não por estratégia de *marketing*, para parecer simpático ao freguês, mas para compensar o fato de algum (ou alguns) dos pães não ter(em) o peso regulamentado por lei. Assim o padeiro não corria o risco de ser multado.

swallow/take/rise to the bait → SEE (886) swallow

52 balance

be/hang in the balance

estar indefinido, incerto, por decidir *The match **was/hung in the balance** until the last minute when Messi scored the winning goal.*

on balance

pensando bem, levando tudo em consideração ***On balance**, it has been a successful life. I can't complain.*

checks and balances → SEE (147) check

53 ball; ballpark

ball and chain

(literalmente: uma bola e uma corrente de ferro) estorvo, fardo, algo que restringe a liberdade, que torna a pessoa prisioneira *You should never let your job become a **ball and chain**.*

be on the ball

(informal) estar por dentro, de olho vivo, alerta, esperto e pronto para intervir *A good manager must **be on the ball** at all times.*

behind the eight ball

(literalmente: atrás da bola oito) em sinuca, em situação difícil *Sean has a lot of debts and he has run out of money. He's really **behind the eight ball**.*

Word Story Em uma das variedades do jogo de bilhar, em inglês chamada *snooker*, a nossa popular sinuca, a bola preta é a última das oito bolas em jogo e a última que deve ser encaçapada. Por isso, é uma situação difícil para o jogador, quando a bola que é a sua vez de jogar está obstruída pela bola oito, o impedindo de tentar encaçapar a bola da vez, como as regras do jogo determinam. É quando ele está "em sinuca", ***behind the eight ball***. E se isso acontecer num dos cantos da mesa, a situação é ainda pior, ele estará em uma "sinuca de bico".

get/set/start the ball rolling

começar, dar início a *We have several issues to discuss. I'm going to **get/set/start the ball rolling**. What do you think we should do about security?*

have a ball

(EUA, informal, literalmente: ter um baile) divertir-se muito *He promised his family that after the pandemic quarantine, they were going to **have a ball**.*

Keep your eyes on the ball!

Fique esperto! *This is no time to catch forty winks. Get real, wake up and smell the coffee. **Keep your eyes on the ball!***

play ball (with someone)

colaborar, cooperar (com alguém) *The suspect refused to **play ball** with the police and did not answer any questions.*

The ball is in your court.

A bola está contigo, a responsabilidade é tua agora, é a tua vez de agir. *This is my opinion. **The ball is in your court** now.*

Word Story A expressão tem origem no jogo de tênis: eu já joguei, agora a bola está no seu lado da quadra. É a sua vez de jogar, a próxima jogada é sua.

a ballpark estimate/figure

um número aproximado, uma estimativa *This is not our final proposal, it's just* ***a ballpark estimate/figure*** *of the costs.*

in the ballpark

(informal, literalmente: dentro do estádio de beisebol) aproximadamente, na faixa de *I think ten thousand dollars would be* ***in the ballpark*** *for that painting. That's about how much it's worth.*

drop the ball → SEE (236) drop; dropped; drunk

54 banana; bandwagon

climb on/get on/jump on/join the bandwagon

(literalmente: subir no trio elétrico) aderir, seguir a moda, juntar-se aos vitoriosos, entrar no cordão *When his policies started to become popular, the other parties* ***climbed on/got on/jumped on/joined the bandwagon****.*

Word Story Nos EUA era comum o uso de trios elétricos em desfiles antes de eleições. Alguns políticos subiam nessas espécies de caminhões musicais, para aproveitar a popularidade e ganhar apoio popular para si também.

drive (someone) bananas/crazy/insane/mad/nuts →SEE (235) drive; driver
slip on a banana skin → SEE (787) skin; skinned

55 bark; baron

bark up the wrong tree

(informal, literalmente: latir à árvore errada) bater à porta errada, estar equivocado, usando uma estratégia errada para aquilo que pretende *If Dave is asking for money, he's* ***barking up the wrong tree****. Scrooge will never give him any money.*

Word Story A expressão tem origem norte-americana, nas caçadas ao guaxinim. Podemos imaginar os cães latindo furiosamente lá embaixo, ao pé de uma árvore, enquanto o guaxinim, mais esperto, já mudou de abrigo, está escondido entre os ramos de outra árvore.

His bark is worse than his bite.

(literalmente: O latido dele é pior do que a sua mordida.) Cão que ladra não morde. *Don't worry if he yells at you.* ***His bark is worse than his bite****.*

robber baron → SEE (709) rob; robber; robbery

56 base; basket; bat

(as) blind as a bat

(literalmente: (tão) cego como um morcego) (pessoa) ceguinho, que enxerga muito mal *Where are my glasses? Without them I'm* ***(as) blind as a bat****.*

Word Story A expressão é muito antiga, desde os longínquos anos 1500, baseada na crença equivocada de que o voo do morcego, errático, aparentemente desnorteado, é porque ele é cego. Hoje se sabe que os morcegos enxergam bem e são dotados de um sofisticado sistema interno de sonar, que faz com que, no escuro, eles consigam não ter acidentes de percurso. A expressão continua sendo usada, embora, a bem da verdade, devesse ser retificada, para algo como ***(as) blind as bats were supposed to be****.*

have bats in the/your belfry

(literalmente: ter morcegos no (seu) campanário) ter macaquinhos no sótão, ter um parafuso a menos, ser meio louco *Aunt Maggie is a sweet old lady, but no one believes her close encounters with ETs, we all say she* ***has bats in her belfry****.*

Word Story ***Belfry*** (rima com *tax-free*) significa "campanário", torre da igreja onde fica(m) o(s) sino(s) e onde, eventualmente, moram morcegos. Pela sua posição, lá no alto, o campanário é comparável à nossa cabeça. Se na cabeça de uma pessoa só há espaço para morcegos, é porque ela é vazia de massa cinzenta, nem o Tico nem o Teco moram lá, só há morcegos esvoaçando na escuridão.

Don't put all your eggs in one basket. → SEE (253) egg; eggshells
touch base (with someone) → SEE (918) tooth; top; touch

57 bath; bathwater

take a bath

1. tomar um banho (de banheira) *I was* ***taking a bath*** *when the telephone rang.*

2. (informal, EUA) perder muito dinheiro em uma transação ou empreendimento, ter prejuízo *The producers thought the movie would be a huge commercial success. On the contrary, they* ***took a bath****.*

throw the baby out with the bathwater

(informal, literalmente: jogar fora o bebê juntamente com a água do banho) matar a vaca para acabar com o carrapato, agir precipitadamente, rejeitando tudo para se livrar de uma parte defeituosa *Not everything about* *that program is wrong, if we reject it completely we may be **throwing the baby out with the bathwater**.*

Word Story A expressão tem origem em um velho provérbio alemão: "Cuidado na hora de esvaziar a banheira, para não jogar fora o bebê junto com a água." Esse provérbio é do tempo do banho de banheira, quando as pessoas tomavam um (!) banho anual (!!), a água era a mesma para a família toda (!!!). Primeiro, os mais velhos, e o pobre do bebê ficava por último. A essa altura, a água na banheira estava bem turva, todo o cuidado era pouco para não jogar fora também o inocente infante. Pelo menos em alguns aspectos a vida moderna melhorou, né?

58 bay

be at bay

estar acuado, encurralado *The suspect knew he **was at bay**, so he finally surrendered to the police.*

hold/keep (someone/something) at bay

manter distância, manter-se afastado (de alguém/algo) *Vitamin C is supposed to **hold/keep** colds and the flu **at bay**.*

Word Story O substantivo ***bay*** tem vários significados, entre eles "baía". Mas na expressão ***hold/keep (someone/something) at bay***, essa palavra nada tem a ver com "baía", e sim com "louro". Uma *bay tree* é um loureiro, uma *bay leaf* é uma folha de louro. Os gregos e os romanos acreditavam que o loureiro tinha grandes poderes de proteção, porque, pensavam eles, essa árvore nunca era atingida por raios, por maior que fosse a tempestade. Os guerreiros e os atletas usavam uma coroa de louros na cabeça, para manter os inimigos e o azar ***at bay***. Mais modernamente, na Londres de 1665, durante o surto de peste bubônica, as pessoas faziam o mesmo, usando folhas de louro na cabeça, na esperança de manter a praga ***at bay***.

bring to bay → SEE (101) bright; bring

59 be

be into (something)

(informal) interessar-se por, gostar de *Is it true that you **are into** martial arts? Don´t forget I´m your friend...*

be over

terminar, chegar ao fim *The coronavirus pandemic will one day **be over**, or is it wishful thinking on my part?*

be no go → SEE (362) go; goes
be nothing but skin and bones → SEE (90) bone; bonfire; bonnet
be on board → SEE (87) board; boarding
be on the ball → SEE (53) ball; ballpark
be on the go → SEE (362) go; goes
be on the right track → SEE (923) track
be on the same page → SEE (732) same
be on the wagon → SEE (949) wagon
be out of the question → SEE (675) question
be quick on the uptake → SEE (943) upper; upside; uptake
be/sit on the fence → SEE (293) feet; fence
be sitting pretty → SEE (659) pretty
be slow on the uptake → SEE (943) upper; upside; uptake
be sold (on something) → SEE (815) sold; solve
be sold out → SEE (815) sold; solve
be sure (to do something) → SEE (883) sure; surely
be the butt (of something) → SEE (114) butt
be to blame (for something) → SEE (81) blame
(be) under age → SEE (20) age
be up to something → SEE (942) up; upon
be with child → SEE (154) child
be without equal/have no equal → SEE (262) equal
fit to be tied → SEE (307) fit; fits; fittest; fix
It isn't my bag/cup of tea/thing. → SEE (202) cup; cupboard; curiosity; current
to be on the safe side → SEE (727) safe
to be sure → SEE (883) sure; surely

60 beans

be full of beans

ser/estar muito ativo, cheio de energia *After she recovered from her illness, Carol seems to **be full of beans**.*

spill the beans

(informal, EUA, literalmente: espalhar o feijão) revelar um segredo, informações secretas *I asked Kate a few questions, but she did not **spill the beans**.*

Word Story A expressão tem origem em uma tradição na Antiga Grécia, quando se procedia à votação de um novo sócio de um clube privado. Cada um dos eleitores recebia um feijão branco e outro marrom, que usavam para votar. O feijão branco representava "sim", o marrom queria dizer "não". Os feijões eram secretamente colocados em um pote, e o candidato a novo sócio do clube nunca ficava sabendo quantos votos tinha recebido, a favor ou contra. A não ser que – e aí é que mora o perigo e a expressão faz sentido –, por acidente, alguém desse um esbarrão no pote e espalhasse os feijões. Aí o segredo seria revelado.

61 bear

be like a bear with a sore head

(Reino Unido, informal, literalmente: estar como um urso com dor de cabeça) estar de muito mau humor, muito irritado *If I were in your shoes, I would give the boss a wide berth today. He****'s like a bear with a sore head****.*

Bear with me.

Me aguardem, tenham paciência. ***Bear with me,*** *I'm getting to the point. You'll soon know everything about it.*

---

bear/keep in mind (that...) → SEE (536) mind; minute
grin and bear it → SEE (380) grin

---

62 beat; beaten

beat about/around the bush

(literalmente: bater na moita) ficar com rodeios, não ir direto ao assunto *Stop* ***beating about/around the bush*** *and tell me what you want.*

Word Story A expressão é bem antiga, tem cerca de trezentos anos. Faz alusão a uma estratégia de caça ao javali, na Inglaterra, em que batedores usavam paus para bater na moita, porção de arbustos ou plantas rasteiras, onde o animal que estavam caçando poderia ter se escondido. Com isso assustavam o javali e o faziam sair, ficando, assim, na linha de tiro dos caçadores.

Beat it!

(inglês falado, gíria, usado no imperativo) Vaza! Sai daqui! Vai embora! ***Beat it!*** *I don't want to see you here.*

(It) Beats me.

Sei lá! Não faço a mínima ideia. "*Who was the first emperor of Rome?* ***(It) Beats me****. I don't have a clue.*"

your heart misses/skips a beat

o coração "pula" um batimento (com a emoção) ***My heart missed/skipped a beat*** *when I saw her.*

---

flog/beat a dead horse → SEE (312) flog; floor
off the beaten track → SEE (923) track

---

63 beaver; bed

an eager beaver

(informal, literalmente: um castor ansioso) um afobadinho, pessoa ansiosa para fazer tudo certinho, impressionar os outros (principalmente o patrão) pelo seu zelo e entusiasmo pelo trabalho *It was Luke's first job and he was a real* ***eager beaver****.*

Word Story ***Eager*** rima com ***beaver*** e isso dá um toque de humor à expressão. O castor, como qualquer outro membro de uma colônia de roedores, é ativo e trabalhador, usando seus afiados dentões para derrubar árvores, sua longa cauda para fazer "serviço de pedreiro", tapando buracos com lama e assim construir verdadeiras barragens nos rios onde vive. Toda essa diligência e entusiasmo pelo trabalho ajudam a tornar coerente e curiosa a expressão, geralmente usada com sentido levemente depreciativo.

a bed of roses → SEE (718) rose

64 bee; beeline; been

have a bee in your bonnet

(informal, literalmente: ter uma abelha na touca) ter uma ideia fixa, estar obcecado com algo *Stella* ***has a bee in her bonnet*** *about washing her hands. She does that every ten minutes, all day long, day in, day out.*

Word Story Uma ***bonnet*** é uma touca com fita, daquelas que se amarram abaixo do queixo. Antigamente, algumas mulheres usavam esse tipo de touca, hoje em dia, só é usada por (alguns) bebês. Vamos imaginar que uma abelha desorientada perdeu o rumo da colmeia e entra em uma dessas ***bonnets***, talvez por confundir a touca com uma flor. Como será que a dona da touca vai se comportar, com a tal da abelha "fazendo *bzzzzz*" no seu ouvido? É provável que fique bem agitada, até conseguir se livrar do desorientado inseto.

think you are the bee's knees

(informal, literalmente: achar que você é os joelhos da abelha) ser vaidoso, achar-se o máximo, "o tal" *Luke* ***thinks he is the bee's knees.***

Word Story Quando a abelha aborda a flor, o pólen pega-se ao inseto que, com todo o cuidado e eficiência, dobra seu minúsculo corpo e transfere o pólen para uns saquinhos que ela tem nas patas traseiras. Dizem as autoridades em apicultura que essa manobra é feita de uma forma muito eficiente, levando-se em conta a fragilidade das minúsculas e delicadas articulações das pernas, os tais "joelhos" da abelha. A expressão é muito antiga, e ficou ainda mais popular no início do século XX, por meio de filmes, canções e histórias, em que, ironicamente, partes do corpo de certos animais – como os bigodes do gato (?) (*the cat's whiskers*), os quadris da cobra (?) (*the snake's hips*) e os joelhos da abelha (?) ***(the bee's knees***) – eram citados como exemplos do que há de melhor, o máximo.

make a beeline (for something)

(informal) ir direto, rumo a (algo) *The moment Bernie comes in, he* ***makes a beeline*** *for the fridge, looking for something to eat.*

Word Story Aprendemos, nas aulas de matemática, que a distância mais curta entre dois pontos é uma linha reta. As abelhas sabem disso, sem nunca terem assistido a aulas de matemática. Se observarmos a rotina de trabalho de uma abelha, vemos que depois da manobra eficiente de se encher de néctar (usando, para isso, a delicadeza e eficiência dos joelhos, os tais "*bee's knees*"), ela voa em linha reta, diretamente para a colmeia, e lá entrega a sua preciosa e deliciosa carga. Pela observação dessa rotina, nasceu o termo ***beeline***, como sinônimo de linha reta, direta para um determinado ponto.

Been there, done that.

(informal, inglês falado, literalmente: já estive lá, já fiz isso) Já vi esse filme. Sei como é. Já passei pela mesma experiência. *"It´s not fair. I worked my fingers to the bone to finish the report on time and no one even notices it!" "Oh yeah, I know how you feel,* ***been there, done that.****"*

Word Story A expressão pode ser usada em um contexto como o da frase-exemplo acima, em um diálogo no qual o interlocutor afirma já ter passado pela mesma experiência da outra pessoa e fica solidário com ela. A construção pode também ser usada para afirmar que a pessoa acha "*boring*" (chato) o que o outro disse e por isso também não quer fazer aquilo de novo, por não ser novidade. "*Going to Florida on our next vacation? Oh no, that´s boring.* ***Been there, done that.****"* Nesse caso existe uma versão estendida, assim: "***Been there, done that, got the T-shirt.***" Em outras palavras, "isso não é novidade para mim, já vi esse filme mais de uma vez".

65 beer; before; beggars

before long

(formal) muito em breve "*Don't worry. This crisis will be over* ***before long****, you'll see," said Pollyanna.*

before you can/could say Jack Robinson

(literalmente: antes que você possa/pudesse dizer Jack Robinson) num instante, antes que o diabo esfregue um olho *We heard a noise. Then, **before you could say Jack Robinson**, a man had jumped over the gate and disappeared.*

Word Story Lá pelo princípio do século XVIII, vivia em Londres um personagem muito excêntrico chamado Jack Robinson. Conta a lenda que ele tinha o hábito de aparecer em locais onde estava acontecendo uma festa ou uma recepção social. Ele chegava, apresentava ao mordomo o seu cartão de visitas, tinha seu nome anunciado, e então, antes que o anfitrião ou a anfitriã pudessem vir ao seu encontro, partia em desabalada corrida em direção à festa seguinte. E assim nasceu a expressão, apesar de não ser muito fiel ao que acontecia. Afinal, o pobre do mordomo tinha tempo, sim, de dizer o nome do Jack Robinson, e provavelmente tinha de enfrentar o mau humor dos donos da casa, por anunciar alguém que não estava mais lá.

put the cart before the horse

(literalmente: pôr a carroça à frente do cavalo) pôr o carro adiante dos bois, fazer algo na ordem errada *Steve hasn't gotten the money yet, but he has already spent half of it, he is really **putting the cart before the horse**.*

Word Story É curioso comparar a expressão em inglês, que fala em uma carroça puxada por um cavalo, e a expressão em português, que fala em um carro puxado por bois. A deles tem um *setting* urbano, a nossa uma paisagem rural. As expressões idiomáticas, além das informações linguísticas, também nos dizem muito sobre a sociologia dos povos que falam essas línguas.

Beggars can't be choosers.

(literalmente: Quem mendiga não tem o direito de escolher.) A cavalo dado não se olha os dentes. *The old model is OK, no problem. **Beggars can't be choosers.***

Don't count your chickens before they hatch. → SEE (153) chicken
small beer (Reino Unido)/ potatoes (EUA) → SEE (655) potato; pound; pours; power
Look before you leap. → SEE (505) look; loop
the calm before the storm → SEE (123) calm

---

66 behalf

in behalf of

em favor de, em benefício de *The students in that school raised money **in behalf of** the hurricane victims.*

on behalf of

em nome de *Ennio Morricone had died, so his wife accepted the award* ***on his behalf****.*

67 behind

behind the times

(literalmente: atrás dos tempos) ultrapassado, antiquado *They say their methods are modern, but in fact they are* ***behind the times****.*

---

behind the eight ball → SEE (53) ball; ballpark
behind your back → SEE (47) back; backseat

---

68 belfry; believe

believe it or not

(literalmente: acredite ou não) acredite se quiser *Some people do believe the Earth is flat,* ***believe it or not****.*

make believe

fazer de conta, fingir *The children were playing a game,* ***making believe*** *they were astronauts.*

---

have bats in the/your belfry → SEE (56) base; basket; bat
I'll believe it/that when I see it. → SEE (744) see

---

69 bell

bell the cat

(literalmente: colocar o sino no gato) assumir o perigo, correr o risco de uma certa ação *OK, we all agree that someone must go and talk to the boss about this problem, but tell me, who among us is going to* ***bell the cat****?*

Word Story A expressão tem origem na fábula em que uma certa turma de ratos se reúne e decide que uma boa ideia, para eles não correrem o risco de serem apanhados pelo gato, seria colocar um sininho ao redor do pescoço do felino. O problema, no entanto, está em encontrar um, dentre eles, que tenha a coragem de aproximar-se do gato o suficiente para lhe colocar o sino ao redor do pescoço.

ring a bell

(literalmente: fazer soar um sino) fazer lembrar, trazer à lembrança *Klimt, that name* ***rings a bell****. Wasn't he an Austrian painter? The one who painted "The Kiss"?*

70 below; belt

below the belt

(literalmente: abaixo do cinto) golpe baixo, abaixo da cintura, desleal, covarde *Ron's comments about his opponent's age sounded a bit like hitting **below the belt.***

Word Story A expressão vem da linguagem do boxe, esporte em que não é permitido atingir o adversário abaixo da cintura.

tighten your belt

apertar o cinto *In economic crises like this one we all have to **tighten our belts**.*

below/under (someone's) breath → SEE (98) breath

71 berth

give (someone/something) a wide berth

(informal) passar bem ao largo, manter grande distância, evitar (algo/alguém) *Every time Flamengo loses a game, it's prudent to **give** my friend Newton **a wide berth.***

72 beside

be beside the point

ser irrelevante, algo que não vem ao caso *He's not a young man anymore, but that **is beside the point**.*

be beside yourself

estar fora de si, muito emocionado (positiva ou negativamente) *When she was announced as the winner, Val **was beside herself**.*

73 best; better

at best

(tentando ver o lado mais positivo de algo) no máximo, quando muito, na melhor das hipóteses *The show was a commercial flop. There were ten people in the theater, **at best**.*

best man

padrinho de casamento do noivo *The groom usually chooses his best friend to be his **best man** at the wedding.*

do/try my best

esforçar-se ao máximo, dar o melhor de si *What you asked me is a tall order, it's not an easy task, but I'll **do/try my best**.*

make the best of it

fazer o melhor possível em uma situação desfavorável *I was tired and there was no one to help me, but I knew I just had to **make the best of it**.*

be better off

estar melhor de vida, em melhor situação *Now that she has a good job, Susan **is better off**.*

for better or (for) worse

(literalmente: para o melhor ou o pior) para o que der e vier, em todas as circunstâncias *She is the woman I chose, **for better or (for) worse**.*

had better

é melhor, é aconselhável *We **had better** leave before it gets dark.*

---

as best you can → SEE (39) as
Better late than never. → SEE (479) last; late; later; latest
Better luck next time. → SEE (575) next
Half a loaf is better than no bread. → SEE (393) half; halfway
hope for the best → SEE (423) hope
Hunger is the best sauce. → SEE (733) sauce
know better → SEE (470) knew; know; knowledge
so much the better → SEE (554) much
the best thing since sliced bread → SEE (95) bread
your better half → SEE (393) half; halfway

---

74 bet

You bet!/You can bet on it!/You bet your life!

(informal, literalmente: Pode apostar!) Sem dúvida!/É claro! "*Would you like some more ice cream?*" ***"You bet!/You can bet on it!/You bet your life!"***

75 between

---

between you, me and the gatepost → SEE (351) gate; gated; gatepost
few and far between → SEE (294) few
read between the lines → SEE (690) read

---

76 beyond

beyond compare

incomparável, sem igual *Pavarotti's voice was **beyond compare**.*

beyond me

incompreensível, além da minha compreensão *Why she married such a stupid jerk is **beyond me**.*

beyond the pale

inaceitável, inadmissível, incivilizado *Luke's behavior toward his assistants is **beyond the pale**. He treats them like slaves.*

Word Story O ***pale*** na expressão ***beyond the pale*** nada tem a ver com o adjetivo "pálido". Na verdade, é um substantivo que vem do latim "*palum*" e significa "mourão, estaca", de uma *fence* (cerca). No século XIV, a parte da Irlanda sob domínio inglês era conhecida como ***the pale***, a região limitada por essa "cerca". A área fora daí era considerada, pelos ingleses, ***beyond the pale*** e vista como incivilizada, perigosa, bárbara. Mais uma vez, as expressões ajudam-nos a entender a história dos povos que as utilizam.

live beyond your means

ter uma vida luxuosa, além das suas próprias posses *The police started investigating that couple, as they were **living beyond their means**.*

the back of beyond

cafundó, onde o diabo perdeu as botas, lugar muito distante *They live in a small town somewhere in **the back of beyond**.*

the great beyond

o além, a vida após a morte *Sean Connery is no longer alive, he has gone to **the great beyond**.*

---

above and beyond → SEE (2) above
be above/beyond suspicion → SEE (885) suspicion; sustainable
beyond (a reasonable/a shadow of a) doubt → SEE (226) doubt
beyond/within your grasp → SEE (374) grasp

---

77 big; bigger

a big cheese/fish/gun/name/noise/shot/wheel/wig

(informal, literalmente: um(a) grande queijo/peixe/arma/nome/barulho/tiro/roda/peruca) um figurão, alguém muito importante *John's uncle is **a big cheese/fish/gun/name/noise/shot/wheel/wig** in the Republican Party.*

be big (on something)

gostar muito de *Patty **is big** on country music. Same here.*

Big Brother

O Irmãozão ***Big Brother** is watching you.*

Word Story ***Big Brother*** representa o governo totalitário, que tudo sabe sobre o indivíduo, controlando-o e invadindo sua privacidade. A expressão foi criada pelo escritor britânico George Orwell, em seu romance *1984*.

Big deal!

(informal, irônico, expressando não dar grande valor ao que foi dito) E daí? Grande coisa! *"The boss is not going to like that." "**Big deal**, so what?"*

It´s no big deal.

Não é importante, sem problema. "*You broke the glass, but don't worry, **it's no big deal**.*"

---

have (got) other/bigger fish to fry → SEE (333) fry; frying

---

78 bill; bird; biscuit

for the birds

1. (informal) (coisa) muito ruim, sem valor, uma porcaria *We went to the movies yesterday, but we left in the middle of the movie, it was **for the birds**, a real waste of time.*

2. (informal) (pessoa) confuso, incoerente, amalucado *He simply doesn´t know what he´s talking about. His opinion is **for the birds**.*

Word Story A origem da expressão, no sentido 1 (coisa muito ruim, sem valor, uma porcaria) tem a ver com o excremento que os cavalos vão deixando cair nas estradas ou caminhos e que só têm mesmo valor para os pássaros, já que estes conseguem encontrar sementes nos *horse droppings.* A expressão tem uma versão de gíria, mais vulgar, que faz sentido: *shit for the birds.*

It takes the biscuit.

(informal, Reino Unido = *It takes the cake.* EUA, literalmente: Essa leva o biscoito.) É o fim da picada. É o cúmulo do absurdo. *And you say that he is reading your diary on the sly... **that** really **takes the biscuit**!*

*Word Story **Biscuit*** (biscoito) é uma palavra usada no Reino Unido para o que, nos Estados Unidos, é chamado *cookie.* A expressão ***It takes the biscuit*** é usada no Reino Unido, correspondendo, nos Estados Unidos, não a "*It takes the cookie*", mas sim a "*It takes the cake*" (verbete-âncora 121). A pronúncia de ***biscuit*** tem a pegadinha, para nós, de o *u* ser mudo, não ser pronunciado. ***Biscuit*** vem da palavra francesa (escreve-se igual, em francês, mas a pronúncia é outra, o *t* é mudo, a palavra rima com Birigui ou Itaguaí...). Ela vem do latim "*bis coctus*", que significa "cozido duas vezes". Existe uma piadinha um tanto pornográfica, que diz ser "biscoito" uma dupla transa, mas... *forget it...* isso é impublicável. Isso realmente ***takes the biscuit***.

a little bird told me (that...) → SEE (500) little
fit/fill the bill → SEE (307) fit; fits; fittest; fix
foot the bill → SEE (319) foot; footprint
The early bird catches the worm. → SEE (246) earliest; early

79 bite; bit; bitten

bite off more than you can chew

(informal, literalmente: abocanhar mais do que você pode mastigar) ter os olhos maiores do que a barriga, confiar demais em sua capacidade *Phil started to paint his apartment by himself, but soon he found he* ***had bitten off more than he could chew****.*

bite the dust

(gíria, literalmente: morder a poeira) morrer, chegar ao fim *My old computer finally* ***bit the dust****, so I had to buy a new one.*

bite the hand that feeds you

(informal, literalmente: morder a mão que te alimenta) cuspir no prato em que comeu, ser ingrato e desleal *He refused to criticize the man who had given him his first job, as he didn't want people to say he was* ***biting the hand that fed him****.*

bite the bullet → SEE (106) bullet
His bark is worse than his bite. → SEE (55) bark; baron
Once bitten, twice shy. → SEE (771) shy
the hair of the dog (that bit you) → SEE (392) hair; hairs

80 black

black eye

(literalmente: olho preto) olho roxo, hematoma no olho *"How did you get that* ***black eye****?", she asked Luke.*

the black sheep (of the family) → SEE (759) sheep
The pot calling the kettle black. → SEE (654) pot

81 blame

be to blame (for something)

ter a culpa, ser culpado (por algo) *Human activities* ***are to blame*** *for global warming and some other environmental problems.*

the blame game

(literalmente: o jogo da culpa) situação em que as duas partes envolvidas em um problema acusam-se mutuamente de serem os culpados pelo que aconteceu *Police and drug dealers often play* ***the blame game*** *in conflict situations.*

82 blank; blanket; blaze

give/hand someone a blank check (EUA)/ **cheque** (Reino Unido)

(literalmente: dar um cheque em branco a alguém) dar liberdade, controle total a, não impor limites *The producers just handed the director the money and let him use it as he wished. They really* ***gave him a blank check/cheque****.*

My mind goes blank./I draw a blank.

Dar um branco, esquecer-se momentaneamente de algo. ***My mind went blank/I drew a blank*** *on her name, I just couldn´t remember it, it was awful.*

Word Story A expressão ***draw a blank*** tem origem na loteria e literalmente significa "ter um bilhete em branco", sem direito a nenhum prêmio.

blaze a trail → SEE (924) trail; trash; traveling
wet blanket → SEE (966) wet

83 blessing

(It´s) A blessing in disguise.

(literalmente: uma benção disfarçada) Há males que vêm para o bem. *Peter was delayed by traffic and missed the flight that eventually crashed into a mountainside, killing all passengers. For him, it was* ***a blessing in disguise****.*

a mixed blessing → SEE (540) mixed

84 blind; blink

a blind alley

(literalmente: um beco cego, sem saída) um empreendimento ou uma iniciativa que não tem chances de sucesso *They soon realized that project was* ***a blind alley****. Too many obstacles, it could hardly turn out to be a success.*

a blind date

encontro romântico entre pessoas que não se conheciam *Have you ever been involved in* ***a blind date****? Was it a success or a bitter experience?*

turn a blind eye (to something)

(literalmente: virar um olho cego (para algo)) fingir que não vê, fazer vista grossa (a algo) *So many homeless people living on the streets, so much suffering, how can we* ***turn a blind eye to all that?***

Word Story Nelson, Almirante Horatio Nelson, o herói inglês que você vê lá no alto da sua coluna, na Trafalgar Square, em Londres, era cego de um olho. E o que isso tem a ver com a expressão ***turn a blind eye (to***

something)? Vamos ver. Com os nossos dois olhos, felizes que somos. Durante a batalha naval de Copenhague, em 1801, o comandante da esquadra britânica, Almirante Sir Hyde Parker, considerando que a esquadra estava correndo riscos desnecessários e sofrendo muitas baixas, ordenou "cessar fogo" a seus comandados. A comunicação entre os navios era feita por meio de bandeiras, cada uma codificada para representar uma determinada ordem. Quando os oficiais do navio de Nelson lhe indicaram a bandeira e a ordem de "cessar fogo", Nelson teve uma atitude ao mesmo tempo heroica e cega: pegou no telescópio, levou-o ao olho cego e respondeu "Ordem? Que ordem? Não estou vendo bandeira nenhuma!" Logo ele voltou sua atenção para a batalha, continuou atacando e, em pouco tempo, os ingleses derrotaram os dinamarqueses. De volta a Londres, Nelson foi promovido a visconde e a comandante-geral da esquadra britânica. Isso levou a que, quatro anos mais tarde, em 1805, Nelson estivesse no comando da esquadra que derrotou os espanhóis da Invencível Armada, em Trafalgar. Esse foi o momento de glória suprema para o Almirante Nelson, mas foi também o último de sua vida, por ter sido atingido mortalmente pelo inimigo. Hoje em dia, do alto da sua coluna, na Trafalgar Square, o Almirante Nelson continua ***turning his blind eye*** para tudo aquilo que é melhor não ver.

in the blink of an eye

(literalmente: num piscar de olhos) num instante, muito rapidamente *It all happened* ***in the blink of an eye.*** *I saw the truck, felt a horrendous crash, fainted and only recovered consciousness in the hospital.*

on the blink

(informal) enguiçado *Our new TV is* ***on the blink*** *again. I'm afraid we've bought a lemon.*

(as) blind as a bat → SEE (56) base; basket; bat
colo(u)r-blind → SEE (173) colo(u)r
Love is blind. → SEE (509) love

---

85 block; blood; bloody

Blood is thicker than water.

(literalmente: O sangue é mais espesso do que a água.) A voz do sangue fala mais alto. *I know he was wrong, but he was under attack and I had to defend him. After all, he is my brother.* ***Blood is thicker than water****, as the saying goes.*

Bloody Mary

drinque feito com vodca e suco de tomate *Whenever Tio Tavim has a* ***Bloody Mary****, he likes to tell the story of the expression.*

Word Story Mary I ou Mary Tudor, rainha da Inglaterra de 1553 a 1558, era católica ferrenha, rigorosamente oposta ao Protestantismo vigente no reino dos dois monarcas que a tinham precedido, e disposta a forçar a Inglaterra ao Catolicismo. Durante o seu reinado, 280 pessoas que tinham princípios religiosos dos quais ela discordava foram presas, amarradas *at the stake* (verbete-âncora 41), no poste, e queimadas na fogueira. Por esses métodos a rainha recebeu do povo o gentil apelido de... ***Bloody Mary***, A Sanguinária Mary. A cor do drinque pode lembrar sangue, mas um ***bloody mary*** é muito menos perigoso do que a personagem histórica que inspirou o seu nome. Mary Tudor, a verdadeira ***Bloody Mary***, não deve ser confundida com outra Mary, a rainha da Escócia, Mary Stuart, ou Mary Queen of Scots, que nunca chegou a ser rainha da Inglaterra.

in cold blood

a sangue frio, deliberadamente *The poor boy was shot* ***in cold blood****. How can people be so cruel and ruthless?*

---

a chip off the old block → SEE (156) chip
bad blood → SEE (49) bad
blood, toil, tears, and sweat → SEE (887) sweat
have blue blood → SEE (86) blow; blue

---

86 blow; blue

blow away the cobwebs/blow the cobwebs away

(literalmente: acabar com/tirar as teias de aranha) interromper a rotina sedentária, sair de casa, pegar um pouco de ar fresco, fazer exercício físico *With the pandemic quarantine, it's a good job going for a walk in the park, just to* ***blow away the cobwebs/blow the cobwebs away****.*

blow your own trumpet (Reino Unido)/ **horn** (EUA)

(literalmente: soprar o seu trompete (Reino Unido)/ tocar a sua buzina (EUA)) gabar-se, fazer propaganda das suas próprias virtudes *He has a strong narcissistic personality disorder and enjoys* ***blowing his own trumpet/ horn*** *whenever he can.*

be blue in the face

(literalmente: ficar com a cara azul) fazer um grande esforço, mas inútil *I tried to persuade Deborah not to drink so much soda, I* ***was blue in the face****, but I knew I was wasting my breath, she simply wouldn't listen.*

have blue blood

ter sangue azul *Don is a racist and thinks he* ***has blue blood****.*

Word Story A expressão ***blue blood*** tem sido usada no Reino Unido desde o século XIX, para designar um membro da aristocracia. Ela tem origem na Espanha, onde o termo "*sangre azul*" era usado para designar as famílias de puro sangue de Castela. Elas faziam questão de não se misturar com os mouros, que tinham controlado a Península Ibérica durante anos. Essas pessoas, de pele clara, orgulhavam-se da cor do seu sangue, o que, segundo elas, podia ser comprovado pelas suas veias de cor azul, visíveis através da pele. Os mouros, ao contrário, tinham a pele escura, então suas veias não podiam ser vistas. O termo foi apropriado pelas famílias aristocratas na Inglaterra durante o século XIX, época em que ter a pele bronzeada era marca de inferioridade social. Isso provava que você tinha passado muito tempo ao ar livre, *trabalhando* para ganhar seu sustento. Essa expressão vem mostrar, mais uma vez, como elas podem dizer muito sobre a sociologia dos povos que as utilizam.

once in a blue moon

(informal, literalmente: uma vez, na lua azul) uma vez na vida, outra na morte; muito raramente *Jane's grandparents are still alive but she hardly ever visits them, just* ***once in a blue moon****.*

Word Story A expressão tem origem no acontecimento (raro) de haver duas luas cheias no mesmo mês. A segunda lua é às vezes chamada "lua azul". É sobre isso que fala a canção "***Blue Moon***", de Richard Rodgers, cantada, entre outros, por Ella Fitzgerald. "***Blue moon****, You saw me standing alone, / Without a dream in my heart, / Without a love of my own (...)*"

out of the blue

do nada, de repente e de forma inesperada *They were making small talk when,* ***out of the blue****, Theo asked Ella, "Will you marry me?"*

---

a bolt from the blue → SEE (89) Bob; body; bolt; bolted; bolts
blow a fuse → SEE (337) further; fuse
blow/let off steam → SEE (850) steam
blow/smash (something) to smithereens → SEE (804) smithereens
talk a blue streak → SEE (866) streak; stream

---

87 board; boarding

above board

público, aberto, transparente, sem segredos *All my dealings with them have been* ***above board****. Transparency is the name of the game.*

across the board

geral, abrangente, com efeito sobre todos *The initiative has been **across the board**, affecting people at every level and in every area.*

be on board

1. estar a bordo (de um navio, avião, trem) *All the passengers **are on board** now. We're all set.*

2. concordar, participar, fazer parte de *It's good to have you **on board**, working with us on this project.*

board and lodging (Reino Unido)/ **room and board** (EUA)

casa e comida *How much does George pay for **board and lodging/room and board**?*

---

back to the drawing board → SEE (47) back; backseat
boarding gate → SEE (351) gate; gated; gatepost

---

88 boat

be all in the same boat

(informal, literalmente: estarem todos no mesmo barco) estarem nas mesmas circunstâncias, juntos e em cooperação uns com os outros em determinada situação, geralmente difícil ou desagradável *During the pandemic crisis we should all wear a mask and keep social distancing. After all, we **are all in the same boat**.*

miss the boat

(informal, literalmente: perder o barco) perder uma oportunidade *The investment seemed to be an excellent opportunity and I didn't want to **miss the boat**.*

rock the boat

(informal, literalmente: agitar o barco) fazer marola, entornar o caldo, perturbar, criar problemas *Don't **rock the boat**. It's not a perfect situation, but it's the best we can do for now.*

---

burn your bridges/ (Reino Unido também) boats → SEE (108) burn; burner

---

89 Bob; body; bolt; bolted; bolts

and Bob's your uncle!

(Reino Unido, informal, expressão antiquada, literalmente: e Bob é seu tio!) e pronto, é fácil! *This machine is so easy to use, all you have to do is press this button, **and Bob's your uncle!***

Word Story ***Bob*** é uma forma carinhosa de dizer *Robert*. Mesmo se o nome do seu tio não for *Robert*, a origem da expressão é curiosa e serve para ver que o nepotismo não tem fronteiras, nem de tempo nem de espaço. Em 1887, na Inglaterra, *Robert Cecil*, primeiro-ministro britânico, decidiu dar um importante cargo no governo a um de seus sobrinhos, que não era considerado um político muito importante. Mas para esse sobrinho foi fácil, porque, afinal ... ***and Bob's your uncle!***

a bolt from the blue

(literalmente: um raio vindo do (céu) azul) uma surpresa total, um acontecimento inesperado *It was* ***a bolt from the blue*** *when Jânio Quadros resigned the presidency.*

Word Story Se imaginarmos que, em um dia ensolarado, sem uma nuvem no céu, de repente cai um raio e se ouve um daqueles trovões de assustar gatos e cachorros, o inesperado que a expressão comunica tem sentido.

---

body and soul → SEE (823) soul
Shut/Lock/Close the stable door after the horse has bolted/escaped. → SEE (770) shut
the nuts and bolts (of something) → SEE (584) nut; nuts; nutshell

---

90 bone; bonfire; bonnet

be nothing but skin and bones

(informal, literalmente: ser/estar só pele e ossos) ser/estar muito magro *I think Dulce is overdoing it with her diet. She's* ***nothing but skin and bones***.

bone of contention

motivo de discórdia *The main* ***bone of contention*** *in that family is politics. They all have different views about politics and they are always at loggerheads because of that.*

have (got) a bone to pick (with someone)

ter contas a ajustar (com alguém) ***I've got a bone to pick*** *with you, David. Why did you tell my friends that I can't be trusted?*

Word Story Há várias versões para a origem da expressão. Uma das mais curiosas (embora talvez não seja a mais verossímil) diz que a expressão começou na Sicília, onde havia o costume de, antes de um casamento, o pai da noiva dar ao noivo um osso para que ele o deixasse totalmente sem carne, limpinho, tinindo de limpo. Isso era visto como um símbolo da difícil empreitada que ele estava prestes a encarar. Não se sabe se o noivo tinha a opção de aceitar o osso ou desistir do casamento, o que poderia ser perigoso, se a Máfia siciliana estivesse envolvida nessa "*questione d'onore*", essa "questão de honra".

make no bones (about something)

não hesitar, falar sem rodeios, sem meias palavras *Nina Simone **made no bones** about the fact that she lived in a racist society.*

Bonfire Night

(literalmente: Noite da Fogueira) A noite de 5 de novembro, festa popular britânica, com fogueiras e fogos de artifício, para celebrar a data, em 1605, em que o católico Guy Fawkes, um dos conspiradores da chamada *Gunpowder Plot* (Conspiração da Pólvora) foi descoberto e impedido de destruir o Parlamento e matar o rei (protestante) James I. ***Bonfire Night** is also known as Guy Fawkes' Night.*

Word Story ***Bonfire*** vem de *bone fire* (queima dos ossos). Na Idade Média, tempos de guerra e peste, a queima de cadáveres ao ar livre era uma exigência sanitária. Sobre a ***Bonfire Night*** (5 de novembro), há na Inglaterra até hoje o costume de lembrar essa data dizendo: *Remember, remember, the fifth of November...*

---

funny bone → SEE (336) fun; funny
have a bee in your bonnet → SEE (64) bee; beeline; been
work your fingers to the bone → SEE (303) finger; fingertips

---

91 books; bootlicker; both; bottle

bootlicker

lambe-botas, puxa-saco *Jack is nothing but a **bootlicker**. He's always trying to win the boss's favor.*

both... and...

tanto... quanto... ***Both** camels **and** dromedaries live in desert regions.*

---

burn the candle at both ends → SEE (108) burn; burner
cook the books → SEE (184) cook; cookie
cut both ways → SEE (203) cut; cutting
hit the bottle → SEE (418) hit
make (both) ends meet → SEE (259) end; enforcement; English

---

92 bottom; bounds

at bottom

(formal) no fundo, basicamente *Aunt Maggie wants people to think that she is a tough cookie, but **at bottom** she is just a sweet old lady.*

Bottoms up!

(convidando a beber o resto) Vira, vira, vira! *Come on, boys. It's time to go home. **Bottoms up!***

Word Story Quando se toma uma bebida até o fim, o fundo do copo (***bottom***) fica virado para cima (***up***), daí o convite para fazer ***Bottoms up!***: *vira, vira, vira... virou!*

from the bottom of my heart

muito sinceramente, do fundo do meu coração *I know I was wrong. **From the bottom of my heart**, I apologize.*

the bottom line

a conclusão, o mais importante, o resumo conclusivo *I don't want to hear the whole thing, spare me the details, just give me **the bottom line** of the project. That's all that matters to me.*

*Word Story **The bottom line*** é um termo usado em contabilidade, referindo-se aos rendimentos apresentados na última linha (***the bottom line***), a que aparece ao final de um extrato.

(as) smooth as silk/a baby´s bottom → SEE (806) smooth
by/in leaps and bounds → SEE (484) leap

---

93 box; Boxing; boy

think outside the box

(literalmente: pensar de fora da caixa) ser criativo, ter ideias originais *The company needs someone who can **think outside the box** and is offering very good job conditions to anyone who meets those requirements.*

Boxing Day

feriado (no Reino Unido e Canadá), dia 26 de dezembro, dia em que se gratificam empregados, carteiros, garis etc. ***Boxing Day** comes from the old custom, in England and Wales, of giving servants some money, called a "Christmas box".*

---

the whipping boy → SEE (970) whip; whipping

---

94 brace; brain; brains

Brace yourself!

Aguenta firme! Se segura! Se prepara! *I've just made an appointment with the dentist for you. You have to go there and have two fillings.* ***Brace yourself!***

brain drain

(informal, literalmente: drenagem de cérebros) fuga de cérebros, migração de intelectuais altamente qualificados para um centro mais avançado *Leaders in Europe are worried about the present* ***brain drain*** *and trying to find ways to put an end to it.*

rack your brain/brains

quebrar a cabeça, pensar por muito tempo *I* ***racked my brain/brains*** *all morning trying to remember my first English teacher's name, and it was written on the cover of one of my dictionaries. Professor Macmillan, I loved your classes!*

(someone's) brain child

ideia original, criação, invenção de (alguém) *Brasília was Juscelino Kubitscheck's* ***brain child****.*

---

pick (somebody's) brain/brains → SEE (629) pick

---

95 bread

bread and butter

ganha-pão, trabalho com que se ganha a vida *Theo has been a teacher most of the time, that's his* ***bread and butter****.*

the best thing since sliced bread

(literalmente: a melhor coisa desde que inventaram o pão fatiado) o máximo, excelente, o melhor que há *Trump's supporters think he is* ***the best thing since sliced bread****.*

---

break bread → SEE (96) break
Half a loaf is better than no bread. → SEE (393) half; halfway

---

96 break

a lucky break

um golpe de sorte, pura sorte *Detective Jones didn't have a clue about the robbers, but then he got* ***a lucky break*** *that led him to them.*

Break a leg!

(usado no imperativo, inglês falado, literalmente: Quebre a perna!) Sucesso! *You know the play will be a great success.* ***Break a leg!***

Word Story A expressão é usada com o sentido oposto, sendo a verdadeira intenção desejar *Good luck* a atores e outros artistas antes de suas apresentações. Uma das versões para a origem da expressão é que, ao final da apresentação da peça, cada vez que a cortina cai e os atores se curvam e agradecem os aplausos, há a possibilidade de eles tropeçarem na cortina e "quebrarem a perna". Coisa sem sentido e sem graça, né?

break bread

(literalmente: quebrar o pão) compartilhar o pão *I remember we were **breaking bread** together, sharing a meal and holding conversation in an open, friendly manner.*

Word Story A expressão tem origem bíblica, referindo-se à Última Ceia, quando Jesus, sentado à mesa com seus discípulos, abriu o pão e o compartilhou, dizendo "*This is my body that is for you.*" Essa tradição existe há mais de dois mil anos.

break (someone's) heart

(literalmente: quebrar o coração (de alguém)) causar infelicidade a alguém, em geral por uma atitude que demonstra falta de afeto *Charles really **broke her heart** when he told her he loved somebody else.*

break the ice

(literalmente: quebrar o gelo) romper a formalidade *It was a very formal meeting, and I decided to **break the ice**, so I told them one of my favorite jokes.*

Word Story A expressão é antiga, tem mais de quinhentos anos e é comum em muitas línguas europeias. Antigamente, no inverno londrino, quando o Rio Tâmisa congelava, eram organizadas feiras e parques de diversões nas margens do rio congelado, junto aos barcos ali ancorados. Cada manhã, *first things first* (verbete-âncora 305), os trabalhadores dessas feiras e parques de diversões tinham de quebrar o gelo à volta dos barcos e abrir um caminho que os levava até onde a água ainda fluía. Para eles, "quebrar o gelo" significava começar um dia de trabalho, era a primeira tarefa do dia.

break the news

(literalmente: quebrar a notícia) dar uma notícia (geralmente de impacto) *Who's going to **break the news** to Sophie about the accident? Who's going to bell the cat?*

break wind

(literalmente: quebrar o vento) soltar um pum *Stanley likes cabbage but he starts **breaking wind** after he eats it. Let's give old Stanley a wide berth today.*

Give me a break!

(usado no imperativo, em geral expressando desagrado com o que alguém disse ou está fazendo) Me dá um tempo! ***Give me a break!*** *I'm trying to do my work. Stop nagging! Why don't you take a hike?*

give someone a break

dar uma oportunidade a (alguém) *She is a talented young lady. If you* ***give her a break****, I'm sure you won't regret it.*

---

break bad → SEE (49) bad
break faith → SEE (278) faith

---

97 breast

make a clean breast (of something)

confessar tudo, abrir o jogo *George's conscience kept telling him he had done wrong, so he decided to call the police and* ***make a clean breast*** *of what had happened, knowing he would be arrested.*

Word Story Antigamente havia uma crença popular que aquela "vozinha" interior a que chamamos consciência morava no peito das pessoas.

98 breath

a breath of fresh air

uma lufada, um pouco de ar fresco, algo original *Luis Fernando Verissimo's style is like* ***a breath of fresh air*** *in our literature.*

below/under (someone's) breath

num sussurro, bem baixinho *The old man had a fall and muttered something* ***below/under his breath****, but I couldn´t understand what he said.*

out of breath

sem fôlego *After running the marathon, the athletes were totally* ***out of breath****.*

take your breath away

tirar o fôlego *The view from the top of Corcovado Mountain, in Rio, is sure to* ***take your breath away****.*

waste your breath

gastar o seu latim, perder o seu tempo *I knew I was* ***wasting my breath****, trying to persuade Deborah not to drink so much soda. She just doesn't listen to that kind of advice.*

---

bad breath → SEE (49) bad

---

99 breeze

shoot the breeze/bull

(informal, EUA, literalmente: atirar na brisa/no boi) bater papo, jogar conversa fora *Becas loves* ***shooting the breeze/bull*** *with her friends.*

100 brick; bridge

cross a bridge when you come to it

(literalmente: atravessar uma ponte quando chegar lá) lidar com um problema no momento oportuno *Trico doesn't want to worry about what happens when Helen graduates. He'll* ***cross that bridge when he comes to it.***

That's water under the bridge.

Isso são águas passadas, problemas superados pelo tempo. O que passou, passou. *They had a serious quarrel some years ago, but* ***that's water under the bridge.***

---

drop a brick → SEE (236) drop; dropped; drunk
burn your bridges/(Reino Unido também) boats → SEE (108) burn; burner

---

How about a break? Vamos rever as 100 primeiras?

O conjunto de testes a seguir tem por objetivo ajudar a fixação do uso e significado de algumas das mais importantes expressões idiomáticas vistas até aqui. Se você me perguntar se isso é importante, eu direi que... *You bet!* Vamos lá, então? Os testes estão a seguir, *the ball is in your court*. As respostas estão ao final do dicionário, a partir da página 441.

Test 1

A. Complete as frases com a palavra ou expressão adequada. Entre parênteses está o número do verbete-âncora onde você encontra essa palavra ou expressão.

1. (92) Quando quero enfatizar que estou falando com muita sinceridade, digo que falo ... *from the bottom of my*

a. mind. *b. soul.* *c. heart.*

2. (60) Se eu conto um segredo a uma pessoa e peço-lhe que não revele isso a ninguém, *I ask them not to*

a. buy the beans. *b. eat the beans.* *c. spill the beans.*

3. (53) Se, no fim de semana passado, toda a família se reuniu e todos se divertiram muito, dizemos que ... *they had a*

a. ball. *b. game.* *c. party.*

4. (21) Se eu tenho um motivo íntimo, que só eu conheço, para agir de certa maneira, podemos dizer que eu tenho

a. a stolen agenda. *b. a hidden agenda.* *c. a public agenda.*

5. (14) Se eu admito ser um tanto desorganizado e preciso mudar de atitude, preciso ... *get my act*

a. together. *b. alone.* *c. along.*

6. (30) Se eu acho que o filho do vizinho é muito engraçado, mas tem o defeito de não parar quieto, digo que ele parece ter

a. a cat in his hat. *b. ants in his pants.* *c. dirt on his shirt.*

7. (37) Quando o policial deu ordem de prisão ao larápio que se preparava para fazer uma ação criminosa, o que ele disse foi "*You are*

a. on average." *b. back and forth."* *c. under arrest."*

8. (100) Os dois amigos tiveram uma briga feia, mas isso foi há muito tempo e deve ser esquecido. *It´s water*

a. under the bridge. *b. under their breath.* *c. outside the box.*

9. (48) Se todos nós temos de trabalhar para ganhar nosso sustento, isso quer dizer que todos nós temos de *bring home*

a. the bread and butter. *b. the bacon.* *c. the skin and bones.*

10. (84) Tudo aconteceu de repente, bem rapidinho. *It all happened*

a. on the blink. *b. in a blind alley.* *c. in the blink of an eye.*

B. Combine as colunas, observando o número entre parênteses, que identifica o verbete-âncora da expressão.

1. (89) *a bolt from the blue*	a. algo original
2. (34) *a bad apple*	b. um hematoma, olho roxo
3. (96) *a lucky break*	c. algo inesperado, surpresa total
4. (51) *a baker's dozen*	d. um encontro romântico entre desconhecidos
5. (77) *a big cheese*	e. um golpe de sorte
6. (98) *a breath of fresh air*	f. um "afobadinho" super zeloso, doido para agradar
7. (83) *a blessing in disguise*	g. um mau elemento, que destoa do grupo
8. (84) *a blind date*	h. treze, uma dúzia mais um
9. (63) *an eager beaver*	i. um figurão
10. (80) *a black eye*	j. algo bom, que parecia ser mau

C. Complete the statements below with the right idiom, as adequate.

1. *When you want somebody to leave you alone* (27), *you tell them to*

a. *cross the bridge when they come to it.* (100)
b. *give you a break.* (96)
c. *give somebody a break.* (96)

2. *If you have to settle an account with someone* (7), *you*

a. *make no bones about it.* (90)
b. *are nothing but skin and bones.* (90)
c. *have a bone to pick with them.* (90)

3. *When you want to stress the importance of solidarity, you remind people that*

a. *we all missed the boat.* (88)
b. *we are all in the same boat.* (88)
c. *we should all rock the boat.* (88)

4. *If you run across someone* (13) *you haven´t seen in donkey's years, you meet him or her*

a. *by accident.* (4)
b. *all along.* (28)
c. *on arrival.* (38)

5. *If we say that the government has taken some important measures that will affect society as a whole, it means that those measures were taken*

a. *across the board.* (87)
b. *above board.* (87)
c. *room and board.* (87)

6. *If you think that someone is doing something before the right time, you might say he is putting the cart before*

a. *the bear.* (65)
b. *the horse.* (65)
c. *the horses.* (65)

7. *If you avoid someone like the plague* (43), *you*

a. *give them a wide berth.* (71)
b. *make the best of it.* (73)
c. *have an ax to grind with them.* (45)

8. *If something is beyond me* (76), *I can't understand it,*

a. *it beats me.* (62)
b. *beat it!* (62)
c. *it beats about the bush.* (62)

9. *If I say that something happened all at once* (26), *I mean it happened*

a. *all of a sudden.* (26)
b. *once in a blue moon.* (86)
c. *as a rule.* (39)

10. *When they announced that I was the winner, I was walking on air* (22). *In other words, I was*

a. *beyond me.* (76)
b. *beside myself* (72)
c. *beyond compare.* (76)

101 bright; bring

bring/take (someone) down a peg or two

baixar a crista de (alguém), fazer (alguém) adotar uma postura mais humilde *Don thinks he is the king of the world, he has too high an opinion of himself, someone has to* ***bring/take him down a peg or two****.*

bring to bay

encurralar *The thieves were* ***brought to bay*** *before they could leave the place and were eventually arrested.*

---

bring home the bacon → SEE (48) bacon
look on the bright side → SEE (773) side

---

102 broad; broth; brother

Big Brother → SEE (77) big; bigger
in broad daylight → SEE (210) day; daylight
Too many cooks spoil the broth. → SEE (835) spoil; spoilers

---

103 bubble

---

burst your bubble → SEE (109) burst

---

104 bucket; bug

a drop in the bucket (EUA)/ **ocean** (Reino Unido)

(literalmente: uma gota no balde/oceano) uma quantidade muito pequena, comparada com a que é necessária para algo *Ten million dollars is just* ***a drop in the bucket/ocean*** *compared to what's needed for that social project.*

kick the bucket

(informal, literalmente: chutar o balde) bater as botas, esticar as canelas, ir tocar harpa no céu, morrer *I'd like to travel in the south of Germany, before I* ***kick the bucket****.*

Word Story Existem várias versões para a origem da expressão. Uma delas fala de um método sumário de linchamento, em que a vítima era obrigada a ficar debaixo de uma árvore, com uma corda ao pescoço e, à falta de um tablado, tinha de subir em um balde, voltado de cabeça para baixo (o balde, *of course*, não a vítima do linchamento). Quando o candidato a enforcado estrebuchava, ele chutava o balde, entregava a alma ao criador, ia falar com São Pedro, e o linchamento se consumava.

(as) snug as a bug in a rug → SEE (810) snug

105 bull

a bull in a china shop

(literalmente: um touro em uma loja de louças) macaco em loja de louça, pessoa estabanada, desastrada, desajeitada, sem equilíbrio no que diz ou faz *He always acts like **a bull in a china shop** and often has to apologize for his behavior. But he never does, which makes sense, that's the way he is.*

hit the bull's-eye

(informal, literalmente: acertar no olho do boi) acertar na mosca, acertar em cheio *Congratulations, your comments about the present economic situation **hit the bull's-eye**.*

a cock-and-bull story → SEE (169) cock; cockles
shoot the breeze/bull → SEE (99) breeze
take the bull by the horns → SEE (424) horn; hornet

106 bullet

bite the bullet

(informal, literalmente: morder a bala) fazer o sacrifício, forçar-se a fazer algo difícil ou desagradável *It was not pleasant, but we had to **bite the bullet** and cut down our expenses.*

Word Story A expressão tem origem bem antiga, nos tempos em que ainda não havia anestesia. Vamos passar mais um filminho, entrar na nossa *time machine* e viajar até um hospital de campanha, em plena Guerra Civil Americana. Mais um soldado ferido acaba de chegar do campo de batalha, uma das pernas cruelmente estropiada por um balaço. O cirurgião, em um jaleco ensanguentado, está a postos, serra na mão. A enfermeira dá ao soldado uma bala e manda que ele morda. A bala não é de açúcar, e sim de chumbo, o soldado deve ***bite the bullet***, para se distrair da dor e abafar os gritos, enquanto o cirurgião procede à amputação da perna do pobre desgraçado. Lembro-me de uma vez ter respondido a uma pergunta sobre qual seria a maior invenção da história da humanidade. Respondi logo: "A anestesia." Concorda? Sem ela, nas horas mais críticas, nós continuaríamos tendo de ***bite the bullet***.

magic/silver bullet

solução mágica, saída milagrosa para um problema difícil *Nobody seems to have a **magic/silver bullet** for the conflict in the Middle East.*

stray bullet

bala perdida *Another child has been hit by a **stray bullet**. It breaks my heart to hear such news.*

107 bump; bumper

a bumper crop/year

uma safra/um ano excepcional *Thanks to nature, a lot of sunshine and rain, the farmers are sure they'll have **a bumper crop/year**.*

bump (into someone)

esbarrar (em alguém), encontrar (alguém) por acaso *I **bumped** into Rose at the airport, it was good to see her after such a long time. I hadn´t seen her in donkey´s years.*

bumper-to-bumper

para-choque colado em outro, trânsito muito lento *It was a long holiday and we had to stay **bumper-to-bumper** on the road for hours before we could reach the coast.*

---

speed bump → SEE (831) speech; speed; spend

---

108 burn; burner

burn the candle at both ends

(literalmente: queimar a vela nas duas extremidades) trabalhar noite e dia, sem descanso *It's not a good idea working so hard, going to bed late and getting up early, you're going to get sick. You're really **burning the candle at both ends**, that's bad.*

Word Story Antigamente, antes que a eletricidade chegasse às nossas casas, as pessoas que tinham de trabalhar muito para ganhar o sustento mantinham suas velas acesas nas tuas extremidades, e assim conseguiam luz suficiente para continuar fazendo o que precisavam. As velas consumiam-se mais rapidamente, exigindo sempre mais esforço e rapidez de quem as usava, o que não era bom para ninguém, a não ser para os cirieiros, os que vendiam círios ou velas de cera.

burn the midnight oil

(literalmente: queimar o óleo da meia-noite) queimar as pestanas, estudar/ trabalhar até tarde da noite *Má Má has been **burning the midnight oil**, preparing for her final exams.*

Word Story A expressão é antiga, do tempo em que não havia luz elétrica à disposição dos trabalhadores ou estudantes noturnos, e eles tinham de usar velas ou o lampião até a meia-noite.

burn your bridges/(no Reino Unido também) **boats**

(literalmente: queimar suas pontes/seus barcos) tomar uma atitude irrevogável *If you sign that contract, you'll be **burning your bridges/boats**. Your life will change and you won't be able to return to your present situation.*

Word Story A expressão vem dos tempos do Império Romano. Quando um general das legiões romanas, depois de terem cruzado um rio a caminho de uma guerra, mandava queimar uma eventual ponte ou o seu próprio barco, tornava a retirada impossível, só restando uma alternativa: seguir em frente, enfrentar o inimigo e ganhar a guerra.

on the back burner

(EUA, literalmente: na boca traseira (do fogão)) na gaveta, sem prioridade, esperando vez, sem atenção imediata *The project is a good idea, but I'm afraid it will have to be put **on the back burner**, as there are some more urgent issues to address.*

have (got) money to burn → SEE (544) money

109 burst

burst your bubble

(literalmente: estourar sua bolha) jogar água no seu chope, desapontar você *I hate to **burst your bubble**, but that job is no longer available, someone else filled that vacancy.*

110 buried; bury

bury the hatchet

(literalmente: enterrar a machadinha) fazer as pazes, esquecer os ressentimentos *They used to be good friends, but they had a quarrel and stopped talking to each other. But that's water under the bridge. Now, after more than ten years, they've decided to **bury the hatchet**.*

Word Story A expressão tem origem na tradição dos indígenas norte-americanos de, ao final de uma guerra com outra tribo, literalmente enterrarem suas armas e assim deixarem marcada a restauração da paz.

dead and buried → SEE (211) dead; deaf; death

111 bush

the bush

o mato (região inculta, na Austrália ou na África) *João has spent a couple of weeks in **the bush** and he's dying for a hot shower.*

---

beat about/around the bush → SEE (62) beat; beaten

---

112 business

business as usual

(depois que algo ruim aconteceu) nada mudou, vida que segue *Just two days after he had left the hospital, Louis was in the office, **business as usual**.*

get down to business

ir ao que interessa, meter mãos à obra *I have another appointment this afternoon, so let's **get down to business**, we still have a lot of work to do.*

have no business (doing something)

não ter direito a, não poder *"You **have no business** coming here and calling me a sycophant. How dare you? What a nerve!"*

Word Story Vale a pena destacar que a palavra usada na expressão em inglês é *business,* e não *right.* Embora o sentido da expressão seja que a pessoa *"has no right to do something"*, a palavra usada é ***business***, geralmente usada na área comercial, para falar de negócios. Mas, como vimos, a expressão é construída com ***business***, por exemplo, *"**You have no business coming here and reading my private letters.**"*

It's none of your business.

(inglês falado, em resposta a uma pergunta considerada indiscreta) Não é da sua conta. *"Sorry, but what I do with my money **is none of your business**."*

mean business

falar a sério, não estar para brincadeiras, estar disposto a agir *John seems to be a little shy, but he **means business**.*

mind your own business

meter-se na sua própria vida *"Who was that young lady I saw you with last night?" "Why don't you **mind your own business,** young man?"*

on business

a negócios *Are you traveling as a tourist or **on business**?*

---

monkey business → SEE (545) monkey

---

113 but

but for

se não fosse ***But for** the rain, I would have come.*

but then (again)

mas, pensando bem, mas então (o que não surpreende...), em compensação, em contrapartida, por outro lado *Fred is a test pilot, he has a dangerous job, **but then (again)** they pay big money for it.*

Word Story Usamos ***but then*** ou ***but then again*** para introduzir uma oração que afirma não ser surpresa o que se disse na oração anterior. *He said he had done a fantastic job, **but then (again)** he always says things like that, especially about himself.*

---

all but → SEE (26) all
anything but → SEE (31) any; anybody; anything; anytime
be nothing but skin and bones → SEE (90) bone; bonfire; bonnet
Close, but no cigar. → SEE (165) close; closet; clothes; clothing
It never rains but it pours. (Reino Unido)/When it rains, it pours. (EUA) → SEE (447) issue; it; ivory
nothing but → SEE (580) note; nothing
slowly but surely → SEE (798) slow; slowly

---

114 butt

be the butt (of something)

ser o alvo de piadas ou críticas *Politicians **are** often **the butt** of jokes and criticism.*

---

a pain in the neck/ass/butt → SEE (609) pain

---

115 butter

butter (someone) up/suck up (to someone)

(informal, literalmente: passar manteiga em alguém) puxar o saco de, lisonjear, bajular *Jack is the typical sycophant. He is always **buttering up/ sucking up to** the boss.*

Word Story ***Butter*** (manteiga) vem do grego, uma palavra composta que significa "queijo" e "vaca". Os antigos gregos provavelmente comiam muito mais queijo do que manteiga, só assim se explica que não tivessem um nome específico para manteiga, chamando-a, então, de "queijo". E provavelmente criavam mais ovelhas e cabras do que vacas, se o único "queijo de vaca" que conheciam era a manteiga. Segundo uma das versões para a origem da expressão, temos de ir à Índia, mais exatamente a Madurai, e lá visitamos o templo hindu Tamil Nadu. Esse templo é considerado o maior do mundo, e nele há a tradição de os devotos atirarem bolas de manteiga nas estátuas dos deuses e das deusas, como forma de pedir a sua proteção e favorecimento. Essa antiga tradição persiste até hoje.

---

bread and butter → SEE (95) bread

---

116 butterflies

feel/have/get butterflies in your stomach

(informal, literalmente: sentir/ter borboletas no estômago) ficar muito nervoso, morrer de medo *Theo always **feels/has/gets butterflies in his stomach** when he has to speak in public.*

117 buy

buy it/that

(informal, literalmente: comprar algo) acreditar, achar que é verdade *Malcolm said his uncle was a big wig in the Republican Party, but I don´t **buy it/that**. Malcolm is always dropping names, he is nothing but a liar.*

buy the farm/it

(EUA, gíria, literalmente: comprar a fazenda) morrer, ir tocar harpa no céu, esticar as canelas *I would like to travel to India, before I **buy the farm/it**.*

---

buy a pig in a poke → SEE (635) pig
buy (something) for a song → SEE (818) song

---

118 by

(all) by yourself

sozinho, sem ajuda ou companhia *It seems like a miracle that Michelangelo was able to paint the Sistine Chapel's ceiling **all by himself**, but then again we are talking about Michelangelo, a man ahead of his time.*

by and by

(expressão antiquada) daqui a pouco, em breve *Don't worry, things will get better **by and by**. Fingers crossed.*

by and large

em geral ***By and large,** women are better than men at Math, in my view.*

by far

de longe, por uma grande diferença *Pelé was, **by far**, the best soccer player of all time, in my view.*

by heart

de cor, de memória *Our English teacher was able to say some of Robert Frost's poems **by heart**.*

Word Story Cor (a vogal com som aberto, rimando com "maior") vem do latim *cor, cordis*: coração. É usado na locução "de cor", aplicada a algo que se memoriza, se aprende "de memória". Ou "de coração". De cor.

by hook or by crook

de um jeito ou de outro, custe o que custar *Jim was determined to win, **by hook or by crook**.*

Word Story Na Inglaterra medieval havia uma lei a qual permitia aos pobres das zonas rurais, agricultores ou pastores, que usassem suas ferramentas de trabalho (o agricultor, o seu ***hook***, gancho, usado para lidar com o feno, que serve de alimento aos animais; o pastor, o seu ***crook***, cajado, usado para arrebanhar as ovelhinhas) a fim de obter lenha, tirada dos galhos secos das árvores, de modo que pudessem fazer suas fogueirinhas, e assim resistir aos rigores do inverno inglês. Hoje a expressão ***by hook or by crook*** quer dizer que todos os meios são lícitos para se atingir um certo objetivo.

by the skin of your teeth

por um triz, por muito pouco *Steve was almost hit by a truck last week. He escaped **by the skin of his teeth**, it was a close call.*

Word Story Se é verdade que os nossos dentes não são cobertos de pele, como se explica a expressão, aplicada a alguém que, por muito pouco, escapou de uma situação de extremo perigo? A expressão vem da Bíblia, do Livro de Jó (19:20), em que ele descreve seu infortúnio, "Meus ossos apegavam-se à minha pele e à minha carne, e escapei só com a pele dos meus dentes." A descrição de Jó, apesar de exagerada, é vívida, intensa e mantém-se até hoje, apesar de, a bem da verdade, não termos pele nos dentes. Talvez ele se referisse ao esmalte dos dentes ou às gengivas. De qualquer forma, Jó escapou por muito pouco. Isso está na Bíblia, versão do Rei James.

by the way

a propósito, por falar nisso ***By the way**, have you read "The Skin of Our Teeth", a play by Thornton Wilder? It won the Pulitzer Prize for Drama in 1942.*

as if by magic → SEE (518) magic
by all means → SEE (529) McCoy; mean; means; measure
by any chance → SEE (141) chance
by appointment only → SEE (34) apple; appointment; April
by chance → SEE (141) chance
by hand → SEE (394) hand; handbasket; handle
by mistake → SEE (539) mistake; mistaken
by popular demand → SEE (216) demand
by the dozen → SEE (228) dozen
by word of mouth → SEE (552) mouth
get by → SEE (355) get

C

119 Cain

raise Cain/hell

(literalmente: levantar Caim/o inferno) subir pelas paredes, ficar bravo *The boss will **raise Cain/hell** if we don´t finish the report in time for the meeting.*

Word Story O sentido de *raise* nessa expressão é o de evocar um espírito maligno, fazer com que ele (o inominável) apareça. Caim, de acordo com a Bíblia, foi o primeiro assassino (Gênesis, 4:1-15). A expressão ***raise Cain*** teve origem nos EUA, como um eufemismo para se evitar dizer a palavra *devil* (diabo) ou *hell* (inferno).

120 cackle

cut the cackle

(literalmente: cortar o cacarejo, parar de cacarejar) parar de conversar *Let´s **cut the cackle** and start talking about what really matters. What's for dinner?*

121 cake

a piece of cake

(informal, literalmente: um pedaço de bolo) moleza, sopa, algo muito fácil e agradável de fazer *Writing this book has not been **a piece of cake**, but it has been fun.*

It takes the cake. (EUA)/ **biscuit.** (Reino Unido)

(informal, literalmente: Essa leva o bolo/biscoito [como prêmio]) É o fim da picada. É o máximo do absurdo. *I´ve heard him say a lot of crazy things, but claiming the Earth is flat certainly **takes the cake/biscuit**.*

Word Story A expressão original podia ter uma conotação positiva, afinal, quem ***takes the cake*** (nos EUA, ou o ***biscuit***, no Reino Unido, ver verbete-âncora 78) recebe um prêmio, por algo positivo que fez. Hoje em dia, no entanto, ela é usada com ironia, falando de alguma coisa que supera as outras, mas por ser surpreendente, irritante, fora de propósito. Se você teve todo o trabalho para concluir algo que ficou "tinindo" de bonito e depois uma outra pessoa (seu chefe, por exemplo) recebe os aplausos e uma promoção... diríamos que isso é o "fim da picada", o cúmulo das injustiças. Em outras palavras, ***it takes the cake***. A expressão tem origem nos tristes tempos da escravatura. Em festas ou reuniões sociais, nas *plantations* do sul dos Estados Unidos, era tradição que casais de escravos desfilassem, de braços dados, ao redor de um enorme bolo, até que o casal que fazia as evoluções mais graciosas era declarado vencedor e recebia o tal bolo como prêmio. A expressão *a piece of cake*, significando algo muito fácil, também vem dessa mesma tradição. Ela se referia ao ato de caminhar à volta do bolo, o que, afinal, não é nada difícil de fazer. É moleza, *a piece of cake*.

sell/go like hot cakes

(literalmente: vender como bolos quentes) vender aos montes, como água, ser um grande sucesso comercial *Joanne's books **sold/went like hot cakes**, she's a rich woman now.*

the icing on the cake

(literalmente: a cobertura do bolo) ouro sobre azul, o máximo do bom, algo ainda melhor, acrescentado ao que já era bom *We were delighted to attend Professor Hagge's lecture and when he signed a copy of his book, it was **the icing on the cake**.*

You can't have your cake and eat it (too).

(literalmente: Não se pode comer o bolo e guardá-lo.) Dois proveitos não cabem em um saco. *Camila wants to visit the museum and stay at home, that's just not possible, **you can't have your cake and eat it (too)**. You can't have it both ways.*

---

a piece/slice of the cake/pie → SEE (633) pie
the cherry on the cake → SEE (150) cherry

---

122 call

be/get called on the carpet

(EUA, informal, literalmente: ser chamado ao tapete) ser chamado à atenção, ser severamente repreendido *Nikki **was/got called on the carpet** for being late to work again. In other words, the boss sent her away with a flea in her ear.*

Word Story Nos Estados Unidos, no século XIX, as salas acarpetadas eram sinal de *status*, somente os ricos e poderosos tinham o assoalho de suas casas ou escritórios coberto por tapetes. Quando alguém era chamado pelo chefe a essa sala acarpetada para receber uma reprimenda ou repreensão, já podia ir dando adeusinho a um eventual aumento de salário ou a uma promoção.

call it a day

(literalmente: chamar a isso um dia (de trabalho)) encerrar o expediente, parar de trabalhar, dizer "Chega por hoje!" *It's after midnight, I'm tired, ready to drop. I'm going to* ***call it a day*** *and hit the hay.*

call (somebody) names

xingar (alguém) *Moe the bully used to* ***call him names****, but Calvin couldn't care less, he just ignored him.*

call the shots/the tune

(informal) estar no controle *Jack is the one who really decides what to do, he is the one who* ***calls the shots/the tune****.*

Word Story A expressão ***call the shots*** (chamar os disparos) tem origem nos jogos que envolvem pontaria, como o jogo de dardos. Se o jogador, antes de arremessar o dardo, diz exatamente o ponto do alvo que vai atingir, ele estará ***calling the shot***. Dizer, antes do arremesso, onde o dardo vai ser cravado, mostra que o jogador tem confiança, "fé na mão" e está no controle dos seus movimentos. Já a expressão ***call the tune*** (chamar a melodia) tem origem no ditado *He who pays the piper* ***calls the tune***. (Aquele que paga ao gaiteiro tem o direito de escolher a melodia que ele vai tocar.)

the call of the wild

o chamado selvagem ***The Call of the Wild*** *is a novel by Jack London, and a movie, starring Harrison Ford and a dog called Buck.*

---

a close call/shave → SEE (165) close; closet; clothes; clothing
a cold call → SEE (171) cold
call a spade a spade → SEE (828) spade
duty calls → SEE (242) duty
He who pays the piper calls the tune. → SEE (640) pipe; piper
the call of duty → SEE (242) duty
The pot calling the kettle black. → SEE (654) pot
too close to call → SEE (165) close; closet; clothes; clothing

---

123 calm

the calm before the storm

a calmaria antes de uma tempestade *Everything seemed to be going quite well, plain sailing, it was* ***the calm before the storm****, but we all knew it wouldn't last long.*

124 can; cannot; can't

a can of worms

(informal, literalmente: uma lata de minhocas) uma fonte de problemas de difícil solução *Don't ever ask Nikki about her past, you'll be opening* ***a can of worms****.*

carry the can

(Reino Unido, informal, literalmente: levar a lata) pagar o pato, ficar com a culpa e a responsabilidade por algo que não fez *As usual, the boss dropped the ball, but he was looking for someone to* ***carry the can****.*

Word Story Há várias versões para a origem dessa expressão. Segundo uma delas, durante o século XIX, na Inglaterra, explosivos eram usados nas minas, tanto de carvão quanto de estanho. Cada dia, uma pessoa era "premiada" com a tarefa de levar a lata contendo os explosivos até a mina. Não sabemos se essa perigosa tarefa era atribuída aos "premiados" em sistema de rodízio, mas parece-nos justo.

---

as best you can → SEE (39) as
before you can/could say Jack Robinson → SEE (65) beer; before; beggars
Beggars can't be choosers. → SEE (65) beer; before; beggars
bite off more than you can chew → SEE (79) bite; bit; bitten
can't help it/doing something → SEE (412) help
can't see the forest for the trees → SEE (321) foremost; forest; forget
If you can't stand the heat, get out of the kitchen. → SEE (844) stand
The leopard cannot change its spots. → SEE (491) length; leopard
You bet!/You can bet on it!/You bet your life! → SEE (74) bet
You can't have your cake and eat it (too). → SEE (121) cake

---

125 candle

hold a candle (to someone)

(literalmente: segurar uma vela (para alguém)), ser comparável (a alguém) *Maria Rita sings very well, but in my opinion she isn't fit to* ***hold a candle*** *to her mother, Elis Regina.*

Word Story A expressão tem origem bem antiga, nos tempos em que o artesão medieval empregava pessoas sem grande qualificação profissional (muitas vezes crianças, já que não havia fiscalização contra o trabalho infantil) para a simplória tarefa de segurar uma vela para iluminar a cena, enquanto o artesão fazia seu trabalho. A expressão é usada quando se compara a qualidade profissional das pessoas, para mostrar que elas não estão no mesmo patamar, no mesmo nível de talento ou destreza profissional.

burn the candle at both ends → SEE (108) burn; burner

126 cannon; canoe

a loose cannon

(literalmente: um canhão solto) pessoa irresponsável e pouco confiável, perigosa, que pode eventualmente causar estragos, por seu comportamento *Alex is totally irresponsible, nobody trusts him, he is considered **a loose cannon**.*

Word Story A cena é fácil de imaginar. Estamos na Inglaterra, no convés de um navio de guerra, uma peça de canhão desprendeu-se da base e agora assim, solto, livre, o canhão corre sem controle pelo convés... que estrago pode vir a causar esse ***loose cannon****... Watch out!*

paddle your own canoe → SEE (608) paddle; page

127 cap; carbon; card

carbon footprint

pegada de carbono ***Carbon footprint** is the quantity of carbon dioxide emissions caused by all the activities of a person. We should all try to reduce our **carbon footprint**.*

be in (EUA)/ **on** (Reino Unido) **the cards**

(literalmente: estar nas cartas) ser provável ou quase certo de vir a acontecer *Because of the coronavirus pandemic, no one knows what's **in/on the cards** for the economy next year.*

Word Story ***Card*** (carta) vem da palavra em grego para "folha" (de árvore). Antigamente, as pessoas usavam as folhas de árvore para nelas escrever ou desenhar. A palavra *leaf* até hoje significa folha (de árvore) ou folha de papel. A expressão refere-se à prática de usar cartas, comuns ou de tarô, para tentar prever o futuro.

put/lay (all) your cards on the table

(literalmente: pôr (todas) as suas cartas na mesa) abrir o jogo, ser franco, não ter mistérios com os outros *Before we can do business, I need* *to know what your plans and intentions are. Please **put/lay (all) your cards on the table**.*

a feather in your cap → SEE (290) feather
have an ace/a card up your sleeve → SEE (8) ace
house of cards → SEE (429) house

128 care

couldn't care less → SEE (190) could; couldn't
day care → SEE (210) day; daylight
for all I care → SEE (320) for
Handle with care. → SEE (394) hand; handbasket; handle
not care/give a fig (about someone/something) → SEE (297) fifth; fig

129 carpet

pull the carpet out from under your feet

(informal, literalmente: puxar o tapete debaixo dos seus pés) puxar o tapete, deixar alguém sem apoio ou ajuda *Steve asked the bank for a loan, but the manager **pulled the carpet out from under his feet**.*

Word Story Aqui não vamos falar da origem da expressão, mas sim do uso de nada menos de três preposições, juntinhas, uma atrás da outra: ***pull the carpet* OUT FROM UNDER *your feet***. *Prepositions, in English, are not for beginners.*

put out the red carpet for someone

(literalmente: estender o tapete vermelho para alguém) receber alguém em grande estilo *We were given a very special welcome, they really **put out the red carpet for us**.*

be/get called on the carpet → SEE (122) call

130 carry

carry a tune

(literalmente: levar uma melodia) cantar sem desafinar *In one of his songs, called "Desafinado", João Gilberto was sad because his girlfriend had said he couldn't **carry a tune**.*

carry/take coals to Newcastle → SEE (167) coals
carry the can → SEE (124) can; cannot; can't

131 cart

put the cart before the horse → SEE (65) beer; before; beggars

132 case; cash

be strapped for cash

(informal) estar com pouco dinheiro *I'd like to buy a better car, but I can't, I'm a bit **strapped for cash** just now.*

cash cow

(literalmente: vaca que produz dinheiro) "mina de ouro", "máquina de produzir dinheiro" *The publishing house sees that author as a **cash cow**. All his books sell like hot cakes.*

Cash or charge?

À vista ou no cartão? "*How will you be paying, sir, **cash or charge?***"

cash on delivery → SEE (215) deliver; delivery
I rest my case. → SEE (697) rest

133 cast

cast/draw lots

sortear, tirar à sorte, decidir ao acaso *They **cast/drew lots** to see who would break the news to the missing boy's family.*

The die is cast.

(literalmente: O dado está lançado.) Uma certa decisão/atitude foi tomada; não há como voltar atrás. *When Nancy said she would marry him, she knew **the die had been cast**, and there was no turning back.*

Word Story Na expressão, ***die*** (dado) é o mesmo que ***dice*** (dados) e ***cast*** (jogado, atirado, lançado) é o mesmo que *thrown*. A expressão é atribuída ao imperador romano Júlio César quando, ao cruzar com o seu exército o rio Rubicão, disse (em latim, naturalmente) *Alea jacta est*. Isso quer dizer que o dado tinha sido lançado e a sorte estava traçada: era preciso cruzar o rio e avançar sobre Roma, onde Pompeu, um outro imperador, tinha-se instalado enquanto Júlio César combatia na Gália. Para Júlio César não havia outro caminho, nem volta atrás. Ele entrou com seu exército em Roma, em triunfo, sendo aclamado pelo povo. Pompeu, *move over!* (verbete-âncora 553).

134 cat

Cat got your tongue?

(informal, inglês falado: O gato pegou tua língua?) Por que você está tão calado? *"You're so quiet today, what's the matter? **Cat got your tongue**?"*

cat's cradle

(literalmente: berço de gato) cama de gato, brincadeira infantil em que se dão várias formas a um barbante, cujas pontas se entrelaçam nos dedos *When Má Má was younger, she loved to play **cat's cradle**.*

the cat's pajamas (EUA)/ **the cat's whiskers** (Reino Unido)

(informal, expressão antiquada, literalmente: o pijama/os bigodes do gato) o tal, o máximo, o melhor de todos *Luke has such an inflated ego, he really thinks he's **the cat's pajamas/whiskers**.*

---

a fat cat → SEE (287) fat
bell the cat → SEE (69) bell
Curiosity killed the cat. → SEE (202) cup; cupboard; curiosity; current
grin like a Cheshire cat → SEE (380) grin
let the cat out of the bag → SEE (50) bag; baggage
rain cats and dogs → SEE (682) rain; rainy
There is more than one way to skin a cat. → SEE (904) thank; that; then; there

---

135 catch; catch-22; caught

catch a cold

pegar um resfriado *It's not the flu, I just **caught a cold**, that's all.*

catch it (Reino Unido)/ **get it** (EUA)

ser repreendido ou castigado *If your mother finds out you broke that vase, you'll **catch/get it**!*

be in a catch-22 (situation)

Se correr o bicho pega, se ficar o bicho come. Estar em uma situação sem saída, cujas soluções excluem uma à outra. ***I'm in a catch-22 (situation)**. I can't find a job because I've got no experience, and I will never get any experience if I don't get a job.*

Word Story A expressão ***catch-22*** foi usada pelo escritor estadunidense Joseph Heller como título do seu romance (lançado em 1961), um drama passado durante a Segunda Guerra Mundial, com tema profundamente antimilitarista, publicado no Brasil como *Ardil 22*. ***Catch-22*** foi adaptado para o cinema, um filme dirigido por Mike Nichols (1970), e mais recentemente o mesmo ***Catch-22*** virou uma minissérie de TV, com George Clooney e Hugh Laurie (o *Doctor House*).

be caught in the act

ser apanhado em flagrante, com a boca na botija *George denies having done anything wrong, even though he **was caught in the act**.*

be caught in the horns of a dilemma

(literalmente: ser apanhado entre os chifres de um dilema) estar em um dilema, tendo dois problemas para resolver, os dois igualmente ruins ou um pior do que o outro *Jake was facing a choice of two equally unfavorable situations, he didn't know what to do. He had been **caught in the horns of a dilemma**.*

Word Story Lemma é uma palavra grega que pode ser traduzida por "problema". ***Dilemma*** é um duplo problema. Os filósofos gregos comparavam o "dilema" aos dois chifres de um touro, cada um deles com potencial para causar imenso estrago. Se você escolhia proteger-se de um deles, o outro lá estava, ameaçador, de ponta afiada, exigindo solução.

be caught red-handed

ser apanhado em flagrante, com a boca na botija *"They **were caught red-handed**, and now they are red-faced." (Margaret Thatcher)*

Word Story A expressão tem origem na Escócia, século XV, para falar de um assassino que é flagrado no ato, ainda com o sangue da vítima em suas mãos, ou então de um caçador ilegal que é apanhado na hora do crime, ainda com as mãos manchadas de sangue da caça proibida. A expressão hoje em dia serve para falar de atos bem menos graves ou dramáticos, como alguém que é apanhado com a mão no *cookie jar*, sem ter pedido permissão à Mamãe e, é claro, não vai ter sangue nas mãos, só talvez uns pedacinhos de biscoito, como prova do "crime".

catch fire → SEE (304) fire; firm
The early bird catches the worm. → SEE (246) earliest; early

136 cause; ceiling

hit the ceiling/roof → SEE (418) hit
the root cause (of something) → SEE (716) root

137 ceremony; certain

stand on ceremony

fazer cerimônia *Just sit down, make yourself comfortable. Don't **stand on ceremony**, you're among friends here.*

to a certain extent → SEE (270) extent

138 chaff

separate/sort out the wheat from the chaff

(literalmente: separar o trigo do joio) distinguir entre pessoas ou coisas de boa ou má qualidade *Not everything he said in his speech is true or interests us. We have to hear it again and* ***separate/sort out the wheat from the chaff.***

Word Story ***Chaff*** (joio) é a planta daninha que cresce junto ao trigo e que é separada do grão quando ele é malhado. Há um velho provérbio inglês que diz "*You cannot catch old birds with* ***chaff.***" Supostamente, os pássaros velhos, por experiência, distinguem entre o trigo, bom para comer, e o joio, que não presta, por estar infestado de fungos. Seria correspondente ao nosso ditado "Não se pegam moscas com vinagre."

139 chain

be kept in chains

estar acorrentado *The prisoner* ***was kept in chains*** *during the whole journey.*

chain reaction

reação em cadeia *It is common knowledge that increasing the price of oil causes a* ***chain reaction*** *in the economy.*

chain saw

motosserra *The* ***chain saw*** *is one of the symbols of deforestation.*

chain store

loja que pertence a uma rede (de supermercados, farmácias etc.) *Rose works in a* ***chain store*** *of a famous supermarket.*

ball and chain → SEE (53) ball; ballpark
food chain → SEE (317) food

140 chalk

not by a long chalk (Reino Unido)/ **shot** (EUA)

de jeito nenhum, muito longe disso *The coronavirus pandemic is not over yet,* ***not by a long chalk/shot.***

be like/as different as chalk and cheese → SEE (149) cheese

141 chance

as chance/luck would have it

por sorte, por coincidência ***As chance/luck would have it**, Becas was also going to the supermarket, so she gave me a ride.*

by any chance

(em perguntas, de forma polida, inglês falado) por acaso *You don't happen to have a monkey wrench around here, **by any chance**?*

by chance

por sorte, por acaso *Was it really **by chance** that Fleming discovered penicillin?*

(not) stand a chance (of doing something)

(não) ter chance (de fazer algo) *He **doesn't stand a chance** of being elected in 2024, but we all know he won't give up.*

take a chance/any chances

correr o risco, arriscar *I'm not **taking any chances**. I wear a mask even when I´m home (and I always am...), I just want to be on the safe side.*

(the) chances are (that)

é provável (que) ***(The) Chances are (that)** there will be more than one vaccine against the new variant of the virus by next year.*

---

a fat chance → SEE (287) fat
(not) have a ghost of a chance (of doing something) → SEE (356) ghost

---

142 change

a change of heart

uma mudança de atitude *Tio Pedrim used to say Brazilian wine is not of good quality, but he has had **a change of heart** about that.*

a change of scene/scenery

uma mudança de ares *They have lived in Rio for years, a **change of scene/scenery** would be a good idea, they're considering the possibility of moving out to the South.*

change the subject

mudar de assunto *I don't want to talk about politics. Let's **change the subject**, please. On a different note, who won the game yesterday?*

change your mind

mudar de opinião *He is very stubborn and once he decides about something, he never **changes his mind**.*

(just) for a change

(só) para variar *Louis has been eating fish for weeks, today he's having some chicken, **just for a change**.*

---

climate change → SEE (163) climate; climb
The leopard cannot change its spots. → SEE (491) length; leopard

---

143 channel

the Channel/the English Channel

Canal da Mancha ***The (English) Channel*** *lies between England and France.*

Word Story O que, para o resto do mundo, é o Canal da Mancha, para os ingleses é o Canal Inglês, ou simplesmente o Canal. É bom lembrar que há duas palavras em inglês para o nosso substantivo "canal". Uma é ***channel***, a outra *canal*, esta última escrita e dita como a nossa "canal". ***Channel*** é usada para um canal feito pela natureza, enquanto *canal* refere-se a obra feita pelo homem como, por exemplo, *the Panama Canal* ou *the Suez Canal*. Percival Lowell (1855-1916) foi um matemático e astrônomo estadunidense que – após uma série de pesquisas sobre o solo de Marte, a partir de pesquisas anteriores feitas pelo astrônomo italiano Schiaparelli – confirmou a tese de que havia na superfície daquele planeta "*canals*" que sugeriam a possibilidade de o planeta, em alguma época, ter tido a presença de seres vivos. Schiaparelli tinha falado em "canali", Percival Lowell foi induzido a traduzir "canali" por "*canals*", em inglês. Isso causou uma grande polêmica, mas no final tudo se acalmou quando foi decidido que Lowell se referia na verdade a ***channels***, feitos pela natureza marciana e não a "*canals*", que sugeririam ter sido feitos por seres vivos. Passado todo esse tempo, os astrônomos de hoje não confirmam a existência desses canais no solo de Marte, nem a existência de marcianos inteligentes, construtores de "*canals*". *But then again, who knows?...*

144 character; charge

be (quite) a character

ser uma figura/figuraça *We all love to listen to Tio Tavim's stories. He **is quite a character**.*

be in charge (of somebody/something)

estar encarregado (de/responsável por), estar no comando (de) ***Who's in charge*** *around here? I want to talk to the manager.*

take charge (of somebody/something)

encarregar-se de, ser responsável por *After Angela's father died, she* ***took charge of*** *the company.*

Cash or charge? → SEE (132) case; cash

---

145 chase; chaser

Cut to the chase.

(informal, literalmente: "Corta para a (cena de) perseguição.") Vamos ao que interessa. Vamos parar de falar em rodeios. *OK, let's* ***cut to the chase****. How much are you going to charge me for that?*

Word Story A expressão tem origem na linguagem do cinema, na fase de edição, quando o diretor dá ordem para mudar de uma cena de pouca ação para outra mais emocionante, como seria a de um carro sendo perseguido por outro.

give chase

perseguir, ir atrás de *The suspect had stolen a cell phone and fled the scene, but a police officer* ***gave chase****.*

---

ambulance chaser → SEE (29) ambulance; among

---

146 cheap

cheap at the price/at half the price (Reino Unido)/ **at twice the price** (EUA)

muito barato, uma pechincha *The house cost them a lot of money, but then again it was* ***cheap at (half/twice) the price****, it's really a beautiful mansion.*

Word Story No Reino Unido a expressão mais usada é ***cheap at the price*** (barato pelo preço que foi pago) ou, com sentido ilógico, ***cheap at half the price*** (barato se o preço fosse a metade do que foi pago). Nos EUA a expressão tem um sentido mais lógico: ***cheap at twice the price*** (barato mesmo que o preço fosse o dobro, porque tem muito valor).

dirt cheap

(informal) muito barato, a preço de banana *I bought that dictionary* ***dirt cheap*** *at a garage sale.*

147 check

Check it out!

Confere! Vê só! *Carlos do Carmo's latest (and last) single is already available. **Check it out!***

checks and balances

(EUA, Política) freios e contrapesos *The system of **checks and balances** is used by a government to make sure no part of it (such as the executive or the judiciary) is powerful enough to control the other, and vice-versa.*

hold/keep (someone/something) in check

manter (alguém/algo) sob controle *We all have to learn how to **keep/hold our emotions in check**.*

take a rain check (on something)

(EUA, informal) adiar um evento, aceitar um convite, mas deixar para depois *I can't go tonight, but I'll **take a rain check on that**, OK?*

Word Story A ***rain check*** é o canhoto de um ingresso para esporte (ao ar livre), válido para outra data, caso o evento venha a ser transferido por causa da chuva. A expressão, informal, tem origem nesse ***rain check***. Fica para a próxima, OK?

bad check → SEE (49) bad
give/hand (someone) a blank check (EUA)/ cheque (Reino Unido) → SEE (82) blank; blanket; blaze
reality check → SEE (692) real; reality

148 cheek

cheek by jowl

(literalmente: bochecha junto à papada, debaixo do queixo) bem juntinho *The place was crowded and they were all sitting close together, **cheek by jowl**, shoulder to shoulder. And they were not wearing masks. Incredible!*

cheek to cheek

(literalmente: bochecha junto à bochecha do outro) de rosto colado *Dancing **cheek to cheek** is kind of old-fashioned, isn't it?*

have the cheek (to do something)

(Reino Unido) ter a audácia, o atrevimento, a cara de pau (de fazer algo) *My neighbor **had the cheek** to ask me if he could borrow my lawn-mower.*

with tongue in cheek

(informal, literalmente: com a língua na bochecha) de brincadeira, de gozação, com ironia *I said he could use it to mow **my** lawn, but I said that **with tongue in cheek**, of course.*

149 cheese

be like/as different as chalk and cheese

(Reino Unido, literalmente: ser como/tão diferente(s) como giz e queijo) ser muito diferente(s) *Bernie and Tiago are twins, but they* ***are like/as different as chalk and cheese.*** *But they love each other, which is great!*

---

a big cheese/fish/gun/name/noise/shot/wheel/wig → SEE (77) big; bigger

---

150 cherry

the cherry on the cake

a cereja no bolo, o que faltava para algo ficar perfeito *It was a delicious meal and when Tio Macarim said he insisted on footing the bill, that was* ***the cherry on the cake.***

151 chest; chestnut

chest of drawers

cômoda, móvel de madeira com gavetas *Grandma Marly keeps most of her clothes in that old* ***chest of drawers.***

get something off your chest

(informal, literalmente: tirar algo do peito) desabafar *Sit down, I've got something to tell you, I simply must* ***get this off my chest.*** *I've lost my wedding ring.*

old chestnut

(literalmente: castanha velha) piada ou história muito conhecida de todos e sempre repetida *Tio Tavim was telling that* ***old chestnut*** *for the tenth time, but we all listened to him with a smile.*

152 chew

chew the fat/rag

(informal, literalmente: mastigar a gordura/o trapo) bater papo, jogar conversa fora *Don't go just now. Let's sit down for a while and* ***chew the fat/rag.***

Word Story Existem várias versões para a origem da expressão. Uma delas faz referência aos esquimós (ou *Inuit*, que significa "povo" e é como eles preferem ser chamados) e seu hábito de ficar mascando, como se fosse chiclete, a gordura da baleia (*whale blubber*), enquanto vão contando as últimas gélidas fofocas uns para os outros. Outra versão fala dos marinheiros, nos tempos das grandes navegações à vela. A dieta básica a bordo era carne de porco, salgada. Nada se podia desperdiçar.

Então, pedaços da pele eram deixados de lado, prontos para servir, quando não houvesse mais nada para comer. A pele era dura e sem gosto, mas a camada de gordura que a envolvia era melhor do que nada. Esses marinheiros, em tempos de pouca comida, ficavam ***chewing the fat***, como se fosse chiclete, por uma hora ou duas, enquanto iam contando aos outros (ou inventando) os últimos (e raros) acontecimentos. Nas viagens longas, quando não havia mais pele de porco ou pedaços de tabaco (outra fonte de mastigação muito popular nesses tempos), os marinheiros mastigavam pedaços de couro ou até mesmo pedaços de pano, trapos. No intervalo de suas funções marítimas, os marinheiros reuniam-se no convés, ***chewing the rag***, mastigando o trapo, até que um oficial ou o próprio capitão chegava por ali e acabava com o bate-papo, mandando todos voltar ao trabalho, verificar as cordas das velas, checar se havia pontas soltas (*at loose ends*, ver verbete-âncora 506). E eles iam então ajustando as cordas e mastigando o trapo, por horas e horas. *A bit boring*, né? Vida de marinheiro.

bite off more than you can chew → SEE (79) bite; bit; bitten

153 chicken

chicken feed

(informal, literalmente: ração de galinha) mixaria, ninharia, quantia de pouco valor *The project would cost more than a million dollars, but that's **chicken feed** for that billionaire.*

chicken out

(informal) amarelar, acovardar-se *Rui was going to take part in the marathon but he **chickened out** at the eleventh hour.*

Don't count your chickens before they hatch.

Não contes com o ovo na galinha. Não faças planos com base em algo que ainda não aconteceu. *If I were you, I wouldn't spend the money before I won the prize. **Don't count your chickens before they hatch**, as the proverb goes.*

154 child

an only child

filho único *Theo is **an only child**, he has no brothers or sisters.*

be with child

(expressão antiquada) estar grávida *When did Sheila discover she **was with child**?*

child´s play

(informal, literalmente: brincadeira de criança) moleza, algo muito fácil *Anne is extremely smart, that test is **child's play** for her.*

---

poster child → SEE (653) post; posted; poster
(someone's) brain child → SEE (94) brace; brain; brains

---

155 chimney; china

smoke like a chimney

(literalmente: fumar como uma chaminé) fumar muito *Tio Pedrim used to **smoke like a chimney**, but he stopped cold turkey. One day he said he would quit smoking and from that day on he never smoked again.*

---

a bull in a china shop → SEE (105) bull

---

156 chip

a chip off the old block

(informal, literalmente: uma lasca tirada de um velho bloco (de madeira), a ser esculpido) tal pai, tal filho *I'm proud of my son's behavior in that case. Ted's got character, he's **a chip off the old block**. Like father, like son.*

Word Story O sentido dessa expressão é fácil de entender. Basta imaginar a cena: na oficina do marceneiro, há um bloco de madeira de onde sairá uma obra de arte, depois que o marceneiro pousar o seu formão. Desse velho bloco (***old block***) ele tira uma ***chip*** (uma lasca) com um simples golpe do formão. E aí está: aquela lasca, aquele pedacinho de madeira, tem exatamente a mesma textura, a mesma cor, até o mesmo cheiro, o mesmo caráter, a mesma qualidade que ali está, no velho bloco. Tal pai, tal filho.

chip/pitch in

(informal) fazer uma vaquinha, contribuir para um presente etc. *We decided to **chip/pitch in** and buy the teacher a great birthday gift.*

have (got) a chip on your shoulder

querer briga, ter uma mágoa, um recalque, vontade de brigar *You should avoid talking about the university with Fred, he **has a chip on his shoulder** about his education (or lack of it).*

Word Story A expressão tem origem em um contexto de briga. No século XIX, nos Estados Unidos, quando um colegial brigão queria provocar uma briga, colocava um ***chip***, um graveto ou um pedaço de casca de árvore, um pedaço de madeira em seu ombro e desafiava os outros a lhe tirar o ***chip***. Quando isso acontecia, a briga começava.

when the chips are down

na hora H, na hora da verdade, da decisão *Talking about courage is one thing, but **when the chips are down** only the really brave prove to have the guts to do it.*

Word Story As ***chips*** a que a expressão se refere são *gambling chips* (fichas de jogo, que representam dinheiro). Quando o jogador tem todas as fichas do jogo em suas mãos, ele tem de tomar uma decisão importante sobre o que vai arriscar.

157 choice; choose; choosers

Hobson's choice

situação sem alternativa, do tipo "pode casar com quem quiser, desde que case com o adorável Francisquinho" *The hotel was full, there was only one room, so we had to take that one, it was **Hobson's choice**.*

Word Story Thomas Hobson (1544-1630), preguiçoso (e folgado...) dono de um estábulo na Inglaterra, oferecia uma irônica escolha aos fregueses que vinham alugar um cavalo: levar o cavalo que estava mais perto da porta do estábulo ou então nenhum. Essa era a ***Hobson's choice***, a escolha ditada por ele.

pick and choose

escolher a dedo, com muito cuidado *There are many houses for sale, so they can afford to **pick and choose**.*

Beggars can't be choosers. → SEE (65) beer; before; beggars

158 Christmas

a white Christmas

um Natal com neve *In one of Bing Crosby's songs he said he was dreaming of **a white Christmas**.*

159 church

(as) poor as a church mouse → SEE (650) poor

160 cigar

Close, but no cigar. → SEE (165) close; closet; clothes; clothing

161 class

cut class/school → SEE (203) cut; cutting
the upper class/crust → SEE (943) upper; upside; uptake

162 clean; cleansing; clear

(as) clean as a whistle

(informal, literalmente: (tão) limpo como um apito) bem limpinho *Roger scrubbed the stove until it was **(as) clean as a whistle**.*

clean slate

ficha limpa *At the new school, every student starts with a **clean slate**. No record of any bad things that they might have done.*

Word Story O substantivo ***slate*** corresponde à nossa "lousa", usada nas escolas para servir de quadro-negro ou então como uma placa de ardósia individual, na qual cada estudante (isso tudo no tempo dos nossos avós, naturalmente) fazia suas anotações, usando giz. Uma ***clean slate***, então, é uma lousa limpinha, pronta para funcionar, sem nada a ser apagado. Dependendo do contexto, a ***clean slate*** pode ser "ficha limpa, sem nada contra você" ou então "um novo início, começando da estaca zero".

come clean

confessar, dizer a verdade sobre algo *He'll never **come clean** about his involvement in those crimes. He lives in denial.*

The coast is clear.

(literalmente: A costa está limpa, clara, livre de inimigos.) A barra está limpa. Não há perigo de ser visto ou apanhado. *You can come out, **the coast is clear**.*

ethnic cleansing → SEE (265) eternal; ethnic
make a clean breast (of something) → SEE (97) breast

163 climate; climb

climate change

mudança climática ***Climate change**, the way the world's weather is changing, is one of the most urgent environmental issues.*

climb the walls

(informal, literalmente: subir pelas paredes) sentir-se muito ansioso, principalmente em situações de confinamento *During the whole pandemic quarantine, I felt as if I could **climb the walls**.*

climb on/get on/jump on/join the bandwagon → SEE (54) banana; bandwagon

164 clock; clockwork

around/round the clock

dia e noite, sem parar *The police watched the suspect **around/round the clock**, and he knew about that.*

like clockwork

exatamente como foi planejado, como um relógio, sem adiantar nem atrasar *Operation Goldfinger ran **like clockwork**, and the police officers were happy about it.*

165 close; closet; clothes; clothing

a close call/shave

(informal) um quase desastre, quando se escapa por um triz *We didn't actually drive off the road, but it was **a close call/shave**. We were in luck.*

at close range

à queima-roupa *The police said the victim had been shot **at close range**.*

Close, but no cigar.

(EUA, informal, literalmente: Foi por perto, mas não ganha charuto.) "Bateu na trave", mas não tem direito a prêmio. *"Are you from England?" "**Close, but no cigar**. I'm from Wales."*

Word Story A expressão tem origem em um antigo costume, nos Estados Unidos, de as pessoas receberem um charuto como prêmio naquelas barraquinhas típicas de parques de diversão. A expressão se aplica quando alguém quase acerta algo.

too close to call

(resultado de competição, eleição) muito apertado, difícil de prever *The election results were **too close to call**, they had to wait until the final votes had been counted.*

a skeleton in the cupboard/closet → SEE (786) skeleton
a wolf in sheep's clothing → SEE (759) sheep
close/near at hand → SEE (394) hand; handbasket; handle

plain clothes → SEE (644) plain
shut/close your eyes (to something) → SEE (770) shut
Shut/Lock/Close the stable door after the horse has bolted/escaped. → SEE (770) shut
The matter is closed. → SEE (527) master; matter

166 cloud

be on cloud nine

(informal, expressão antiquada, literalmente: estar na nuvem nove) estar muito feliz *Trico's wife has just had a baby, they're both* ***on cloud nine****.*

Word Story Nos anos 1940, o Serviço de Meteorologia dos EUA, em seus relatórios, passou a dividir as nuvens em categorias numeradas de um a nove. A mais alta, de número nove, é a chamada *cumulonimbus*, que alcança a altura de 40.000 pés e aparenta ser uma montanha branca, mesmo em dias de sol e céu claro. A pessoa que a expressão diz estar nessa nuvem mais alta está no máximo da felicidade possível.

be under a cloud

estar sob suspeita, desmoralizado *That politician has been involved in corruption, he* ***is under a cloud****.*

Every cloud has a silver lining.

(literalmente: Toda nuvem tem um halo prateado.) Nem tudo está perdido, sempre pense positivo. *I know it was not a perfect deal, but I always try to see the bright side of things, it might have been worse. Half a loaf is better than no bread, as the proverb goes. Or, another proverb:* ***every cloud has a silver lining****.*

167 coals

carry/take coals to Newcastle

(literalmente: levar carvão para Newcastle) chover no molhado, fazer uma atividade totalmente supérflua *Crazy Daisy's new plan is to sell ice in the Arctic. That's about the same as* ***carrying/taking coals to Newcastle****.*

Word Story Newcastle-upon-Thyne é uma cidade no norte da Inglaterra, na área mineira, região exportadora de carvão. Levar carvão para lá *simply does not make any sense*, é uma ideia ridícula, assim como a de vender gelo no Ártico.

168 coast; cobwebs

blow away the cobwebs/blow the cobwebs away → SEE (86) blow; blue
The coast is clear. → SEE (162) clean; cleansing; clear

169 cock; cockles

cock-and-bull story

história da carochinha, história para boi dormir, inacreditável *Fred gave us a lame excuse for not coming, a real **cock-and-bull story** nobody would believe.*

warm the cockles of your heart

(literalmente: aquecer as amêijoas do seu coração) deixar você muito feliz *I like stories with a happy ending, to **warm the cockles of my heart**.*

Word Story Por mais absurdo e sem sentido que possa parecer, as ***cockles*** (amêijoas, vôngoles), por sua forma bivalve, são comparadas aos ventrículos do coração. Por isso, quando uma doce e terna emoção deixa você feliz, a expressão pede para ser usada.

170 coffee; coffin

---

a nail in your coffin → SEE (562) nail
Wake up and smell the coffee. → SEE (802) smell

---

171 cold

a cold call

(literalmente: uma chamada fria) uma chamada de *telemarketing*, tentando vender algo *I answered the phone and it was another **cold call**, someone trying to sell me some omega-3 fatty acid.*

cold turkey

(literalmente: peru frio) sofrimento da pessoa viciada que se submete ao método de interrupção abrupta do consumo de uma droga *Tio Carlim quit smoking **cold turkey**. One day he said "That's it, no more smoking for me." He has never smoked since then.*

Word Story Uma das versões para a origem da expressão se refere a uma refeição de peru frio, que praticamente dispensa preparação e a compara ao método de interrupção abrupta do consumo de uma droga, por ser também algo abrupto, imediato, sem preparo. Outra versão sugere que a pele humana, durante o período em que o viciado se submete ao não consumo da droga, fica com *goose pimples* (pelos eriçados, pele arrepiada, causada pelo frio ou medo), lembra a pele de um peru que tenha sido depenado, cozinhado e deixado arrefecer. No filme *The Man with the Golden Arm* (1955), Frank Sinatra popularizou essa expressão quando seu personagem, Frankie Machine, diz, horrorizado com a expectativa de exorcizar o vício: "*You mean just stop? **Cold turkey**? You don't understand! The pain...*" Uma das cenas mais marcantes desse filme é quando o personagem fica trancado em um quarto escuro durante três dias, sofrendo a terrível agonia de negar a si próprio o alívio que viria com o consumo da droga. Sinatra foi nomeado para o Oscar de melhor ator pelo seu desempenho no papel de Frankie Machine.

get/have cold feet

(informal, literalmente: ter pés frios) amarelar, acovardar-se, medrar, perder a coragem *Rui was going to do that parachute jump but at the eleventh hour he **got/had cold feet** and quit.*

Word Story Em português, dizemos que a pessoa tem pés frios ou, melhor, que uma pessoa é pé-frio (e por isso não deve ser convidada a torcer pelo nosso time), porque tem azar e traz azar. Entre nós, Mick Jagger é considerado um "pé-frio". Poderíamos então dizer que ele tem ***cold feet***? De jeito nenhum, *no way*. Alguém que ***gets*** ou ***has cold feet***, em uma determinada situação, perde a coragem, sente medo, acovarda-se, amarela. E qual é a origem da expressão ***get*** ou ***have cold feet***, então? Em 1862, o escritor alemão Fritz Reuter, em um de seus romances, descreve a cena em que, durante um jogo de pôquer, um dos jogadores, para quem as coisas estavam indo muito mal e estava perdendo uma fortuna, a certa altura diz aos outros jogadores que ele estava sentindo muito frio nos pés e não conseguia concentrar-se no jogo. Dito isto, sem pedir licença, abandona a mesa e o jogo, levando seus pés frios para longe dali. A partir daí a expressão ***get*** ou ***have cold feet*** passou a ser usada, sempre que alguém amarela e tira seus pés frios do campo de jogo. E, *just out of curiosity*, como se diz "um pé-frio" *in English*? *A jinx. Mick Jagger is supposed to be a jinx, at least Brazilians think so.*

give someone the cold shoulder

(literalmente: dar a alguém o ombro frio) ignorar a presença, esnobar, agir como se fosse superior a (alguém) *Micas tried to apologize, but Susan **gave him the cold shoulder**.*

Word Story A expressão nada tem a ver com o ombro das pessoas, esteja ele frio ou à temperatura normal. Ela tem a ver com "*slices from shoulders of cold mutton*" (fatias de carne de carneiro, não do peito, mas do ombro, servidas frias). Nos grandes banquetes da Inglaterra medieval, que duravam dias ou até semanas, quando isso era servido aos convidados, era sinal de que "a festa havia acabado", era hora de voltarem para casa.

throw cold water (on something)

jogar água fria (em algo), causar uma frustração *The health minister said that a new vaccine would not be available before the end of next year, so he **threw cold water** on our hopes.*

catch a cold → SEE (135) catch; catch-22; caught
in cold blood → SEE (85) block; blood; bloody

172 collar

get hot under the collar → SEE (426) hot

173 colo(u)r

a horse of a different colo(u)r

(EUA, informal, literalmente: um cavalo de outra cor) outros quinhentos, algo muito diferente *It´s OK to be wrong about this or that, but deliberately telling lies all the time is **a horse of a different colo(u)r**.*

colo(u)r-blind

(literalmente: cego para cores) daltônico *If a person is **colo(u)r-blind** he or she can´t distinguish some colo(u)rs, especially red and green.*

with flying colo(u)rs

(literalmente: "com cores voando") com louvor, com distinção *Manel studied hard for the exam and passed **with flying colors**. Well done!*

Word Story ***Colours*** (no Reino Unido) ou ***colors*** (nos EUA), todos nós sabemos, significa "cores". Mas, na expressão ***with flying colo(u)rs***, essa palavra significa "bandeiras". Vamos passar mais um filminho, mais uma vez embarcar na *time machine* e viajar para a Inglaterra, anos 1600, no tempo em que a esquadra britânica, de vez em quando, estava envolvida em batalhas navais. Era tradição que, após essas batalhas, quando os navios da *Royal Navy* regressavam ao porto, cobertos de glória, viessem todos embandeirados, suas bandeiras orgulhosamente desfraldadas, daí "***flying***". Como diz a expressão, os navios regressavam ***with flying colours***, com as bandeiras "voando", abertas ao vento. Hoje em dia, a expressão é usada para assinalar a distinção, o louvor, que os estudantes merecem quando fazem bonito num exame e conseguem uma grande vitória na vida acadêmica.

174 come; comfortable

Come again?

(inglês falado) 1. Pode repetir, por favor? *Sorry, I didn't hear what you said. **Come again?***

2. Como é que é? *Two thousand dollars for a pair of glasses? **Come again?***

Word Story A expressão é uma forma alternativa de *Can you say that again*? Pode ser usada quando você não ouviu bem o que a outra pessoa disse e pede para repetir, ou então, em tom irônico e exaltado, quando ouve algo que considera absurdo.

come true

(sonhos, planos, esperanças) realizar-se, tornar-se realidade *Ted's childhood dream had finally* ***come true****, he had become a university professor.*

come what may/might

aconteça o que acontecer *My father taught us to be honest and always tell the truth,* ***come what may/might****.*

make yourself comfortable

ficar à vontade, ficar confortável *Don't stand on ceremony. Sit down, relax,* ***make yourself comfortable****. You're among friends here.*

---

come clean → SEE (162) clean; cleansing; clear
come forward → SEE (323) forward; foul
come/get to grips (with somebody/something) → SEE (382) grip
come hell or high water → SEE (410) hell
come of age → SEE (20) age
come/run across (someone/something) → SEE (13) across
come to think of it → SEE (905) thick; thickens; thicker; thin; thing; think
come under fire → SEE (304) fire; firm
cross a bridge when you come to it → SEE (100) brick, bridge
First come, first served. → SEE (305) first
How come? → SEE (430) how
if/when push comes to shove → SEE (671) push
till the cows come home → SEE (192) courage; course; court; cows
when my ship comes in → SEE (761) ship

---

175 common; community

common ground

área, assunto ou algo a respeito do qual duas ou mais pessoas concordam *It's* ***common ground*** *that we must all try to protect the environment.*

common knowledge

do conhecimento público *It's* ***common knowledge*** *that eating too much sugar makes you gain weight.*

common sense

senso comum, bom senso *Tio Piê always makes practical and intelligent decisions, he's got* ***common sense****.*

gated community → SEE (351) gate; gated; gatepost

176 companion; company

traveling companion

companheiro de viagem *Who was Charley, John Steinbeck's* ***traveling companion*** *in his "Travels with Charley: In Search of America"?*

Word Story ***Companion*** vem de uma palavra em latim que associa o prefixo *com* (união) a *panis* (pão) e que significa "aquele com quem se come o pão". Compartilhar o pão, belo gesto de amizade, próprio mesmo de um companheiro. No exemplo que usamos para a expressão "***traveling companion***", *Charley* é o companheiro do escritor, o seu *pet*, um cachorrinho *poodle*.

keep someone company

acompanhar, fazer companhia (a) *Harrison lives alone in that small apartment. His dog* ***keeps*** *him* ***company***.

part company

separar-se, ir cada um para um lado (temporariamente ou em definitivo) *John and Sue walked together as far as the gate, then they* ***parted company***. *I heard through the grapevine that they've* ***parted company*** *for good, is that true?*

177 compare; comparison

beyond compare → SEE (76) beyond
pale in comparison (with something) → SEE (612) pale

178 compliments

fish for compliments → SEE (306) fish

179 concede; confidence

concede defeat

dar o braço a torcer, reconhecer a derrota *He lost the election, but he has never* ***conceded defeat*** *and he never will. He is just too proud and arrogant to do that.*

confidence game/trick, con game/trick

golpe, vigarice, conto do vigário *Bernard Madoff was doing time in jail because he had made a lot of victims with his* ***confidence game/trick***. *He was a notorious con man or con artist, a very rich man who just couldn't help doing dishonest things.*

180 consent

age of consent → SEE (20) age

181 contains; contention

bone of contention → SEE (90) bone; bonfire; bonnet
it contains spoilers → SEE (835) spoil; spoilers

182 contrary

on the contrary

pelo contrário *The risk of infection hasn't diminished,* ***on the contrary*** *it has become bigger.*

to the contrary

em contrário *In spite of all evidence* ***to the contrary****, he continued to downplay the danger of the virus.*

183 convenience

at your convenience

quando lhe convier, como e quando quiser *Please call me back* ***at your convenience****.*

at your earliest convenience

(formal) assim que possível *Please reply* ***at your earliest convenience****.*

convenience store

loja de conveniência *There was a* ***convenience store*** *at the gas station, so Uncle Willie went there and bought some cigarettes.*

184 cook; cookie

cook the books

(informal, literalmente: cozinhar os livros) manipular a contabilidade, alterar os resultados contábeis *Peter was indicted for* ***cooking the books****, trying to drive up the company's stock prices.*

What's cooking?

(informal, inglês falado, literalmente: O que está cozinhando/sendo cozinhado?) O que está acontecendo? ***What's cooking****? You all look strange!*

(be) a tough/smart cookie

(ser) uma pessoa durona/esperta *Don't worry about Susie. She****'s a tough/ smart cookie****.*

That's the way the cookie crumbles.

(informal, literalmente: É assim que o biscoito se esfarela.) A vida é assim mesmo. É assim que as coisas ruins acontecem e nós temos de as aceitar. *Losing a job is a heavy blow, but* ***that's the way the cookie crumbles****. You'll find a better job, I'm sure of that.*

---

cook someone's goose → SEE (369) goose; gooseberry; got
Too many cooks spoil the broth. → SEE (835) spoil; spoilers

---

185 cool

(as) cool as a cucumber

(literalmente: (tão) fresco como um pepino) calmo, relaxado, tranquilo *It was an emergency, the whole room was in flames, but Trico managed to stay* ***as cool as a cucumber****.*

cool your heels

(informal, literalmente: esfriar os calcanhares) tomar um chá de espera, ter de esperar por muito tempo *There was only one doctor in attendance, so I had to* ***cool my heels*** *in the waiting room before the doctor could see me.*

keep your cool/play it cool

manter-se calmo *Trico* ***kept his cool/played it cool*** *and called the firefighters right away.*

186 coop

---

fly the coop → SEE (315) fly; flying

---

187 corner

cut corners

(literalmente: cortar cantos) fazer algo sem capricho, do jeito mais direto, para ganhar tempo ou economizar dinheiro *They ran out of money and were forced to* ***cut corners*** *while building their house, but they know they didn't do it in the proper way.*

just around the corner

(literalmente: logo ao virar da esquina) iminente, muito pertinho, a ponto de acontecer *Spring is* ***just around the corner****, I can feel it in the air.*

round/turn the corner

(literalmente: virar/dobrar a esquina) passar o pior de uma situação difícil, vencer a crise *The danger of the coronavirus pandemic is still around, but some* *say we have **rounded/turned the corner**, we have passed the worst of that crisis. That's wishful thinking, I'm afraid.*

188 cost

at all costs/at any cost

a todo custo, a qualquer custo *He was determined to win the election **at all costs/at any cost**.*

the cost of living

o custo de vida *While our salary stays the same, the **cost of living** keeps going up and up, it's not fair.*

---

cost an arm and a leg → SEE (36) arm; around

---

189 couch

a couch potato

(informal, literalmente: uma batata no sofá) uma pessoa sedentária, que passa muito tempo sentada no sofá, vendo TV *Don't be **a couch potato**. Stand up and get some exercise! Go for a walk in the park, blow the cobwebs away!*

190 could; couldn´t

could do (with something)

(informal, inglês falado) preciso (de algo) *"It's very hot in here, isn't it? I **could do** with a glass of beer, what about you?" "Same here."*

couldn´t care less

(informal) não dar a mínima atenção para, não estar nem aí para *Dylan thinks he's made a good impression on Doris, but she **couldn't care less** about him.*

---

before you can/could say Jack Robinson → SEE (65) beer; before; beggars
I could use (something) → SEE (944) use; usual

---

191 count; counter

count on/rely on (someone)

contar com/depender de (alguém) *You know you can always **count on/rely on me**. I'll always be there for you, for better or for worse.*

over the counter

(literalmente: por cima do balcão) (remédios, medicamentos) sem receita, sem prescrição médica *Those tablets are available **over the counter**.*

under the counter

(literalmente: por baixo do balcão) (em uma loja) mercadorias vendidas secreta ou ilegalmente *During the war, Uncle Willie would always manage to buy his cigarettes* ***under the counter****.*

Word Story Durante a Segunda Guerra Mundial, tempos de racionamento, alguns proprietários de lojas priorizavam certos fregueses. Algumas mercadorias em especial eram mantidas debaixo do balcão, escondidas dos fregueses em geral e vendidas só a quem os donos das lojas queriam.

Don't count your chickens before they hatch. → SEE (153) chicken
It's the thought that counts. → SEE (906) though; thought

---

192 courage; course; court; cows

pluck up (the) courage

criar coragem *It wasn't a piece of cake, but on the spur of the moment I* ***plucked up (the) courage*** *and popped the question. "Will you marry me?", I said in a whisper.*

in due course

(formal) a seu tempo, no devido tempo, oportunamente *The results of that investigation will be announced* ***in due course****, and not before that.*

of course

é claro, naturalmente "*That's a very popular idiom. I'm sure you know what '****of course****' means.*" "***Of course*** *I do.*"

till the cows come home

(informal, literalmente: até as vacas chegarem a casa) por muito tempo, para sempre *This is the life! A sunny beach, a hammock under a palm tree, a tall glass of coconut water with lots of ice, a copy of Saramago's Memorial do Convento... I could stay here* ***till the cows come home****.*

---

as a matter of course/routine → SEE (527) master; matter
cash cow → SEE (132) case; cash
crash course → SEE (193) crack; cradle; crap; crash
Dutch courage → SEE (241) Dutch
food court → SEE (317) food
kangaroo court → SEE (459) kangaroo
The ball is in your court. → SEE (53) ball; ballpark

---

193 crack; cradle; crap; crash

Cut the crap!

Fala sério! *I'm sick and tired of hearing those lies.* ***Cut the crap*** *and stop lying!*

crash course

curso intensivo *Doug took a* ***crash course*** *in Portuguese at the university before he came to Brazil.*

crash helmet

capacete de motoqueiro *You must wear a* ***crash helmet*** *if you're going to ride a motorcycle.*

crash landing

pouso de emergência *One of the aircraft's engines stopped working and the pilot had to make a* ***crash landing****.*

---

a hard/tough nut to crack → SEE (584) nut; nuts; nutshell
cat's cradle → SEE (134) cat

---

194 crazy

---

drive (someone) bananas/crazy/insane/mad/nuts → (235) drive; driver

---

195 crook; crop

---

a bumper crop/year → SEE (107) bump; bumper
by hook or by crook → SEE (118) by

---

196 cross; crossed

cross your mind

passar pela cabeça *It never* ***crossed my mind*** *that I would one day get a white elephant as a birthday gift.*

keep your fingers crossed

(literalmente: manter os dedos cruzados) ficar torcendo (por algo) *Good luck, Ann! I'll* ***keep my fingers crossed****.*

---

cross a bridge when you come to it → SEE (100) brick; bridge
Cross my heart (and hope to die). → SEE (406) heart

---

197 crow

as the crow flies

(literalmente: como o corvo voa) (medindo distâncias) em linha reta *Their farm is about two miles from here **as the crow flies**, but it will take you more than an hour to get there if you go by road.*

Word Story Quando os antigos veleiros deixavam a Inglaterra rumo ao Novo Mundo e não havia mapas, eles sempre traziam a bordo um bom suprimento de gaiolas com corvos. A crença era de que o corvo, uma vez solto do alto de um mastro, sempre voava em linha reta em direção à terra. É bom lembrar que o chamado "cesto do vigia da gávea", em inglês é *crow's nest* (ninho do corvo). O pássaro era solto, e o capitão do veleiro alterava o curso, seguindo a direção do voo do corvo. Essa prática continuou até os anos 1940, com a chegada do radar. Os corvos eram muito úteis nas regiões costeiras da Inglaterra em dias de nevoeiro ou tempestades, ajudando a tripulação a escolher o ponto de terra mais próximo.

crow's feet

(literalmente: pés de corvo) pés de galinha, rugas nos cantos dos olhos *Theo is an old man now, he has lots of **crow's feet** on his face.*

crow's nest

(literalmente: ninho do corvo) (em um navio) cesto (do vigia) da gávea *The man in the **crow's nest** was the first one to see the island.*

eat crow (EUA)/ humble pie (Reino Unido)

(literalmente: comer corvo/empadão de vísceras) humilhar-se, ser obrigado a admitir um erro ou a derrota *Trump refused to **eat crow/humble pie** and concede that he had lost the election.*

Word Story Durante o armistício da Guerra Anglo-Americana (1812-1814), um norte-americano de *New England* estava caçando e, sem perceber, invadiu território ocupado pelos ingleses. Atirou e matou um corvo. Um oficial inglês viu isso e resolveu punir o transgressor, obrigando-o a comer um pedaço do corvo que tinha matado. Comer corvo, frio, com bico, penas e tudo... ninguém merece! Essa expressão é norte-americana e corresponde, na Inglaterra, a ***eat humble pie***. A versão inglesa é mais antiga ainda, referindo-se ao banquete servido pelo senhor feudal a seus convidados após uma caçada. Ao senhor feudal e seus favoritos eram servidos os cortes mais nobres do veado que tinham acabado de matar. Já as vísceras do animal, chamadas "*umbles*", eram cozinhadas em um empadão e servidas a quem o senhor feudal fazia questão de humilhar. Em *David Copperfield* (1850), Charles Dickens põe o seu personagem Uriah Heep (conhecido por seus defeitos de caráter) para dizer que "*I ate umble pie with an appetite.*" Com o tempo, *umble* virou ***humble*** que, por significar "humilde", encaixa direitinho no sentido da expressão. Quem é obrigado a comer "pastelão humilde" abaixa a cabeça e reconhece a humilhação.

198 crumble; crust

That's the way the cookie crumbles. → SEE (184) cook; cookie
the upper class/crust → SEE (943) upper; upside; uptake

199 cry

cry over spilled (EUA)/ **spilt** (Reino Unido) **milk**

chorar sobre o leite derramado *You missed an excellent opportunity, but it's no use **crying over spilled/spilt milk**. Life goes on.*

cry wolf

(literalmente: gritar "lobo!") espalhar alarme falso, alertar de um perigo que não existe *Some people just can't help **crying wolf**, even though they know that is a silly attitude.*

Word Story Essa expressão tem origem em uma fábula de Esopo, sobre um pastor que achava divertido alertar as pessoas da aldeia sobre um suposto ataque do lobo ao seu rebanho, até que um dia, quando o lobo realmente apareceu, as pessoas não mais acreditaram no perigo e não acudiram. Com isso o lobo se deu bem, e o pastor ficou desmoralizado. E uma das ovelhinhas se deu mal, *of course*.

a far cry (from something) → SEE (283) far

200 cuckoo

a cuckoo in the nest

(literalmente: um cuco/estranho no ninho) um intrometido *I just wanted to help, but they said I was **a cuckoo in the nest** and asked me to leave.*

Word Story O cuco é um pássaro cujo canto é composto por duas notas, que podem ser ouvidas quando dizemos o nome da ave: ***cuck – oo***. A fêmea do cuco também é conhecida pelo péssimo hábito de pôr o seu ovo em ninho alheio, daí a analogia a "intrometido". Ela expulsa os ovos do outro pássaro e lá instala o seu próprio ovo, para o outro chocar. Coisa feia!

Chegamos ao segundo patamar, 200 idioms! Vamos a uma breve revisão? *How about that?*

O conjunto de testes a seguir tem por objetivo ajudar a fixação do uso e significado de algumas das mais importantes expressões idiomáticas vistas até aqui. Se você me perguntar se isso é importante, eu direi que... *You bet!* Vamos lá, então? Os testes estão a seguir, *the ball is in your court*. As respostas estão ao final do dicionário, a partir da página 441.

Test 2

A. Complete as frases com a palavra ou expressão adequada. Entre parênteses está o número do verbete-âncora onde você encontra essa palavra ou expressão:

1. Se eu quero dizer que "essa ideia nunca me passou pela cabeça", digo que (196) *It never crossed*

a. *my head.* b. *my mind.* c. *my idea.*

2. Se alguém me faz uma pergunta muito indiscreta e eu reajo de forma até meio desaforada, digo a essa pessoa que (112)

a. *"Let's get down to business."* b. *"You mean business."* c. *"It's none of your business."*

3. Se eu quero elogiar a postura de alguém que, em uma emergência, permanece calmo, tranquilo e resolve a situação sem se descontrolar, digo que essa pessoa permaneceu

a. *as cool as a cucumber.* (185) b. *like a bull in a china shop.* (105) c. *as clean as a whistle.* (162)

4. Agora estamos falando de Tiago e Bernardo, que são gêmeos, mas são (149) *...as different as chalk and*

a. *cake.* b. *chestnut.* c. *cheese.*

5. Alguém me convida a visitar sua fazendinha nas montanhas, eu não posso ir, por ter outro compromisso, mas eu gostaria de ir em outra ocasião. Então digo que *"I'll take .... on that, Ok?"*

a. *a rain check* (147) b. *a crash course* (193) c. *a smart cookie* (184)

6. Fui a um consultório médico ontem, fiquei mais de uma hora na *waiting room*, à espera de ser chamado. Eu realmente tive de

a. *come clean there.* (162) b. *climb the walls there.* (163) c. *cool my heels there.* (185)

7. Quando queremos dizer que "pai e filho" são iguais, em temperamento ou em semelhança física, usamos a expressão *"like father, like son"*. Ou então dizemos que o filho é (156) *"a chip off the old*

a. *clock."* b. *block."* c. *chest."*

8. Se o fulaninho não tem irmãos nem irmãs, é filho único, *in English* dizemos que ele é

a. *an only child.* (154)   b. *a close call.* (165)   c. *a cuckoo in the nest.* (200)

9. Quando desejamos "*good luck*" a alguém que vai, por exemplo, fazer uma entrevista para emprego, dizemos que vamos

a. *keep our fingers crossed.* (196)   b. *cut the cackle.* (120)   c. *keep our cool.* (185)

10. Todo mundo sabe que durante uma pandemia de vírus, deve-se usar máscara facial. Isso é...

a. *common knowledge.* (175)   b. *over the counter.* (191)   c. *under the counter.* (191)

B. Combine as colunas, observando os números entre parênteses, que identificam os verbetes-âncora das expressões:

1. (192) till the cows come home	a. a seu tempo, oportunamente
2. (187) cut corners	b. é o fim da picada, é um absurdo
3. (135) catch it	c. amarelar, perder a coragem
4. (197) as the crow flies	d. por muito tempo, para sempre
5. (192) in due course	e. realizar-se, tornar-se realidade
6. (121) it takes the cake	f. curso intensivo
7. (166) be on cloud nine	g. fazer algo sem capricho, para poupar tempo ou dinheiro
8. (193) crash course	h. em linha reta
9. (174) come true	i. estar muito feliz
10. (171) get cold feet	j. ser repreendido ou castigado

C. Complete the following statements with the right idiom, as adequate:

1. When you do not believe what somebody has told you, you say

a. (117) "*I don't buy that.*"   b. (190) "*I couldn't care less.*"   c. (184) "*That's the way the cookie crumbles.*"

2. When somebody says something absolutely absurd, you say

a. (184) "*What's cooking?*"   b. (174) "*Come again?*"   c. (105) "*You've hit the bull's-eye.*"

3. If you had planned to go downtown by subway but at the last minute decided to take a taxi instead, that means you (142)

a. *changed the subject.* b. *had a change of heart.* c. *changed your mind.*

4. When you are worried about something and need a friend to listen to you, you simply have to

a. (151) *get something off your chest.* b. (171) *give someone the cold shoulder.* c. (199) *cry wolf.*

5. When someone *is caught in the act*, that means

a. (135) *he was doing something wrong.* b. (134) *he is the cat's pajamas.* c. (173) *he passed the exam with flying colo(u)rs.*

6. *Chew the fat* (152) is the same as

a. (109) *burst your bubble.* b. (124) *carry the can.* c. (99) *shoot the breeze.*

7. If you say something "*with tongue in cheek*" (148),

a. *you really mean it.* b. *you're just kidding.* c. (184) *you cook the books.*

8. If you were given a task and you consider it *child's play* (154) you mean it is

a. (171) *cold turkey.* b. (150) *the cherry on the cake.* c. (121) *a piece of cake.*

9. If you *throw cold water on someone's plans* (171), you

a. (112) *mind your own business.* b. (109) *burst that person's bubble.* c. (153) *chicken out.*

10. If someone *gets called on the carpet* (122), that person is

a. (166) *under a cloud.* b. (166) *on cloud nine.* c. (135) *caught in the horns of a dilemma.*

201 cucumber

(as) cool as a cucumber → SEE (185) cool

202 cup; cupboard; curiosity; current

It isn't my bag/cup of tea/thing.

Não é a minha praia. *They invited me to go to the Museum of Modern Art with them, but I took a rain check on that. Frankly,* ***it isn't my bag/cup of tea/thing.***

Curiosity killed the cat.

Fica na tua. A curiosidade matou o gato. É mais prudente reprimir a curiosidade. *If I were in your shoes, I wouldn't ask Aunt Maggie why she married Uncle Willie.* ***Curiosity killed the cat,*** *you know.*

Word Story Esta vamos ficar devendo. Por mais que a expressão "peça" para que a história da sua origem seja contada, não conseguimos descobrir de qual fábula ou historinha ela seria a moral. E no entanto, igual ao felpudo bichano, ficamos aqui, curiosos, querendo saber o que causou o fim do gato curioso. Conseguimos saber que a expressão original era com *care* (cuidado, preocupação) e não ***curiosity***. Teria sido a preocupação em excesso que teria levado a óbito o pobre felino, mas não conseguimos saber em que situação isso teria acontecido. Descobrimos também que existe um complemento da frase, assim: "***Curiosity killed the cat, but satisfaction brought it back.***" Mais uma vez, não conseguimos saber o contexto e achamos estranho que a "satisfação" tenha o poder de devolver a vida ao (agora feliz) bichano. O máximo que conseguimos descobrir é que a expressão foi usada, de forma indireta, na literatura, em 1909, no conto "*Schools and Schools*", do escritor norte-americano O. Henry, em que aparece a frase "*Curiosity can do more things than kill a cat.*" Ah, bom, concordamos. E continuamos curiosos.

---

a skeleton in the cupboard/closet → SEE (786) skeleton
swim against the stream/current → SEE (866) streak; stream

---

203 cut; cutting

be a cut above (other people/things)

ser melhor (do que os outros), ter mais qualidade, estar em outro patamar *That soccer team* ***is a cut above*** *the other competitors. No wonder they're the champions!*

cut both ways

ser uma faca de dois gumes, ter vantagens e desvantagens *The government knows its policy about the immigrants* ***cuts both ways***.

Cut it out!

(ingês falado, no imperativo) Para com isso! *I told you to stop doing that.* ***Cut it out!***

cut class/school

matar aulas *If your father finds out it's the second time you've* ***cut class/school*** *this week, you'll catch it.*

cut no ice (with somebody)

não impressionar (alguém) *Derek was telling Doris about his adventures in the Arctic, but that* ***cut no ice*** *with her.*

to cut a long story short

para resumir, para encurtar a história *Well,* ***to cut a long story short****, they got married, had one or two children and were happy for a couple of years.*

---

cut and dried → SEE (233) dried; dry
cut corners → SEE (187) corner
cut somebody down to size → SEE (785) size
cut (someone) some slack → SEE (790) slack
cut the cackle → SEE (120) cackle
Cut the crap! → SEE (193) crack; cradle; crap; crash
cut the mustard → SEE (560) mustard
Cut to the chase. → SEE (145) chase; chaser
the cutting edge → SEE (251) edge

D

204 daisy

(as) fresh as a daisy

(literalmente: (tão) fresca quanto uma margarida) com boa aparência, limpinha, arrumada *She always looks* ***(as) fresh as a daisy****. I wonder how her parents guessed calling her Daisy would be a good idea. But it was!*

Word Story ***Daisy*** vem de palavras do inglês antigo que significam "*day's eye*", o olho do dia. Alguns tipos de margaridas têm pétalas que se abrem de manhã e se fecham à noite, permitindo a analogia com os olhos. E o que será que elas veem e não contam para a gente?

be pushing up (the) daisies

(informal, literalmente: estar empurrando (as) margaridas) estar morto *We'll* ***be pushing up (the) daisies*** *by the time they find a cure for that disease.*

Word Story A expressão é fácil de imaginar, apesar do humor negro. Quando estivermos na horizontal, esticadinhos na chamada "terra dos pés juntos", ainda assim a competição por um pedaço de espaço não terá terminado, e nossos pés estarão cutucando as pobres margaridinhas, que ali crescem, junto aos restos dos mortais, elas também buscando um lugar ao sol.

205 damage

What's the damage?

(Reino Unido, informal, literalmente: "Qual é o estrago?") Quanto é "a dolorosa"? Quanto lhe devo? *Thank you for repairing the air conditioner. **What's the damage?***

206 damper/dampener

put a damper/ (no Reino Unido também) **dampener (on something)**

jogar água no chope de (alguém), tirar um pouco do brilho (de) *The rain surely **put a damper/dampener** on our plans for the barbecue.*

Word Story A **damper** (ou *noise damper*) (um abafador) pode ser usado (a pedido dos vizinhos) para reduzir o nível de som de um piano, uma boa providência principalmente na fase de aprendizado do pianista.

207 dare

How dare you?

Como vocês se atrevem? *"You have stolen my dreams and my childhood with your empty words. **How dare you?**", said 16-year-old climate activist Greta Thurnberg to the world leaders, during a United Nations session.*

208 dark

a dark horse

(Reino Unido) um azarão, uma pessoa dotada de habilidades que os outros não conhecem *I had no idea you could sing so well. You're **a dark horse**!*

Word Story A expressão tem origem nas corridas de cavalos. Era prática comum escurecer a pele de um cavalo para que ele não fosse reconhecido e, com isso, recebesse poucas apostas. Desse jeito os autores da "pintura" ganhavam dinheiro, apostando no "azarão", escurecido com intenções fraudulentas.

a leap in the dark

(literalmente: um salto no escuro) um ato de consequências imprevisíveis *They have absolutely no professional experience and know nothing about that business. It's **a leap in the dark**.*

be in the dark

estar por fora, não saber algo que os outros sabem *I don't know anything about a peace agreement. I'm totally **in the dark** about it.*

209 date

have/go out on a date (with someone)

ter um encontro/sair (com alguém) *Trico **has/is going out on a date** with Camily tomorrow night.*

keep someone/something up to date

manter alguém/algo atualizado *You should make sure your personal data are kept **up to date**.*

Word Story ***Date*** vem do latim *datus,a,um*, que significa "dado, entregue". Quando os romanos escreviam uma carta, eles punham a palavra, seguida do dia e do mês, no topo da carta, para registrar quando ela teria sido "dada" ao mensageiro. A língua inglesa (e a portuguesa também) mantém esse sentido de "dado" em frases como, por exemplo, "*within a given amount of time*", "em uma dada quantidade de tempo" ou então "*at a given moment*", "em um dado momento".

out of date

antiquado, ultrapassado *That information is completely **out of date**. I'm afraid that atlas is useless.*

to date

(formal) até à data, até hoje *Chico has had many hits, but "A Banda" is probably the greatest **to date**.*

a blind date → SEE (84) blind; blink

210 day; daylight

day care

centro de cuidados diurnos: 1. (para crianças) creche *They're looking for a **day care** where they can leave their child while they are working.*

2. (para idosos) lar *They visited a **day care** for the elderly, but were not very impressed.*

day in, day out

todo santo dia, todos os dias, por muito tempo *Stephen's daily routine is getting on his nerves. He does exactly the same thing, **day in, day out**. A real bore.*

day off

dia de folga *Manel doesn't work on Wednesdays. That's his **day off**.*

make my day

fazer-me feliz *Thank you for sending me those photos. They really **made my day**.*

night and day

o tempo todo, todo o tempo *"**Night and day**/ you are the one,/ only you beneath the moon/ and under the sun"(...) Cole Porter wrote that song, Nat King Cole was one of its singers.*

some day/someday

um dia, no futuro *Humankind will learn to live in peace **some day/someday**.*

the good old days

os bons tempos de antigamente *The two friends were talking about **the good old days**, when they could still run a marathon.*

at daylight

ao amanhecer *We were up **at daylight**. We had a long journey ahead of us, so off we went.*

daylight robbery

assalto à mão armada, algo muito caro *Ten thousand dollars for a painting. That's **daylight robbery**!*

daylight-saving time

horário de verão *We all agree on the fact that **daylight-saving time** gives us more daylight after working hours.*

in broad daylight

em plena luz do dia *There have been lots of armed robberies **in broad daylight**, the question of security is a big issue in that town.*

see daylight

começar, finalmente, a entender (algo) *I had not suspected anything, it was a long time before I finally **saw daylight** about what was happening.*

---

a bad hair day → SEE (392) hair; hairs
at the end of the day → SEE (259) end; enforcement; English
Boxing Day → SEE (93) box; Boxing; boy
call it a day → SEE (122) call
dog days → SEE (224) do; dodo; dog
every other day → SEE (267) every
for a rainy day → SEE (682) rain; rainy
Groundhog Day → SEE (384) groundhog
have a field day → SEE (296) field
it's early days (yet) → SEE (246) earliest; early
Many happy returns (of the day). → SEE (397) happy
take a/the day off → SEE (591) off

---

211 dead; deaf; death

a dead end

1. uma rua sem saída *We came to a **dead end**, there was no way out of that street, so we had to turn around.*

2. uma situação sem chance de melhorar, sem futuro *Now that Uncle Boiler has become CEO, he feels his career has hit **a dead end**.*

a dead heat

uma competição que termina em empate, sem vencedor claro *The election polls have shown **a** statistical **dead heat** for the presidency.*

a matter of life and death

uma questão de vida ou morte *To Donald, being reelected was **a matter of life and death**.*

Word Story A expressão faria mais sentido se, em vez de *and*, fosse usada a conjunção *or* mas, embora possível, a expressão *a matter of life or death* é muito menos usada do que ***a matter of life and death***.

(as) dead as a dodo

defunto, mortinho da silva *The peace negotiations have stopped altogether. They're **(as) dead as a dodo**.*

Word Story O ***dodo*** (em português dodo ou dodô) era uma ave de asas curtas e grande porte (chegava a pesar 25 quilos), da família dos pombos, mas, ao contrário destes, o ***dodo*** tinha a grande desvantagem de não voar. Habitou as ilhas Maurício, no Oceano Índico, até ao final do século XVII, quando foi extinto, vítima da caça indiscriminada. O nome ***dodo*** vem da antiga palavra portuguesa "doudo": doido, tolo, bobo, estúpido, sem juízo. Os marinheiros portugueses que naqueles tempos chegavam àquelas ilhas, pelo fato de a ave não se intimidar com os caçadores, deram a ela esse nome, além de a caçarem até à extinção. Em inglês, poderíamos chamar a essa atitude "*add insult to injury*" (verbete-âncora 15), isto é, além de acabarem com a espécie, também a "premiaram" com um nome depreciativo. Pobre ***dodo***, agora só presente na expressão ***(as) dead as a dodo***, quando falamos de um ser que antes vivia, mas agora está mortinho da silva. Mas, afinal, quem seria mais doido? A ave que, por sua natureza, não voava e por isso ficava à mercê dos caçadores, ou estes que, pelo simples prazer de caçar e exercer o seu sádico domínio, causaram a extinção de uma espécie?

dead and buried

(literalmente: morto e enterrado) (há muito tempo) morto, esquecido *They had thought of buying a house at the seaside, but that idea is now **dead and buried**.*

in the dead of the night

no meio/na calada da noite *They were both sleeping, but then she left* ***in the dead of the night****, and he never saw her again.*

to death

muito, extremamente, fatalmente *Eneida said it was just a common cold, but in fact she was scared* ***to death*** *of catching the coronavirus.*

(as) dead as a doornail → SEE (225) done; donkey; door; doornail; dose; dot
(as) deaf as a post → SEE (653) post; posted; poster
dead on arrival → SEE (38) arrival
Drop dead! → SEE (236) drop; dropped; drunk
flog/beat a dead horse → SEE (312) flog; floor

---

212 deal

a good/great deal of

muito *They spend* ***a good/great deal of*** *time with their friends.*

Deal./It's a deal./That's a deal.

Combinado./Está combinado. *"How about a meeting in my office at 9 a.m. next week?"* ***"Deal./It's a deal./That's a deal."***

Big deal! → SEE (77) big; bigger
It's no big deal. → SEE (77) big; bigger

---

213 debt; decision; deep

in debt

em dívida, devendo dinheiro *The loan from the bank has put them* ***in debt****. I'm afraid they're in the soup now.*

get/run into debt

endividar-se, contrair dívida(s) *He lost his job and began to* ***get/run into debt****.*

make a final decision

bater o martelo, tomar uma decisão definitiva *They are considering buying a bigger house, but Mama hasn't* ***made a final decision*** *yet. She always has the last word about important matters.*

---

bad debt → SEE (49) bad
go off the deep end → SEE (259) end; enforcement; English
Still waters run deep. → SEE (959) water

---

214 defeat

defeat the purpose

invalidar, ser contraproducente, ir contra o próprio objetivo *If you're trying to lose weight, eating milk chocolate is not a good idea, as it* ***defeats the purpose****.*

---

concede defeat → SEE (179) concede; confidence

---

215 deliver; delivery

deliver the goods

(informal, literalmente: entregar a mercadoria) fazer o que foi combinado, cumprir o que foi prometido *Theo is a man of his word. If he said he would sign that contract, you can count on that,* ***he*** *always* ***delivers the goods****.*

cash on delivery

pagamento contra entrega "*You don't have to pay now, we can take* ***cash on delivery****.*"

216 demand

by popular demand

a pedidos *The show was a great success and will continue for another month* ***by popular demand****.*

in (great) demand

muito solicitado *Good doctors are always* ***in (great) demand****.*

on demand

quando solicitado *Help is available 24 hours a day* ***on demand****.*

217 denial

in denial

(Psicologia) em negação, recusando-se a aceitar a realidade *They refuse to wear a mask and keep social distancing. They're* ***in denial*** *about the virus pandemic. And they're dying/dropping/falling like flies.*

Word Story ***Denial*** (negação) é o substantivo da família, *deny* (negar) é o verbo. Mark Twain, sempre irônico e genial, aproveitou para fazer um trocadilho infame e, a respeito dos políticos da época em que ele viveu (e que não eram muito diferentes dos atuais), disse isto: "***Denial*** *isn't just a river in Egypt.*" Traduzida à letra, a frase não tem sentido. ("A negação não é só um rio no Egito.") Mas quando percebemos o som do substantivo ***denial*** vemos que, com um pouquinho de boa vontade, ele é o mesmo que "*the Nile*" (o Nilo), este, sim, um rio no Egito. Não há absoluta certeza de ter sido Mark Twain quem disse isso, mas a frase é genial e, assim, se justifica atribuí-la ao autor.

218 depth; deserves; development; devil

out of your depth

(informal, literalmente: fora da sua profundidade, (na água) onde não dá pé para você) além da sua compreensão, algo que você não consegue entender *They started talking about Einstein's theory of relativity, and I was* ***out of my depth****.*

speak of the devil

(literalmente: falar no diabo) falar no mau, preparar o pau, falar o nome de alguém e ele aparece *Why,* ***speak of the devil*** *and he's sure to appear – here's Charlie!*

One good turn deserves another. → SEE (935) turn; turning
sustainable development → SEE (885) suspicion; sustainable

---

219 diamond; dickens

a rough diamond (Reino Unido)/ **a diamond in the rough** (EUA)

(literalmente: um diamante bruto, não lapidado) uma pessoa de bom caráter, mas sem boas maneiras *Seu Deca doesn't seem to be polite, but it's not his fault, he is something of* ***a rough diamond/a diamond in the rough****.*

What the dickens ...?

(informal, expressão antiquada, usada em perguntas, para expressar surpresa ou raiva) Que diabo...? "***What the dickens*** *is this stupid cow doing in my garden?" "****What the dickens*** *do you mean by that?"*

Word Story Se o seu nome de batismo fosse Carlos Diabo, você "deixaria quieto" ou, atingida a maioridade, pediria ao juiz para mudar de nome, depois de ter sofrido vários constrangimentos? Mas Charles Dickens era o nome dele, com esse Dickens o Charles se consagrou como um dos maiores novelistas da amada literatura inglesa. E que possível ligação há entre esse Dickens e a palavra (um tanto *old-fashioned*) usada em perguntas que expressam surpresa ou irritação, como ***What the dickens*** *is this stupid cow doing in my garden?* ou ***What the dickens*** *do you mean by that?* Sempre achei que esse ***dickens*** tinha a ver com o sobrenome do escritor, mas hoje aprendi que não. Duzentos anos antes do autor de *A Tale of Two Cities*, *Oliver Twist*, *A Christmas Carol* e outras joias da literatura em língua inglesa, ***dickens*** já aparecia, usada para ênfase, como eufemismo para diabo, na cena 2 do terceiro ato de *The Merry Wives of Windsor*, de William Shakespeare. "*I cannot tell* ***what the dickens*** *his name* *is"*, diz uma das personagens inventadas pelo velho Will. Parece, então, que foi Shakespeare quem inventou essa palavra, como tantas outras. Usada para dar ênfase, mais força à ideia de surpresa ou irritação, uma forma mais branda do que *"devil"*. Hoje em dia ninguém mais pergunta ***What the dickens** ... ?*, usa-se *WTF*, uma sigla irreverente para *What the fuck?*, em frases como *WTF is this stupid cow doing in my garden?* Ou então *WTF do you mean by that?* Cultura inútil? *WTF are you talking about?*

220 die

die hard

ser duro de morrer, persistir *Old habits **die hard**, Tio Macarim knows he should get some exercise, but he never does.*

Cross my heart (and hope to die). → SEE (406) heart
die/drop/fall like flies → SEE (310) flea; flies; flight
Old habits die hard. → SEE (391) habits; had
The die is cast. → SEE (133) cast

---

221 difference; different

make a difference

fazer a diferença, ter um certo efeito (sobre) *The color of your skin should not **make any difference** as to whether you're admitted to college or not.*

make all the difference (to somebody)

ter um efeito importante (para alguém) *Sometimes a little word like "please" **makes all the difference**.*

a different/another kettle of fish

(informal, literalmente: uma outra/diferente chaleira/panela com peixe) outros quinhentos, uma outra história *You may be able to understand a written text in English, but speaking fluently is **a different/another kettle of fish**.*

---

a horse of a different colo(u)r → SEE (173) colo(u)r
be like/as different as chalk and cheese → SEE (149) cheese
on a different note/on another note → SEE (580) note; nothing

---

222 dilemma; dime; diplomacy; dirt

dish the dirt

(literalmente: espalhar (a) terra) fofocar, espalhar fofocas sobre pessoas conhecidas *He wrote his memoirs and **dished the dirt** on all his former lovers.*

Word Story A expressão vem da área do garimpo de ouro. Vamos imaginar um garimpeiro, lá em Serra Pelada, por exemplo, agitando a sua peneira com terra que ele acabou de recolher, espalha, garimpa, espalha, garimpa, talvez ali esteja uma pepita do vil metal. É essa a analogia com o fofoqueiro (ou fofoqueira), espalhando boatos a respeito de outra pessoa, coisa feia!

---

a dime a dozen → SEE (228) dozen
be caught in the horns of a dilemma → SEE (135) catch; catch-22; caught
dirt cheap → SEE (146) cheap
gunboat diplomacy → SEE (388) gun; gunboat

---

223 disappear; disguise; disposal; dish

be at your disposal

estar à sua disposição *I'm **at your disposal**, just call me if you need me.*

do the dishes

lavar a louça *You did the cooking, I'll **do the dishes**. You scratch my back and I'll scratch yours.*

---

disappear/vanish off the face of the earth → SEE (945) value; vanish; vanishing
dish the dirt → SEE (222) dilemma; dime; diplomacy; dirt
(It's) A blessing in disguise. → SEE (83) blessing

---

224 do; dodo; dog

dog days

(literalmente: dias de cão) dias de canícula, forte calor *They spend the day at the pool during the **dog days** of summer.*

Word Story A origem da expressão tem mais a ver com astros do que, propriamente, com cães. A estrela *Sirius*, que faz parte da constelação *Canis Major*, nasce e se alinha com o sol no hemisfério norte durante o meio e até o final do verão. Os antigos gregos acreditavam que o calor de *Sirius* (a estrela cão), combinado com o calor do sol, causava o calorão daquele período do ano. Na verdade, é a inclinação do eixo da Terra que torna o hemisfério norte mais exposto aos raios do sol nesses "dias de cão" ou de canícula.

go to the dogs

(informal, literalmente: ir para os cães) ir para o beleléu, arruinar-se, fracassar *Is the economy really **going to the dogs**?*

It shouldn't happen to a dog!

Ninguém merece! *The poor guy has been left in the lurch once again. **It shouldn't happen to a dog!***

Let sleeping dogs lie.

(literalmente: deixar em paz os cães que dormem) Deixa quieto. Não mexe em casa de marimbondo. Não cutuca a onça com vara curta. *I was going to ask Charlie why he had been fired from that company but, on second thought, I decided to **let sleeping dogs lie**.*

---

a dog in the manger → SEE (523) manger; many
(as) dead as a dodo → SEE (211) dead; deaf; death
do a headstand → SEE (404) head; headstand; healer
do (someone) good → SEE (368) good; goodbye; goods
do something in/at one sitting → SEE (783) sit; sitting
(do something) on the quiet/sly → SEE (799) sly
(do something) on/at the spur of the moment → SEE (840) spur
do the dishes → SEE (223) disappear; disguise; disposal; dish
do the job → SEE (450) job; Job
do the trick → SEE (928) trick
do/try my best → SEE (73) best; better
do wonders/work miracles (for something) → SEE (989) wonder; wool
do your part → SEE (620) part; parting
do (your) time → SEE (912) time; times
could do (with something) → SEE (190) could; couldn´t
If you lie down with dogs, you'll wake up with fleas. → SEE (493) lie; lie down
make do (with/without something) → SEE (521) make; Maker
rain cats and dogs → SEE (682) rain; rainy
the hair of the dog (that bit you) → SEE (392) hair; hairs
Will do. → SEE (977) will; willing
work like a dog/slave → SEE (793) slave

---

225 done; donkey; door; doornail; dose; dot

donkey's years

(Reino Unido, informal, literalmente: os anos do burro) muito tempo *I wonder where Henry is now, I haven´t seen him in **donkey's years**.*

Word Story Que relação pode haver entre os "anos do burro" e a ideia de "muito tempo"? Aparentemente, nenhuma relação. Mas a expressão, que está em uso desde o princípio dos anos 1900, era originalmente ***donkey's ears***. *Ears* e não *years*. Se levarmos em conta o tamanho das orelhas de um burro, a expressão fazia sentido. *Ears* e *years* soam quase igual, o "*y*" entrou nesse "*ears*" sem ser convidado, e a expressão assim ficou, um tanto sem sentido, até hoje.

(as) dead as a doornail

(literalmente: (tão) morto quanto um prego de porta) morto, mortinho da silva *The peace negotiations are* ***as dead as a doornail****.*

Word Story Antigamente, muito antes da chegada das campainhas elétricas, quando você chegava à casa de alguém e queria chamar as pessoas, tinha de usar o que, em inglês, denomina-se *door knocker* (em português, aldraba) e bater nos *doornails*, os pregos de ferro que a fixavam à porta. Você batia, se ninguém viesse à porta, batia de novo, o barulho da mãozinha de ferro batendo contra a chapa, também de ferro, anunciava a sua chegada. Como um *doornail* pode ser considerado mortinho da silva só é compreensível se pensarmos que, cada vez que batíamos à porta, a tal da *door knocker* batia nos *doornails*, e os pobrezinhos morreram de tanta pancada que levaram. A expressão é antiga, já Charles Dickens, em seu *A Christmas Carol*, diz, logo no início, que "*Old Marley was* ***as dead as a doornail****.*" E até hoje os pobres dos *doornails*, apesar de estarem mortinhos da silva, continuam sofrendo castigo na expressão, ainda em uso, muito embora eles e as *door knockers* hoje sejam coisas de museu.

on the dot

em ponto *The train entered the station at 9 o'clock* ***on the dot****.*

---

all in all/when all is said and done → SEE (26) all
Been there, done that. → SEE (64) bee; beeline; been
give someone a dose/taste of their own medicine → SEE (530) medicine; meet
Shut/Lock/Close the stable door after the horse has bolted/escaped. → SEE (770) shut
Well done! → SEE (965) well

---

226 doubt

beyond (a reasonable/a shadow of a) doubt

sem (sombra de) dúvida *The test results proved* ***beyond (a reasonable/a shadow of a) doubt*** *that he was the child's father.*

in doubt

em dúvida, com (uma) dúvida *When* ***in doubt****, don't hesitate to call us with your questions.*

227 down

be down and out

estar sem dinheiro, emprego, casa, estar arruinado *Life must be terribly hard if you **are down and out** in a cold but rich city like New York.*

Word Story Quando uma pessoa está ***down and out,*** ela foi derrotada na luta da vida, está completamente sem recursos ou meios de se sustentar. A expressão tem origem no boxe. Quando um boxeador está ***down and out*** ele não só está ***down***, deitado na lona, mas também está ***out***, fora deste mundo, por ter perdido os sentidos. Está *KO, knocked out*. Ou ***down and out***.

down payment

entrada, pagamento inicial *How much of a **down payment** did you pay for that car?*

---

bring/take (someone) down a peg or two → SEE (101) bright; bring
cut somebody down to size → SEE (785) size
down in the dumps → SEE (239) dumps
down in the mouth → SEE (552) mouth
down to earth → SEE (248) earth
get (down) off your high horse → SEE (425) horse
get down to business → SEE (112) business
go down the drain → SEE (229) drain
hands down → SEE (394) hand; handbasket; handle
jump down someone's throat → SEE (455) jump
let someone down → SEE (492) less; let; let´s
let your hair down → SEE (492) less; let; let´s
look down your nose (at someone/something) → SEE (579) nonsense; nose; nosy
sell someone down the river → SEE (707) river
upside down → SEE (943) upper; upside; uptake
when the chips are down → SEE (156) chip

---

228 dozen

a dime a dozen

(informal, literalmente: uma moeda de dez centavos é o preço de uma dúzia) a dar com pau, algo muito comum, por isso muito barato *Sunny beaches in Brazil are **a dime a dozen**.*

by the dozen

às dúzias, em grande número *Those pens are so cheap, Renata is buying them **by the dozen**.*

Word Story ***Cheaper by the Dozen*** é um filme norte-americano lançado originalmente em 1950, com uma nova versão em 2003, sobre um especialista em eficiência e sua imensa família. No Brasil, o título do filme lançado em 1950 foi *Papai Batuta* e, na versão de 2003, o título passou a ser *Doze é Demais*. Em Portugal, as duas versões tiveram o mesmo título: *À Dúzia É Mais Barato*. A versão mais antiga foi estrelada por Clifton Webb e Myrna Loy, a moderna, por Steve Martin e Bonnie Hunt. O especialista em eficiência aplicava seus métodos também para a administração da sua família, e o casal teve, sim, doze filhos, sete rapazes e cinco moças. "***It's cheaper by the dozen***," segundo eles. Não duvido, mas é bom não levar esse conselho muito a sério.

---

baker's dozen → SEE (51) bait; baker
talk nineteen to the dozen → SEE (577) nine; nineteen

---

229 drain

go down the drain

(informal, literalmente: descer pelo ralo) ir por água baixo, fracassar *With the economic crisis, many small businesses* ***have gone down the drain.***

---

brain drain → SEE (94) brace; brain; brains

---

230 draft (EUA)/ draught (Reino Unido)

draft/draught beer

chope ***Draft/Draught beer*** *is served directly from a barrel, it is not available in bottles.*

231 draw; drawers; drawing

draw a line

distinguir *Sometimes it is not so easy to* ***draw a line*** *between true facts and fake news.*

draw the line (at something)

impor limites *They try to raise their children in a liberal way, but they* ***draw the line*** *at lying.*

---

back to the drawing board → SEE (47) back; backseat
be fast/quick on the draw/trigger → SEE (676) quick; quicksilver
cast/draw lots → SEE (133) cast
chest of drawers → SEE (151) chest; chestnut
end in a draw/tie → SEE (259) end; enforcement; English
My mind goes blank./I draw a blank. → SEE (82) blank; blanket; blaze

---

232 dream; dressed

dressed to kill

(literalmente: vestida para matar) vestida com roupa que chama a atenção *Marcia went to the party **dressed to kill**.*

---

pipe dream → SEE (640) pipe; piper

---

233 dried; dry

cut and dried

(literalmente: cortado e seco) decidido em definitivo, tudo combinado *At the end of the meeting their plans for Operation Codfish were **cut and dried**, they all knew exactly what to do.*

Word Story A expressão tem origem em um termo da indústria madeireira, que fala de dois processos fundamentais: o corte e a secagem. Quando a madeira já passou por esses dois processos, ela está ***cut and dried***, nada mais a fazer, está pronta para a serraria e a comercialização.

---

hang (someone/something) out to dry → SEE (395) hang
leave (someone) high and dry → SEE (416) high

---

234 drink

---

drink like a fish → SEE (306) fish

---

235 drive; driver

drive (someone) bananas/crazy/insane/mad/nuts

levar (alguém) à loucura, deixar (alguém) muito irritado *Another cold call. All those cold calls are **driving me bananas/crazy/insane/mad/nuts**.*

---

backseat driver → SEE (47) back; backseat

---

236 drop; dropped; drunk

at the drop of a hat

(literalmente: basta alguém tirar o chapéu) sem hesitação, rápida e imediatamente *Tio Carlim says we can count on him, he's ready to help us **at the drop of a hat**.*

Word Story A expressão tem origem no século XIX, e refere-se ao gesto feito pelos juízes das corridas de cavalos. Em sinal de alerta aos competidores, o juiz tirava o chapéu, mantinha-o no ar e quando, num gesto brusco, baixava o chapéu, ele dava o sinal da largada.

drop a brick

(literalmente: deixar cair um tijolo) dar uma mancada, cometer uma gafe *I **dropped a brick** when I complimented Petula on her beautiful hair. It was a wig, in fact.*

Drop dead!

(informal, ofensivo, inglês falado, literalmente: Cai morto!) Para com isso! Vê se morre! ***Drop dead**, will you?!*

drop names

(literalmente: deixar cair nomes) tentar impressionar os outros mencionando nomes de pessoas famosas ou importantes que supostamente o conhecem *Malcolm likes to **drop** a few **names** trying to pretend he has friends in high places.*

drop the ball

(EUA, literalmente: deixar cair a bola, em alusão ao beisebol) fazer uma besteira, pisar no tomate *I know I should be extra careful about this, I just can't **drop the ball**, they're relying on me.*

---

a drop in the bucket (EUA)/ ocean (Reino Unido) → SEE (104) bucket; bug
(as) drunk as a skunk → SEE (788) skip; skunk
die/drop/fall like flies → SEE (310) flea; flies; flight
ready to drop → SEE (691) ready
The penny dropped. → SEE (627) penny

---

237 duck; duckling

a lame duck

(informal, literalmente: um pato manco) 1. uma pessoa/organização em situação difícil *After Uncle Tom's death, Aunt Molly has become **a lame duck**, depending on the family's help.*

2. (EUA, política) político despojado do poder *In his final days in the White House, Trump was **a lame duck**, never conceding defeat and desperately trying to cling to power.*

an ugly duckling

(literalmente: um patinho feio) pessoa ou coisa que a princípio parece ser inferior aos outros, mas com o tempo afirma-se e passa a ser admirado *Our* *garden was a bit of **an ugly duckling** but when the flowers started blooming it was a real beauty.*

Word Story A expressão tem origem em uma história infantil, do dinamarquês Hans Christian Andersen, em que um cisne é criado junto de uma ninhada de patinhos. Por ser um pequeno cisne, bem diferente dos patinhos, o pobre "patinho feio" sofre a gozação de todos. Mas ele se desenvolve, vira um belo cisne e assim todos aprendem uma grande lição: todos merecem nosso respeito, mesmo quando são diferentes de nós.

sitting duck/target → SEE (783) sit; sitting

238 due

due to

devido a, causado por *The accident was **due to** bad weather as well as the driver's carelessness.*

in due course → SEE (192) courage; course; court; cows
with all due respect → SEE (696) rely; respect

239 dumps

down in the dumps

(informal) deprimido, na fossa *Since her parents died in an accident, Gisele has been **down in the dumps**.*

Word Story Entre os vários sentidos de ***dump***, está o de lixão, local onde se deposita lixo. ***Down in the dumps*** poderia então ser entendido como "lá embaixo, nos lixões". Mas existe outra versão para a origem da expressão, menos triste, para nos referirmos a um período em que alguém está deprimido. No Antigo Egito, um dos faraós que construíram as grandes pirâmides constantemente sofria de crises de depressão. Seu nome era *Dumpos*. Quando alguém sofria de profunda melancolia dizia-se que a pessoa estava sofrendo da doença de *Dumpos*. Em inglês, a pessoa estava *down with Dumpos's disease*. Com o tempo, a expressão passou a ser ***down in the dumps***.

240 dust

bite the dust → SEE (79) bite; bit; bitten
gold dust → SEE (366) gold; golden

241 Dutch

Dutch courage

(Reino Unido, informal, literalmente: coragem holandesa) falsa coragem ou confiança, ganha depois de umas cervejas *Fred was going to make a speech in public, but before that he decided to go to the pub and **get** some **Dutch courage**.*

Word Story No século XIX, a Holanda era rival da Inglaterra, tanto na área militar quanto na comercial. Isso explica que, passados mais de 400 anos, ainda existam expressões idiomáticas na língua inglesa em que os holandeses são vistos de forma depreciativa, como essa ***Dutch courage*** e algumas outras.

Dutch treat

esquema em que cada pessoa paga a sua despesa "*How about going to that new restaurant? "Only if we go **Dutch treat**.*"

go Dutch (with somebody)

"rachar" a despesa (com alguém) "*Ok, let's go there, I'll **go Dutch** with you.*"

242 duty

duty calls

o dever chama, o dever acima de tudo *I'd like to stay the whole day with you, but **duty calls**, and I have to get back to the office. So long!*

on/off duty

de plantão/de folga *What time do you go **on/off duty**?*

the call of duty

(formal) o chamado/requisito do dever *Heley de Abreu Silva Batista was a Brazilian teacher. She was a real heroine, who went above and beyond **the call of duty**, and lost her life because of that.*

E

243 each; each other

to each his own

cada um na sua, cada um do jeito que é e com seus gostos *I really am not a big fan of baseball, but **to each his own**.*

each other

um ao outro, uns aos outros *Phil and Debra love **each other**.*

made for each other

feitos um para o outro *They seem to have been **made for each other**.*

244 eager

an eager beaver → SEE (63) beaver; bed

245 ear

be music to my ears → SEE (558) music
Walls have ears. → SEE (953) walls
put a flea in someone's ear → SEE (310) flea; flies; flight

246 earliest; early

at the earliest

(tempo) no mínimo *They say the coronavirus pandemic will not be over until next year **at the earliest**.*

it's early days (yet)

(Reino Unido) ainda é cedo (para) *Our project has the potential to be a real success, but **it's early days yet** to say so. We'll have to wait and see.*

The early bird catches the worm.

(literalmente: O pássaro que acorda cedo é o que pega a minhoca.) Deus ajuda quem cedo madruga. *Call me at seven, I´m an early bird. **The early bird catches the worm**, as the saying goes.*

Word Story O "nome completo" da minhoca é *earthworm*, mas no provérbio foi usada a forma abreviada: *worm*. As minhocas são animais noturnos, durante o dia ou em dias de sol elas se escondem, por isso o pássaro precisa madrugar, enquanto não está dia claro, se quiser encontrar o seu petisco favorito. Passando essa lição para os humanos, a ideia é: quem quiser atingir seus objetivos não pode ser preguiçoso, tem de acordar cedo, sacudir a preguiça e partir para a tarefa, antes que outros façam o mesmo e lhe tirem o pão (bem melhor do que minhoca...) da boca. De qualquer maneira, acordar cedo é sempre bom, no mínimo para a saúde, tanto de pássaros como de seres humanos. Só não é bom para a minhoca.

the early/small/wee hours

as primeiras horas, bem cedinho *Micas had a math test the next day, so he studied into **the early/small/wee hours** of the morning.*

---

at your earliest convenience → SEE (183) convenience

---

247 earn; earnest

earn a living

ganhar a vida, o sustento *How can anyone **earn a living** by selling matchboxes?*

in earnest

a sério, não de brincadeira *When he said he was going to resign, I thought he was pulling my leg, but then I realized he was **in earnest**. So I hope he does.*

248 earth

down to earth

de volta à realidade *For some time Ella thought the world was a bed of roses, she seemed to live in a pipe dream. After she got married she came **down to earth**, back to reality.*

the salt of the earth

(literalmente: o sal da terra) uma pessoa boa, honesta, nobre, de excelente caráter *In an election for "**the salt of the earth**", who would you vote for?*

Word Story Essa metáfora é muito antiga, vem da Bíblia (Mateus 5:13), foi usada por Jesus para se referir aos que foram perseguidos por sua lealdade ao Senhor. Antigamente, o sal era considerado de grande valor, muito mais do que é hoje, em que, ao contrário, ele figura com destaque entre os vilões de uma dieta saudável.

to the ends of the earth

até o fim do mundo, a um lugar longínquo *He would go **to the ends of the earth** to be with her.*

---

disappear/vanish off the face of the earth → SEE (945) value; vanish; vanishing

---

249 ease; easy

at ease

à vontade, confortável *Susan did her best to make me feel **at ease**.*

ill at ease

constrangido, pouco à vontade, sem confiança *I always feel **ill at ease** when I have to speak in public.*

stand at ease

(militar) ficar à vontade *The sergeant ordered the soldiers to **stand at ease**.*

easy does it

(informal, inglês falado) calma, devagar! *Be careful with those glasses, **easy does it**.*

easy game

presa fácil, pessoa fácil de ser enganada *Isa has absolutely no experience on investments, she's **easy game** for confidence men.*

Word Story O substantivo ***game*** tem vários significados. Nessa expressão, ***game*** não significa "jogo", e sim "caça, animal/animais caçado(s)".

go easy (on somebody)

"pegar leve" com (alguém) ***Go easy** on the kid, he didn't mean to break the window.*

go easy (on something)

"pegar leve" com (algo) *If you are in Bahia, you should **go easy** on the spices, especially pepper.*

I'm easy.

(Reino Unido, informal, em uma escolha) Para mim tanto faz. Não faço questão. *Coffee or tea, I'll have whatever you're having, **I'm easy**.*

on easy street

(EUA, literalmente: na Rua Fácil) rico, bem de vida *Joanne's books sold like hot cakes, and she's **on easy street** now.*

Take it easy!

(informal) Calma! Não se estresse! ***Take it easy**, Bob! It's only a game, you'll win next time!*

250 eat; eating

eat your heart out

(informal) morrer de inveja *"**Eat your heart out!**" Jude said to his friends as he showed off his Ferrari.*

---

eat crow (EUA)/ humble pie (Reino Unido) → SEE (197) crow
I'll eat my hat! → SEE (401) hat; hatter

The proof of the pudding is in the eating. → SEE (665) proof
You can't have your cake and eat it (too). → SEE (121) cake

251 edge

be/feel on edge

estar muito nervoso *The kids were making a hell of a noise, and I* ***was (feeling) on edge****.*

be/live on a razor´s edge

estar/viver no fio da navalha, em uma situação perigosa *Richard enjoys cheap thrills and dangerous experiences, he* ***is/lives on a razor's edge****.*

have an edge (over somebody/something)

ter uma vantagem sobre (alguém/algo) *Carol* ***has an edge*** *over the other performers because of her smile and her natural empathy.*

the cutting edge

a vanguarda, a ponta, o estágio mais avançado *The latest model is at* ***the cutting edge*** *of computer technology.*

252 educated; eel; effect

an educated guess

(em uma prova, exame etc.) um "chute" com base em algum conhecimento *I did not know the answer to that question, but I made* ***an educated guess****.*

take effect

fazer efeito *Be patient. The medicine will* ***take effect*** *an hour after you take the pills.*

(as) slippery as an eel → SEE (797) slip; slippery
side effect → SEE (773) side

253 egg; eggshells

Don't put all your eggs in one basket.

Não concentre todos os seus recursos em um único investimento. ***Don't put all your eggs in one basket****. That's basic advice when you make a personal investment.*

egg someone on

incitar, estimular, incentivar (alguém) a fazer algo errado ou tolo *Trump kept* ***egging*** *his supporters* ***on*** *and they answered his call, storming the Capitol in a violent and tumultuous way.*

Word Story Apesar de ser iniciada com ***egg***, a expressão nada tem a ver com ovo. Na verdade ela tem origem na palavra "*eggian*" que, na antiga língua anglo-saxônica, queria dizer "incitar, incentivar". E é isso mesmo que a expressão quer dizer nos dias de hoje.

have egg on your face

(informal, literalmente: estar sujo de ovo na cara) ficar com cara de bobo, ser motivo de riso *That series of scandals has left the government with **egg on its face**.*

lay an egg

(literalmente: pôr um ovo) falhar em público *Frank **laid an egg** when he forgot his lines, but the audience helped him and sang along, they know that song by heart.*

nest egg

(literalmente: ovo no ninho) pé-de-meia, dinheiro economizado e posto à parte *They have a little **nest egg** which they intend to use for a trip to India some day.*

walk on eggshells

(literalmente: caminhar em cascas de ovos) pisar em ovos, ter muito cuidado ao fazer algo *I knew I had to **walk on eggshells** when I talked to her about her son's career.*

254 eight

behind the eight ball → SEE (53) ball; ballpark

255 elbow

at your elbow

(literalmente: ao cotovelo) (ao alcance de) ao lado, muito perto *Wherever the boss goes, his assistant is **at his elbow**.*

elbow room

(informal, literalmente: espaço para os cotovelos) espaço suficiente para uma pessoa se movimentar *Social distancing is a must during the coronavirus pandemic, there must be plenty of **elbow room** in the shops and restaurants.*

give someone the elbow

(Reino Unido, informal) terminar um relacionamento com (alguém) *Is it true that Angelina has **given** her boyfriend **the elbow**?*

256 elephant

the elephant in the room

(literalmente: um elefante na sala) um problema bem visível, que precisa ser enfrentado, mas que as pessoas preferem ignorar, por ser incômodo *Let's not ignore **the elephant in the room**. Somebody here took all the cookies from the cookie jar and left it empty. Does anybody know anything about it?*

a white elephant

um elefante branco, algo que se recebe de presente, mas acaba sendo um trambolho, por não se ajustar à realidade de quem o recebeu. *They gave Cecilia a piano for birthday, but as she lives in a small apartment, that black piano is a real* ***white elephant*** *for her.*

Word Story A expressão tem origem no longínquo reino do Sião, atualmente Tailândia. O rei do Sião costumava presentear seus inimigos com um elefante branco, um animal raro, obrigando quem o recebia a um grande esforço e muita despesa para cuidar do animal, precioso por ser raro, mas incômodo para a realidade de quem o recebia como um presente.

257 eleventh

at the eleventh hour

(literalmente: na décima primeira hora) no último momento *It seemed they would lose the game but then,* ***at the eleventh hour****, Messi scored a goal and they won.*

Word Story ***Eleven*** (onze) vem de uma palavra do inglês antigo que significa "um de sobra". *Twelve* (doze), nesse mesmo idioma, significa "dois de sobra". Se nos lembrarmos que as pessoas, nos tempos antigos, contavam por dezenas, isso faz sentido.

258 empty

the empty nest

(literalmente: o ninho vazio) a sensação de vazio depois que os filhos de um casal saem de casa, para viver em suas próprias casas *Mr. and Mrs. Smith are suffering from* ***the empty nest*** *syndrome, after both Carol and Larry left home.*

259 end; enforcement; English

at the end of the day

(informal, literalmente: ao final do dia) no final das contas, levando tudo em consideração, o que é mais importante ***At the end of the day*** *the issue that most influences the voters is the economy.*

end in a draw/tie

empatar, terminar em empate *The game* ***ended in a draw/tie****, 2-2.*

go off the deep end

(literalmente: sair da parte mais funda da piscina, onde não dá pé) ficar uma fera, irritar-se bruscamente *If your mother finds out you broke her Chinese vase, I'm afraid she might* ***go off the deep end.***

make (both) ends meet

ter o dinheiro minimamente necessário para viver *With the present economic crisis many people are finding it difficult to* ***make (both) ends meet.***

Word Story A expressão tem origem na contabilidade. A coluna da receita (o valor em dinheiro que a pessoa ganha) precisa ***meet*** (encontrar) a coluna da despesa (o valor daquilo que ela gasta). A soma total, a cada mês, de cada coluna precisa ser a mesma. É essa a ideia de ***make (both) ends meet.***

odds and ends

miudezas, bugigangas, coisinhas diversas *Lili has a lot of curious* ***odds and ends*** *on her desk.*

stand (something) on end

pôr algo em pé *Columbus showed the Spanish noblemen how to* ***stand*** *an egg* ***on end.***

Word Story Esta é a história do ovo de Colombo. Seis meses depois de ter chegado ao Novo Mundo, Colombo retornou à Espanha em triunfo. Durante um jantar na corte dos Reis Católicos de Espanha, alguns dos fidalgos, invejosos do sucesso, fama e glória do navegador, desdenharam do que ele tinha feito. Isso era, segundo eles, algo muito fácil, que qualquer um poderia ter feito, a coisa mais simples do mundo. Colombo pegou um ovo cozido, ainda com casca, que estava em uma travessa sobre a mesa e perguntou aos fidalgos: "Quem, dentre os senhores, seria capaz de colocar este ovo em pé?" Todos tentaram, mas não conseguiram e afirmaram ser impossível. Então Colombo pegou o ovo, deu-lhe uma batidinha de modo a quebrar um pouco a casca da base do ovo. Depois disso foi fácil colocar o ovo em pé. Então Colombo disse, "Como veem, não é impossível, é a coisa mais simples do mundo. Qualquer um dos senhores poderia ter colocado o ovo em pé – depois de saber como."

---

a dead end → SEE (211) dead; deaf; death
a light at the end of the tunnel → SEE (933) tunnel
a means to an end → SEE (529) McCoy; mean; means; measure
All's well that ends well. → SEE (26) all
be at a loose end (Reino Unido)/ at loose ends (EUA) → SEE (506) loose; lord
be at the end of your rope → SEE (717) rope
be at your wits' end → SEE (987) wits

burn the candle at both ends → SEE (108) burn; burner
in plain English → SEE (644) plain
law enforcement → SEE (481) law
The end justifies the means. → SEE (458) justifies
to the ends of the earth → SEE (248) earth

260 enough

Enough is enough.

Agora chega, já chega. *I've seen him drop a lot of bricks, but* ***enough is enough****. Turn off the TV, please.*

Enough said.

(informal) Não precisa dizer mais nada. *I see, say no more. I get the message.* ***Enough said.***

have had (more than) enough (of something)

estar (mais do que) cheio (de algo) ***I've had more than enough*** *of that politician's foolishness. How can he be such a fool?!*

fair enough → SEE (276) fair
sure enough → SEE (883) sure; surely

261 envelope

push the envelope

forçar a barra, testar o limite de *Henry sometimes says some things that he knows the boss doesn't like to hear. He keeps* ***pushing the envelope,*** *which is not a good idea.*

Word Story Que envelope seria esse? A expressão vem da indústria aeronáutica. Cada piloto de teste recebia um envelope contendo informações importantes sobre o avião, inclusive os limites de velocidade que a aeronave podia atingir. Se o piloto de teste se empolgasse e decidisse ir além do que estava contido no envelope, ele estaria colocando em risco o avião e a sua própria vida.

262 equal

be without equal/have no equal

ser único, não ter igual *As a performer Michael Jackson* ***was without equal/ had no equal.***

first among equals

o primeiro dentre todos *In Brazilian literature, Machado de Assis is thought to be* ***first among equals.***

on equal terms

em pé de igualdade *That country's society is composed of various ethnic groups, but they have been able to live together* ***on equal terms****, which is a great achievement.*

Some (animals) are more equal than others.

Alguns (animais) são mais iguais do que outros. *"****All animals are equal but some are more equal than others,****" said one of the pigs in George Orwell's* Animal Farm.

263 error; escaped

trial and error

ensaio e erro *You try different ways until one is successful, and you learn by* ***trial and error****.*

Shut/Lock/Close the stable door after the horse has bolted/escaped. → SEE (770) shut

---

264 essence; estimate

in essence

basicamente, essencialmente *Respect is,* ***in essence****, the mother of all virtues.*

of the essence

essencial, absolutamente necessário *Time is* ***of the essence*** *in an emergency.*

---

a ballpark estimate/figure → SEE (53) ball; ballpark

---

265 eternal; ethnic

ethnic cleansing

limpeza étnica *Ethnic groups in the minority are often subjected to* ***ethnic cleansing****.*

Hope springs eternal. → SEE (423) hope

---

266 even

be even

(informal) estar/ficar quite(s) *I'll pay for dinner this time, so we****'re even****, OK?*

be/get even (with someone)

ir à forra com (alguém) *Meyer had once called Eneida a liar, so this time Eneida* ***got even with "Meyer the liar"****, as she called him.*

even if

mesmo se *Don't worry, I will finish that report in time for the meeting,* ***even if*** *I have to work overtime.*

even so

mesmo assim *It was raining, but* ***even so*** *the kids wanted to go to the beach. No way, include me out!*

even though

muito embora, apesar de que ***Even though*** *Lawrence studied hard for the exam, he didn't pass. Better luck next time!*

267 every

every now and then/every so often

de vez em quando ***Every now and then/Every so often*** *Tio Bebetim would stop whatever he was doing and would go for a walk along the promenade.*

every other day

dia sim, dia não *Ann washes her long hair* ***every other day****.*

have a finger in every pie → SEE (303) finger; fingertips

268 except; exception

except for

exceto, à exceção de *They invited everybody,* ***except for*** *me. Why's that?*

make an exception

abrir uma exceção *"I never forget a face, but in your case I'll* ***make an exception****."* (Groucho Marx)

take exception (to something)

1. fazer objeção a, opor-se a (algo) *The minister proposed to create a new tax, but everybody* ***takes exception*** *to that. That proposal is dead on arrival.*

2. ofender-se, levar (algo) a mal *Soldiers and their families* ***took exception*** *to what Trump said, calling them losers and suckers.*

269 excuse; exhibition

make an exhibition of yourself

armar um barraco, criar confusão, fazer um escândalo *Ella really* ***made an exhibition of herself*** *when she pushed that blonde away.*

a lame excuse → SEE (473) lamb; lame

270 extent

to a certain extent

até certo ponto ***To a certain extent**, we are all responsible for the present political situation, as we voted for those politicians.*

271 extra

go the extra mile (for someone/something) → SEE (533) mile

272 eye

for your eyes only

(literalmente: só para seus olhos) (documento, carta etc.) confidencial *"Ms. Williams, this report is strictly confidential. It's **for your eyes only**."*

keep an eye (on someone/something)

ficar de olho em, vigiar *"**Keep an eye** on my bags while I go and spend a penny, will you?"*

keep your eyes open/peeled/skinned

ficar de olho vivo, esperto, alerta *Life is full of little wonders, just **keep your eyes open/peeled/skinned**.*

make eyes (at someone)

paquerar (alguém) *Uncle Willie often sits in a bar, just **making eyes** at every woman who walks in, unaccompanied.*

My eye!

(informal, inglês falado, literalmente: Meu olho!) Uma ova! *He said the coronavirus was nothing but a common cold. "A common cold," **my eye!***

private eye

detetive particular *Aunt Maggie hired a **private eye** to keep her informed about Uncle Willie's movements.*

see eye to eye (with someone)

concordar totalmente (com alguém) *Phil and Roger are good friends, though they don't **see eye to eye** with each other when the subject is politics.*

There is more to (something) than meets the eye.

A coisa não é tão simples, (algo) é mais complicado do que parece. ***There is more to the minister's proposal than meets the eye**. I think he has a hidden agenda.*

black eye → SEE (80) black
have (got) stars in your eyes → SEE (845) stars

Here's mud in your eye! → SEE (555) mud
hit the bull's-eye → SEE (105) bull
in the blink of an eye → SEE (84) blind; blink
Keep your eyes on the ball! → SEE (53) ball; ballpark
pull the wool over someone's eyes → SEE (668) pull
shut/close your eyes (to something) → SEE (770) shut
the apple of your eye → SEE (34) apple; appointment; April
(to/with) the naked eye → SEE (563) naked
turn a blind eye (to something) → SEE (84) blind; blink

F

273 face

face the music

(informal, literalmente: encarar a música) arcar com as consequências *He lied about the pandemic most of the time and it's time for him to* ***face the music****.*

Word Story Uma das versões desta expressão vem do mundo do teatro. Fala do momento em que os atores, antes mesmo de começarem a representar seus papéis na peça, reúnem coragem e encaram os músicos, "escondidos" do público na plateia, enquanto os holofotes focalizam os atores. A arte teatral vai começar, mas primeiro é preciso ***face the music***.

face value

valor nominal *Those savings bonds have a* ***face value*** *of twenty dollars.*

in the face of

diante de, frente a *She showed great courage* ***in the face of*** *such a powerful opponent.*

keep a straight face

ficar sério, não rir *He kept telling a lot of lies during the interview and it was hard for me to* ***keep a straight face****.*

let's face it

(informal) vamos ser realistas, vamos encarar a realidade ***Let's face it****, most of the voters do not have much information about the politicians they vote for.*

lose face

ficar desacreditado, perder a dignidade *He knew he had been lying all the time, but he never admitted it as he didn't want to* ***lose face****.*

make/pull faces

fazer caretas *Dave was trying to make the kids laugh by **making/pulling** funny **faces**.*

on the face of it

(informal) ao que parece, aparentemente, à primeira impressão *Her project sounds foolish **on the face of it**.*

pull/wear a long face

amarrar a cara, ficar emburrado, ficar de tromba *When the electoral college confirmed Biden was the winner, Trump **pulled/wore a long face**.*

save face

salvar as aparências *The government has announced a series of measures in an attempt to **save face**.*

take something at face value

levar algo ao pé da letra *Nothing he says should **be taken at face value**, he is a liar.*

---

a slap in the face → SEE (791) slap; slate
be blue in the face → SEE (86) blow; blue
disappear/vanish off the face of the earth → SEE (945) value; vanish; vanishing
have egg on your face → SEE (253) egg; eggshells
long face → SEE (504) long

---

274 fact

know for a fact

ter a certeza, saber que é um fato *We all **knew for a fact** that he was lying.*

---

as a matter of fact → SEE (39) as

---

275 fail

fail (to do something)

deixar de, não fazer (algo) *Tio Gilbertim said he would come to the party but he **failed to come**.*

without fail

sem falta *"John, I want you to bring me that report by the end of the day, **without fail**, OK?" "Will do, sir."*

276 fair

fair and square

sem mutreta, honestamente, com justiça *Their team is much stronger and they beat us **fair and square**.*

Word Story A expressão é redundante, já que ***fair*** e ***square*** têm o mesmo significado: *just, honest*. É bem antiga, e provavelmente sua longa vida (desde os anos 1600) se deve ao charme da rima: ***fair and square***.

fair enough

OK, tudo bem. *"I'll charge you a hundred dollars for that encyclopedia, OK?" "**Fair enough**. Can I use my credit card?"*

fair game

presa fácil, algo ou alguém que pode ser facilmente atacado *Tourists in those places are **fair game** for pickpockets.*

Word Story Esse ***game*** na expressão ***fair game*** nada tem a ver com jogo. Tem a ver com "caça" e refere-se a alguém ou algo que pode, legitimamente, ser caçado, atacado ou criticado. As celebridades, por exemplo, são ***fair game*** para as revistas sensacionalistas. A expressão tem origem bem antiga, na Inglaterra. Nos anos 1700, o Rei George III introduziu 32 leis regulamentando a caça, para reduzir a caça ilegal e manter a atividade como privilégio da aristocracia. A lei era dura. Quem atirasse em um simples faisão podia ser mandado para a Austrália por sete anos. Alguns pequenos animais e pássaros, tidos como pragas, estavam fora da lista coberta por essa lei e podiam então ser caçados, eram considerados ***fair game***.

fair play

jogo limpo, comportamento justo e honesto *He simply has no sense of **fair play**, he just wants to win.*

fair sex

(o antigamente chamado) sexo frágil *Women used to be called the **fair sex**, but they have proved to be much stronger than that.*

277 fairy

fairy godmother

fada madrinha *Ella would like to open a school for poor children who live in the slum, she'd like to be their **fairy godmother**.*

fairy tale

conto de fadas *The fairy godmother helps Cinderella go to the ball in that old **fairy tale**.*

278 faith

break faith

trair, deixar de ser leal a *They have accused the government of **breaking faith with** the citizens.*

faith healer

curandeiro *Charles is seriously ill and he has even had an appointment with a **faith healer**.*

in bad/good faith

de má-/boa-fé *He said he had acted **in good faith**, but his opponents insist he did the opposite, they say he acted **in bad faith**.*

keep faith (with someone)

seguir cumprindo o que foi prometido *He has always **kept faith** with his old political allies.*

279 fake

fake news

notícias falsas *We must all learn to sort out true facts from **fake news**.*

280 fall

fall for someone

apaixonar-se por alguém *Theo **fell for** Ella the moment he looked at her. It was love at first sight, believe or not.*

fall for something

ser enganado ou acreditar em algo impossível *You didn´t come to the office as you thought it was a holiday? Do you expect me to **fall for that**?*

---

die/drop/fall like flies → SEE (310) flea; flies; flight
fall/land on your feet → SEE (293) feet; fence
fall off the wagon → SEE (949) wagon

---

281 family

run in the family

ser de família, estar no sangue, no DNA, ser hereditário *Curiosity **runs in the family**, they are all extremely curious.*

282 fancy

a flight of fancy → SEE (310) flea; flies; flight

283 far

a far cry (from something)

muito diferente (de algo) *Modern smartphones are **a far cry** from the earliest cell phones.*

so far

até agora, até o momento ***So far** we haven't received any news from them.*

by far → SEE (118) by
far gone → SEE (367) gone
few and far between → SEE (294) few
So far, so good. → SEE (811) so

284 farm

buy the farm/it → SEE (117) buy

285 fashion

after a fashion
mais ou menos *I can speak French, **after a fashion**.*

286 fast

(as) fast as quicksilver

(literalmente: (tão) rápido como o mercúrio) muito rapidamente *All of a sudden, we heard a noise and saw a cat jump over the gate, **as fast as quicksilver**.*

Word Story ***Quicksilver*** é o antigo nome do metal mercúrio (*quick:* rápido/vivo + *silver:* prata = *mercury:* mercúrio). O mercúrio é um metal brilhante, o que explica a sua comparação com a prata. *Quick*, no caso, significa "vivo", já que o mercúrio é o único metal comum que é líquido à temperatura ambiente. Se, por um acidente doméstico, quebramos um termômetro, podemos ver como as prateadas bolinhas de mercúrio parecem estar vivas, e "saem em disparada" pelo vidro.

hold fast (to something)

segurar firme, continuar acreditando em *"**Hold fast to dreams**/ For if dreams go/ Life is a barren field/ Covered with snow (...)"* (Langston Hughes)

pull a fast one (on someone)

passar a perna, aplicar um golpe (em alguém) *"Don't try to **pull a fast one on me**, young man. I'm not interested in your 'wonderful discoveries'"*.

---

be fast/quick on the draw/the trigger → SEE (676) quick; quicksilver
hard and fast → SEE (398) hard
life in the fast lane → SEE (475) lane

---

287 fat

a fat cat

(literalmente: um gato gordo) um mega milionário *Bernard Madoff was **a fat cat** who ended up in prison for life for his shady deals.*

a fat chance

(literalmente: uma chance gorda) muito pouca chance *Malcolm is a real Scrooge, you will have **a fat chance** of his lending you the money.*

> *Word Story* Se traduzida literalmente, a expressão induz a erro, já que esse ***fat*** (gorda, bem nutrida) qualificando ***chance*** faz pensar que a sua chance, no caso em questão, seria muito grande. Na verdade, a expressão é usada ironicamente, com o sentido oposto: muito pouca chance. Assim sendo, as expressões ***a fat chance*** e *a slim chance* são sinônimas, mas ***fat*** (gorda) e *slim* (magra) são adjetivos de sentido oposto. Mistérios da língua inglesa...

The fat is in the fire.

(informal, literalmente: A gordura está no fogo.) Uma bobagem foi feita e vai haver consequências desagradáveis, algo saiu errado. *He made a blunder that cannot be corrected, **the fat is in the fire!***

> *Word Story* Vamos imaginar que, por distração do responsável pelo churrasco, um bom pedaço de carne gorda se desprende do espeto e cai nas brasas, para desespero do churrasqueiro. É isso, agora é tarde, ***the fat is in the fire*** e não há nada a fazer.

---

chew the fat/rag → SEE (152) chew

---

288 father

Like father, like son. → SEE (496) like

289 fault

at fault

culpado, responsável por (algo errado) *The inquiry will determine who is **at fault** for that environmental disaster.*

find fault (with someone/something) → SEE (302) find; finders

290 feather

a feather in your cap

(literalmente: uma pena no seu boné) motivo de grande orgulho *It was **a** real **feather in** Theo's **cap** when his book was awarded the first prize in an international contest.*

Word Story A expressão tem origem na tradição, entre as tribos indígenas norte-americanas, de homenagear os guerreiros que mais se distinguiam nas batalhas. Uma pena a mais no seu cocar, por inimigo abatido. Quanto mais penas o guerreiro ostentava em seu cocar, maior o número de inimigos abatidos isso indicava.

spit feathers/nails → SEE (834) spit; split

291 fed; feed

be fed up with (something)

estar farto de (algo) *I'm sick and tired of those corruption scandals, I'**m** really **fed up** with that kind of thing. Enough is enough.*

bite the hand that feeds you → SEE (79) bite; bit; bitten
chicken feed → SEE (153) chicken

292 feel; feelings

feel like (doing something)

estar com vontade (de fazer algo) *I don't **feel like** watching TV right now, I'm going to call it a day and hit the hay.*

have (got) mixed feelings (about someone/something)

ter sentimentos contraditórios (sobre alguém/algo) *I've got **mixed feelings** about the new manager, sometimes I think he's a nice person, some other times he seems to have a hidden agenda.*

No hard feelings.

Sem ressentimentos. *Congratulations, you've won! I lost, but it's OK, it's all in the game. **No hard feelings.***

be/feel on edge → SEE (251) edge
be/feel sorry (for someone) → SEE (821) sorry
feel/have/get butterflies in your stomach → SEE (116) butterflies
gut feeling → SEE (389) gut

293 feet; fence

fall/land on your feet

(literalmente: cair/pousar de pé) sair-se bem (de uma situação difícil), ter sorte *Larry had lost his job but he has just been hired by an international company. Like a cat, he always manages to **fall/land on his feet**.*

Word Story A expressão tem origem no mito de que os gatos, mesmo caindo de uma certa altura, sempre caem de pé, sem se machucar seriamente. ***They always fall/land on their feet***, segundo a lenda.

be/sit on the fence

(literalmente: estar/sentar-se na cerca) estar/sentar-se em cima do muro, estar incerto sobre que lado apoiar *Politicians are supposed to have clear views and know which side to support, they can't just **be/sit on the fence**.*

Word Story O substantivo ***fence*** (cerca) é uma forma abreviada de *defence* (defesa). A cerca à volta de um sítio ou de uma fazenda marca os limites e defende aquela propriedade de alguém que a queira invadir.

crow's feet → SEE (197) crow
get/have cold feet → SEE (171) cold
pull the carpet out from under your feet → SEE (129) carpet
take a load off your feet → SEE (502) load; loaf

294 few

few and far between

pouco comuns ou frequentes *I think you should take that job. Opportunities like that are **few and far between**.*

quite a few → SEE (677) quite

295 fiddle

(as) fit as a fiddle

(literalmente: tão saudável quanto uma rabeca/um violino) muito saudável, em boa forma *Grandma Marly is over 80 now, but she is still* ***(as) fit as a fiddle****.*

Word Story ***Fiddle*** significa "rabeca", instrumento musical da Idade Média, que deu origem ao violino. Mas como se explica a expressão, como pode um instrumento musical, mesmo que muito antigo, ser *fit*, saudável, em boa forma física, cheio de energia? Na verdade, a expressão original era ***as fit as a fiddler***: tão saudável quanto um tocador de rabeca. Nas cortes medievais, o ***fiddler*** tinha de estar em grande forma física, para poder tocar e ao mesmo tempo dançar, animando o rei, a rainha e os nobres da corte. A expressão original fazia mais sentido, mas com o tempo ela perdeu a última letra, e a aptidão física passou a ser atribuída ao instrumento e não a quem o tocava. Alguém se lembra do musical "*Fiddler on the Roof*"?

play second fiddle (to someone)

ser subordinado a (alguém) *Ms Harris has to* ***play second fiddle*** *to Biden, after all he is the President.*

296 field

have a field day

(literalmente: passar um dia no campo) ter uma ótima ocasião, "fazer a festa" *Madonna was giving an interview, and the photographers were* ***having a field day****.*

be way out in left field → SEE (488) leave; left

297 fifth; fig

not care/give a fig (about someone/something)

(Reino Unido, informal, literalmente: não ligar/não dar um figo (para alguém/algo)) não estar nem aí, não dar a mínima importância a (alguém/algo) *I really do* ***not care/give a fig*** *about that guy, what he says or does.*

be a fifth wheel (EUA) → SEE (968) wheat; wheel; when; where

298 fight

fight (someone/something) tooth and nail → SEE (562) nail
pick a fight/quarrel (with someone) → SEE (629) pick

299 figure

figure out

entender, compreender *"I can't **figure out** why he did such a crazy thing and still got away with it." "Go figure."*

Go figure.

(informal, EUA) Vá entender! *It simply doesn´t make any sense. No one in the family can play the piano, but they have two pianos in their house." "**Go figure**."*

It/That figures.

(inglês falado, em resposta a uma afirmação) Faz sentido, deve ser isso mesmo. *"He started saying the election was rigged just to save face if he lost." "**It/That figures**."*

a ballpark estimate/figure → SEE (53) ball; ballpark
a figure of fun → SEE (336) fun; funny

300 file

in single/Indian file

em fila indiana, uma pessoa seguindo atrás da outra *The whole team started walking **in single/Indian file** behind the coach.*

Word Story A expressão tem origem em um costume dos indígenas norte-americanos, quando em tempos de guerra. Quando era preciso deslocar-se em grupo, eles seguiam ***in single*** ou ***Indian file***, cada pessoa pisando nas pegadas do que ia à sua frente, e assim iludiam o inimigo que quisesse contar o número de pessoas daquele grupo. A bem da verdade, a expressão em português não deveria ser "em fila indiana", e sim "em fila índia, ou indígena", já que "indiana" refere-se à Índia, o país asiático, que nada tem a ver com a origem da expressão.

Chegamos ao terceiro patamar, 300 *idiomatic expressions* já vistas. Vamos ver se nos lembramos delas? *How about that?*

O conjunto de testes a seguir tem por objetivo ajudar a fixação do uso e significado de algumas das mais importantes expressões idiomáticas vistas até aqui. Se você me perguntar se isso é importante, eu direi que... *You bet!* Vamos lá, então? Os testes estão a seguir, *the ball is in your court*. As respostas estão ao final do dicionário, a partir da página 441.

Test 3

A. Complete as frases com a expressão adequada. Entre parênteses está o número do verbete-âncora em que você encontra essa expressão.

1. Se eu quero dizer que alguém "pagou mico", cometeu uma gafe, deu uma mancada, digo que essa pessoa (236)

a. *dropped a hat.* b. *dropped a brick.* c. *dropped dead.*

2. Quando recuso um convite para assistir a um *reality show*, digo que (202) *that isn´t*

a. *my cup of tea.* b. *my draft beer.* c. *my glass of water.*

3. Se você tem planos para um fim de semana na praia, mas o mau tempo (206) *puts a damper on your plans*, é como dizer que *the bad weather*

a. (171) *throws cold water on them.* b. (297) *doesn´t give a fig about them.* c. (286) *pulls a fast one on them.*

4. Se, com a pandemia virótica, muitas pequenas empresas (224) *have gone to the dogs*, é o mesmo que dizermos que elas

a. (232) *are dressed to kill.* b. (229) *have gone down the drain.* c. (239) *are down in the dumps.*

5. Se você não acredita no que alguém disse e acha essa afirmação ridícula, você pode reagir dizendo

a. (253) *"I have egg on my face."* b. (273) *"You´re making faces."* c. (272) *"My eye!"*

B. Look at the phrases below and choose the right adjective from the box to complete each idiom, as adequate.

fast – dead – fresh – dead – fit

1. (286) as .... as quicksilver
2. (211) as .... as a dodo
3. (204) as .... as a daisy
4. (211) as .... as a doornail
5. (295) as .... as a fiddle

C. Now the comparisons are made with the preposition "*like*". Complete the sentences below with the correct phrases to make up the idioms.

1. *Uncle Willie has a big problem with cigarettes, he smokes like*

a. (287) *a fat cat.* b. (155) *a chimney.* c. (208) *a dark horse.*

2. *Joanne's books are a huge success, they sell like*

a. (121) *hot cakes.*
b. (277) *fairy tales.*
c. (256) *white elephants.*

3. *The twins are very different from each other. They are like*

a. (149) *chalk and cheese.*
b. (237) *lame ducks.*
c. (237) *ugly ducklings.*

4. *They used to be friends but now Fred doesn´t want to meet Julian. He avoids him like*

a. (241) *a Dutch treat.*
b. (277) *a fairy godmother.*
c. (643) *the plague.*

5. *The boss is in a terrible mood today. He is like*

a. (61) *a bear with a sore head.*
b. (256) *the elephant in the room.*
c. (290) *a feather in your cap.*

D. Answer the following questions, choosing the right idiom, as adequate.

1. *You are trying to do your homework, but the kids are making a hell of a noise. What do you say to them?*

a. (296) *Have a field day!*
b. (293) *Why don´t you sit on the fence?*
c. (203) *Cut it out!*

2. *Aunt Maggie is a terrible gossip, we all know about that. What does she like to do?*

a. (273) *She likes to wear a long face.*
b. (222) *She likes to dish the dirt about the neighbors.*
c. (203) *She likes to cut both ways.*

3. (281) *If I say that intelligence runs in the family, what does that mean? It means the members of that family*

a. *are intelligent runners.*
b. *have nothing in common.*
c. *have something in common.*

4. *If the police has been told that the suspect wants to come clean, what do they expect? They expect him*

a. (162) *to confess.*
b. (278) *to break faith.*
c. (104) *to kick the bucket.*

5. (267) *If something happens every now and then, when does it happen?*

a. (267) *Every other day.*
b. (210) *Day in, day out.*
c. (267) *Every so often.*

6. (204) *If I say that Mr. Foster is pushing up the daisies, I mean that he is*

a. (25) *alive and kicking.*
b. (211) *as dead as a dodo.*
c. (60) *full of beans.*

7. *If you ´re on a diet but can ´t stop eating chocolates and ice cream,*

a. (215) *it delivers the goods.* b. (214) *it defeats the purpose.* c. (210) *it makes your day.*

8. *When those scientists started discussing about quantum mechanics, I was*

a. (218) *out of my depth.* b. (211) *in the dead of the night.* c. (209) *out of date.*

9. *My friend Kalina ´s team had won the game, and she was very happy. She was*

a. (165) *at close range.* b. (166) *under a cloud.* c. (166) *on cloud nine.*

10. *Steve has no brothers or sisters. He is*

a. (154) *with child.* b. (154) *child ´s play.* c. (154) *an only child.*

11. *After her pet's death, Marjorie has been*

a. (233) *cut and dried.* b. (239) *down in the dumps.* c. (227) *down and out.*

12. *Paul was a stranger there, he didn ´t know anybody at the party and he wasn ´t feeling comfortable there. He felt*

a. (249) *at ease.* b. (249) *an easy game.* c. (249) *ill at ease.*

13. *There was no winner in that game. It ended*

a. (259) *at the end of the day.* b. (259) *off the deep end.* c. (259) *in a draw.*

14. *The boys knew they had made a big mistake and it was now time*

a. (273) *to keep a straight face.* b. (273) *to pull a long face.* c. (273) *to face the music.*

301 fill; final

---

fit/fill the bill → (307) fit; fits; fittest; fix
make a final decision → SEE (213) debt; decision; deep
the last/final straw → SEE (865) straw; stray

---

302 find; finders

find fault (with someone/something)

pôr defeitos (em alguém/algo) *Uncle Willie is always **finding fault** with everyone who has a different opinion from his. He is a pain in the neck.*

Finders keepers.

(informal, infantil) Achado não é roubado. *I've just found a ten-dollar bill on the floor. **Finders keepers!***

Word Story A expressão ***Finders keepers*** (Quem acha fica com o que achou.) é completada com *Losers weepers* (Quem perde chora). Em português corresponde a: Achado não é roubado. (E ao ex-dono do perdido, só o choro é permitido.) Coisa de criança, dos velhos tempos.

a needle in a haystack → SEE (403) hay; haystack

303 finger; fingertips

be all fingers and thumbs (Reino Unido)/ **be all thumbs** (EUA)

ser muito estabanado, desastrado *I'm* ***all (fingers and) thumbs*** *today. Watch out! Oops! Sorry, my bad!*

give someone the finger

fazer um gesto obsceno com o dedo médio *A driver on the highway this morning was so mad at Bill, he* ***gave him the finger****. Then it was Bill's turn to do the same. Road rage!*

have a finger in every pie

(informal, literalmente: ter/meter o dedo em todo empadão) participar de tudo, envolver-se em tudo o que acontece *Stella is a sweet lady, but she likes to* ***have a finger in every pie****. Some people think it's a bit too much.*

work your fingers to the bone

(informal, literalmente: trabalhar muito, a ponto de os dedos ficarem só no osso) dar um duro danado *It's not fair. I* ***work my fingers to the bone*** *and no one even notices it!*

at your fingertips

à mão, por perto *Theo likes to write in his study, surrounded by his books, with all sources of information* ***at his fingertips****.*

have/keep your finger on the pulse (of something) → SEE (669) pulse
keep your fingers crossed → SEE (196) cross; crossed

304 fire; firm

catch fire

pegar fogo *Dry wood* ***catches fire*** *easily. Be careful!*

come under fire

ser alvo de críticas *The company* ***came under fire*** *for their mishandling of the environmental disaster.*

Fire is a good servant, but a bad master.

(literalmente: O fogo é um bom servo, mas um mau patrão.) O fogo é útil quando mantido sob controle, mas perigoso quando fora do nosso controle. *Be careful with those candles, children. Remember the old proverb: **Fire is a good servant, but a bad master.***

friendly fire

fogo amigo *Someone gave a stupid order and as a consequence several of our soldiers were killed by **friendly fire**.*

Word Story Se fosse feita uma eleição para saber qual a expressão mais descabida, imprópria, infeliz e sem sentido, talvez esta ***friendly fire*** fosse a vencedora, concorda? Só uma dose muito amarga de humor negro pode aceitar que o fogo que vai causar a morte de companheiros seja "amigo". Na verdade, ***friendly fire*** nada tem de *friendly*.

set (something) on fire/set fire to (something)

botar/pôr fogo em (algo) *Every summer the heat and high wind combined **set** the woods in some areas of California **on fire./set fire to** the woods in some areas of California.*

---

add fuel to the fire/flames → SEE (15) add; addition; advance
Out of the frying pan (and) into the fire. → SEE (333) fry; frying
take a (firm/strong) stand → SEE (844) stand
The fat is in the fire. → SEE (287) fat

---

305 first

at first hand

por experiência própria, diretamente *Bituca knows **at first hand** what it is like to be an adopted child.*

Word Story Na frase-exemplo acima, Bituca é o menino que iria firmar-se como um dos grandes astros do cenário musical brasileiro. O nome dele é Milton Nascimento. E essa expressão ***at first hand***, se traduzida literalmente, induz a erro, já que o seu significado nada tem a ver com "em primeira mão". Quando damos uma notícia em primeira mão, total novidade, a expressão é "*breaking news*". Mas ***at first hand*** corresponde à nossa expressão "por experiência própria, diretamente".

at first sight

à primeira vista *Ella said: "I love you," Theo said: "But I know you..." – it was love **at first sight**.*

First come, first served.

(literalmente: primeiro a chegar, primeiro a ser servido) Por ordem de chegada. *Just get in line for your ice cream, folks. There's not enough ice cream for that crowd, so the rule is "**First come, first served.**"*

first things first

(literalmente: as primeiras coisas primeiro) antes de mais nada, por ordem de importância *Before we get down to business, **first things first**, let's have a cup of coffee, how about it?*

---

at first → SEE (41) at; attached; attendance
first among equals → SEE (262) equal
first and foremost → SEE (321) foremost; forest; forget
make the first move → SEE (553) move

---

306 fish

drink like a fish

(literalmente: beber como um peixe) beber demais, exceder-se na bebida alcoólica *Uncle Willie **drinks like a fish**.*

fish for compliments

(literalmente: pescar elogios) tentar (indiretamente) receber elogios *Like every conceited person, Larson loves being praised. He used to post some of his poems on Facebook, just **fishing for compliments**.*

---

a big cheese/fish/gun/name/noise/shot/wheel/wig → SEE (77) big; bigger
a different/another kettle of fish → SEE (221) difference; different
a queer fish → SEE (674) queer
have (got) other/bigger fish to fry → SEE (333) fry; frying
neither fish nor fowl → SEE (324) fowl

---

307 fit; fits; fittest; fix

fit/fill the bill

preencher os requisitos, ser o que se precisa, servir direitinho *I needed a new secretary, and, as luck would have it, Erin **fitted/filled the bill**.*

fit someone like a glove

servir como uma luva a alguém *Ella looks great in that new dress, it **fits her like a glove**.*

fit to be tied

(informal, literalmente: pronto para ser amarrado) furioso, muito zangado *When Flamengo lost another game, my friend Newton was **fit to be tied**.*

by/in fits and starts

aos trancos e barrancos, com dificuldade, em progressão muito irregular *They've run out of money and the building of the new house has been going **by/ in fits and starts**.*

---

a quick fix → SEE (676) quick; quicksilver
(as) fit as a fiddle → SEE (295) fiddle
survival of the fittest → SEE (884) surprise; surrogate; survival

---

308 flame; flat

old flame

velha paixão, ex-namorado/a *After half a century had passed, it was sheer delight to come across an **old flame** of mine, quite by chance.*

flat tire

pneu furado *It was definitely a bad hair day, and I was just dying to get home and relax, but before I could do that I still got a **flat tire** from a nail in the road. Just my luck!*

---

add fuel to the fire/flames → SEE (15) add; addition; advance

---

309 flash

a flash in the pan

fogo de palha, moda de pouca duração, sucesso efêmero *Some rock bands come in very strongly, have one or two hits, then they just disappear. They're **a flash in the pan**.*

Word Story A expressão vem de uma antiga arma de fogo, chamada *flintlock*, uma "espingarda de pederneira". Essas armas de fogo não eram muito confiáveis, às vezes em vez de um tiro saía só um clarão, uma luz forte (***a flash***) no recipiente da pólvora (***the pan***) e... nada de tiro. Era só ***a flash in the pan***, "fogo de palha".

310 flea; flies; flight

put a flea in someone's ear

(informal) dar uma bronca, passar um pito em alguém *My neighbor is a pain in the neck. Once again he asked if he could borrow my lawn-mower, but once again I said "No!" and **put a flea in his ear**. What a nerve!*

Word Story O sentido dessa expressão é o que mostramos acima. Se um sujeito sai de uma certa situação ***with a flea in his ear***, ele acabou de levar uma bronca, por alguma razão. Esse sentido é bem diferente da nossa expressão "com a pulga atrás da orelha", que indica uma desconfiança, uma suspeita. Para dizer que alguém ficou "com a pulga atrás da orelha", a expressão idiomática em inglês é *"smell a rat"* (verbete-âncora 685) *"When Uncle Willie said he'd rather have a glass of water than a glass of beer, I smelled a rat."*

die/drop/fall like flies

(literalmente: morrer/cair como moscas) morrer em grandes números *They refuse to wear a mask and keep social distancing. They're in denial about the virus pandemic. And they're* ***dying/dropping/falling like flies****.*

(there are) no flies on me

(Reino Unido, informal, literalmente: não há moscas em cima de mim) eu estou esperto, ligado, ativo, e ninguém me faz de bobo *Ricardo is young and hasn't got much experience in this field, but* ***there are no flies on him****.*

Word Story A expressão tem origem nos ranchos de gado, na Austrália, nos anos 1800 e mais tarde nos EUA. As moscas (tanto as australianas quanto as americanas) costumavam atacar os animais mais lentos e inativos, que se mantinham parados e quietos a maior parte do tempo. Já as vacas, os bois e os cavalos que se mantinham espertos, ativos, em movimento, eram deixados em paz pelos incômodos insetos. A frase passou a ser usada com mais frequência depois que, no início dos anos 1900, até o Exército da Salvação decidiu usá-la em um hino religioso que dizia: *"There may be flies on me and you/but* ***there are no flies on Jesus****."*

a flight of fancy

um voo da imaginação *Ted's idea of flying over the Amazon Forest on a hot-air balloon is just* ***a flight of fancy****, he is never going to do it.*

as the crow flies → SEE (197) crow
If you lie down with dogs, you'll wake up with fleas. → SEE (493) lie; lie down

311 float

float/walk on air → SEE (22) air

312 flog; floor

flog/beat a dead horse

(informal, literalmente: bater num cavalo morto) perder tempo tentando algo impossível *Aunt Molly keeps trying to publish her poems, but I think it's like* ***flogging/beating a dead horse****.*

wipe the floor (with someone) → SEE (982) wipe

313 flow

go against the flow

(literalmente: ir contra o fluxo) nadar contra a corrente, agir em desacordo com a tendência dos outros *Ella is strong-willed and she is never afraid to* ***go against the flow****. She likes to do things her own way.*

go with the flow

(literalmente: ir com o fluxo) aceitar as coisas como estão, agir de acordo com a maioria, deixar-se ir *Ella's husband, on the contrary, likes to relax and accept what is happening. He takes it easy and* ***goes with the flow****.*

314 flu

the flu

gripe *Louis has come down with* ***the flu****. Thank God it's just* ***the flu****, and not the coronavirus.*

Word Story ***Flu*** é a forma abreviada de "*influenza*", palavra do latim para "influência". Antigamente as pessoas acreditavam que essa doença ocorria por influência dos astros sobre aqueles que a doença "elegia" como vítimas.

315 fly; flying

fly off the handle

(informal, literalmente: sair voando do cabo) ficar muito bravo, enfurecer-se *Be careful, the boss tends to* ***fly off the handle*** *every time his team loses the game.*

Word Story Vamos imaginar que você está usando um velho machado para cortar lenha para a fogueira de São João e, de repente, a parte cortante da ferramenta se desprende e sai voando do cabo, deixando você segurando um reles e inútil pedaço de madeira. Frustrante, além de perigoso, né? Mas, atenção, não fique furioso com isso, porque aí você estaria também ***flying off the handle****.*

fly the coop

(EUA, informal, literalmente: sair voando do galinheiro) escapar, fugir *The thieves managed to* ***fly the coop*** *before the police arrived.*

flying by the seat of your pants → SEE (615) pants

fly a kite → SEE (467) kite
Go fly a kite! → SEE (467) kite
Pigs might fly. (Reino Unido)/ When pigs fly. (EUA) → SEE (635) pig
with flying colo(u)rs → SEE (173) colo(u)r

316 follow; fonder

follow suit

1. (cartas) jogar uma carta do mesmo naipe da anterior *Hearts had been led, so I **followed suit**.*

2. seguir o exemplo de, fazer o mesmo (que outro fez) *Theo made a living as a teacher, and his eldest son **followed suit**.*

Absence makes the heart grow fonder. → SEE (3) absence

317 food

food chain

cadeia alimentar *Sharks eat other fish that are below them in the **food chain**.*

food court

praça de alimentação *Roberta loves to have lunch at the shopping mall **food court**.*

food for thought

(literalmente: alimento para o pensamento) motivo para reflexão, algo que faz você pensar *What's the use of reading a book or watching a movie if it doesn't give you **food for thought**?*

junk food → SEE (456) junk

318 fool

act/play the fool

bancar o bobo *Tom kept asking silly questions, **acting/playing the fool**. I don't understand why he did that, he must have had a hidden agenda.*

Word Story ***Fool*** vem do latim "*follis*", que significa fole. Um fole é um objeto que produz vento ao ser contraído e expandido. É usado, por exemplo, para avivar as chamas da lareira ou as brasas da churrasqueira. E o que o ***fool*** tem a ver com isso? Tudo a ver com vento. Acreditava-se que a cabeça de um ***fool*** era cheia de ar quente, o que, para todos os efeitos intelectuais, é o mesmo que nada, e que era por isso que eles diziam tanta bobagem. Vamos sempre ter cuidado para não ***act*** ou ***play the fool***.

April Fools' Day/All Fools' Day

Primeiro de Abril, Dia dos Tolos *Once again, I forgot it was* ***April Fools' Day/All Fools' Day****, and once again I was called an April fool.*

fool around

1. ficar de bobeira, desperdiçar tempo com atividades inúteis *Let's stop* ***fooling around*** *and get down to business. How much is it going to cost?*

2. "pular a cerca", trair a esposa/o marido *George's wife discovered that he had been* ***fooling around*** *with his secretary. "That's grounds for divorce," she said.*

fool's gold

ouro de tolo, pirita, mineral amarelo que, por sua cor, é confundido com ouro *Beware of* ***fool's gold****.*

Word Story Nos tempos da América Colonial, um grupo de mineiros ingleses encontrou, nas colinas da Virginia, uma grande quantidade de minério, que eles acharam ser ouro. Enviaram o minério para a Inglaterra, exigindo o devido pagamento da London Company, a principal mineradora da época. Recebido o minério e depois de todos os exames de praxe, a London Company respondeu aos mineiros, não com dinheiro, mas com uma simples frase: "***Beware of fool's gold.***"

fools rush in

(literalmente: os tolos entram correndo) se você não conhece ou não tem experiência de um certo assunto, é bom ter cuidado *It is foolish to do something if you do not know much about it;* ***fools rush in,*** *but you're not a fool, so forget about it!*

Word Story O provérbio completo é ***Fools rush in where angels fear to tread.*** (Os tolos entram correndo onde os anjos têm medo de pisar.) Se você não tem experiência, é melhor não arriscar.

make a fool of yourself

pagar mico *I was going to make a comment, but on second thoughts and not to* ***make a fool of myself****, I decided to let it go at that. Speech is silver, but silence is golden.*

319 foot; footprint

foot the bill

(literalmente: chutar a conta) pagar a conta *It was an excellent meal at a good restaurant, with some nice clients and the company was* ***footing the bill,*** *it was as good as it gets.*

Word Story A expressão é bem antiga e na origem tinha significado diferente. ***Foot the bill*** significava somar as parcelas de uma conta e escrever o resultado ao final, no "pé" da conta. Com o tempo o significado mudou de "somar" a conta para pagar a "dolorosa".

My foot!

(informal, inglês falado, expressão antiquada, literalmente: Meu pé!) Uma ova! *He downplayed the importance of the virus, said it was just "a little flu"; a little flu,* ***my foot!***

put your foot in your mouth/in it

dar um fora, uma grande mancada *He* ***put his foot in his mouth/in it*** *on several occasions but he doesn't seem to care, he goes on and on saying the most incredible things about this and that. Strangely enough, he gets away with it.*

shoot yourself in the foot

(literalmente: dar um tiro no pé, atirar no próprio pé) dar um tiro no pé, fazer algo que vai contra os seus próprios interesses *He* ***shot himself in the foot*** *when he casually declared veterans are nothing but losers or suckers.*

---

carbon footprint → SEE (127) cap; carbon; card
have one foot in the grave → SEE (376) grave

---

320 for

for all

apesar de, a despeito de ***For all*** *its pain, injustice, and broken dreams, this is still a beautiful world. Just keep your eyes peeled for all the beauty around.*

for all I care

não faz diferença para mim, não ligo a mínima *He may say what he wants,* ***for all I care****. I couldn't care less.*

---

as for/to → SEE (39) as
but for → SEE (113) but
except for → SEE (268) except; exception
for a rainy day → SEE (682) rain; rainy
for all I know → SEE (470) knew; know; knowledge
for all practical purposes → SEE (656) practical; practice; practise; practitioner
for better or (for) worse → SEE (73) best; better
for free → SEE (325) free
for good → SEE (368) good; goodbye; goods
for good measure → SEE (529) McCoy; mean; means; measure
for keeps → SEE (460) keep; keeps; keepers; kept

for my money → SEE (544) money
for no reason → SEE (694) reason; reasonable
for now/the moment/the present → SEE (543) moment
for real → SEE (692) real; reality
for sale → SEE (730) sale
for some reason → SEE (694) reason; reasonable
for sure → SEE (883) sure; surely
for that matter → SEE (527) master; matter
for the time being → SEE (912) time; times
for want of → SEE (954) want
for your eyes only → SEE (272) eye
Go for it! → SEE (362) go; goes
(just) for a change → SEE (142) change

321 foremost; forest; forget

first and foremost

antes de tudo, o mais importante *When referring to the people from the Brazilian Northeast, they say the "nordestino" is, **first and foremost**, "a strong one".*

can't see the forest for the trees

(literalmente: não consegue ver a floresta por causa das árvores) não conseguir ver uma determinada situação no seu todo, por focalizar apenas nos detalhes *Dave fails to see the big picture, as he insists on arguing about the small details, he just **can't see the forest for the trees**.*

forget yourself

perder as estribeiras, perder a cabeça/calma, irritar-se *The kids were getting in Camily's hair so she **forgot herself** and yelled "Get out of my hair!"*

322 forth; forty

forty winks

(informal, literalmente: quarenta piscadelas) soneca, cochilo *I'm feeling tired, I'm going to hit the hay and catch/get **forty winks**.*

Word Story Para ilustrar a expressão, vamos "passar um filminho". Almoço mais pesado do que o costume, afinal hoje é sábado, dia de feijoada, uma caipirinha, aquele soninho, *time to find a bed and catch **forty winks**.* Mas há muito trabalho para fazer, então o sono tem de ser breve. Só o tempo de contar ***forty winks***. (...) "Trinta e oito, trinta e nove, quarenta!" Pode acordar. E vai trabalhar, vagabundo!

back and forth → SEE (47) back; backseat

323 forward; foul

come forward

apresentar-se, oferecer seus serviços *The police has asked but nobody has yet **come forward** with information about the explosion.*

foul play

1. jogo sujo, infração das regras do jogo, o oposto de "fair play" *In sports like soccer or basketball if a player acts against the rules it is considered **foul play**.*

2. violência criminosa, assassinato *The man was found dead in the park and the police suspect **foul play**.*

Word Story A respeito de ***foul play,*** no sentido do exemplo 1, é bom observar que a expressão foi por nós adotada pela metade, só a primeira palavra (***foul***, pronunciada "*fau*", rimando com "*mau*"). Quando um daqueles truculentos zagueiros, cansado de levar dribles do Neymar, atropela o atacante, sem bola, derrubando-o pela quinta vez (só no primeiro tempo), o juiz diz que aquilo está contra as regras do jogo e que, portanto, é falta. Todos concordam, menos os do time do truculento zagueiro, para quem aquilo não foi "*fau*", e o juiz está roubando.

324 fowl

neither fish nor fowl

(literalmente: nem peixe nem ave) nem uma coisa nem outra, pessoa ou coisa que não se encaixa totalmente em um determinado grupo *In political terms, Aunt Maggie is **neither fish nor fowl**. She votes left or right according to which candidate she thinks is the most charming.*

325 free

for free

gratuito, de graça *If you buy two jars of instant coffee, you'll get another jar **for free**. Don't miss out!*

free-for-all

(literalmente: com entrada livre, aberto a todos) forrobodó, briga generalizada, tumulto, confusão *One player slapped the other and the game ended right there, in a **free-for-all**. Even the referee was slapped.*

Word Story Qual a ligação entre ***free-for-all*** e a palavra *forró*, o arrasta-pé, baile popular nordestino? Existe uma versão que, se não tem compromisso com a verdade, pelo menos é curiosa. Lá pelo início do século XX, engenheiros ingleses que trabalhavam na construção de uma ferrovia no Nordeste brasileiro aos sábados promoviam bailes gratuitos, para todos. Os bailes eram ***free for all***. O pessoal do Nordeste logo transformou esse ***free for all*** em "forró", palavra mais fácil e simpática de dizer. Para quem leva a etimologia a sério, essa historinha não cola, já que a verdadeira origem de "forró" é "forrobodó". Esse termo aplica-se tanto ao arrasta-pé quanto à briga generalizada, em campos de futebol, onde o jogo, como ensinava Jackson do Pandeiro, "não pode ser um a um e, se o meu time perder, é zum-zum-zum".

free gift

brinde (promocional), oferta, presente *We are offering a **free gift** to all the participants who complete our online questionnaire.*

Word Story Pensando bem, ***free gift*** é uma expressão redundante, concorda? ***Gift*** é um presente, presente não se paga. ***Free*** é gratuito, que também não se paga. Então...

free hand

carta branca, liberdade de ação *The boss has complete confidence in me, he gives me **free hand** in making those decisions.*

free lunch

(literalmente: almoço gratuito) almoço de graça, situação confortável oferecida sem contrapartida *I think you should be careful before signing that contract. Remember: there's no such thing as a **free lunch**. Or, as someone once said, a **free lunch** can be found only in mousetraps.*

Word Study Antigamente, era costume os bares oferecerem ***a free lunch*** aos fregueses, sob uma condição: eles tinham de pagar as bebidas antecipadamente. Se os preços dessas bebidas eram justos ou elas estavam supervalorizadas, não se sabe, mas quando a oferta é muito generosa, é bom pensar duas vezes. *Look before you leap.* (verbete-âncora 505)

free ride

(literalmente: voltinha de graça) tratamento especial, vantagem, benefício, mordomia *You are allowed to use that information, but don't expect to get a **free ride**. There's no free lunch, remember? You'll have to present us a report on what you find.*

326 freezes

when hell freezes over → SEE (410) hell

327 French

Pardon my French.

(literalmente: perdoem o meu francês) Perdoem-me o palavrão. *Everything that politician says is bullshit. **Pardon my French.***

Word Story Assumir como medíocre o domínio do idioma francês e usá-lo como eufemismo na hora de soltar um palavrão em inglês deve ser entendido não como desprestígio para o belo idioma da França, mas como o jeito norte-americano de se desculpar pelo uso de linguagem rude. Como será que os franceses se desculpam quando soltam "*un gros mot*"? Será que dizem "*Pardonnez-moi mon Anglais*"?

take French leave

sair de fininho, "à francesa" (no serviço) sem pedir permissão ao patrão ou (em uma festa) sem se despedir do anfitrião ou anfitriã *Dudu thought the party was rather boring, so he decided to **take French leave** and go home.*

Word Story A expressão tem origem em um suposto costume francês, até o século XVIII, de deixar uma festa ou reunião social sem se despedir do anfitrião ou anfitriã. Neste caso, os franceses foram à forra, já que também existe uma expressão, na língua francesa, que fala em "*s'en aller à l'anglaise*", e significa exatamente a mesma atitude mal-educada, retirar-se sem dizer "*adieu*" ou "*goodbye*" a quem o convidou para a festa. Coisa feia!

328 fresh; Freudian

get fresh (with someone)

atrever-se com (alguém), faltar ao respeito *Don't **get fresh** with me, young man, I could be your mother!*

a breath of fresh air → SEE (98) breath
a Freudian slip → SEE (797) slip; slippery
(as) fresh as a daisy → SEE (204) daisy

329 friend; friendly

make friends (with someone)

tornar-se amigo, fazer amigos *Trico is a very likable person, he **makes friends** easily.*

A friend in need is a friend indeed. → SEE (568) need; needless
friendly fire → SEE (304) fire; firm
have (got) friends in high places → SEE (642) place

330 frog

have (got) a frog in your throat

(informal, literalmente: ter uma rã na garganta) ter um pigarro *I **had a frog in my throat** and I just couldn't speak clearly.*

331 from

from now on/as from now/as of now

a partir de agora, de agora em diante ***From now on/As from now/As of now**, smoking is forbidden in this house.*

---

as from/of → SEE (39) as
(do something) from scratch → SEE (737) score; scratch
from rags to riches → SEE (680) rag; rags
from the bottom of my heart → SEE (92) bottom; bounds
from time to time → SEE (912) time; times
live from hand to mouth → SEE (501) live; live /laɪv/; lives /laɪvz/; living

---

332 front

front man

laranja, testa de ferro, falso dono *Freddo doesn't own the organization, he is just a **front man**, and the police suspect the Mafia is behind that scheme.*

front-runner

(em uma eleição ou competição) favorito *Who is the **front-runner** in the next presidential election?*

up front

sinal, primeiro pagamento *They will have to pay two thousand dollars **up front** for the cost of materials.*

333 fry; frying

have (got) other/bigger fish to fry

(literalmente: ter outros peixes/peixes maiores para fritar) ter assuntos mais importantes para tratar *That's a good idea and we'll discuss it later on. Right now we **have (got) other/bigger fish to fry**.*

small fry

arraia-miúda, gente/organização sem importância *That small company is **small fry** compared to those powerful multinationals.*

Out of the frying pan (and) into the fire.

(literalmente: Fora da frigideira, para dentro do fogo.) De mal a pior. *Betty divorced Mike, who was an alcoholic, and married Mickey, who was a murderer, poor Betty! It was a case of **out of the frying pan (and) into the fire**.*

334 fuel

add fuel to the fire/flames → SEE (15) add; addition; advance

335 full

be full of beans → SEE (60) beans

336 fun; funny

a figure of fun

uma figura caricata, um motivo de riso *He lied so many times, dropped so many bricks, and eventually became **a figure of fun**.*

funny bone

(literalmente: osso engraçado) parte do cotovelo que causa uma dor intensa quando é atingida *I hit my **funny bone** on the desk and I didn't find it funny at all, it hurt terribly.*

Word Story O osso do braço, desde o ombro até o cotovelo, é o úmero, nome que vem do latim *humerus*. A palavra lembra *humorous* (que tem humor, engraçado), o que deu ensejo a um trocadilho, passando-se então, em inglês, a falar desse osso como sendo o ***funny bone***. Quem já passou pela desagradável experiência de bater com a pontinha do cotovelo em algum lugar, tomou uma espécie de "choque elétrico" e não achou a menor graça nisso.

make/poke fun (at someone/something) → SEE (649) poke; polish; polisher

337 further; fuse

blow a fuse

(literalmente: queimar um fusível) subir pelas paredes, ficar furioso *That politician **blew a fuse** when the journalist asked him a tricky question.*

have a short fuse

ter pavio curto, enfurecer-se com facilidade *He **has a short fuse**, as she soon found out.*

until further notice → SEE (581) notice

G

338 gab

the gift of (the) gab

o dom da palavra, palavra fácil, eloquência *As a typical Scotsman, Sean Connery had **the gift of (the) gab**.*

Word Story ***Gab*** significa "boca" em celta, o idioma original dos escoceses. Quando dizemos que alguém tem ***the gift of (the) gab*** estamos falando, às vezes de modo depreciativo, de sua verbosidade, do seu poder de persuasão, de impressionar as pessoas através de sua palavra fácil.

339 gain

No pain, no gain./No gain without pain.

(literalmente: Sem dor não há ganho.) Para melhorar, tem de ralar. Sem esforço não há sucesso. *That gym's motto is "**No pain, no gain**", so they all keep working out with a smile on their face.*

gain ground → SEE (383) ground; grounded; grounds

340 galaxy

the Galaxy

a (nossa) Galáxia, a Via Láctea *The Milky Way is **the Galaxy**, the very large group of stars in which we live. Carl Sagan used to say there are billions and billions of other galaxies in the vast cosmos.*

Word Story Galáxia vem de uma palavra grega para "leite". Na escuridão do universo e vista do nosso planeta, a *Milky Way* é isso mesmo, uma via láctea, parece que derramaram leite naquele pedaço do espaço. *By the way*, me dá um pedacinho desse chocolate *Galak*. Por que será que ele tem esse nome?

341 gall

have the gall (to do something)

ter a audácia, a cara de pau (de fazer algo) *He never called me, never even said hello, but he **had the gall** to send me a message asking for money.*

342 gallery

a rogues' gallery

uma série de fotos de criminosos fichados pela polícia para fins de identificação *Look at the photo of the President and his ministers. That's what I call **a rogues' gallery**!*

play to the gallery

(Reino Unido, literalmente: representar para a galeria, o "poleiro") ser demagogo, populista *He is that kind of politician who likes to **play to the gallery**, a demagogue trying to attract ordinary people's attention.*

Word Story A ***gallery*** não fica em um estádio esportivo, mas em um teatro, aquela parte bem lá no alto, quase tocando no teto, a galeria, a torrinha, o popular "poleiro", onde estão os lugares mais baratos. Então ***play to the gallery*** poderia ser traduzida como "representar para o povão". Mas, pensando bem, o povão não tem acesso ao teatro, nem mesmo à galeria. Esta expressão pode ser comparada com *make a grandstand play* (verbete-âncora 372).

343 game

be game (for something)

estar disposto, com vontade, a fim de (algo novo, arriscado ou difícil) *It´s cold outside. They want to go snowboarding, but **I'm** not **game**.*

give the game away

dar com a língua nos dentes, revelar um segredo *Don't tell John-John about Helen's surprise party. He just can't keep a secret, he might **give the game away**. We don't want him to let the cat out of the bag.*

It's all in the game.

Tudo isso faz parte do jogo. *"(...) But **it's all in the game**/ All in the wonderful game/ That we call love (...)"* (Louis Armstrong)

play games

tratar alguém de forma desonesta, para levar vantagem *He says he is not **playing games** with me, honest to Pete. But my name is not Pete, should I trust him?*

play the game

agir de modo honesto e limpo *You can trust me. I always **play the game**.*

The game is up.

A casa caiu, tudo foi descoberto. *You're under arrest, Caciolla.* ***The game is up****, we know you poisoned Tony Baretta with those homemade cannoli.*

Word Story O ***game*** nesta expressão nada tem a ver com jogo. Tem a ver com caça. Nas caçadas aos faisões e outras aves, era comum o uso de batedores (ver o verbete-âncora 62 *beat about/around the bush*), que ficavam batendo nos arbustos e nas moitas, para assustar a caça e fazê-la aparecer. O grito ***the game is up****!* avisava que o esconderijo do faisão tinha sido achado e que a ave estava no ar, ao alcance de quem tivesse boa pontaria: "A caça está no alto! Podem começar a atirar!"

the name of the game

o nome do jogo, o mais importante de tudo *Respect is* ***the name of the game****.*

---

confidence game/trick, con game/trick → SEE (179) concede; confidence
easy game → SEE (249) ease; easy
fair game → SEE (276) fair
the rules of the game → SEE (723) rule

---

344 gamut

run the gamut

correr toda a escala, ir de oito a oitenta, variar muito *Donna is as fickle as the weather, her emotions* ***run the gamut*** *from A to Z, from a million to zero, from bright to dark, from hope to despair, from love to hate.*

Word Story A primeira escala musical, criada por Guido d'Arezzo no século XI, usava letras do alfabeto grego. A nota mais baixa na escala vocal era chamada ***gamma*** (a terceira letra do alfabeto grego), a mais alta era chamada ***ut***. Juntando ***gamma*** e ***ut*** temos todo o leque da escala musical. As crianças de hoje aprendem o "dó, ré, mi, fa, sol, la, si" e só quando adultas elas usam a expressão ***run the gamut*** para descrever a variedade de emoções que estão ao nosso alcance, da mais delirante à mais tristonha.

345 gander

take/have a gander (at something)

(informal, inglês falado) dar uma espiada, olhada (em algo) *Can I* ***take/ have a gander*** *at that photograph?*

What's good/sauce for the goose is good/sauce for the gander. → SEE (369) goose; gooseberry; got

346 gang

gang up (on someone)

atacar (alguém) em bando *About a dozen boys in Calvin's class (including Calvin) decided to* ***gang up*** *on Moe, the bully boy. It serves him right, to be given a taste of his own medicine.*

347 gap

generation gap

conflito de gerações *From Grandpa Theo to baby John-John, there's no* ***generation gap*** *in our family, we all get along well with each other.*

348 garage; garbage

garage sale

(literalmente: venda feita em garagem) venda de objetos usados *Our neighbors are having a* ***garage sale****, they're moving out.*

Word Story A expressão vem da tradição norte-americana de promover a venda de objetos usados (roupas, móveis, brinquedos etc.) para "limpeza" da garagem, que em geral serve como depósito.

a load of garbage/nonsense/trash → SEE (502) load; loaf

349 garden

kitchen/vegetable garden

horta (particular) *Our neighbors grow vegetables,* ***fruit and*** *herbs in their* ***kitchen/vegetable garden*** *for their own use.*

350 gas

step on it/the gas

acelerar, pisar no acelerador *We're going to miss that plane if you don't* ***step on it/the gas****.*

351 gate; gated; gatepost

boarding gate

(em aeroporto) portão de embarque *Passengers for flight 242 Polynesian Airlines please proceed to* ***boarding gate*** *9 A.*

gated community

condomínio fechado *The Joneses live in a **gated community** in Miami, Florida.*

between you, me and the gatepost

(Reino Unido, informal) isto é segredo, fica cá entre nós e que ninguém nos ouça *Well, **between you, me and the gatepost**, I heard that Melanie is going to divorce him.*

352 gathers; gauntlet

pick up the gauntlet

aceitar o desafio *It's time for us to **pick up the gauntlet**. Let's do our part to help save the planet.*

run the gauntlet

passar pelo "corredor polonês", sofrer críticas e protestos de muitas pessoas ao mesmo tempo *After Flamengo had lost the match the players' bus had to **run the gauntlet** of the frustrated supporters all the way to the club's headquarters.*

Word Story A expressão tem origem escandinava, mais precisamente na Suécia, lá pelos anos 1600. O exército sueco costumava punir soldados que infringiam as duras leis militares da época, mandando formar um corredor, duas linhas de homens, cada um deles armado de um pedaço de corda ou de uma espécie de cassetete. O indivíduo que estava sendo castigado era forçado a passar correndo entre as fileiras, levando bordoada dos colegas. Era o que conhecemos como "corredor polonês", mas isso acontecia na Suécia, e não na Polônia. A palavra sueca para "corredor" é "*gantlope*", adotada como ***gauntlet*** pelos militares ingleses, que descobriram essa forma de punição durante a Guerra dos Trinta Anos (1618-1648). A prática foi abolida na Suécia em 1813, mas permaneceu nas escolas públicas inglesas de maior rigor disciplinar até o fim do século XIX.

throw down the gauntlet

lançar um desafio, desafiar *Mother Nature **has thrown down the gauntlet**. It's time for us to pick it up.*

Word Story Uma ***gauntlet*** é uma manopla, aquela luva de ferro que fazia parte da armadura dos cavaleiros medievais. Tradicionalmente, o cavaleiro que queria desafiar um outro para um duelo, tirava a sua ***gauntlet*** e a jogava aos pés do desafeto. Se este se abaixava e pegava a ***gauntlet***... danou-se! Desafio aceito, agora é só marcar o dia do duelo.

A rolling stone gathers no moss. → SEE (713) roll; rolling

353 general

general practitioner, GP

(Reino Unido) médico, clínico geral *A **general practitioner** is neither a specialist nor a surgeon, he is a physician, a doctor.*

in general

em geral ***In general**, kids like junk food.*

354 generation

generation gap → SEE (347) gap

355 get

get along (with someone)

dar-se com (alguém) *From Grandpa Theo to baby John-John, there's no generation gap in our family, we all **get along** well with each other.*

get away with it

ficar impune *He's terribly rude, I don't know how he **gets away with it.***

get by

virar-se, ir levando, sobreviver, manter-se *"I **get by**, with a little help from my friends (...)"* (The Beatles)

As good as it gets. → SEE (368) good; goodbye; goods
be/get called on the carpet → SEE (122) call
be/get even (with someone) → SEE (266) even
be/get soaked to the skin → SEE (812) soaked
catch it (Reino Unido)/get it (EUA) → SEE (135) catch; catch-22; caught
climb/get on/jump on/join the bandwagon → SEE (54) banana; bandwagon
come/get to grips (with somebody/something) → SEE (382) grip
Don't get me wrong. → SEE (996) wrong
feel/have/get butterflies in your stomach → SEE (116) butterflies
Get a load of this/that. → SEE (502) load; loaf
get a move on → SEE (553) move
get ahead → SEE (24) ahead
get (down) off your high horse → SEE (425) horse
get down to business → SEE (112) business
get fresh (with someone) → SEE (328) fresh; Freudian

get/have a handle (on somebody/something) → SEE (394) hand; handbasket; handle
get/have cold feet → SEE (171) cold
Get/Hold/Take a grip on yourself! → SEE (382) grip
get hot under the collar → SEE (426) hot
Get lost! → SEE (507) lose; loser; loss; lost
get mixed up → SEE (540) mixed
get on your nerves → SEE (571) nerve
get out of hand → SEE (394) hand; handbasket; handle
Get real! → SEE (692) real; reality
get/run into debt → SEE (213) debt; decision; deep
get/set/start the ball rolling → SEE (53) ball; ballpark
get the hang (of something) → SEE (395) hang
get the message/picture → SEE (531) memory; message
get the sack → SEE (726) sack
get under your skin → SEE (787) skin; skinned
get your goat → SEE (364) goat
If you can't stand the heat, get out of the kitchen. → SEE (844) stand

356 ghost

give up the ghost

(informal, literalmente: entregar o fantasma) render o espírito, dar o último suspiro, morrer *After years of service, my computer decided to* ***give up the ghost****.*

(not) have a ghost of a chance (of doing something)

(não) ter a mínima chance (de algo) *He* ***doesn't have a ghost of a chance*** *of winning the election, for my money.*

357 gift

Don't look a gift horse in the mouth.

(literalmente: Não olhe a boca de um cavalo que você ganhou de presente.) De cavalo dado não se olha os dentes. Não ponha defeitos em um presente recebido. *He was not willing to accept the offer of free gallery seats, but I told him he should* ***not look a gift horse in the mouth****.*

Word Story Para saber a idade de um cavalo é costume antigo olhar o estado dos dentes do animal, mas também é considerado insultuoso examinar a qualidade de um presente.

free gift → SEE (325) free
the gift of (the) gab → SEE (338) gab

358 give

Don't give me that!

(informal, inglês falado, usado no imperativo negativo) Não me venha com essa! *"I didn't know you wanted it for today." "Oh,* ***don't give me that!****"*

give and take

toma lá dá cá, entendimento mútuo *A good relationship requires a lot of* ***give and take*** *between the two persons involved.*

give away

dar (de graça), distribuir *"Last Christmas I gave you my heart/ But the very next day you* ***gave it away*** *(...)"* (George Michael)

give in

render-se, entregar-se *Our troops were surrounded and simply had to* ***give in*** *to the enemy.*

give or take

mais ou menos, aproximadamente *Brasília was inaugurated sixty years ago,* ***give or take****.*

give (something) back

devolver *Sorry for keeping your book with me for so long, I forgot to* ***give*** *it* ***back****, but here it is, safe and sound.*

give up

desistir *If at first you don´t succeed, try again. Never, never* ***give up****.*

---

give chase → SEE (145) chase; chaser
give/hand someone a blank check (EUA)/ cheque (Reino Unido) → SEE (82) blank; blanket; blaze
give it to someone straight → SEE (863) straight
Give me a break! → SEE (96) break
give someone a break → SEE (96) break
give someone a dose/taste of their own medicine → SEE (530) medicine; meet
give someone a hand (with something) → SEE (394) hand; handbasket; handle
give someone a piece of your mind → SEE (536) mind; minute
give someone a ride (EUA)/ a lift (Reino Unido) → SEE (702) ride
give someone a ring → SEE (704) ring
give (someone/something) a wide berth → SEE (71) berth
give someone the cold shoulder → SEE (171) cold
give someone the elbow → SEE (255) elbow
give someone the finger → SEE (303) finger; fingertips

give someone the green light → SEE (379) green
give someone the thumbs up → SEE (909) thumb
give the game away → SEE (343) game
give up the ghost → SEE (356) ghost
give yourself airs/put on airs → SEE (22) air
not care/give a fig (about someone/something) → SEE (297) fifth; fig

359 glance

at a glance

só com um olhar, de imediato *I could tell **at a glance** she had been crying.*

Word Story ***Glance*** vem de uma palavra em latim para "gelo". Quando você passa os olhos rapidamente por algo, seu olhar desliza, como que patina, suave e rapidamente sobre o gelo.

360 global

global warming

aquecimento global ***Global warming*** *is not a future problem. It is happening now, but some world leaders are in denial about that issue.*

361 glove

fit someone like a glove → SEE (307) fit; fits; fittest; fix

362 go; goes

at/in one go

(Reino Unido) de uma vez só *I know it's hard to believe, but Malcolm ate the whole cake **at/in one go**.*

be no go

(informal) ser impossível, não dar certo *I asked the boss for a week off, but it **was no go**.*

be on the go

ser muito ativo e ocupado *Grandpa is not young anymore, but he **is still on the go**. I wish he would relax a little more.*

Go for it!

Vai nessa! Não desiste! ***Go for it****, Tio Montalvim! You can do it!*

have a go (at something)

experimentar, tentar, fazer uma tentativa *I don't know if I can translate that poem, but I'll* ***have a go at it.***

(two weeks etc.) to go

faltam (duas semanas) *Just two weeks* ***to go*** *before the end of the semester. Aren't you tired?*

(two pizzas etc.) to go

(duas pizzas) para viagem *"Two pizzas, please." "For here, or* ***to go****?" "****To go****."*

go on

1. acontecer *I want to know what****'s going on*** *here, why are you so upset?*
2. continuar *I want you to keep reading, don't stop. Please* ***go on.***

make a go (of something)

ter sucesso (em algo) *Congratulations, Tio Sergim! You* ***have*** *really* ***made a go of*** *this business.*

---

anything goes → SEE (31) any; anybody; anything; anytime
as (people, things etc.) go → SEE (39) as
as they say/as the saying goes → SEE (735) say; saying
be/go soft in the head → SEE (814) soft
go against the flow → SEE (313) flow
go against the grain → SEE (371) grain
Go ahead! → SEE (24) ahead
Go (and) jump in the lake! → SEE (455) jump
go ape → SEE (33) ape
go down the drain → SEE (229) go; goes
go Dutch (with somebody) → SEE (241) Dutch
go easy (on somebody) → SEE (249) ease; easy
go easy (on something) → SEE (249) ease; easy
Go figure. → SEE (299) figure
Go fly a kite! → SEE (467) kite
go off the deep end → SEE (259) end; enforcement; English
go on strike → SEE (869) strike
go out on a limb → SEE (497) limb; line; lining
go steady (with someone) → SEE (848) steady
go the extra mile (for someone/something) → SEE (533) mile
go (the) whole hog → SEE (419) hog
go to hell in a handbasket → SEE (394) hand; handbasket; handle
go to pot → SEE (654) pot
(go to) rack and ruin → SEE (679) rack
go to the dogs → SEE (224) do; dodo; dog

go/walk down the aisle → SEE (23) aisle
go with the flow → SEE (313) flow
Here you are./Here it is./Here you go. → SEE (413) here
let it go at that → SEE (492) less; let; let´s
my heart goes out (to someone) → SEE (406) heart
My mind goes blank./I draw a blank .→ SEE (82) blank; blanket; blaze
sell/go like hot cakes → SEE (121) cake
The show must go on. → SEE (769) show

---

363 goal; goalposts

achieve your goal

conseguir, atingir o seu objetivo *Liz is on cloud nine, she finally* ***achieved her goal****, she is now Dr. Elizabeth Sanders.*

score a goal

marcar um gol *Messi* ***scored*** *the winning* ***goal*** *at the eleventh hour, the game's last minute.*

move/shift the goalposts

(literalmente: mudar a posição do gol) mudar as regras no meio do jogo *We were ready to sign the contract but then they tried to* ***move/shift the goalposts****, asking for more money.*

364 goat

get your goat

(informal, literalmente: pegar o seu bode/a sua cabra) irritar profundamente *The nerve he has to keep talking nonsense and still get away with it really* ***gets my goat****.*

Word Story A expressão é norte-americana, do início do século XX, e tem origem no mundo das corridas de cavalos. A fim de que o cavalo ficasse menos estressado, mais calmo, os criadores traziam uma cabra para ficar no estábulo, junto do cavalo, até o dia da corrida. Sabendo disso, os mafiosos iam lá e sequestravam a cabra, para que o cavalo ficasse nervoso, emocionalmente desestabilizado, talvez com saudades caprinas e então perdesse a corrida. Em paralelo, os mafiosos apostavam na derrota daquele cavalo e assim o mundo do crime saía mais uma vez vencedor.

---

separate/sort out the sheep from the goats → SEE (759) sheep

---

365 God; godmother

an act of God

desastre natural, acontecimento que está fora do controle humano *An earthquake is **an act of God**.*

God willing.

Se Deus quiser. ***God willing**, human beings will someday learn how to live in peace with one another.*

Thank God.

Graças a Deus. *So far, we have not been infected by that virus, **thank God**.*

---

be in the lap of the gods → SEE (476) lap
fairy godmother → SEE (277) fairy
Honest to God/Pete. → SEE (421) home; honest

---

366 gold; golden

gold dust

ouro em pó, algo muito raro e valioso *I managed to get two tickets for the concert, **gold dust**!*

gold rush

corrida do ouro *The California **gold rush** in 1849 is the subject matter of many books.*

golden age

era de ouro *Elvis Presley was one of the greatest names of the **golden age** of rock 'n roll.*

golden mean

moderação, meio-termo *Not too much, not too little, moderation in everything, the **golden mean** is always good advice.*

golden rule

regra de ouro *I always try to follow the **golden rule**: treat the others the same way you wish them to treat you.*

---

fool´s gold → SEE (318) fool
Silence is golden. → SEE (777) silence; silent

---

367 gone

far gone

em situação crítica, muito comprometido (na bebida, idade avançada etc.) *At that time, Sean Connery was already too **far gone** to give an interview, he died a few days later.*

368 good; goodbye; goods

As good as it gets.

Melhor é impossível. *It was an excellent meal at a good restaurant, with some nice clients and the company was footing the bill, it was **as good as it gets**.*

do (someone) good

fazer bem (a alguém) *I know you're tired, drink a cup of tea, it will **do you good**.*

for good

para sempre *He has left Rio **for good**. He isn´t going to return.*

good for nothing

inútil, não serve para nada *He's always bragging about how good he is, I say he is **good for nothing**.*

it's no good

não adianta, é inútil ***It's no good** calling them at this late hour, they must be sleeping.*

kiss (something) goodbye

dar adeus (a algo), aceitar o fato de que algo se perdeu para sempre *With the pandemic quarantine and the economic crisis, we can **kiss** our traveling plans **goodbye** for now.*

Word Story O *good* de **goodbye** era originalmente *God*. Uma antiga forma de despedida era *God be with you* (Deus esteja com você), abreviada, com o passar dos anos, para ***goodbye***. A substituição de *God* por *good* parece ter sido influenciada por expressões como *good day* ou *good night*.

---

a good/great deal of → SEE (212) deal
bad guy/good guy → SEE (390) guy; Guy
be a (good) sport → SEE (836) sport
deliver the goods → SEE (215) deliver; delivery
for good measure → SEE (529) McCoy; mean; means; measure
Good job! → SEE (450) job; Job
Good riddance (to somebody/something)! → SEE (701) riddance; riddle
in bad/good faith → SEE (278) faith
it's a good job/thing (that)... → SEE (450) job; Job
No news is good news. → SEE (574) new; Newcastle, news
One good turn deserves another. → SEE (935) turn; turning
So far, so good. → SEE (811) so
the good old days → SEE (210) day; daylight
What's good/sauce for the goose is good/sauce for the gander. → SEE (369) goose; gooseberry; got

---

369 goose; gooseberry; got

cook someone´s goose

(informal, literalmente: cozinhar o ganso de alguém) estragar os planos de alguém, acabar com suas esperanças *When the police found those suitcases full of money, that politician realized **his goose was cooked**.*

What's good/sauce for the goose is good/sauce for the gander.

(literalmente: o que é bom/molho/tempero para o ganso fêmea é bom/ molho/tempero para o ganso macho) Direitos iguais, o que é bom para um é bom para o outro também. *Ella goes out with her friends, I go out with mine, too. **What's good/sauce for the goose is good/sauce for the gander**.*

Word Story A expressão é usada para falar de direitos iguais entre os dois componentes de um casal, o que pode ser comprovado pelo uso de ***goose*** (nome genérico e também específico para a fêmea do ganso) e de ***gander*** (nome específico para o ganso macho).

play gooseberry

(Reino Unido, = be a fifth wheel, EUA) segurar a vela, ficar junto de um casal, atrapalhando o namoro *Kate and her boyfriend wanted to have some privacy, but Kate's little brother decided to **play gooseberry**.*

Got it?

Entendeu? *I'm not going to make any comments about what he said. I'm going to let it go at that. **Got it?***

You've got me there.

Agora você me pegou. *Who was the first king of Swaziland? **You've got me there**. I don't have a clue, you can search me.*

370 grab

be up for grabs

(informal) estar disponível (para quem quiser/conseguir pegar) *There are lots of prizes **up for grabs** in our competition, don't miss out!*

371 grain

go against the grain

ir contra o costume, a normalidade *I don't understand, it **goes against the grain** for Malcolm to vote for the left. He's a die-hard Conservative.*

take something with a grain/pinch of salt

dar o devido desconto (ao que alguém diz), aceitar com ressalvas *Everybody knows he's a liar, you should **take** what he says **with a grain/pinch of salt**.*

372 grandstand; granted

make a grandstand play

(EUA, literalmente: fazer uma jogada para a arquibancada/tribuna) exibir-se, agir de modo a impressionar os outros com as suas habilidades *Luke never misses the opportunity of showing off his abilities, he loves **making a grandstand play**.*

Word Story A expressão tem origem no beisebol, fala de uma jogada feita para impressionar o público mais sofisticado, que ocupa os lugares mais caros do estádio de beisebol, a ***grandstand**,* a tribuna, um lugar restrito da arquibancada, geralmente ocupado por autoridades e celebridades. A expressão pode ser comparada com *play to the gallery* (verbete-âncora 342), mais comum no Reino Unido.

take something for granted

1. ter (algo) como certo, achar que algo vai certamente acontecer *He **took** it **for granted** that she would say "Yes", so he was frustrated when she said "No".*

2. não dar valor a (algo), não achar nada de mais *Electricity is just one of those things we **take for granted**, as it's always there, just press the switch on. But when there's a blackout we realize how important electricity is for daily life.*

373 grapes; grapevine

hear something on/through the grapevine

(literalmente: ouvir algo na/através da parreira) ficar sabendo, um passarinho me contou... *I heard **on/through the grapevine** that today's your birthday, is it true? Happy birthday, many more to come!*

Word Story A origem desta expressão é um tanto implausível, mas é a que consta. Como assim, ficar sabendo de algo através da parreira? Que ligação pode haver entre uma informação e uma fileira de cachos de uvas, pendurados? Bom, segundo essa versão, no início da época dos telégrafos, quando alguém recebia um telegrama, dizia que a mensagem nele contida tinha vindo pela parreira. Mas, como assim? Aparentemente (e bota "mente" nisso...) as pessoas, nos Estados Unidos, na época da Guerra Civil, achavam que os postes de onde pendiam os fios telegráficos (que eram então uma novidade, em termos visuais) faziam lembrar uma parreira, com seus arames de onde pendem os cachos de uvas. *Believe it or not,* essa é a versão mais aceita para a origem da expressão.

---

sour grapes → SEE (826) sour

---

374 grasp

beyond/within my grasp

além da/dentro da minha compreensão *Why she married that stupid jerk is **beyond my grasp**, I just can't understand it. It really beats me.*

Grasp all, lose all.

Quem tudo quer, tudo perde. *Be careful while making those choices. **Grasp all, lose all!***

375 grass

grass roots

(Política) as bases de um partido *That politician has completely lost touch with the party's **grass roots**.*

---

a snake in the grass → SEE (808) snake; snooze

---

376 grave

have one foot in the grave

(literalmente: ter um pé na cova) ser muito idoso *The coronavirus pandemic is dangerous to the elderly, especially to those who **have one foot in the grave**.*

377 gray/grey

gray (EUA)/ **grey** (Reino Unido) **matter**

massa cinzenta, cérebro; inteligência *You're wasting your breath trying to explain quantum mechanics to Charlie. He doesn't have much **gray/grey matter**, the lights are on but nobody's home.*

378 grease; great

be a great one for (doing something)

ser ótimo para (uma certa atividade), ter muito jeito para *Trico **is a great one for** making friends. I've never seen anyone so popular!*

---

a good/great deal of → SEE (212) deal
be at (great) pains (to do something) → SEE (609) pain
Great/Tall oaks from little acorns grow. → SEE (585) oak
in (great) demand → SEE (216) demand
the great beyond → SEE (76) beyond
The squeaky wheel gets the grease/oil. → SEE (968) wheat; wheel; when; where

---

379 green

give someone the green light

dar o sinal verde a alguém *The boss has **given us the green light** on the new project. Now it's back to the drawing board.*

380 grin

grin and bear it

(informal) sorrir e aguentar firme *It rained throughout the weekend. We were in a hotel at the seaside. There was no electricity, so... no TV, no Wi-fi. The only thing we could do was **grin and bear it**.*

grin like a Cheshire cat

(literalmente: sorrir como o gato de Cheshire) abrir um sorriso amplo, misterioso, meio debochado *We were trying to find the passports while Alice (it had to be Alice...) just sat there, looking at us, **grinning like a Cheshire cat**.*

Word Story O gato de *Cheshire* é um dos personagens de *Alice in Wonderland* (1865), no Brasil, *Alice no País das Maravilhas*, de Lewis Carroll. *Cheshire* é um condado no norte da Inglaterra, famoso pela qualidade de seus queijos. Compreende-se que os gatos de *Cheshire* sorriam e sejam felizes, pelo bom leite, creme e queijo produzido no local. Lewis Carroll foi buscar seu gato em *Cheshire* e a ele "colou" seu amplo sorriso, mostrando dentes e gengivas. No livro, e especialmente nos filmes, esse risonho personagem às vezes some de cena, e só o seu amplo sorriso, de orelha a orelha, continua visível, como que desafiando Alice e os leitores. Qual a ligação entre os queijos de *Cheshire* e o sorriso amplo, conhecido por "*cheesy grin*" desse felino? Desde o século XII, os queijos produzidos em *Cheshire* trazem como marca o tal do "*cheesy grin*", o mesmo sorriso amplo e enigmático que permanece na tela, mesmo quando o resto do gato já sumiu. Quanto à expressão "*cheesy grin*", que poderíamos traduzir como "sorriso de queijo", é só lembrar que quando o fotógrafo quer um sorriso largo e amplo, ele pede que todos façam pose e... "*say cheese!*". E assim todos ficamos ***grinning like a Cheshire cat***.

381 grind; grindstone

have an ax(e) to grind → SEE (45) axe (Reino Unido)/ ax ou axe (EUA)

382 grip

come/get to grips (with somebody/something)

enfrentar, atacar, tentar resolver *That administration lives in denial, they have never **come/got to grips** with the pandemic, they keep saying it will soon go away but they really don't know what to do for that to happen.*

Get/Hold/Take a grip on yourself!

(informal) Controle-se! *Don't be nervous, stop trembling like a leaf! **Get/Hold/Take a grip on yourself**! You're due to go on stage in five minutes. You can do it. Break a leg!*

383 ground; grounded; grounds

gain ground

ganhar terreno *Electric cars seem to be **gaining ground** as they can be powered by clean renewable energy.*

be grounded

estar de castigo *Neither Bernardo nor Tiago can go out and play today. They´**re grounded**.*

that´s grounds (for something)

isso é motivo (para algo) *When Uncle Willie got home as drunk as a skunk for the tenth time that month, Aunt Maggie got hot under the collar and said, "That's the last straw. **That's grounds for** divorce."*

---

common ground → SEE (175) common; community

---

384 groundhog

Groundhog Day

(EUA) Dia da Marmota, 2 de fevereiro ***Groundhog Day** is a 1993 movie, starring Bill Murray and Andie MacDowell.*

Word Story A marmota é um pequeno roedor, parente próximo do esquilo, que costuma passar cerca de nove meses na toca, hibernando. No dia 2 de fevereiro, ainda inverno, feriado nacional nos EUA, é tradição ficar de olho nas marmotas, observar seus movimentos, para fazer uma previsão quanto ao fim do inverno e a chegada da primavera. Se, nesse dia, o sol está brilhando e, portanto, a marmota consegue ver a sua própria sombra, isso significa que o inverno vai durar mais seis semanas e a marmota volta para a toca, continuando em hibernação. Se, ao contrário, o dia está nublado e a marmota não consegue ver a própria sombra, isso quer dizer que o inverno está no fim e logo chegará a primavera.

385 grow

Grow up!

Vê se cresce! *Oh, **grow up**! You're not a child anymore, you have to learn to accept your responsibilities.*

Absence makes the heart grow fonder. → SEE (3) absence
Great/Tall oaks from little acorns grow. → SEE (585) oak

---

386 guess

Guess what!

Adivinha (a novidade)! ***Guess what**, I'm going to be grandpa for the fifth time!*

it's anybody's/anyone's guess

(informal) ninguém sabe *When the coronavirus pandemic will be totally over, **it's anybody's/anyone's guess**.*

wild guess

(em questão de prova etc.) "chute" *I didn't know the answer to that question, so I took a **wild guess**.*

---

an educated guess → SEE (252) educated; eel; effect

---

387 guest

Be my guest!

Fique à vontade! *"Can I share that poem you posted on Facebook?" "Sure, **be my guest**!"*

388 gun; gunboat

stick to your guns

manter-se firme e fiel (aos seus princípios, valores, opiniões) *Church officials asked Galileo to recant, but he bravely **stuck to his guns**.*

gunboat diplomacy

opção pelo uso da força *The United States threatened to use **gunboat diplomacy** against Yemen.*

---

a big cheese/fish/gun/name/noise/shot/wheel/wig → SEE (77) big; bigger
jump the gun → SEE (455) jump

---

389 gut

gut feeling

pressentimento *My decision was not based on logic or reason, I just had a **gut feeling** that it was the right thing to do.*

gut reaction

reação instintiva *And when I popped the question, she had a **gut reaction**, and just said, "I will."*

have the guts (to do something)

(informal) ter a coragem (de fazer algo) *I wanted to marry her, but I didn't seem to **have the guts** to pop the question. Until one day...*

390 guy; Guy

bad guy/good guy

vilão, bandido/mocinho *Everyone expects the **bad guy** to lose, the **good guy** to win and marry the sweet lovely girl.*

Guy Fawkes' Night

cinco de novembro, feriado nacional no Reino Unido, quando se comemora o fracasso da conspiração liderada pelo (católico) Guy Fawkes, que pretendia explodir o Parlamento (5/11/1605) e assassinar o rei (protestante) James I.

Word Story A palavra ***guy***, hoje usada, no singular, para "cara, sujeito", também pode ser usada no plural, para um pequeno grupo de pessoas (inclusive do sexo feminino) *Would you **guys** (you both/you all) like anything else?* (Vocês gostariam de algo mais?). A origem dessa palavra é histórica. Ela vem de ***Guy Fawkes***, o líder da conspiração (5 de novembro de 1605) para explodir o Parlamento inglês e assassinar o Rei James I. Essa conspiração fracassou, ***Guy Fawkes*** foi descoberto, preso e executado. Todos os anos desde então, os ingleses comemoram a ***Guy Fawkes' Night*** ou *Bonfire Night*, fazem fogueiras e nelas queimam bonecos (como os "judas" são malhados no Sábado de Aleluia, na tradição cristã). Esses bonecos são chamados ***guys***. A palavra foi adotada para designar alguém com aspecto estranho, com o tempo passou a designar qualquer um, um cara qualquer, *a regular **guy***.

---

tough guy → SEE (919) tough
wise guy → SEE (984) wise

H

391 habits; had

Old habits die hard.

Os velhos hábitos são difíceis de largar. *Tio Sergim still gets up early in the morning. He's retired now, but* ***old habits die hard****.*

had better → SEE (73) best; better

392 hair; hairs

a bad hair day

(literalmente: um dia de cabelo ruim) um dia "daqueles", em que tudo parece dar errado *It was definitely* ***a bad hair day****, and I was just dying to get home and relax, but before I could do that I still got a flat tire from a nail in the road. Just my luck!*

in your hair

(informal, literalmente: dentro do seu cabelo) incomodando, enchendo a paciência (de alguém) *Camily is very patient and never complains about the kids, but it's true they get* ***in her hair*** *all day.*

out of your hair

(informal, literalmente: fora do seu cabelo) não mais incomodando, deixando (alguém) em paz *Trico found a way of taking the kids* ***out of*** *Camily's* ***hair*** *while she attended her conversation classes.*

the hair of the dog (that bit you)

(literalmente: o fio de cabelo do cachorro (que te mordeu)) pequena dose de bebida alcoólica que a pessoa toma na manhã seguinte, quando ainda está de ressaca *"How come you're drinking whisky at 8 o'clock in the morning?" "Just a drop. It's* ***the hair of the dog that bit me.****"*

Word Story Na Inglaterra medieval, segundo o conhecimento médico de então, quando um cachorro raivoso mordia alguém, esfregava-se um fio de cabelo (previamente queimado) do cachorro na ferida que ele tinha provocado. Era esse o remédio para a cura, porque acreditava-se que a pessoa deixava de estar infectada. Com o tempo, a expressão passou por várias alterações, até ser usada para falar de remédio para ressaca.

let your hair down → SEE (492) less; let; let's
split hairs → SEE (834) spit; split

393 half; halfway

Half a loaf is better than no bread.

(literalmente: Metade de um pão é melhor do que nada.) Antes pouco do que nada. *With the present economic crisis, we just can't be too ambitious. I know this is not the perfect solution, but **half a loaf is better than no bread**.*

your better half

sua cara-metade, seu esposo/sua esposa ***My better half** is my special assistant on those matters, I'll have to ask her opinion about that.*

meet someone halfway

(literalmente: encontrar alguém no meio do caminho) entrar em acordo, fazer concessões mútuas *On the whole, I think the project is OK, I don't totally agree with some points, but I'm prepared to **meet you halfway**.*

---

cheap at the price/at half the price (Reino Unido)/ at twice the price (EUA) → (146) cheap

---

394 hand; handbasket; handle

by hand

(feito) à mão *Those beautiful carpets were made **by hand**.*

close/near at hand

à mão, próximo, perto *I like it here, and we have everything we need **close/near at hand**: shops, restaurants, schools, parks.*

get out of hand

ficar sem controle *Does the government know what it is doing, or is the situation **getting out of hand**?*

give someone a hand (with something)

ajudar, dar uma mãozinha a alguém (com algo) *I'll **give** you **a hand** with those bags. No sweat.*

hand it (to someone)

dar a César o que é de César, reconhecer o valor (de alguém) *I'm not exactly a big fan of Neymar, but I have to **hand it to him**; he certainly knows how to play soccer.*

hands down

(literalmente: com as mãos para baixo) sem muito esforço *Brazil has a very strong soccer team and could win any match **hands down**.*

Word Story A expressão tem origem nas corridas de cavalos. Quando o jóquei já está na *home straight* (ou *home stretch*), reta final (como vamos ver adiante, no verbete-âncora 421), e sente que o seu cavalo vai ganhar a corrida, ele às vezes abaixa os braços, num gesto de confiança e certeza de uma vitória sem muito esforço.

like the palm of your hand

como a palma da mão *I've lived here all my life, I know this place* ***like the palm of my hand.***

on the one hand

por um lado ***On the one hand,*** *life in the big city is more exciting than in the countryside.*

on the other hand

por outro lado ***On the other hand,*** *it is more stressful and expensive.*

go to hell in a handbasket

(literalmente: ir para o inferno em uma cestinha) ir para o beleléu, arruinar--se, fracassar *With this pandemic, is the economy under control or is it* ***going to hell in a handbasket?***

Word Story A expressão tem origem nas minas de carvão da Inglaterra. Todos os dias, para iniciar sua faina, os mineiros desciam em carrinhos como se fossem "cestinhas" até embaixo, nas entranhas da mina, onde os esperava um calor comparável ao do inferno (segundo depoimento de quem já esteve nos dois lugares). Eles estavam indo, então, para o inferno em uma cestinha.

get/have a handle (on somebody/something)

compreender, saber lidar (com alguém/algo) *I confess I can't* ***get/have a handle*** *on how this machine works. It's beyond me.*

Handle with care.

Manipular com cuidado. *Careful, that's fragile.* ***Handle with care.***

too hot to handle

(literalmente: quente demais para manusear) perigoso, difícil demais para resolver *When those corruption scandals were revealed, the situation became* ***too hot to handle,*** *and he had to resign.*

---

at first hand → SEE (305) first
at hand → SEE (41) at; attached; attendance
bite the hand that feeds you → SEE (79) bite; bit; bitten
fly off the handle → SEE (315) fly; flying
free hand → SEE (325) free

give/hand someone a blank check (EUA)/ cheque (Reino Unido) → SEE (82) blank; blanket; blaze
have the whip hand (over someone) → SEE (970) whip; whipping
live from hand to mouth → SEE (501) live; live /laɪv/; lives /laɪvz/; living
shake hands (with someone) → SEE (755) shake

395 hang

get the hang (of something)

pegar o jeito *At first it seems difficult, but you'll soon* ***get the hang*** *of it. Just hang in there!*

hang around/out (with someone)

(informal) passar tempo (com alguém) *Louis likes to* ***hang around/out*** *with his friends at the mall.*

Hang (on) in there!

(informal, inglês falado, incentivo para que a pessoa persista) Segura as pontas aí, não desiste! *Try again, don't give up.* ***Hang (on) in there****, don't quit!*

hang (someone/something) out to dry

(informal, literalmente: pendurar (alguém/algo) para secar) deixar (alguém/algo) em má situação, sem ajuda ou proteção *He always said he would be there for me, but when things got really bad, he just* ***hung me out to dry****.*

be/hang in the balance → SEE (52) balance

396 happen

no matter what happens → SEE (527) master; matter
It shouldn't happen to a dog! → SEE (224) do; dodo; dog

397 happy

Many happy returns (of the day).

Parabéns! Muitos anos de vida! ***Many happy returns of the day!*** *And here's your present, I hope you like it.*

398 hard

be hard up

ter/estar com muito pouco dinheiro *Those families* ***are hard up****, they can't afford to have a holiday at the seaside.*

hard and fast

(leis, regulamentos) rígidas, inflexíveis, irrevogáveis *Those laws are not **hard and fast**, they can be changed if everybody agrees.*

hard of hearing

meio surdo *Aunt Maggie is not deaf, she is just **hard of hearing**. You'll have to talk loud and clear. And be patient.*

---

a hard/tough nut → SEE (584) nut; nuts; nutshell
a hard/tough nut to crack → SEE (584) nut; nuts; nutshell
die hard → SEE (220) die
hard/hot on somebody's heels → SEE (408) heels
No hard feelings. → SEE (292) feel; feelings
Old habits die hard. → SEE (391) habits; had

---

399 hare

(as) mad as a March hare

(literalmente: tão doido quanto uma lebre em março) doidinho de pedra, louco varrido *Crazy Daisy is **(as) mad as a March hare**.*

Word Story Esta expressão descreve o comportamento excêntrico (*to say the least*) de alguém. Ela é quase certamente a corruptela de uma expressão dita pelo filósofo holandês Erasmus, que viveu durante o final do século XV, início do XVI. Erasmus descreveu alguém como sendo, em inglês, *as mad as a marsh hare*. Em português, "tão doido quanto uma lebre do pântano". Séculos mais tarde, o escritor inglês Lewis Carroll (1832-1898) foi buscar a lebre de Erasmus, mas mudou a expressão para ***as mad as a March hare***, que quer dizer "tão doido quanto uma lebre em março". Nem Erasmus explicou por que as lebres do pântano seriam doidas, nem Lewis Carroll explicou por que trocou "*marsh*" por "*March*". As duas palavras são parecidas na grafia e na pronúncia, mas não exatamente. A expressão foi popularizada em *Through the Looking-Glass* (Através do Espelho), o livro de Carroll que veio depois de *Alice in Wonderland*, e lá o gato de Cheshire fala a Alice sobre o chapeleiro maluco (*the mad hatter*) e a lebre de março (*the March hare*), que também teria um parafuso a menos. Era crença popular que as lebres ficavam frenéticas durante o mês de março. No hemisfério norte, março é o final do inverno e o início da primavera. Por que o comportamento das orelhudas seria particularmente frenético em março não é, *of course*, uma verdade científica, mas parece ser esse o tempo de acasalamento das lebres. Doidinhas ou não, a expressão foi divulgada nos livros e filmes que falam da Alice e seus maravilhosos companheiros de aventuras.

Run with the hare and hunt with the hounds. → SEE (724) run

400 haste

More haste, less speed./Haste makes waste.

(literalmente: Mais pressa, menos velocidade./A pressa produz desperdício.) A pressa é inimiga da perfeição. Quem corre cansa. *I tried to send a quick reply to them and I made a lot of mistakes.* ***Haste makes waste*** *or, as they say in England,* ***more haste, less speed****.*

Chegamos ao quarto patamar, 400 *idiomatic expressions* já estudadas. Vamos ver se nos lembramos delas? *How about that?*

O conjunto de testes a seguir tem por objetivo ajudar a fixação do uso e significado de algumas das mais importantes expressões idiomáticas vistas até aqui. Se você me perguntar se isso é importante, eu direi que... *You bet!* Vamos lá, então? Os testes estão a seguir, *the ball is in your court*. As respostas estão ao final do dicionário, na página 442.

Test 4

A. Complete as frases com a expressão adequada. Entre parênteses está o número do verbete-âncora em que você encontra essa expressão:

1. Se alguém me pede um pequeno favor, como pegar emprestada a minha caneta por um segundo, e eu concordo, eu digo

a. (395) *Sure, hang (on) in there!* b. (387) *Sure, be my guest!* c. (394) *Sure, hands down!*

2. Quando algo muito irritante acontece e a pessoa fica (307) *fit to be tied*, é o mesmo que dizer que essa pessoa

a. (315) *flies the coop.* b. (315) *flies off the handle.* c. (316) *follows suit.*

3. Seu amigo está fazendo aniversário, então você lhe deseja

a. (397) *Many happy returns of the day.* b. (395) *Hang (on) in there!* c. (392) *Have a bad hair day!*

4. Se alguém lhe pede para guardar um segredo, mas você (50) *let the cat out of the bag*, então você

a. (356) *give up the ghost.* b. (350) *step on the gas.* c. (343) *give the game away.*

5. Se você tem uma tarefa arriscada à sua frente, mas consegue reunir coragem para a enfrentar, então você

a. (153) *chicken out.* b. (389) *have the guts to do it.* c. (364) *get your goat.*

6. Se eu não consigo falar com clareza, porque estou com um pigarro persistente, então tenho

a. (330) *a frog in my throat.* b. (324) *a fowl in my bag.* c. (389) *a feeling in my gut.*

7. (355) Se um sujeito faz algo muito errado, que precisa ser punido, mas escapa impune, então *he*

a. *gets by.* b. *gets away with it.* c. *gets along with it.*

8. Se alguém faz uma afirmação absurda, que você repele com veemência, você diz

a. (319) *My foot!* b. (350) *Step on it!* c. (392) *In your hair!*

9. Se você dá uma grande mancada em público, podemos dizer que você

a. (319) *foot the bill.* b. (319) *put your foot in it.* c. (319) *shoot yourself in the foot.*

10. Se eu disser que, neste momento, (292) *I don´t feel like doing that,* é o mesmo que dizer que

a. (343) *I'm not game for it.* b. (307) *it fits me like a glove.* c. (378) *I'm a great one for doing that.*

B. Match the columns so as to complete the sayings below:

1. (3) Absence makes the heart	a. than his bite.
2. (400) More haste,	b. into the fire.
3. (393) Half a loaf	c. for taste.
4. (333) Out of the frying pan (and)	d. in one basket.
5. (262) Some animals are more equal	e. than words.
6. (7) There's no accounting	f. lose all.
7. (253) Do not put all your eggs	g. and eat it (too).
8. (14) Actions speak louder	h. that ends well.
9. (26) All's well	i. no gain.
10. (121) You can't have your cake	j. is good for the gander.
11. (339) No pain,	k. grow fonder.
12. (374) Grasp all,	l. than others.
13. (369) What's good for the goose,	m. less speed.
14. (55) His bark is worse	n. is better than no bread.

C. Agora vamos combinar as colunas com os mesmos provérbios; as expressões não foram traduzidas literalmente, e sim por aquelas que correspondem a provérbios ou ideias em português.

1. (3) Absence makes the heart grow fonder.	a. De mal a pior.
2. (400) More haste, less speed.	b. Longe dos olhos, perto do coração.
3. (393) Half a loaf is better than no bread.	c. Gosto não se discute.
4. (333) Out of the frying pan (and) into the fire.	d. A pressa é inimiga da perfeição.
5. (262) Some animals are more equal than others.	e. Dois proveitos não cabem no mesmo saco.
6. (7) There's no accounting for taste.	f. Pouco é melhor do que nada.
7. (253) Do not put all your eggs in one basket.	g. Alguns animais são mais iguais do que outros.
8. (14) Actions speak louder than words.	h. Quem tudo quer, tudo perde.
9. (26) All's well that ends well.	i. Cão que ladra não morde.
10. (121) You can't have your cake and eat it (too).	j. Tudo está bem quando acaba bem.
11. (339) No pain, no gain.	k. As ações valem mais do que as palavras.
12. (374) Grasp all, lose all.	l. Pau que dá em Chico também dá em Francisco.
13. (369) What's good for the goose is good for the gander.	m. Sem sofrimento não há aperfeiçoamento.
14. (55) His bark is worse than his bite.	n. Diversificar é melhor do que concentrar.

401 hat; hatter

I'll eat my hat!

(literalmente: comerei meu chapéu!) Macacos me mordam! *If he wins the next elections, **I'll eat my hat!***

(as) mad as a hatter

(literalmente: (tão) doido quanto um chapeleiro) doidinho da silva, louco varrido *Crazy Sam is **(as) mad as a hatter**.*

Word Story O chapeleiro maluco é um dos personagens criados por Lewis Carroll para *Alice in Wonderland* (1865) (*Alice no País das Maravilhas*). Antigamente, no tempo em que os chapéus de feltro estavam na moda, dizia-se que os chapeleiros eram malucos. A razão para essa crença era que, na confecção desses chapéus, era usado nitrato de mercúrio, que é um veneno, e os efeitos da aspiração do mercúrio faziam com que os pobres chapeleiros ficassem tremendo, como se tivessem perdido o juízo.

at the drop of a hat → SEE (236) drop; dropped; drunk
hat trick → SEE (928) trick

402 hatch; hatchet; have

be without equal/have no equal → SEE (262) equal
bury the hatchet → SEE (110) buried; bury
Don't count your chickens before they hatch. → SEE (153) chicken
feel/have/get butterflies in your stomach → SEE (116) butterflies
get/have a handle (on somebody/something) → SEE (394) hand; handbasket; handle
get/have cold feet → SEE (171) cold
have a bee in your bonnet → SEE (64) bee; beeline; been
have a field day → SEE (296) field
have a finger in every pie → SEE (303) finger; fingertips
have a go (at something) → SEE (362) go; goes
Have a heart! → SEE (406) heart
have a problem (with something/somebody) → SEE (663) problem
have a right (to do something) → SEE (703) right
have a screw loose → SEE (738) screw
have a short fuse → SEE (337) further; fuse
have a way with (someone/something) → SEE (960) way
have an ax(e) to grind → SEE (45) axe (Reino Unido)/ ax, axe (EUA)
have an edge (over somebody/something) → SEE (251) edge
have bats in the/your belfry → SEE (56) base; basket; bat
have blue blood → SEE (86) blow; blue
have/go out on a date (with someone) → SEE (209) date
have (got) a bone to pick (with someone) → SEE (90) bone; bonfire; bonnet
have (got) a frog in my throat → SEE (330) frog
have (got) a memory like a sieve → SEE (774) sieve
have (got) a soft spot (for somebody/something) → SEE (814) soft
have (got) friends in high places → SEE (642) place
have (got) money to burn → SEE (544) money
have (got) nine lives /laɪvz/ → SEE (577) nine; nineteen
have (got) other/bigger fish to fry → SEE (333) fry; frying
have (got) pins and needles → SEE (639) pins
have (got) someone under my skin → SEE (787) skin; skinned
have (got) someone's number → SEE (583) number
have (got) stars in your eyes → SEE (845) stars
have (got) the nerve (to do something) → SEE (571) nerve
have had (more than) enough (of something) → SEE (260) enough

have it made → SEE (517) made
have/keep your finger on the pulse (of something) → SEE (669) pulse
have kittens → SEE (468) kittens
have no business (doing something) → SEE (112) business
have one foot in the grave → SEE (376) grave
have the cheek (to do something) → SEE (148) cheek
have the gall (to do something) → SEE (341) gall
have the guts (to do something) → SEE (389) gut
have the last laugh → SEE (480) laugh
have the last word (about something) → SEE (479) last; late; later; latest
have the upper hand → SEE (943) upper; upside; uptake
have the whip hand (over someone) → SEE (970) whip; whipping
(not) have a ghost of a chance (of doing something) → SEE (356) ghost
(not) have the heart (to do something) → SEE (406) heart
take/have a gander (at something) → SEE (345) gander
There you have it. → SEE (904) thank; that; then; there
You can't have your cake and eat it (too). → SEE (121) cake
You have a point there. → SEE (648) point
Walls have ears. → SEE (953) walls

403 hay; haystack

hit the hay

(literalmente: bater o feno) ir para a cama, ir dormir *It's almost midnight and I'm tired. Time to call it a day and **hit the hay**.*

Word Story A expressão parece ter origem na fazenda, imaginamos logo o agricultor malhando o feno, mas não é nada disso. Saímos da fazenda e vamos para o mar. Nos tempos antigos, cada marinheiro da *Royal Navy* era responsável por providenciar a sua própria cama. Hoje em dia, cada marinheiro tem o seu beliche, mas antigamente os fornecedores de equipamentos para a Marinha britânica vendiam a cada marinheiro a sua "cama", que era um simples pacotão de feno forrado por uma grossa lona, custava um xelim e se chamava, isso mesmo, um "*hay*". Então, quando um sonolento marinheiro avisava aos companheiros que estava indo para a cama, ele dizia o que virou expressão: "*I'm going to **hit the hay**.*" Como sempre, os tempos modernos tornaram as coisas um pouquinho melhores, né?

Make hay while the sun shines.

(literalmente: Faça feno enquanto há sol.) Aproveita enquanto é tempo. Faz algo útil enquanto dá. *That job is an excellent opportunity, you should not miss out. Remember the old proverb: **make hay while the sun shines**.*

a needle in a haystack

(literalmente: uma agulha num palheiro) algo muito difícil de encontrar *We tried to spot our friends in the ballpark, but it was something like trying to find **a needle in a haystack**.*

404 head; headstand; healer

a head start (on/over someone)

uma vantagem (sobre alguém) *Ann's fluent English gave her **a head start** on/over the other candidates applying for that job.*

be head over heels in love (with someone)

(literalmente: estar com a cabeça acima dos calcanhares apaixonado (por alguém)) estar loucamente apaixonado (por alguém) *They have been married for years, and he's still **head over heels in love** with her.*

Word Story À primeira vista, a expressão parece não ter graça. Afinal, a nossa cabeça está sempre acima, mais alta, em relação aos calcanhares. É o normal, *no big deal*. Por que, então, a expressão é assim e não ao contrário (seria *heels over head*), que estaria mais próximo da ideia da paixão dos amantes? Nessa bela fase da vida dos reles mortais, o mundo deles está de pernas para o ar, virado do avesso, louca e deliciosamente fora do normal. Por que dizer que os apaixonados estão ***head over heels*** quando todos nós, mesmo sem termos sido ternamente alvejados por Cupido, estamos também nessa mesma burocrática posição? A resposta é curiosa. A expressão original era, sim, "*heels over head*", para designar os apaixonados, mas, a partir do século XIX, a própria expressão teve os seus elementos invertidos e passou a ser como hoje é: ***head over heels***. O que, afinal, não tem a lógica nem o charme das paixões que nos fazem dar saltos mortais. *Oops!*

Heads or tails?

Cara ou coroa? *Is it **heads or tails**? Heads I win, tails you lose. OK, tails I lose. Just kidding.*

keep your head above water

(informal, literalmente: manter a cabeça acima da água) viver ou manter um negócio em funcionamento, embora em situação precária, à beira da falência *During the coronavirus pandemic many small businesses found it hard to **keep their heads above water**.*

do a headstand

plantar bananeira *I don't know if I still can **do a headstand**, but I'll have a go at it. Oops!*

be like a bear with a sore head → SEE (61) bear
be/go soft in the head → SEE (814) soft
hit the nail on the head → SEE (418) hit
shake your head → SEE (755) shake
faith healer → SEE (278) faith

405 hear; hearing

hard of hearing → SEE (398) hard
hear something on/through the grapevine → SEE (373) grapes; grapevine

406 heart

Cross my heart (and hope to die).

(literalmente: Cruzo meu coração e espero morrer.) Juro por Deus. *"I'm going to tell you something, but it should remain a secret between you, me and the gatepost." "No problem.* ***Cross my heart and hope to die****."*

Word Story A expressão era e continua sendo usada principalmente por crianças. Ela é acompanhada do gesto, com a mão direita, formando uma imaginária cruz no peito de quem faz a jura. É um solene juramento de que se está dizendo a verdade. A seriedade do juramento é às vezes atenuada pelo complemento, em rima infantil: "***Cross my heart and hope to die****, And hope the cat'll spit in your eye."*

Have a heart!

(inglês falado, literalmente: Tenha coração!) Tenha dó! Por favor! "***Have a heart****, coach! Let's stop for at least five minutes, I'm exhausted, ready to drop."*

lose heart

desanimar *Working out in the gym is not for the weak. We must never* ***lose heart****. No pain, no gain!*

my heart goes out (to someone)

meus pêsames, meus sentimentos ***My heart goes out*** *to the families of those who died because of the pandemic.*

My heart sinks.

(literalmente: Meu coração afunda.) Sinto-me triste. ***My heart sinks*** *every time I have to turn a blind eye to someone sleeping on the street.*

(not) have the heart (to do something)

(não) ter a coragem (para fazer algo) *I* ***didn't have the heart*** *to say goodbye, I just left.*

take (something) to heart

levar (algo) a sério *I'm glad to see they* ***have taken*** *my advice* ***to heart*** *and followed it.*

the heart of the matter

o essencial da questão, o ponto mais importante *OK, deal. But* ***the heart of the matter*** *is, who is going to pay for all this?*

---

a change of heart → SEE (142) change
Absence makes the heart grow fonder. → SEE (3) absence
at heart → SEE (41) at; attached; attendance
break (someone's) heart → SEE (96) break
by heart → SEE (118) by
eat your heart out → SEE (250) eat; eating
from the bottom of my heart → SEE (92) bottom; bounds
Home is where the heart is. → SEE (421) home; honest
warm the cockles of your heart → SEE (169) cock; cockles
with a heavy heart → SEE (409) heavy
young at heart → SEE (1.000) young
your heart misses/skips a beat → SEE (62) beat; beaten

---

407 heat

in the heat of the moment

(literalmente: no calor do momento) com a emoção ***In the heat of the moment,*** *I'm afraid I said some stupid things. I apologize, from the bottom of my heart.*

---

a dead heat → SEE (211) dead; deaf; death
If you can't stand the heat, get out of the kitchen. → SEE (844) stand

---

408 heels

hard/hot on somebody's heels

(literalmente: duro/quente nos calcanhares de alguém) em perseguição (a alguém) *The robbers are still at large, but the police are* ***hard/hot on their heels.***

take to your heels

(literalmente: levar aos calcanhares) dar aos calcanhares, escapar, fugir *The police arrested the robbers before they could* ***take to their heels.***

---

be head over heels in love (with someone) → SEE (404) head; headstand; healer
cool your heels → SEE (185) cool

---

409 heavy

with a heavy heart

(literalmente: com um coração pesado) com tristeza *Sean Connery's wife accepted the award on his behalf* ***with a heavy heart****.*

410 hell

come hell or high water

(literalmente: venha o inferno ou um *tsunami*) chova ou faça sol, aconteça o que acontecer *I will finish that report on time,* ***come hell or high water****.*

To hell with you!

Vá para o inferno! *"(...) And if you do not like me so /* ***To hell****, my love,* ***with you****."* (Dorothy Parker)

when hell freezes over

(informal, literalmente: quando o inferno congelar) nunca, no dia de São Nunca *"He will be elected again when Arapiraca wins the World Finals." "Oh yes,* ***when hell freezes over****."*

---

go to hell in a handbasket → SEE (394) hand; handbasket; handle
raise Cain/hell → SEE (119) Cain

---

411 helmet

---

crash helmet → SEE (193) crack; cradle; crap; crash

---

412 help

can't help it/doing something

não poder evitar (fazer algo) *Winona knows stealing is wrong, but she just* ***can't help it****. She suffers from kleptomania.*

help (someone) out

quebrar o galho (de alguém) *I'll always be grateful to Leni, she* ***helped me out*** *by lending me her car when I needed one.*

help yourself

servir-se *Don't stand on ceremony.* ***Help yourself****.*

413 here

Here you are./Here it is./Here you go.

Aqui está (o que você pediu). *"Could you please pass the salt?" "Sure,* ***here you are./here it is./here you go****. But go easy on the salt, it isn't good for you."*

Here's to (someone/something)!

À saúde de...! (um brinde) *"**Here's to** the happy couple! May they have a very happy marriage!"*

neither here nor there

(literalmente: nem aqui nem lá) irrelevante, não vem ao caso *He's not a young man anymore, but that's **neither here nor there,** it doesn't matter in the present situation.*

---

be here to stay → SEE (847) statement; stay
Here's mud in your eye! → SEE (555) mud
Same here. → SEE (732) same

---

414 herring

red herring

(literalmente: arenque vermelho) pista falsa *Agatha Christie used **red herrings** in her detective stories, to make it more challenging for the reader to discover who the murderer was.*

Word Story Um ***red herring*** é um arenque que, por ter sido defumado, fica com aquela cor avermelhada. E o que um arenque avermelhado tem a ver com "uma pista falsa"? Vamos bancar o detetive e averiguar. Nos tempos das caçadas à raposa, na Inglaterra, para treinar os cães que seriam usados nas caçadas, os caçadores colocavam arenques defumados em algumas trilhas da floresta. Os cães sentiam o cheiro forte desses peixes defumados e isso os ajudava a distingui-lo do cheiro da raposa, no dia da caçada. Agatha Christie, nas suas histórias, também ia despistando os leitores, escrevendo de modo a que vários dos personagens pudessem ser os autores do crime, e assim a leitura ficava mais instigante. Até à última página, o leitor ficava sem saber "*who did it?*", graças aos ***red herrings*** que a autora ia espalhando ao longo da trama.

415 hidden

---

hidden agenda → SEE (21) agenda

---

416 high

high and low

(literalmente: alto e baixo) por toda a parte *I looked for my glasses **high and low,** but they were nowhere to be found.*

it's high time

está na hora/mais do que na hora *"It's 9 o'clock, Helen. **It's high time** you got up."*

Word Story A expressão pode ser usada em duas situações: quando já passou da hora de algo acontecer (uso mais comum) ou quando é aproximadamente a hora de algo acontecer. Outra observação importante sobre a expressão é o uso do verbo no *"simple past"* depois dela. Por exemplo, "Está mais do que na hora de você ir para a cama, Ritinha." ficaria: *"It's high time you **went** to bed, Ritinha."* Existe uma outra expressão que é usada com o mesmo sentido: *it's about time* (verbete-âncora 1).

leave (someone) high and dry

(literalmente: deixar (alguém) alto e seco, fora da água) deixar (alguém) na mão, em situação difícil, sem ajuda *With the pandemic outbreak, many passengers **were left high and dry** at the airport.*

Word Story Esta expressão tem origem náutica. Vamos imaginar uns barcos que, com a descida da maré, ficaram encalhados, na praia. Eles lá estão, ***high and dry***, e só voltarão ao seu normal (mais abaixo e molhados), quando a maré alta voltar e os fizer de novo flutuar.

come hell or high water → SEE (410) hell
get (down) off your high horse → SEE (425) horse
have (got) friends in high places → SEE (642) place

417 hike; history

Take a hike!

(EUA, informal, literalmente: Vai dar uma caminhada!) Vaza!, Sai daqui!, Vai andar! *I told you I don't want you here. **Take a hike!***

The rest is history. → SEE (697) rest

418 hit

hit it off (with someone)

começar um relacionamento com grande facilidade *Ted had never seen that girl before but they **hit it off** straight away.*

hit the bottle

começar a beber em excesso *First he lost his job, then his wife left him, that's why George **has been hitting the bottle**.*

hit the ceiling/roof

subir pelas paredes, ficar furioso *When Flamengo lost another game, my friend Kalina really* ***hit the ceiling/roof***.

hit the jackpot

tirar a sorte grande, ganhar muito dinheiro *Joanne's books sold like hot cakes, she really* ***hit the jackpot***.

hit the nail on the head

(literalmente: bater na cabeça do prego) acertar em cheio, acertar na cabeça *When she said he was a sore loser, she* ***hit the nail on the head***. *That's exactly what he is, a sore loser.*

hit the road

(literalmente: bater na estrada) pôr o pé na estrada, sair, ir embora *It's getting late, time to* ***hit the road***. *Bye!*

---

hit the bull's-eye → SEE (105) bull
hit the hay → SEE (403) hay; haystack
hit the sack → SEE (726) sack

---

419 hog

go (the) whole hog

(informal, literalmente: ir (ao) porco inteiro) ir até o fim, fazer algo por completo *Trico and Camily had planned to spend a month in Cascais, but they were having so much fun they decided to* ***go (the) whole hog*** *and live there for good.*

road hog

motorista tranca-rua *Uncle Willie drives at his own pace in the fast lane, blocking other drivers, he's a terrible* ***road hog***.

420 hold; holes

be on hold

(planos, decisões) estar em suspenso *With the economic crisis, all our plans* ***are on hold***. *We will have to wait and see. And hold our horses.*

hold it

(informal) esperar um momento ***Hold it*** *just a moment! I'll make sure I turned off the gas.*

hold your horses

(informal, literalmente: segurar os cavalos) conter a ansiedade, ter paciência ***Hold your horses!*** *We are not ready yet, we'll let you know when we are.*

It doesn't hold water.

(informal, falando de argumento, versão, alegação, teoria) Isso não "cola", não tem fundamento, consistência, coerência, validade. *His allegations of fraud simply do not* ***hold water****.*

Word Story A expressão tem origem na mitologia da Antiga Roma. Tutia era uma das virgens vestais, as sacerdotisas do culto a Vesta, responsáveis pela manutenção do fogo sagrado no templo daquela deusa. Em dado momento, suspeitou-se que Tutia não era mais virgem, e ela foi obrigada a provar sua inocência. O método usado para essa averiguação foi bizarro: Tutia tinha de trazer uma peneira cheia de água do Rio Tibre até o Templo de Vesta. Se a peneira conseguisse conter a água, tudo bem. Ao contrário, se a peneira ***didn't hold water,*** Tutia seria considerada culpada e, como punição, seria enterrada viva. Os antigos romanos não brincavam, quando se tratava de "fazer a sua justiça". Naquele caso, a peneira (não se entende bem como!), apesar de todos aqueles furinhos, portou-se bem, não deixou que a água escoasse, e Tutia passou nessa prova. Dá vontade de perguntar, na sua opinião ***Does that story hold water?*** Respostas para o editor.

---

be held accountable (for something) → SEE (7) account; accountable; accounting
be left holding the baby (EUA)/ bag (Reino Unido) → SEE (50) bag; baggage
Get/Hold/Take a grip on yourself! → SEE (382) grip
hold a candle (to somebody) → SEE (125) candle
hold fast (to something) → SEE (286) fast
hold/keep (someone/something) at bay → SEE (58) bay
hold/keep (someone/something) in check → SEE (147) check
pick holes (in something) → SEE (629) pick

---

421 home; honest

Home is where the heart is.

O seu lugar é onde o seu coração está. *I wasn't born here, but this is home for me.* ***Home is where the heart is.***

on the home straight/stretch

na reta final *Only two months to go and we'll be on vacation. We're* ***on the home straight/stretch****.*

Word Story A expressão tem origem nas corridas de cavalos. A *home straight* ou *home stretch* é a reta final, quando os cavalos se aproximam da linha de chegada.

Honest to God/Pete.

Palavra de honra, verdade! *I didn't empty the cookie jar – **honest to God/ Pete!***

---

bring home the bacon → SEE (48) bacon
Home sweet home. → SEE (888) sweet
The lights are on, but nobody's home. → SEE (495) light
till the cows come home → SEE (192) courage; course; court; cows

---

422 hook; hooky/hookey

let someone off the hook

(informal, literalmente: soltar alguém do anzol) perdoar, deixar de punir alguém por algo errado que fez *"Tom, can you **let me off the hook**?" asked the mafia gangster who knew he would certainly be punished for his treacherous behavior.*

off the hook

fora do gancho *Susan has no cell phone, I tried to call her, but she had left the phone **off the hook**.*

---

by hook or by crook → SEE (118) by
play hooky/hookey (EUA)/ truant (Reino Unido) → SEE (647) play; plot; pluck up

---

423 hope

hope for the best

torcer e esperar pelo melhor possível *There's nothing we can do about it, it's in the lap of the gods. Let's just **hope for the best**.*

Hope springs eternal.

(literalmente: A esperança jorra eterna.) A esperança nunca morre, é eterna. "***Hope springs eternal** in the human breast.*" (Alexander Pope)

Cross my heart (and hope to die). → SEE (406) heart

---

424 horn; hornet

take the bull by the horns

(literalmente: pegar o touro pelos chifres) enfrentar uma situação difícil de frente, sem fugir *I decided to **take the bull by the horns**, so I walked into the boss's office and asked for a raise.*

stir up a hornet's nest

mexer em casa de marimbondo *Nelson's remarks about the present lack of good quality popular music* ***stirred up a hornet's nest****.*

---

be caught in the horns of a dilemma → SEE (135) catch; catch-22; caught
blow your own trumpet (Reino Unido)/ horn (EUA) → SEE (86) blow; blue

---

425 horse

get (down) off your high horse

(literalmente: descer do seu cavalo alto) deixar de ser "besta", arrogante, metido a superior aos outros *Oh,* ***get (down) off your high horse****. You are not better or more clever than any of us around here.*

Word Story Na Idade Média, os cavaleiros e outros nobres, em tempos de torneios e de guerras, usavam armaduras que chegavam a pesar, só elas, cerca de 150 quilos. Por isso, eles apenas montavam cavalos especialmente criados para esses torneios e guerras, capazes de suportar tanto peso, muito maiores, mais altos e robustos do que os cavalos comuns. Era comum ver um desses cavaleiros ou nobres, montado em um "superequino", atravessar as feiras rurais e, lá de cima de seu ***high horse***, olhar com ares de superioridade para o populacho e seus pangarés. Quem via passar um desses cavaleiros podia dizer: "*There he goes again,* ***up on his high horse****.*" E saía da frente, para não arrumar confusão.

(straight) from the horse's mouth

(informal, literalmente: diretamente da boca do cavalo) de fonte fidedigna, de fonte segura *Melanie intends to get a divorce from him. I got that information* ***(straight) from the horse's mouth****, she told me herself.*

---

a dark horse → SEE (208) dark
a horse of a different colo(u)r → SEE (173) colo(u)r
Don't look a gift horse in the mouth. → SEE (357) gift
flog/beat a dead horse → SEE (312) flog; floor
hold your horses → SEE (420) hold; holes
put the cart before the horse → SEE (65) beer; before; beggars
Shut/Lock/Close the stable door after the horse has bolted/escaped. → SEE (770) shut

---

426 hot

get hot under the collar

(informal: ficar com calor debaixo do colarinho) ficar irritado, bravo *Be careful, he tends to* ***get hot under the collar*** *when his team loses the game.*

hot air

(informal, literalmente: ar quente) bafo, papo furado, conversa fiada *Malcolm likes to sound important, but he is full of **hot air**.*

in hot water

(literalmente: em água quente) em apuros, em situação difícil *"A woman is like a tea bag: you never know how strong it is, until it's **in hot water**."* (Eleanor Roosevelt)

Word Story A expressão tem origem muito antiga, na Idade Média, quando não havia julgamentos, jurados, nem tribunais de justiça. Quando alguém era acusado de um crime, era submetido a um suplício, ou por fogo ou por água quente. Neste caso, o acusado tinha de entrar em um enorme caldeirão de água quente e lá ficar por um tempo. Se sobrevivesse, era considerado inocente. Quando morria (o que quase sempre acontecia) acreditava-se que ele era mesmo culpado. Era a justiça medieval. Pelo menos em alguns aspectos melhoramos...

a hot potato → SEE (655) potato; pound; pours; power
hard/hot on somebody's heels → SEE (408) heels
sell/go like hot cakes → SEE (121) cake
Strike while the iron is hot. → SEE (869) strike
too hot to handle → SEE (394) hand; handbasket; handle

427 hounds

Run with the hare and hunt with the hounds. → SEE (724) run

428 hour

after hours → SEE (16) after
at the eleventh hour → SEE (257) eleventh
the early/small/wee hours → SEE (246) earliest; early

429 house

house of cards

castelo de cartas *"House of Cards" is a popular TV series starring Robin Wright playing Claire Underwood, a fictional President of the United States.*

on the house

(bebidas) por conta da casa *It's Joe's birthday, drinks* ***on the house!***

---

house arrest → SEE (37) arrest

---

430 how

How come?

(inglês falado) Como é que pode? ***How come*** *they invited my wife to the party and not me?*

How so?

(inglês falado) Como assim? *You say they don't even know she's married to me –* ***how so****? Am I a ghost or something?*

How about that? → SEE (1) about
How dare you? → SEE (207) dare
how/what about ...? → SEE (1) about

---

431 humble

---

eat crow (EUA)/ humble pie (Reino Unido) → SEE (197) crow

---

432 hump

---

speed hump → SEE (831) speech; speed; spend

---

433 hunger; hunt

Hunger is the best sauce. → SEE (733) sauce
Run with the hare and hunt with the hounds. → SEE (724) run

---

434 hurry

be in a hurry

estar com pressa *Sorry, I can't do that right now,* ***I'm in a hurry****.*

I

435 ice; icing

break the ice → SEE (96) break
cut no ice (with somebody) → SEE (203) cut; cutting
the icing on the cake → SEE (121) cake

436 if

if I were you

se eu fosse você ***If I were you****, I wouldn't miss the boat. There are still some tickets available for that concert. Shake a leg!*

as if by magic → SEE (518) magic
as if/though → SEE (39) as
even if → SEE (266) even
if I'm not mistaken → SEE (539) mistake; mistaken
if I were in your shoes → SEE (762) shirt; shoe
if/when push comes to shove → SEE (671) push
If you can't stand the heat, get out of the kitchen. → SEE (844) stand
If you lie down with dogs, you'll wake up with fleas. → SEE (493) lie; lie down
if you must → SEE (559) must

437 ill

ill at ease → SEE (249) ease; easy

438 include; indeed

Include me out.

(informal, literalmente: Inclua-me fora.) Tô fora disso, me deixa fora disso. Não quero participar disso. "*It looks like rain and you want to go to the beach?* ***Include me out.*** *I want no part of it.*"

Word Story A expressão é atribuída a Samuel Goldwin, um dos primeiros e mais importantes produtores de Hollywood, que era famoso pelas suas frases de efeito, de sentido contraditório, sempre originais e engraçadas.

A friend in need is a friend indeed. → SEE (568) need; needless

439 Indian; influence

Indian summer

(literalmente: verão índio) veranico, breve sucessão de dias amenos ao final do outono; metaforicamente: um período tranquilo e agradável ao final de um processo ou ao final da vida *Dorothy Parker wrote* ***Indian Summer*** *when she was 33.*

Word Story Dorothy Parker (1893-1967), escritora estadunidense de grande sucesso, conhecida pelo seu estilo direto e meio desaforado, foi autora, entre muitos outros, de um poema chamado

*"**Indian Summer***
In youth, it was a way I had,
To do my best to please.
And change, with every passing lad
To suit his theories.

But now I know the things I know
And do the things I do,
And if you do not like me so,
To hell, my love, with you."
(Dorothy Parker)

under the influence

alcoolizado *Uncle Willie was arrested for driving* ***under the influence****.*

Word Story A expressão é a forma abreviada de *under the influence of intoxicating liquor* e é quase sempre aplicada a motoristas apanhados ao volante depois de terem bebido demais. A polícia usa a sigla *DUI* para esses casos: *driving under the influence.*

in single/Indian file → SEE (300) file

440 injury

to add insult to injury → SEE (15) add; addition; advance

441 insane

drive (someone) bananas/crazy/insane/mad/nuts → SEE (235) drive; driver

442 inside

an inside job

(literalmente: um serviço interno) ação criminosa feita com a participação de funcionário da organização que é vítima *The police suspect that bank robbery may have been **an inside job**.*

inside out

do avesso *Charlie, you're wearing your sweater **inside out**. Wake up and smell the coffee!*

on the inside

por dentro, no íntimo *Emily tried hard to look happy but you could tell she was sad **on the inside**.*

443 insult

to add insult to injury → SEE (15) add; addition; advance

444 intents

for/to all intents and purposes

para todos os efeitos *He keeps saying the election was rigged but, **for/to all intents and purposes**, the whole thing is over.*

445 into

be into (something) → SEE (59) be
get/run into debt → SEE (213) debt; decision; deep
Out of the frying pan (and) into the fire. → SEE (333) fry; frying

446 invention; iron; island

No man is an island.

(literalmente: Nenhum homem é uma ilha.) Todos nós precisamos uns dos outros. *At first I thought I would be able to do all this by myself, but now I realize I will have to get some help. **No man is an island**.*

Word Story A frase faz parte de um trecho de prosa poética, escrito pelo poeta inglês John Donne, em 1624. As palavras são tão belas e a mensagem de solidariedade tão humana e atemporal, que Ernest Hemingway, três séculos depois, usou o trecho como epígrafe e as palavras finais como título do seu romance *Por Quem Os Sinos Dobram*. Vamos reproduzir um trecho: *"**No man is an island**, entire of itself. Every man is a piece of the continent, a part of the main. (...) Any man's death diminishes me, because I am involved in mankind. Therefore never send to know for whom the bell tolls. It tolls for thee."* – John Donne, *Devotions Upon Emergent Occasions* "Ninguém é uma ilha, inteira por si. Cada um de nós é um pedaço do continente, uma parte do todo. (...) A morte de uma pessoa me diminui, já que faço parte da humanidade. Por isso nunca mandes saber por quem os sinos dobram. Eles dobram por ti."

Necessity is the mother of invention. → SEE (566) necessity
Strike while the iron is hot. → SEE (869) strike

---

447 issue; it; ivory

take issue (with someone about/on/over something)

(formal) discordar (de alguém sobre/a respeito de algo) *I'm afraid I'll have to **take issue** with you about that. I really do not agree with you on that.*

It is what it is.

É assim mesmo. É o que tem de ser. É a realidade. *When talking about the coronavirus pandemic, Trump said "**It is what it is,**" and seemed unable and unwilling to mount an efficient strategy to deal with the problem. He chose to live in denial.*

It never rains but it pours. (Reino Unido)/ **When it rains, it pours.** (EUA)

Uma desgraça nunca vem só. *On Monday I got the sack. The next day I crashed the car and broke an arm. Grandpa used to say "**It never rains but it pours.**" I guess he was right.*

ivory tower

(literalmente: torre de marfim) lugar privilegiado, isolado da dura realidade dos outros *What do those judges living in their **ivory towers** know about what's going on in the real world?*

J

448 jack; jackpot

Jack Frost

(literalmente: João Geada) personificação do inverno *Winter had come. On that cold morning, there was ice on the ground, so I used my finger to write "Go away,* ***Jack Frost****!" on the windowpane.*

jack-in-the-box

caixinha (com boneco de molas) de surpresa *The kid pressed the lid of the* ***jack-in-the-box*** *and we all laughed when the little man on a spring jumped up.*

jack-of-all-trades

homem dos sete instrumentos, pau para toda obra, pessoa muito versátil *Seu Deca can fix radios, paint walls, drive a truck, cook a meal, write poems, he's a real* ***jack-of-all-trades****... and master of none.*

jack-o'-lantern

lanterna decorativa do Dia das Bruxas, feita de uma abóbora recortada ***Jack-o'-lanterns*** *can be seen during Halloween.*

---

before you can/could say Jack Robinson → SEE (65) beer; before; beggars
hit the jackpot → SEE (418) hit

---

449 jazz; jewels

and all that jazz

e todas essas coisas (desse tipo) *I haven't got patience for studying History – dates, battles, kings, queens, more dates and battles, more kings, queens* ***and all that jazz****.*

Crown Jewels

Joias da Coroa *The* ***Crown Jewels*** *of the British royalty are kept in the Tower of London.*

family jewels

(gíria, literalmente: joias da família) testículos *A mugger tried to snatch Nina's purse, but he was in for a surprise. Nina is into martial arts and she gave him a karate kick in the* ***family jewels****. Then a police officer arrested the poor mugger, before Nina could finish with him.*

450 job; Job

do the job

(informal) quebrar o galho, resolver, alcançar o resultado esperado, fazer o que é preciso *Sorry, we don't have a ladder here, but perhaps this chair will* ***do the job***.

Good job!

(EUA, informal, inglês falado) Parabéns! Beleza! *You've finished the test already,* ***good job****!*

it's a good job/thing (that)...

(Reino Unido, informal) por sorte, felizmente, ainda bem que... *All of a sudden it started to rain cats and dogs,* ***it's a good job/thing*** *I had taken my umbrella.*

---

a snow job → SEE (809) snow; snowed
an inside job → SEE (442) inside
odd jobs → SEE (589) odd; odds
the patience of Job → SEE (622) pass; patience

---

451 John; Johnny

John Bull

(informal, expressão antiquada) personificação do povo inglês ***John Bull*** *is generally depicted as a fat old man wearing a waistcoat with the British flag on it.*

John Doe

(EUA) fulano de tal, nome fictício dado nos tribunais em referência a alguém cuja identidade é mantida em sigilo ***John Doe****'s true name is not known or will never be revealed.*

John Hancock

(EUA) assinatura, jamegão *Val, the contract is OK. We need you to put your* ***John Hancock*** *here.*

Word Story John Hancock foi um dos *Founding Fathers* dos Estados Unidos. Ele era um destacado comerciante de Boston e presidente do Continental Congress. É a assinatura dele, clara e forte, que aparece logo à frente, em destaque, no documento máximo da história norte-americana, a Declaração da Independência, de 1776. E, em paralelo, o seu nome passou à história como sinônimo de *signature*: assinatura.

Johnny-come-lately

novato, pessoa que acabou de chegar *Renata has a long experience on investments, she's no **Johnny-come-lately**.*

452 join; joke

---

climb on/get on/jump on/join the bandwagon → SEE (54) banana; bandwagon

play a practical joke (on someone) → SEE (656) practical; practice; practise; practitioner

---

453 the Joneses

keep up with the Joneses

(literalmente: manter-se no mesmo nível dos vizinhos, a família Jones) viver de aparências, na competição social *For my money, **keeping up with the Joneses** is a clear symptom of a very sick society.*

Word Story ***Keeping up with the Joneses*** é o nome de uma história em quadrinhos que estreou nos jornais dos Estados Unidos em 1913 e durou até 1940. O autor, Arthur R. Momand, baseava os episódios das tirinhas na experiência da sua própria família, vivendo de aparências, lutando para manter-se, social e materialmente, no mesmo nível dos vizinhos. Em princípio, a tirinha era *Keeping up with the Smiths*, mas ele mudou o nome para ***the Joneses***, porque Jones era mesmo o sobrenome de uma das famílias da vizinhança.

454 jowl; joy

---

cheek by jowl → SEE (148) cheek

jump for joy → SEE (455) jump

---

455 jump

Go (and) jump in the lake!

(inglês falado, literalmente: Vai e mergulha no lago.) Vai passear! Vai ver se eu estou na esquina! *Stop nagging and please let me work. It's a hot day, why don't you **go (and) jump in the lake**?*

jump down someone's throat

(informal, literalmente: pular no pescoço de alguém) reagir furiosamente ao que alguém disse ou fez *When I said I didn't believe her story, Ella **jumped down my throat**.*

jump for joy

pular de alegria *When Theo was told he was going to be a father, he literally **jumped for joy**.*

jump ship

(literalmente: pular do navio) pular/saltar fora

1. (marinheiro) sair do navio sem autorização, abandonar o navio *Joe decided he would **jump ship** at the next port.*

2. (funcionário) sair da empresa, abandonar a empresa *Tony was offered an excellent job in another town and thought it was time for him to **jump ship**.*

jump the gun

(informal, literalmente: pular o revólver) (em corrida) largar antes do tempo *One of the racers **jumped the gun** and they had to start all over again.*

jump the lights

(informal, literalmente: pular as luzes) avançar o sinal, seguir adiante com o sinal fechado *I was in the car, I saw David **jump the lights**. Again... it's the second time today he **jumps the lights**! What a jerk!*

jump the line (EUA)/ **the queue** (Reino Unido)

(literalmente: pular a fila) furar a fila *I saw David **jump the line/the queue** at the bank, it's not the first time he does that. What a jerk!*

---

climb on/get on/jump on/join the bandwagon → SEE (54) banana; bandwagon
jump out of your skin → SEE (787) skin; skinned

---

456 junk

junk food

comida com muitas calorias, de baixo valor nutritivo ***Junk food** is not good for your health, it contains too much fat, salt, or sugar.*

457 just

just like that

assim, sem mais nem menos, inesperadamente *Then one day she said she wanted a divorce, **just like that**.*

---

just around the corner → SEE (187) corner
(just) for a change → SEE (142) change
Just kidding. → SEE (463) kick; kicking; kidding
just my luck → SEE (511) luck; lucky

just say the word → SEE (735) say; saying
Just you wait. → SEE (950) wait

458 justifies

The end justifies the means.

O fim justifica os meios. ***The end justifies the means****, according to an old saying. Do you agree? Or should it be the other way round? In my view, the end, in fact, should never justify anyone to use dishonest or disloyal means.*

Word Story Esta frase é popularmente atribuída a Nicolau Maquiavel, mas não foi ele, e sim o poeta romano Ovídio, quem afirmou isso, em sua obra *Heroides*. De qualquer forma, esta frase passa um conceito inaceitável, segundo uma ética sadia. Ela é um incentivo, um passe livre ao uso de métodos escusos, para se chegar a uma certa finalidade.

K

459 kangaroo

kangaroo court

(informal) arremedo de tribunal, com prejulgamento e condenação prévia do acusado *A crowd of angry people held a* ***kangaroo court*** *and then lynched the man they had accused of a crime.*

Word Story Quando o navio do explorador inglês James Cook chegou à Austrália, em 1770, os marinheiros espantaram-se com aquele estranho animal aos pulos, e perguntaram o que era aquilo. Os nativos responderam "*Kangaroo*", o que, na língua aborígene, significa "O que você está dizendo?". E o nome colou. E a expressão ***kangaroo court***, como se explica? Ela tem origem na Califórnia, durante a *gold rush* de 1849, quando muitos garimpeiros australianos foram, de forma irregular, à Califórnia, atraídos pela corrida do ouro. Nessa época vários tribunais informais funcionavam para tratar de assuntos ligados a esses garimpeiros ilegais, que tinham vindo da Austrália, daí o nome ***kangaroo court***.

460 keep; keeps; keepers; kept

keep a stiff upper lip

(literalmente: manter o lábio superior sem tremer) enfrentar com coragem uma situação difícil *They were facing a series of problems but Mama managed to* ***keep a stiff upper lip*** *and just tried to make the best of it.*

keep at it

persistir, perseverar *If at first you don't succeed, you should **keep at it**. Never, never give up!*

keep it up

continuar assim *Good job! Keep up the good work, **keep it up**!*

Word Story A expressão tem origem na Inglaterra, nos tempos da Rainha Victoria. O que seria esse ***it*** e por que era preciso mantê-lo ***up***? Nos belos gramados das casas senhoriais do *countryside* inglês, era comum, nos meses de verão, a prática de um esporte chamado "*badminton*" (que o meu amigo Tio Pedrim costuma chamar, por brincadeira, de "bar do Milton"), esporte este jogado com uma espécie de peteca. A ideia é não deixar a peteca cair no chão, é preciso mantê-la no ar, portanto ***up***. Essa frase era usada como incentivo aos jogadores. No *badminton*, como em tudo na vida, é preciso não deixar a peteca cair. ***Keep it up!***

for keeps

(informal) de presente, para você guardar *"What a lovely pen! Is it really for me?" "Yes, of course. It's yours. **For keeps**."*

---

be/keep in touch (with someone) → SEE (918) tooth; top; touch
be kept in chains → SEE (139) chain
bear/keep in mind (that ...) → SEE (536) mind; minute
Finders keepers. → SEE (302) find; finders
have/keep your finger on the pulse (of something) → SEE (669) pulse
hold/keep (someone/something) at bay → SEE (58) bay
hold/keep (someone/something) in check → SEE (147) check
keep a low profile → SEE (664) profile
keep a straight face → SEE (273) face
keep an eye (on someone/something) → SEE (272) eye
keep faith (with someone) → SEE (278) faith
keep mum (about something) → SEE (557) mum
keep pace (with someone/something) → SEE (606) pace
keep someone company → SEE (176) companion; company
keep someone posted (about something) → SEE (653) post; posted; poster
keep someone/something up to date → SEE (209) date
keep up with the Joneses → SEE (453) the Joneses
keep your cool/play it cool → SEE (185) cool
Keep your eyes on the ball! → SEE (53) ball; ballpark
keep your eyes open/peeled/skinned → SEE (272) eye
keep your fingers crossed → SEE (196) cross; crossed
keep your head above water → SEE (404) head; headstand; healer
Keep your shirt on! → SEE (762) shirt; shoe

---

461 kettle

a different/another kettle of fish → SEE (221) difference; different
The pot calling the kettle black. → SEE (654) pot

462 key

under lock and key

(literalmente: sob fechadura e chave) guardado a sete chaves *Those documents must be kept **under lock and key**.*

463 kick; kicking; kidding

get a kick (out of someone/something)

curtir, gostar de, ter prazer (em/com alguém/algo) *"I **get a kick out of** you" is an old song written by Cole Porter, sung by Frank Sinatra, among others.*

Just kidding.

Estou brincando, estou de brincadeira, não é a sério. *Is it heads or tails? Heads I win, tails you lose. OK, tails I lose. **Just kidding**.*

alive and kicking → SEE (25) albatross; alec/aleck; alive
kick the bucket → SEE (104) bucket; bug

464 kill; killed; killing

make a killing

(informal) lavar a égua, faturar alto, ganhar muito dinheiro de uma só vez *Warren invested a lot of money in the stock market. When prices went up, he **made a killing**.*

Curiosity killed the cat. → SEE (202) cup; cupboard; curiosity; current
dressed to kill → SEE (232) dream; dressed

465 kind

kind of

(informal) meio, um pouco *He's **kind of** strange, don't you think?*

one of a kind

único, sem igual *Playing the role of 007, the secret agent with a license to kill in the field, Sean Connery was **one of a kind**. No other movie actor could compare.*

466 kiss; kitchen

kiss and tell

(literalmente: beijar e contar) divulgar o(s) seu(s) caso(s) amoroso(s) com outro(s) *He has moral integrity and would never **kiss and tell**.*

If you can't stand the heat, get out of the kitchen. → SEE (844) stand
kiss (something) goodbye → SEE (368) good; goodbye; goods
kitchen/vegetable garden → SEE (349) garden
steal a kiss (from someone) → SEE (849) steal

---

467 kite

fly a kite

soltar pipa, empinar papagaio *Grandpa says he loved **flying a kite** when he was younger.*

Go fly a kite!

(EUA, informal, expressão antiquada) Cai fora!, Vai passear!, Vai ver se eu estou na esquina! *Stop nagging and let me finish this. **Go fly a kite!***

468 kittens

have kittens

(Reino Unido, informal, literalmente: ter/dar à luz gatinhos) "ter um troço", ficar uma onça, ficar histérica *Aunt Martha **had kittens** when she saw the doctor's bill.*

469 knee

at your mother's knees

(literalmente: nos joelhos de sua mãe) quando era criança *The greatest lessons I ever learned were **at my mother's knees**.* (Abraham Lincoln)

---

think you are the bee's knees → SEE (64) bee; beeline; been

---

470 knew; know; knowledge

be in the know

estar por dentro, sabendo de algo que poucos sabem *Only a few of us **were in the know** that Carlos had been in the hospital for months. The family didn't want the press to know about that.*

for all I know

que eu saiba, pelo que eu sei *I haven't heard from him for a long time. He could be dead **for all I know**.*

know better

ter mais juízo *Malcolm had a couple of drinks at lunch and insisted on driving. He really ought to **know better**.*

learn/know the ropes

(literalmente: aprender/conhecer as cordas) aprender/conhecer os segredos de um ofício, aprender/saber o que é necessário para a sua função *It was Steve's first job and it took him some time to **learn the ropes**, but now he really **knows them**.*

Word Story As cordas a que a expressão se refere são as dos antigos veleiros, do século XVII e XVIII. Esses barcos eram providos de grandes velas, todas conectadas por uma intrincada rede de cordas. Essas cordas estavam em constante uso, cada vez que o veleiro mudava de curso, aumentava ou reduzia a velocidade, enfim, todas as manobras. Esse sistema de cordas era fundamental para o bom funcionamento das velas, e um bom marinheiro tinha de saber como elas trabalhavam e todos os seus segredos. Um bom marinheiro tinha de ***know the ropes***.

know your onions

(Reino Unido, informal, literalmente: conhecer suas cebolas) entender do riscado, saber muito sobre um certo assunto *Theo has spent most of his life dealing with English words, so I'm sure he **knows his onions**.*

Word Story A expressão é curiosa, mas ela nada tem a ver com cebolas. Quando dizemos que alguém ***knows his onions*** ele é especialista em um determinado assunto, tem um conhecimento enciclopédico sobre algo. A expressão, na verdade, vem de um sujeito chamado C. T. Onions, um lexicógrafo inglês que teve importante participação no primeiro *Oxford English Dictionary.* Dr. Onions era especialista em palavras e expressões, e uma delas acabou ficando com o seu nome.

know what's what

saber das coisas, ser experiente e esperto *If you have any questions about the job, ask the manager. He **knows what's what**.*

You know what?

Quer saber (de uma coisa)? *They sent me a letter asking for payment of a product that I never received. **You know what**? I won´t even answer that letter.*

Knowledge is power.

Saber é poder. *Good books are your best friends, my father used to say. **Knowledge is power**.*

common knowledge → SEE (175) common; community
know for a fact → SEE (274) fact
let someone know → SEE (492) less; let; let´s
the next thing I knew → SEE (575) next

L

471 labo(u)r

a labo(u)r of love

(literalmente: um trabalho de amor) algo que é feito por prazer e satisfação, e não visando lucro *This dictionary is **a labo(u)r of love**, written for the author's own enjoyment and fun.*

472 lake

Go (and) jump in the lake! → SEE (455) jump

473 lamb; lame

a lame excuse

uma desculpa esfarrapada *George offered **a lame excuse** for not coming to the party. His lame excuse didn't hold water, none of us bought it.*

a lame duck → SEE (237) duck; duckling
like a lamb to the slaughter → SEE (792) slaughter

474 land; landing

crash landing → SEE (193) crack; cradle; crap; crash
fall/land on your feet → SEE (293) feet; fence

475 lane

life in the fast lane

(informal, literalmente: vida na faixa de alta velocidade) vida agitada, rica, cheia de emoções (e de perigos) *Success is not always a blessing. Some famous soccer players, like Diego Maradona, just couldn't cope with the risks of **life in the fast lane**.*

Word Story A ***fast lane*** é a faixa da rodovia em que os carros rodam com mais velocidade. É fácil compreender essa metáfora aplicada ao estilo de vida de uma pessoa que, de repente, consegue um enorme sucesso e tem de aprender a lidar com as boas (e as más) consequências disso.

476 lap

be in the lap of luxury

(literalmente: estar no colo do luxo) estar usufruindo os prazeres do luxo *I had never stayed at a five-star hotel. It was wonderful, even if just for a couple of days, **to be in the lap of luxury**.*

be in the lap of the gods

(literalmente: estar no colo dos deuses) estar à mercê divina, nas mãos dos deuses *There's nothing we can do about it, it**'s in the lap of the gods**. Let's just hope for the best.*

Word Story A expressão se aplica quando o resultado de uma situação está fora do nosso controle. Ela é muito antiga, aparece pela primeira vez na *Ilíada*, de Homero, e é usada desde o ano 800 a.C. ***Lap*** (colo) vem de uma palavra grega que também pode ser traduzida por "joelhos" e tem duas conotações: era costume naquele tempo as pessoas colocarem presentes no colo das estátuas dos deuses sentados, na esperança de que seus desejos fossem contemplados. Pensava-se também que o destino das pessoas era controlado pelos fios da vida, fiados e tecidos no colo desses deuses.

477 large

at large → SEE (41) at; attached; attendance
by and large → SEE (118) by

478 lark

be up/rise with the lark

(literalmente: levantar-se com a cotovia) levantar-se bem cedinho *When he has a lot of work to do, Theo likes to **be up/rise with the lark**.*

Word Story ***Lark*** (cotovia) é uma ave comum na Europa, famosa pelo seu canto melodioso e por cantar bem cedinho, anunciando um novo dia. Outro pássaro comum na Europa e de canto também muito apreciado é o ***nightingale*** (rouxinol), mas este canta à noite, quando o dia ainda está longe de nascer. Em uma bela cena de *Romeu e Julieta*, de William Shakespeare, Romeu dispõe-se a ir embora, por ter ouvido o canto da cotovia. Julieta tenta convencer Romeu a ficar mais um pouco e diz que o pássaro que ele ouviu era um rouxinol (que canta à noite) e não a cotovia. Julieta diz "*It was the nightingale and not the lark (...)*" Com isso ela queria dizer que era cedo e ele não tinha de ir ainda. Ela queria que ele ficasse mais um pouco e não fosse embora, talvez para sempre.

479 last; late; later; latest

have the last word (about something)

ter a última palavra (sobre algo), decidir *They say they live in a democracy, but Mama always* ***has the last word*** *about everything.*

last but not least

por último, mas não que seja menos importante *I want to thank my publishers, my editors and,* ***last but not least****, my wife, without whose help I wouldn't have been able to write this book.*

Better late than never.

Melhor/Antes tarde do que nunca. *They have finally sent me the books I ordered two months ago.* ***Better late than never****.*

of late

(formal) recentemente *He has been kind of strange* ***of late****. He seems to be upset about something.*

later on

mais tarde *He said dead soldiers are nothing but losers or suckers, but he regretted those words* ***later on****.*

at the latest

no mais tardar *Those vaccines will be available by the end of the year,* ***at the latest****.*

at (long) last → SEE (41) at; attached; attendance
have the last laugh → SEE (480) laugh
sooner or later → SEE (819) soon; sooner
the last/final straw → SEE (865) straw; stray

480 laugh

have the last laugh

(literalmente: ter a última risada) rir por último *Trump and his supporters made fun of their opponents, but Biden and Harris **had the last laugh**.*

481 law

law enforcement

aplicação da lei *Detective Shaw works in **law enforcement** in New York.*

lynch mob → SEE (515) lynch

482 lay

lay an egg → SEE (253) egg; eggshells
put/lay (all) your cards on the table → SEE (127) cap; carbon; card

483 lead; leaf; league

lead someone by the nose

(informal, literalmente: levar alguém pelo nariz) dominar, controlar os movimentos de alguém *They're both my friends, but I feel sad when I see how she **leads him by the nose**, even in the smallest matters.*

Word Story A expressão é muito antiga, já os antigos gregos e os romanos a usavam. Através dos tempos, desde quando os primeiros animais de carga foram domesticados, percebeu-se que era fácil "levá-los pelo nariz", bastando uma corda ou corrente que passava por um anel atravessado no septo do nariz do animal. Pobres dos animais, sempre a serviço do bicho homem e sem direito a reclamações... Até os ursos, na Idade Média, eram levados pelo nariz para dançar e divertir as pessoas em feiras e mercados rurais. Hoje em dia, alguns seres humanos, sem precisar de corda ou corrente, e muito menos de colocar *piercing* no nariz daquele a ser dominado, exercem pleno domínio sobre os movimentos do outro, sem direito a reclamações. Coisa feia!

be in the same league

(literalmente: estar na mesma liga, na mesma divisão) estar no mesmo patamar, no mesmo nível *That composer **is not in the same league** as Chico Buarque or Caetano Veloso, far from that.*

turn over a new leaf → SEE (574) new; Newcastle; news

484 leap

by/in leaps and bounds

aos arrancos, a passos largos e frequentes, muito rapidamente *When João went to London and stayed there for a year, his fluency in English improved* ***by/ in leaps and bounds****.*

---

a leap in the dark → SEE (208) dark
Look before you leap. → SEE (505) look; loop

---

485 learn

Live and learn.

Vivendo e aprendendo. *I didn't know the meaning of that expression, but now I do. You* ***live and learn****, every single day.*

---

learn/know the ropes → SEE (470) knew; know; knowledge

---

486 lease

a new lease on life (EUA)/ **a new lease of life** (Reino Unido)

uma nova vida, uma renovada oportunidade de viver *The heart transplant gave Mr. Smith* ***a new lease on life/of life****.*

487 least

to say the least

para dizer o mínimo, sem exagerar *He is not prepared to hold any public office,* ***to say the least****.*

---

at least → SEE (41) at; attached; attendance
last but not least → SEE (479) last; late; later; latest

---

488 leave; left

Leave it to me.

Deixa comigo, eu resolvo. *I don't know exactly how, but I'm going to work it out. Don't worry,* ***leave it to me****.*

be way out in left field

(EUA, informal, literalmente: estar lá fora no campo esquerdo) estar completamente equivocado *I'm sorry, but you're completely wrong on this. You're* ***way out in left field****.*

Word Story Esta expressão faz alusão à parte mais afastada, à esquerda, no campo de beisebol.

be left holding the baby (EUA)/ bag (Reino Unido) → SEE (50) bag; baggage
leave/let you alone → SEE (27) alley; alone
leave of absence → SEE (3) absence
leave (someone) high and dry → SEE (416) high
leave (someone) in the lurch → SEE (513) lurch
take French leave → SEE (327) French

489 leg

pull someone's leg

(informal, literalmente: puxar a perna de alguém) tirar um sarro, mentir, aplicar uma pegadinha em alguém *Do I really have to foot the bill or are you just **pulling my leg**?*

Word Story Uma das versões desta expressão tem origem, não em uma inocente brincadeira entre amigos, mas, ao contrário, em uma prática criminosa. Vamos imaginar dois meliantes (na Londres do passado, de onde vem esta versão) que, sempre agindo em dupla, ficavam em um daqueles becos mais desertos e mal iluminados, com a intenção de roubar os incautos que por lá passavam, sempre aplicando o mesmo truque. Um deles vinha por detrás da vítima, puxava sua perna, fazendo-a tropeçar e cair. Aí vinha o outro e, estando a vítima no chão, surpresa e indefesa, calmamente roubava sua carteira, bolsa, relógio, algo de valor, após o que a dupla desaparecia do local. Não acredita? *Would you say I'm **pulling your leg**?*

Shake a leg!

(literalmente: sacode uma perna) Sebo nas canelas! Anda logo! ***Shake a leg!** We're going to miss that flight.*

Break a leg! → SEE (96) break
cost an arm and a leg → SEE (36) arm; around
stretch your legs → SEE (868) stretch

490 legend; lemon

a living legend/a legend in their own lifetime

uma lenda viva, pessoa muito famosa que ainda está viva *Pelé is still alive and kicking, he is a **living legend/a legend in his own lifetime**.*

Word Story A expressão ***a legend in their own lifetime*** foi usada pela primeira vez em 1918 pelo escritor inglês Lytton Stratchey para falar de Florence Nightingale, no livro *Eminent Victorians.* Florence Nightingale, a amada e respeitada primeira figura da enfermagem, também conhecida como "*the lady with the lamp*" ainda estava viva quando o escritor a homenageou nesse livro sobre as figuras de maior destaque na Inglaterra, na época da Rainha Victoria.

be a lemon

1. (EUA, informal) ser um "abacaxi" *If I were in your shoes, I wouldn't buy that second-hand car. It might **be a lemon**. Look before you leap, as the saying goes.*

2. (Reino Unido, informal) ser "burro" *It's no use trying to explain that to Charlie. He's what the British call **a lemon**, a very stupid person.*

491 length; leopard

The leopard cannot change its spots.

(literalmente: o leopardo não pode mudar suas manchas) Não se pode mudar a natureza essencial e o caráter das pessoas *He is a dictator, no matter what he says; **the leopard cannot change its spots**.*

Word Story A pronúncia de *leopard* apresenta uma pegadinha para nós: aquele *o* é mudo, não é pronunciado. A palavra tem duas sílabas, a primeira é a tônica. Rima com *Leonard* (em que o *o* também não é pronunciado) e rima também com *shepherd* (pastor).

---

at length → SEE (41) at; attached; attendance

---

492 less; let; let´s

let it go at that

deixar pra lá, deixar ficar por isso mesmo *I'm not going to comment on what he said. I'm going to **let it go at that**. Got it?*

let someone down

desapontar, decepcionar (alguém) *We are all counting on your help. Please don't **let us down**.*

let someone know

avisar, informar a alguém *We still do not know when the goods will be ready for shipment. We will **let you know** in due course.*

let your hair down

(informal, literalmente: soltar o cabelo) relaxar, ficar à vontade *I had been working around the clock, so when I finished, I decided to* ***let my hair down*** *and have some fun.*

Word Story A expressão é antiga, do tempo da França napoleônica, tempo em que a moda obrigava as madames a constantes visitas aos *coiffeurs*, passando horas para armar a distinta cabeleira em elevados penteados. Mandava a etiqueta social da época que uma madame da alta sociedade só aparecesse em público depois de ter ficado horas no cabeleireiro. Só quando elas estavam na privacidade de seus aposentos podiam relaxar, ficar mais à vontade. Só aí podiam soltar os cabelos, ***let their hair down***.

---

blow/let off steam → SEE (850) steam
couldn't care less → SEE (190) could; couldn´t
leave/let you alone → SEE (27) alley; alone
let alone → SEE (27) alley; alone
Let sleeping dogs lie. → SEE (224) do; dodo; dog
let someone off the hook → SEE (422) hook; hooky/hookey
let the cat out of the bag → SEE (50) bag; baggage
let's face it → SEE (273) face
Live and let live. → SEE (501) live; live /laɪv/; lives /laɪvz/; living
More haste, less speed./Haste makes waste. → SEE (400) haste

---

493 lie; lie down

If you lie down with dogs, you'll wake up with fleas.

(literalmente: Se você se deitar com cães, acordará com pulgas.) Cuidado com as más companhias. *Be careful with the people who you hang out with.* ***If you lie down with dogs, you'll wake up with fleas.***

---

a pack of lies → SEE (607) pack; packing
a while lie → SEE (973) white
Let sleeping dogs lie. → SEE (224) do; dodo; dog
lie in store (for someone) → SEE (860) store

---

494 life; lifetime; lift

This is the life!

Isto é que é vida! "***This is the life!*** *Nothing to do but read and look out of the window.*" (N. Whittaker, *Platform Souls*)

---

a living legend/a legend in their own lifetime → SEE (490) legend; lemon

a matter of life and death → SEE (211) dead; deaf; death
a new lease on life (EUA) / a new lease of life (Reino Unido) → SEE (486) lease
a slice of life → SEE (796) slice; sliced
give someone a ride (EUA) / a lift (Reino Unido) → SEE (702) ride
life in the fast lane → SEE (475) lane
people from all walks of life → SEE (952) walk
prime of life → SEE (661) prime
the necessities of life → SEE (566) necessity
Variety is the spice of life. → SEE (832) spice
You bet!/You can bet on it!/You bet your life! → SEE (74) bet

495 light

The lights are on, but nobody's home.

(literalmente: As luzes estão acesas, mas não há ninguém em casa.) A pessoa não entende ou não está prestando atenção. "*Hello, Charlie. Earth to Charlie: what's your reaction to that statement? It's no use, I give up.* ***The lights are on, but nobody's home.***"

a light at the end of the tunnel → SEE (933) tunnel
give someone the green light → SEE (379) green
jump the lights → SEE (455) jump
shoot the lights → SEE (763) shoot

496 like

Like father, like son.

Tal pai, tal filho. *Ted looks like his father in many ways, he's a chip off the old block.* ***Like father, like son.***

avoid (someone/something) like the plague → SEE (43) avoid
be like a bear with a sore head → SEE (61) bear
be like/as different as chalk and cheese → SEE (149) cheese
be music to my ears → SEE (558) music
die/drop/fall like flies → SEE (310) flea; flies; flight
drink like a fish → SEE (306) fish
feel like (doing something) → SEE (292) feel; feelings
fit someone like a glove→ SEE (307) fit; fits; fittest; fix
grin like a Cheshire cat → SEE (380) grin
have (got) a memory like a sieve → SEE (774) sieve
just like that → SEE (457) just
like a lamb to the slaughter → SEE (792) slaughter
like clockwork → SEE (164) clock; clockwork

like the palm of your hand → SEE (394) hand; handbasket; handle
sell/go like hot cakes → SEE (121) cake
sleep like a baby/log/top → SEE (794) sleep; sleeping
smoke like a chimney → SEE (155) chimney; china
something like that → SEE (816) some; something
work like a dog/slave → SEE (793) slave

497 limb; line; lining

go out on a limb

(informal) arriscar-se, botar a mão no fogo *I know I might be **going out on a limb** here, but I don't think Israel's policies in the West Bank are absolutely fair.*

Word Story Para entendermos bem a expressão, é preciso lembrar os sentidos de ***limb***. Um braço ou uma perna são ***limbs***, todos sabemos, mas ***limb*** neste caso é o mesmo que "*a large branch of a tree*". Imagine, então, que você subiu na árvore, criou coragem para se afastar do tronco e chegar até aquele galho, lá fora, distante, onde está, convidativa e desafiadora, aquela bela manga, colorida e madurinha... Já conseguimos captar a origem da expressão. ***Go out on a limb*** é fazer ou dizer algo arriscado, pode ser que o galho não aguente o seu peso... e, pior ainda, se a mangueira estiver no quintal do vizinho!...

draw a line → SEE (231) draw; drawers; drawing
draw the line (at something) → SEE (231) draw; drawers; drawing
Every cloud has a silver lining. → SEE (166) cloud
jump the line (EUA)/ the queue (Reino Unido) → SEE (455) jump
read between the lines → SEE (690) read
the bottom line → SEE (92) bottom; bounds

498 lion

the lion's share

a parte do leão *Rich countries always seize **the lion's share** in commercial transactions.*

Word Story A expressão vem de uma fábula de Esopo, cerca de 600 a.C. Segundo a fábula, um leão, uma raposa e um asno foram à caça. Mataram um veado, que o asno prontamente dividiu em partes iguais. O leão considerou o gesto do asno um insulto à sua real dignidade e resolveu o assunto comendo o asno, ali mesmo. A raposa, mais esperta, contentou-se com uma pequena parte do veado, deixando a parte maior para o leão. Moral da história: não seja um asno, seja esperto como a raposa e deixe a maior parte para o rei dos animais. Se não, já sabe: ***ROARRRRR***!!!!!

499 lip

My lips are sealed.

(informal, literalmente: Meus lábios estão selados.) É segredo, prometo não dizer nada. *I know it's a secret. I won't let the cat out of the bag,* ***my lips are sealed.***

keep a stiff upper lip → SEE (460) keep; keeps; keepers; kept
Read my lips. → SEE (690) read

500 little

a little bird told me (that ...)

um passarinho me contou (que...) ***A little bird told me that*** *today is your birthday, is it true? Many happy returns of the day!*

little by little

pouco a pouco *At first I didn't understand how the whole thing worked, but* ***little by little*** *I got to know the ropes.*

Great/Tall oaks from little acorns grow. → SEE (585) oak

Chegamos ao quinto patamar, 500 *idiomatic expressions* já estudadas neste dicionário. Vamos ver se nos lembramos delas? *How about that?*

O conjunto de testes a seguir tem por objetivo ajudar a fixação do uso e significado de algumas das mais importantes expressões idiomáticas vistas até aqui. Se você me perguntar se isso é importante, eu direi que... *You bet!* Vamos lá, então? Os testes estão a seguir, *the ball is in your court*. As respostas estão ao final do dicionário, a partir da página 442.

Test 5

A. Complete as frases com a palavra ou expressão adequada. Entre parênteses está o número do verbete-âncora onde você encontra essa palavra ou expressão:

1. (483) Se uma pessoa (mulher) exerce total domínio sobre outra (homem), dizemos que... *she leads him by the*

a. *hand.* b. *nose.* c. *heart.*

2. Se você, ao fim do dia, se sente cansado e sonolento, é natural avisar que vai

a. (418) *hit the roof.* b. (418) *hit the road.* c. (403) *hit the hay.*

3. (455) Se um motorista viu que o sinal estava fechado e mesmo assim avançou o sinal, então ele

a. *jumped the line.* b. *jumped the lights.* c. *jumped the gun.*

4. (420) Se você está ansioso para receber o resultado de uns exames, está difícil para você

a. *hold your horses.* b. *hold water.* c. *hold it.*

5. Se você prometeu ajudar alguém e vai cumprir a sua promessa é porque você não quer

a. (492) *let that person down.* b. (492) *let that person know.* c. (492) *let your hair down.*

6. Um dos seus amigos lhe contou um segredo e pediu para você não o revelar a ninguém. Em resposta você diz a ele

a. (489) *"Are you pulling my leg?"* b. (499) *"My lips are sealed."* c. (470) *"I'm in the know."*

7. Você promete a esse amigo que sempre estará a seu lado,...

a. (410) *come hell or high water.* b. (417) *and tell him to take a hike.* c. (426) *hot under the collar.*

8. (418) Todos naquela casa estão em festa, porque um deles acabou de

a. *hit the bottle.* b. *hit the ceiling.* c. *hit the jackpot.*

9. Finalmente decidi entrar em forma, física e mental, só observar hábitos saudáveis, como

a. (468) *have kittens.* b. (478) *get up with the lark.* c. (456) *eat a lot of junk food.*

10. Se, por causa da pandemia virótica, a situação de saúde pública mundial está em crise, as pessoas

a. (455) *are jumping ship.* b. (310) *are dropping like flies.* c. (476) *are flying kites.*

B. Match the columns, so as to complete the following proverbs:

1. (479) Better late...	a. less speed.
2. (493) If you lie down with dogs,...	b. is better than no bread.
3. (403) Make hay...	c. than never.
4. (400) More haste,...	d. you'll wake up with fleas.
5. (393) Half a loaf...	e. while the sun shines.

C. What kind of person is that? Choose from the phrases in the box:

(287) a fat cat – (308) an old flame – (336) a figure of fun – (419) a road hog – (77) a big shot – (490) a living legend – (29) an ambulance chaser – (451) a Johnny-come-lately – (332) a front man – (332) a front-runner

1. .... is a driver whose car straddles two lanes.

2. .... is the person most likely to win a competition.

3. .... is a person who has just started a new activity.

4. .... is an important, powerful person, the boss.

5. .... is a famous person, still alive.

6. .... is a very rich person, a mega millionaire.

7. .... is an inferior lawyer.

8. .... is a former boyfriend or girlfriend.

9. .... is a person who hides an illegal or secret activity for another person.

10. .... is a person who is laughed at by other people.

501 live; live /laɪv/; lives /laɪvz/; living

Live and let live.

Viver e deixar viver. *I do the things I do, and I don't mind anybody's business. I believe in the old saying,* ***live and let live****.*

live from hand to mouth

viver da mão para a boca, precariamente, com pouco dinheiro *No traveling abroad for us this year. We're* ***living from hand to mouth****.*

make a living

ganhar a vida, o sustento *How on earth can anyone* ***make a living*** *by selling matchboxes?*

a living legend/a legend in their own lifetime → SEE (490) legend; lemon
be/live on a razor's edge → SEE (251) edge
earn a living → SEE (247) earn; earnest
have (got) nine lives /laɪvz/ → SEE (577) nine; nineteen
Live and learn. → SEE (485) learn
live beyond your means → SEE (76) beyond
live /laɪv/ wire → SEE (983) wire
the cost of living → SEE (188) cost

502 load; loaf

a load of garbage/nonsense/trash

um monte de lixo/bobagens *For my money, that politician's ideas are nothing but **a load of garbage/nonsense/trash**.*

Get a load of this/that.

(gíria, inglês falado) Olha só para isto/aquilo. ***Hey, get a load** of that car! Is that a Ferrari or a Lamborghini?*

take the load off your feet

(EUA, informal, literalmente: aliviar os pés de um peso enorme) sentar-se *Come and sit down. Relax, **take the load off your feet**.*

Use your loaf.

(Reino Unido, gíria *cockney*, antiquada, literalmente: Use o pão.) Use a cuca, a cabeça. ***Use your loaf!** Today is a holiday, there's no point in going there, the shops are closed.*

Word Story Esta expressão era usada, na gíria *cockney*, como ***loaf of bread***, rimando com *head*.

Half a loaf is better than no bread. → SEE (393) half; halfway

---

503 lock; lodging; log; loggerheads

at loggerheads

às turras, em conflito, em briga *The main bone of contention in that family is politics. They all have different views about politics and they are always **at loggerheads** because of that.*

---

board and lodging (Reino Unido)/ room and board (EUA) → SEE (87) board; boarding

Shut/Lock/Close the stable door after the horse has bolted/escaped. → SEE (770) shut

sleep like a baby/log/top → SEE (794) sleep; sleeping

---

504 long

a long shot

(informal, literalmente: um tiro a uma longa distância) uma tentativa sem compromisso, um "chute" *Try calling him at the club. It's **a long shot**, I know, but he might be there.*

I won't be long.

Eu não demoro. *Stay put. I´m going to spend a penny. **I won't be long**, I'll be right back!*

in the long run

a longo prazo, no final das contas *This will probably happen only **in the long run**, we'll have to wait and see. But, as someone once pointed out, **in the long run** we will all be dead.*

long face

cara amarrada *Kalina's **long face** was a clear indication that her team had lost the game.*

Long time no see!

(informal) Quanto tempo! Há quanto tempo não te vejo! ***Long time no see**, Claudio! It's been more than ten years since I saw you last.*

---

as/so long as → SEE (39) as
at (long) last → SEE (41) at; attached; attendance
before long → SEE (65) beer; before; beggars
not by a long chalk (Reino Unido)/ shot (EUA) → SEE (140) chalk
pull/wear a long face → SEE (273) face
So long! → SEE (811) so
to cut a long story short → SEE (203) cut; cutting

---

505 look; loop

in the loop

informado, "por dentro" e fazendo parte do grupo de pessoas que decidem *Dorothy is new to the board, but the chairman insisted on keeping her **in the loop**.*

Look before you leap.

(literalmente: Olhe antes de saltar.) Antes que cases, vê o que fazes. Tem muito cuidado antes de tomar uma decisão. *It seems to be a good proposal, but you should read the contract carefully. **Look before you leap**.*

Word Story A expressão é a moral da história de uma das fábulas de Esopo, em que uma raposa que tinha caído em um poço tenta convencer um bode a saltar para dentro do poço. A raposa tem, como diz a tradição, *the gift of (the) gab* (verbete-âncora 338), e argumenta que a água do poço está uma delícia de fresquinha. O bode, cheio de sede, sem pensar duas vezes, salta para dentro do poço. Aí a raposa sobe no bode e, apoiando-se nos chifres caprinos, consegue sair do poço, deixando o bode lá dentro. Coisa feia, não se faz...

Don't look a gift horse in the mouth. → SEE (357) gift
look down your nose (at someone/something) → SEE (579) nonsense; nose; nosy
look on the bright side → SEE (773) side

506 loose; lord

be at a loose end (Reino Unido)/ **at loose ends** (EUA)

(literalmente: estar com a ponta solta/as pontas soltas) estar/ficar à toa, sem nada para fazer *When I'm **at a loose end/at loose ends**, she always finds something for me to do.*

Word Story Essa expressão tem origem náutica, vem da época dos grandes veleiros, antes da chegada dos barcos a vapor. Vamos imaginar um grupo de marinheiros, em pleno convés, aparentemente sem nada para fazer, bocejando de tédio. Chega o capitão, logo percebe o que se passa e manda-os todos trabalhar. Como? Cada um deles vai verificar as cordas que integram todo o conjunto que regula e movimenta as velas, se todas elas estão ajustadas, bem amarradas, se nenhuma está com pontas soltas (***at a loose end*** ou ***at loose ends***), o que seria desastroso em caso de uma tempestade, por exemplo. *"Vamos lá, ao trabalho, marujos, não queremos ninguém neste veleiro **at a loose end**!"*

lord it (over someone)

dominar, tratar (alguém) arrogantemente *Love someone, but don't **lord it over him or her**. Be there for him or her, but don't trespass his or her own inner space.*

a loose cannon → SEE (126) cannon; canoe
have a screw loose → SEE (738) screw

507 lose; loser; loss; lost

lose it/your temper

perder a cabeça/as estribeiras/o autocontrole *When Mama found out the boys had broken her precious Chinese vase, she **lost it/her temper**. And then they caught/got it, of course.*

lose your marbles

(informal, literalmente: perder as suas bolas de gude) ficar maluco, pirar na batatinha, ficar lelé da cuca *The old man hasn't **lost his marbles**, he is just a little confused.*

be a bad/poor/sore loser

ser mau perdedor *First he said that dead soldiers are either losers or suckers. Then he showed himself to **be a bad/poor/sore loser**, never conceding having lost the election.*

be at a loss

estar perdido, sem saber o que fazer *The instructions were in Japanese, I was completely **at a loss**, I just couldn't understand how that gadget worked.*

Get lost!

Some! Desaparece! Vaza! *Stop nagging and let me work, will you? **Get lost**!*

lost-and-found (EUA)/ **lost property office** (Reino Unido)

achados e perdidos *I went to the **lost-and-found** at the bus terminal but I wasn't in luck. My ID card was not there.*

Word Story A expressão em inglês faz mais sentido do que a nossa. Primeiro você perde um objeto e depois (às vezes) o acha. Pela lógica, deveríamos dizer "perdidos e achados", nessa ordem, concorda?

Grasp all, lose all. → SEE (374) grasp
lose face → SEE (273) face
lose heart → SEE (406) heart
lose your shirt → SEE (762) shirt; shoe
You snooze, you lose. → SEE (808) snake; snooze

---

508 lots

---

cast/draw lots → SEE (133) cast

---

509 love

Love is blind.

O amor é cego. *He has a lousy character and must be a lousy husband, but she seems to love him. **Love is blind**, as they say.*

---

a labo(u)r of love → SEE (471) labo(u)r
be head over heels in love (with someone) → SEE (404) head; headstand; healer

---

510 low

---

high and low → SEE (416) high
keep a low profile → SEE (664) profile

---

511 luck; lucky

Any luck?

(inglês falado, em perguntas, literalmente: alguma sorte?) E aí, conseguiu? *"**Any luck**?" "No, there was nobody home."*

be in luck

estar com sorte *I guess I'm **in luck** today. Everything is going just fine.*

just my luck

(informal) como sempre, minha típica falta de sorte *They sold the last two tickets to the couple in front of us, **just my luck**.*

my lucky number

número da sorte *39 is **my lucky number**. What's yours?*

---

a lucky break → SEE (96) break
a stroke of luck/a lucky stroke → SEE (871) stroke
as chance/luck would have it → SEE (141) chance
Better luck next time. → SEE (575) next
push it/your luck → SEE (671) push
take pot luck (Reino Unido)/ potluck (EUA) → SEE (654) pot
Wish me luck! → SEE (985) wish; wishful

---

512 lunch

be out to lunch

1. sair para almoçar *Mr. Smith is not in the office. He **is out to lunch**.*

2. (informal) viajar na maionese, ser amalucado *I can't believe he said those crazy things. Some people say, and I agree, that he**'s out to lunch**, he's got a screw loose. In other words, he's got bats in the belfry.*

---

free lunch → SEE (325) free

---

513 lurch

leave (someone) in the lurch

deixar (alguém) na mão, desamparado, em situação difícil *"She **left him in the lurch** at a church (...)"* (Elton John, *Alone Again,* a song composed by O' Sullivan)

514 luxury

---

be in the lap of luxury → SEE (476) lap

---

515 lynch

lynch mob

multidão que lincha ou tenta linchar alguém *The accused killer was lynched by an angry mob. The **lynch mob** arrived at a verdict and hanged the man.*

Word Story Há mais ou menos dois séculos, na Virgínia, Captain William Lynch, capitão do exército e magistrado dos chamados *kangaroo courts* (arremedos de tribunais, ver verbete-âncora 459), ouvia um breve testemunho e então sumariamente condenava à morte por enforcamento os criminosos que infestavam o estado da Virgínia. Era a lei de Lynch. Quem primeiro usou o termo ***lynching*** (linchamento) para designar essa drástica forma de limpeza do crime foi alguém que iria mais tarde tornar-se célebre, não na área do crime, mas sim no nobre campo da literatura. Era um escritor que mandava suas matérias para o *Southern Literary Messenger.* Chamava-se Edgar Allan Poe.

M

516 mad

(as) mad as a hatter → SEE (401) hat; hatter
(as) mad as a March hare → SEE (399) hare
drive (someone) bananas/crazy/insane/mad/nuts → SEE (235) drive; driver

517 made

have it made

estar realizado *Theo has planted a lot of trees, written a lot of books, raised three children, found love and been loved in return – he **has it made**.*

made for each other → SEE (243) each; each other

518 magic

as if by magic

como num passe de mágica *Archimedes got into the bathtub and, **as if by magic**, he realized he had the answer to the problem.*

magic/silver bullet → SEE (106) bullet

519 maid; maiden

an old maid

(expressão antiquada, ofensiva) uma solteirona *Aunt Brunilde never married, she's **an old maid**.*

maiden name

nome de solteira *Lady Diana's **maiden name** was Spencer, if I'm not mistaken.*

maiden voyage

viagem inaugural *The Titanic was considered unsinkable, but on her **maiden voyage** across the Atlantic she hit an iceberg and sank.*

520 mail; majority

overall majority

maioria global (mais votos do que todos os outros concorrentes juntos) *Harris won with an **overall majority** of 70 percent.*

the silent majority

a maioria silenciosa *The government trusts **the silent majority** will support his policies.*

Word Story A "maioria silenciosa" refere-se ao grande número de pessoas, em uma determinada sociedade, que não têm atividade política, nem expressam suas vontades e opiniões publicamente. A expressão foi usada pela primeira vez por Richard Nixon, referindo-se à atitude da maioria da sociedade norte-americana quanto à guerra do Vietnam.

---

snail mail → SEE (807) snail

---

521 make; Maker

make do (with/without something)

contentar-se com o que há, virar-se (com/sem algo) *What I really needed was a pen, but I had to **make do** with a pencil.*

make it

1. conseguir, ter sucesso *"If I can **make it** there, I'll make it anywhere (...)"* (Frank Sinatra, *New York, New York*)

2. chegar a tempo *The train leaves in half an hour. Shake a leg or we won't **make it**.*

3. resistir, sobreviver, não morrer *Aunt Maggie is in a stable condition, the doctor said she is going to **make it**.*

make of (something/that)

achar/pensar de algo (que alguém disse) *He said he would never leave his allies in the lurch. What do you **make of that**?*

make the most of it

aproveitar, tirar o melhor proveito de algo *I was in New York and I had some time to kill before the flight, so I decided to **make the most of it** and went for a walk in Central Park.*

meet your Maker

(informal, literalmente: encontrar o seu Criador) morrer *What places would you like to visit before you **meet your Maker**?*

Absence makes the heart grow fonder. → SEE (3) absence
make a beeline (for something) → SEE (64) bee; beeline; been
make a clean breast (of something) → SEE (97) breast
make a difference → SEE (221) difference; different
make a final decision → SEE (213) debt; decision; deep
make a fool of yourself → SEE (318) fool
make a go (of something) → SEE (362) go; goes
make a grandstand play → SEE (372) grandstand; granted
make a killing → SEE (464) kill; killed; killing
make a living → SEE (501) live; live /laɪv/; lives /laɪvz/; living
make a mountain out of a molehill → SEE (542) molehill
make a move → SEE (553) move
make a pass (at someone) → SEE (622) pass; patience
make a pit stop → SEE (641) pit
make a scene → SEE (736) scene; scenery; school
make a spectacle of yourself → SEE (830) spectacle
make a statement → SEE (847) statement; stay
make all the difference (to somebody) → SEE (221) difference; different
make an appointment → SEE (34) apple; appointment; April
make an exception → SEE (268) except; exception
make an exhibition of yourself → SEE (269) exhibition
make believe → SEE (68) belfry; believe
make (both) ends meet → SEE (259) end; enforcement; English
make eyes (at someone) → SEE (272) eye
make friends (with someone) → SEE (329) friend; friendly
Make hay while the sun shines. → SEE (403) hay; haystack
make my day → SEE (210) day; daylight
make no bones (about something) → SEE (90) bone; bonfire; bonnet
make no mistake (about it) → SEE (539) mistake; mistaken
make/poke fun (at someone/something) → SEE (649) poke; polish; polisher
make/pull faces → SEE (273) face

make sense → SEE (748) sense
make sense (of something) → SEE (748) sense
make sure → SEE (883) sure; surely
make the best of it → SEE (73) best; better
make the first move → SEE (553) move
make up your mind → SEE (536) mind; minute
make yourself comfortable → SEE (174) come; comfortable
More haste, less speed./Haste makes waste. → SEE (400) haste
Practice makes perfect. → SEE (656) practical; practice; practise; practitioner

522 man

to a man

todos, sem exceção, por unanimidade *They refused my proposal* ***to a man***.

best man → SEE (73) best; better
front man → SEE (332) front
No man is an island. → SEE (446) invention; iron; island

523 manger; many

a dog in the manger

(literalmente: um cão na manjedoura) um empata, alguém que não come nem deixa comer, literal ou metaforicamente *Malcom is a selfish guy, he is perfectly apt to have the same attitude as* ***a dog in a manger***.

Word Story A expressão vem de uma fábula de Esopo. No estábulo de uma fazenda estão um boi magro e um cachorrão. Ambos famintos. Comida não há, a não ser o feno na manjedoura. O boi é forte candidato a esse feno, mas o cão (que é grande, de maus bofes, egoísta e espírito de porco) instala-se solenemente na manjedoura e não deixa o pobre do boi matar a fome. Como sabemos, cães não comem feno, gostam mesmo é de um osso. Mas aquele cão, além de não comer o feno, também é um *wet blanket*, um desmancha-prazeres (verbete-âncora 966), não deixa que o seu companheiro de estábulo mate a fome. Aquele cão não comia nem deixava o boi comer, era um autêntico "empata". E assim nasceu a expressão ***a dog in the manger***.

Many happy returns (of the day). → SEE (397) happy

524 marbles

lose your marbles → SEE (507) lose; loser; loss; lost

525 March

(as) mad as a March hare → SEE (399) hare

526 Marines; mass

Tell it/that to the Marines!

(informal, expressão antiquada, literalmente: Vai contar isso/essa aos fuzileiros!) Não acredito nisso, vai contar isso aos trouxas. *Tio Tavim was going to tell that story for the tenth time, but then someone (it wasn't me...) said "**Tell it/that to the Marines!**"*

Word Story A expressão é muito antiga. Já em 1823, o poeta inglês Lord Byron, em *The Island,* dizia: *"That will do for the marines, but the sailors won't believe it."* Lord Byron foi o primeiro a sugerir que os fuzileiros são mais crédulos do que os marinheiros, mas ele não foi o único. Um ano mais tarde, em *Redgauntlet*, o escritor inglês Sir Walter Scott sugere o mesmo: "*Tell that to the marines – the sailors won't believe it.*" Não há como deixar de comentar que a expressão é preconceituosa. E preconceito é coisa feia. Todas as generalizações são falsas, inclusive esta, como ensinava Mark Twain. Mas, enfim, os fuzileiros que se entendam com os marinheiros, isso tudo era na *Royal Navy* de muito antigamente, esperamos que hoje todos se entendam e se estimem, aceitando terem todos o mesmo nível de credulidade.

mass shootings

assassinatos (com arma de fogo) em massa *There has been an incredible large number of **mass shootings** in shopping malls, supermarkets, movie theaters, schools, even in churches, especially in the United States.*

Word Story A expressão tem sido traduzida, em nossa opinião equivocadamente, por tiroteios em massa. Em um tiroteio, pressupõe-se que haja dois lados, cada um deles atirando no outro. Não é o que acontece nessas trágicas situações, em que um indivíduo, por motivos que só a sua insana mente conhece, decide acabar com a vida de várias pessoas, conhecidas ou não. Que tempos estamos vivendo!

527 master; matter

as a matter of course/routine

como de costume, de rotina *Micas calls his grandparents twice a week, **as a matter of course/routine**.*

for that matter

aliás, para dizer a verdade, para ser exato *Panama hats are not made in Panama, but in Colombia or Ecuador, **for that matter**.*

no matter what happens

não importa o que aconteça ***No matter what happens**, I will always be your friend.*

That's all that matters.

Isso é o que interessa. *She didn't mean to hurt my feelings, **that's all that matters** to me.*

The matter is closed.

Assunto encerrado. ***The matter is closed**. I don't want to hear about it anymore. Period.*

---

a matter of life and death → SEE (211) dead; deaf; death
as a matter of fact → SEE (39) as
Fire is a good servant, but a bad master. → SEE (304) fire; firm
gray (EUA)/ grey (Reino Unido) matter → SEE (377) gray/grey
the heart of the matter → SEE (406) heart

---

528 may/might

---

come what may/might → SEE (174) come; comfortable
Might is right. → SEE (703) right
Pigs might fly. (Reino Unido) /When pigs fly. (EUA) → SEE (635) pig

---

529 McCoy; mean; means; measure

a means to an end

um meio de se chegar a um (certo) fim, uma forma de se atingir um (certo) objetivo *There was no real love involved in that marriage. For her, marrying a movie star was just **a means to an end**: becoming rich and famous.*

Word Story O substantivo ***means*** (meio, modo, maneira, forma), apesar de terminado em *s*, é singular, contável e pode ser precedido do artigo indefinido *a*. ***Means*** é invariável, sendo a forma plural também ***means***. ***A means of communication/identification/transportation***: um meio de comunicação/identificação/transporte.

by all means

(inglês falado) pois não, à vontade *"Do you think I could borrow your dictionary, for just a minute?" "Sure,* ***by all means****."*

for good measure

(literalmente: para uma boa medida) extra, como bônus *Zeca Pagodinho sang his most recent hits and then he sang a couple of old ones* ***for good measure****. The audience went ape over it.*

---

golden mean → SEE (366) gold; golden
live beyond your means → SEE (76) beyond
mean business → SEE (112) business
The end justifies the means. → SEE (458) justifies
the real McCoy → SEE (692) real; reality
What's that supposed to mean? → SEE (882) suppose; supposed

---

530 medicine; meet

give someone a dose/taste of their own medicine

(literalmente: dar a alguém uma dose/um gostinho do seu próprio remédio) tratar alguém do mesmo jeito (ruim) com que foi tratado *If I were in your shoes, I wouldn't even answer his letter. Then you would be* ***giving him a dose/ taste of his own medicine****.*

---

make (both) ends meet → SEE (259) end; enforcement; English
meet someone halfway → SEE (393) half; halfway
meet your Maker → SEE (521) make; Maker
There is more to (something) than meets the eye. → SEE (272) eye

---

531 memory; message

get the message/picture

entender o recado, entender o que foi dito ou deixado implícito *I see, say no more. I* ***get the message/picture****. Enough said.*

---

have (got) a memory like a sieve → SEE (774) sieve
stick in your mind/memory → SEE (852) stick

---

532 middle; midnight

in the middle of nowhere

no meio do nada, num lugar longe de tudo *I had been robbed, the thieves took my car and left me in the back of beyond,* ***in the middle of nowhere****. I didn't know where I was, had no money on me, no cell phone, I was in a real pickle.*

burn the midnight oil → SEE (108) burn; burner

533 mile

go the extra mile (for someone/something)

(literalmente: seguir por mais uma milha (por alguém/algo)) sacrificar-se, fazer um esforço a mais (por alguém/algo) *Becas is my friend and I would always **go the extra mile** for her.*

Word Story A palavra ***mile*** vem do latim *mille,* que significa "mil". Essa palavra era usada na Roma Antiga como unidade de comprimento. *Mille passum* era o mesmo que "mil passos". Na atualidade, a milha (***one mile***) é 100 jardas mais longa do que a *mille* romana. Para nós uma milha é igual a 1,6 quilômetros.

534 milk

cry over spilled (EUA)/ spilt (Reino Unido) milk → SEE (199) cry

535 mince

not mince your words

não ter papas na língua, falar com franqueza, "pão, pão; queijo, queijo" *I like a guy who **doesn't mince his words**, someone who calls a spade a spade.*

Word Story ***Mince*** é cortar um pedaço de carne em pedacinhos, fazer carne moída (*mincemeat* ou *minced meat*). O açougueiro pega cortes de carne com ossos e cartilagens e faz desse pedaço o popular "picadinho", mais fácil de engolir, digerir e também de comprar, por ser mais barato. A expressão nasceu no açougue, mas hoje refere-se a palavras, no caso aquelas que a pessoa diz francamente, sem medo de chocar ou ferir suscetibilidades. Alguém que ***doesn't mince his (or her) words*** não faz delas picadinho, sabe que nem sempre elas serão agradáveis de ouvir, mas as diz por inteiro, como elas são, sem tentar suavizar o seu eventual impacto.

536 mind; minute

be of one/the same mind

ter a mesma opinião (que outra pessoa) *My wife and I **are of one/the same mind** about everything, except TV shows. By the way, where's the remote?*

bear/keep in mind (that ...)

ter em mente, não se esquecer (de) *Please **bear/keep in mind** that we are living from hand to mouth at present. You have to try to cut down your expenses.*

Do you mind (if ...)?

Você se importa (se ...)? *"**Do you mind** if I smoke?" "Go ahead, if you must."*

give someone a piece of your mind

dar uma bronca em alguém, repreender *I hate to do this, but I'm going to **give** my neighbor **a piece of my mind**. That noise is really getting my goat.*

make up your mind

decidir-se, tomar uma decisão *You have to **make up your mind** whether to go or stay. You can't eat the cake and have it, too, you know.*

Never mind.

Não faz mal. Não tem importância. *"I'm afraid I won't be able to come to the meeting." "**Never mind**, you'll come the next time."*

peace of mind

paz de espírito *A good book, some chocolate, a glass of wine and **peace of mind**, that's all I need for now.*

to my mind

a meu ver, na minha opinião ***To my mind**, Ouro Preto is more charming than Tiradentes.*

What's on your mind?

Em que você está pensando? ***What's on your mind**, Roberta? What's worrying you? A penny for your thoughts.*

---

any minute now → SEE (582) now; nowhere
change your mind → SEE (142) change
cross your mind → SEE (196) cross; crossed
mind your own business → SEE (112) business
My mind goes blank./I draw a blank. → SEE (82) blank; blanket; blaze
Out of sight, out of mind. → SEE (775) sight
presence of mind → SEE (658) presence; present
speak your mind → SEE (829) speak
stick in your mind/memory → SEE (852) stick

---

537 miracles; miss

miss out

perder uma oportunidade *The old model is on sale today. Don't **miss out**!*

---

do wonders/work miracles (for something) → SEE (989) wonder; wool
miss the boat → SEE (88) boat
your heart misses/skips a beat → SEE (62) beat; beaten

---

538 mission

Mission accomplished. → SEE (5) accomplished

539 mistake; mistaken

by mistake

por engano *"I'm sorry I took your umbrella* ***by mistake****. I apologize."*

make no mistake (about it)

preste bem atenção (a isto) ***Make no mistake about it****, this virus pandemic will not be totally over for quite a while.*

if I'm not mistaken

se não estou enganado *Lady Diana's maiden name was Spencer,* ***if I'm not mistaken****.*

540 mixed

a mixed blessing

uma faca de dois gumes, algo com vantagens e desvantagens *There's no such thing as a free lunch. Isa has been promoted, now she will make more money, but she will also have more responsibilities. For her, it's* ***a mixed blessing****.*

get mixed up

confundir-se, ficar confuso *I* ***got mixed up*** *with the shirt sizes and bought the wrong one, it doesn't fit me.*

have (got) mixed feelings (about someone/something) → SEE (292) feel; feelings

541 mob

lynch mob → SEE (515) lynch

542 molehill

make a mountain out of a molehill

(literalmente: fazer uma montanha do que é, na verdade, uma toca de toupeira) fazer uma tempestade em um copo de água, exagerar a importância de um problema *It's only a small crack, no big deal, you're* ***making a mountain out of a molehill****.*

543 moment

for now/the moment/the present

por agora, no momento *You don't have to go to the supermarket. There's enough food to keep us going* ***for now/the moment/the present****.*

the moment of truth

a hora da verdade, momento muito importante ***The moment of truth*** *had come. He asked her, "Do you still want me to stay?"*

---

at a moment's notice → SEE (581) notice
at present/the moment → SEE (658) presence; present
(do something) on/at the spur of the moment → SEE (840) spur
in the heat of the moment → SEE (407) heat

---

544 money

for my money

(literalmente: pelo meu dinheiro) a meu ver, na minha opinião ***For my money****, Sean Connery played the best 007 secret agent of all time.*

have (got) money to burn

(literalmente: ter dinheiro para queimar) ser muito rico *He's* ***got money to burn****, but not much sense to strike the matches.*

Money talks.

(literalmente: o dinheiro fala) Quem tem dinheiro tem poder. *He's not very bright, but he has money to burn, so he thinks he will always win.* ***Money talks****, but sometimes people won´t listen.*

Time is money.

O tempo é dinheiro. *Let's not waste time, let's get down to business.* ***Time is money****.*

545 monkey

monkey business

(informal, literalmente: negócio(s) de macaco) sujeira, trapaça, situação ou comportamento desonesto *I don't really know what's happening but I feel they are up to some* ***monkey business****. I don't really trust those guys.*

monkey wrench

(EUA) chave de grifo *To repair that pipe I needed a* ***monkey wrench****, but I had to make do with some other tool.*

Word Story A chave de grifo (ou chave de cano ou, ainda, chave de tubo) é uma chave ajustável e versátil, essencial para o bom serviço de encanadores, mecânicos, construtores, engenheiros e outros trabalhadores. Mas qual a ligação entre essa ferramenta e os primatas? A resposta é simples e, mais uma vez, vem de coincidências linguísticas. Essa ferramenta foi inventada e feita, nos anos 1700, na Inglaterra, por um ferreiro londrino chamado Charles Moncke. De *Moncke* para *monkey*... é um pequeno passo na história das expressões idiomáticas.

546 mood

be in the mood (for something/to do something)

estar com vontade (de algo/fazer algo) *"**I'm in the mood for love**/ Simply because you're near me/ Funny, but when you're near me,/ **I'm in the mood for love**. (...) Frank Sinatra, Nat King Cole, Sir Rod Stewart... all of them were **in the mood for love** when they sang that song. Which one do you prefer?*

547 moon

be over the moon

(Reino Unido) estar muito feliz *The first time Theo was "promoted" to grandfather, he **was over the moon**.*

Word Story A expressão tem origem em uma *nursery rhyme,* um daqueles poeminhas infantis meio *nonsense,* onde se diz que "*the cow jumped over the moon*".

---

ask for the moon → SEE (40) ask; asking; ass
once in a blue moon → SEE (86) blow; blue

---

548 more; moss; most

(and) what´s more

(e) além disso, mais importante do que isso *I don't like that guy. He is vain, narcissistic, dishonest, racist, **and what's more**, a liar.*

A rolling stone gathers no moss. → SEE (713) roll; rolling
at (the) most → SEE (41) at; attached; attendance
bite off more than you can chew → SEE (79) bite; bit; bitten
have had (more than) enough (of something) → SEE (260) enough
make the most of it → SEE (521) make; Maker
More haste, less speed./Haste makes waste. → SEE (400) haste
Some (animals) are more equal than others. → SEE (262) equal
There is more than one way to skin a cat. → SEE (904) thank; that; then; there

There is more to (something) than meets the eye. → SEE (272) eye

549 mother; motion

your mother tongue

a sua língua materna, a primeira língua *He is fluent in English, knows a little French, but **his mother tongue** is Portuguese.*

at your mother's knees → SEE (469) knee
in slow motion → SEE (798) slow; slowly
Necessity is the mother of invention. → SEE (566) necessity
surrogate mother → SEE (884) surprise; surrogate; survival

550 mountain

make a mountain out of a molehill → SEE (542) molehill

551 mouse

(as) poor as a church mouse → SEE (650) poor

552 mouth

by word of mouth

de boca em boca, oralmente, verbalmente *The news spread **by word of mouth**, I was told about it by a friend. I didn't read about it in any newspaper.*

down in the mouth

(informal) deprimido, infeliz *After her cat's death, Sylvia has been looking **down in the mouth**.*

Don't look a gift horse in the mouth. → SEE (357) gift
live from hand to mouth → SEE (501) live; live /laɪv/; lives /laɪvz/; living
(straight) from the horse's mouth → SEE (425) horse

553 move

get a move on

(informal) mexer-se, apressar-se *We're going to be late if you don't hurry up. **Get a move on!***

make a move

mexer-se, mover-se *Don't **make a move**, stay where you are. We don't want them to know we're here.*

make the first move

tomar a iniciativa, ser o primeiro a jogar *I really wanted to get down to business, so I **made the first move**. I simply couldn't hold my horses.*

Move over.

Sai pra lá. Dá lugar (a outro). ***Move over**, Madonna. Lady Gaga is here.*

move/shift the goalposts → SEE (363) goal; goalposts

554 much

so much the better

melhor ainda *I had intended to go Dutch, but if you insist on footing the bill, **so much the better**!*

555 mud

Here's mud in your eye!

(literalmente: Aqui vai lama no seu olho!) (um brinde) Saúde! À nossa! *I was tired of saying "Cheers!", so this time I raised my glass and said, "Well, **here's mud in your eye!**"*

Word Story Parece estranho que, como brinde à saúde de alguém, você fale em jogar lama no olho do seu amigo, não é verdade? A expressão vem das corridas de cavalo, e pretende ser irônica. Vamos imaginar que o seu cavalo é o provável vencedor, vai à frente dos outros, na pista de areia molhada. Os jóqueis dos cavalos que o seguem precisam ter muito cuidado, para não serem atingidos pela lama que o cavalo mais ligeiro manda para trás. Trata-se de uma forma de brinde um tanto desaforada, *to say the least.*

his name is mud

(literalmente: seu nome é lama) ficar totalmente desmoralizado *After the corruption scandals, that politician was convicted and sent to jail. Now **his name is mud**.*

Word Story A expressão é clara (apesar da lama) e parece não precisar de explicação, mas quando conhecemos a sua origem, ela fica ainda mais curiosa. No dia 14 de abril de 1865, John Wilkes Booth, do alto de um camarote no *Ford Theater*, em Washington, D.C. atirou em Abraham Lincoln e o assassinou. Depois do tiro, Booth (que era, ele próprio, ator), saltou do camarote para o palco e quebrou a perna, mas, mesmo assim, conseguiu chegar a seu cavalo e escapar. Fugiu da cidade e foi à procura de um médico que ele conhecia e que morava na zona rural. Booth precisava da assistência desse médico, para cuidar da perna quebrada.

E agora vem a parte que tem a ver com a expressão ***his name is mud***: o nome do médico era Dr. Samuel Mudd. O médico tratou da fratura de Booth, sem saber o que tinha acontecido, mas, na manhã seguinte, quando soube do assassinato, o Dr. Mudd informou às autoridades que tinha atendido o assassino. Apesar de inocente, o médico foi preso, e mais tarde indiciado por conspiração e condenado à prisão perpétua. As pessoas nunca perdoaram o médico pelo seu suposto envolvimento na conspiração. Somente um século depois, o Dr. Samuel Mudd foi finalmente declarado inocente e teve o seu nome limpo. O que não adiantou nada para ele, já que, afinal, ***his name was mud*** (embora com dois ds).

556 mule

(as) stubborn as a mule → SEE (873) stubborn

557 mum

keep mum (about something)

ficar calado, não dizer nada (sobre algo) *They have decided to move out, but he asked her to **keep mum** about that.*

Mum's the word.

Boca de siri, é segredo. *We want the trip to Europe to be a surprise, so **mum's the word**.*

Word Story Nestas expressões ***(keep mum about something*** e ***mum's the word***), a palavra ***mum*** nada tem a ver com mãe ou mamãe. Tem a ver com o som que podemos fazer, mesmo quando estamos com a boca fechada: *mummmm*. Ela indica "silêncio" e foi usada por Shakespeare na peça *Henry VI: "Seal up your lips, and give no words but **mum**."*

558 music

be music to my ears

ser música para os meus ouvidos *Her kind words about my latest book **were music to my years**.*

face the music → SEE (273) face

559 must

if you must

se você tem mesmo (de fazer isso) *"Do you mind if I turn on the TV?" "Well, go ahead, **if you must**."*

The show must go on. → SEE (769) show

560 mustard

cut the mustard

(EUA, geralmente usada na forma negativa, literalmente: cortar a mostarda) ser craque em, fazer algo bem, ter sucesso em *When I was younger I used to play soccer fairly well, but I just can't* ***cut the mustard*** *anymore.*

Word Story Essa expressão, se entendida literalmente, é misteriosa. Como assim, cortar ou não cortar a mostarda? Conhecemos a palavra "mostarda" como a pasta feita da semente da mostardeira, contida em potinhos ou bisnagas, passamos a mostarda nos *hot dogs* ou em outros sanduíches, para lhes dar aquele sabor picante, peculiar. (Mostarda ou ketchup, mas eu prefiro a primeira.) Mas agora vem a pergunta: como assim, cortar ou não a mostarda? A resposta é que, na expressão, a "*mustard*" ainda não virou pasta, trata-se na verdade da mostardeira, a planta de folhas comestíveis cujas sementes, reduzidas a pó, fornecem a pasta que usamos na culinária. Segundo uma das versões para a origem da expressão, no século XIX, início do XX, nos EUA, a tal da mostarda fazia grande sucesso comercial. Se alguma coisa era considerada como "*the proper mustard*" (a autêntica mostarda) ela era excelente, *the best of anything*. A mostardeira era uma planta de difícil crescimento e cultivo, quem não era capaz de ***cut the mustard*** também não seria capaz de fazer algo com sucesso. Segundo uma outra versão, esse ***cut*** não seria "cortar", e sim "reduzir", e tinha a ver com a preparação da mostarda em pasta, como a conhecemos hoje em dia. Quando se falava em ***cut the mustard,*** a ideia era adicionar vinagre à semente de mostarda, de forma a reduzir (***cut***) o seu sabor amargo. O. Henry, escritor norte-americano, famoso por suas *short stories* com final inesperado, usou a expressão em 1907, quando escreveu o conto *Heart of the West*: "*I looked around and found a proposition that exactly* ***cut the mustard****.*" (Olhei em volta e encontrei algo que funcionou às mil maravilhas.)

561 my

I'll eat my hat! → SEE (401) hat; hatter
It isn't my bag/cup of tea/thing. → SEE (202) cup; cupboard; curiosity, current
It's my treat. → SEE (925) treat
just my luck → SEE (511) luck; lucky
My bad! → SEE (49) bad
My eye! → SEE (272) eye

My foot! → SEE (319) foot
my lucky number → SEE (511) luck; lucky
My mind goes blank./I draw a blank. → SEE (82) blank; blanket; blaze
on my part → SEE (620) part; parting
Read my lips. → SEE (690) read
when my ship comes in → SEE (761) ship

N

562 nail

a nail in your coffin

(literalmente: um prego no seu caixão) algo muito prejudicial à sua saúde *Each cigarette you smoke is **a nail in your coffin**, keep that in mind.*

fight (someone/something) tooth and nail

lutar com unhas e dentes (contra alguém/algo) *The citizens **fought** the government **tooth and nail** to prevent the new tax being imposed on society.*

hit the nail on the head → SEE (418) hit
spit feathers/nails → SEE (834) spit; split

563 naked

the naked truth

a verdade, nua e crua, os fatos como eles são, sem adorno ou polimento *This is **the naked truth**, believe it or not.*

Word Story A expressão vem de uma parábola segundo a qual a Verdade e a Mentira foram banhar-se. Após o banho, a Mentira, sempre abusada, vestiu-se com a roupa da Verdade, enquanto esta, não tendo outra roupa, ficou nua. Nua, despojada de envoltórios ou adornos, como deve ser a Verdade. É uma bela história. Mas de onde tiramos esse "crua", na nossa expressão? Em que hipótese poderia se considerar a verdade "cozinhada"? Em nenhuma, né? Foi só pela rima. *Anyway*... respostas para o editor.

(to/with) the naked eye

(a) olho nu *The virus is not visible **to the naked eye**, it is too small to be seen **with the naked eye**.*

564 name

You name it.

(informal) O que você quiser, é só dizer. *I like all genres of movies: drama, adventure, comedy, suspense – **you name it**.*

---

a big cheese/fish/gun/name/noise/shot/wheel/wig → SEE (77) big; bigger
call (somebody) names → SEE (122) call
drop names → SEE (236) drop; dropped; drunk
his name is mud → SEE (555) mud
maiden name → SEE (519) maid; maiden
the name of the game → SEE (343) game

---

565 near

---

close/near at hand → SEE (394) hand; handbasket; handle

---

566 necessity

Necessity is the mother of invention.

A necessidade é a mãe da invenção. *We had no corkscrew, but I found a bit of wire and it did the trick, I managed to open the bottle with it. **Necessity is the mother of invention**, as they say.*

the necessities of life

as necessidades essenciais da vida *They live from hand to mouth and do not have some of **the** basic **necessities of life**.*

567 neck

---

a pain in the neck/ass/butt → SEE (609) pain
an albatross around your neck → SEE (25) albatross; alec/aleck; alive
save someone's (own) bacon/neck/skin → SEE (48) bacon

---

568 need; needless

A friend in need is a friend indeed.

Um amigo (quando você está) na necessidade é um amigo de verdade. *I will never forget my friend Trico's gesture, he lent me some money when I was in trouble. **A friend in need is a friend indeed**.*

needless to say

desnecessário dizer *They were in Rio and didn't even give us a call. **Needless to say**, I don't consider them my friends anymore.*

569 needle

a needle in a haystack → SEE (403) hay; haystack
have (got) pins and needles → SEE (639) pins

570 neither

neither fish nor fowl → SEE (324) fowl
neither here nor there → SEE (413) here

571 nerve

have (got) the nerve (to do something)

ter o atrevimento/a cara de pau (de fazer algo) *And then he **had the nerve** to ask me if he could take a shower in my bathroom. It seems his bathroom is flooded, that's why he needed a monkey wrench.*

get on your nerves

irritar, enervar *To add insult to injury, that neighbor makes a hell of a noise with his private parties. The whole thing is really **getting on my nerves,** getting my goat.*

What a nerve!

Que cara de pau! *My neighbor never talked to me, not even a simple "hello", but this morning he called me to ask if he could borrow my monkey wrench. **What a nerve!***

572 nest

a cuckoo in the nest → SEE (200) cuckoo
crow's nest → SEE (197) crow
nest egg → SEE (253) egg; eggshells
stir up a hornet's nest → SEE (424) horn; hornet
the empty nest → SEE (258) empty

573 never

Better late than never. → SEE (479) last; late; later; latest
It never rains but it pours. (Reino Unido)/ When it rains, it pours. (EUA) → SEE (447) issue; it; ivory
Never mind. → SEE (536) mind; minute

574 new; Newcastle; news

turn over a new leaf

(literalmente: virar uma nova página) começar vida nova *They both know they made mistakes, but they've decided to move out and **turn over a new leaf** in another country.*

No news is good news.

(literalmente: A falta de notícias é uma boa notícia.) Se algo ruim tivesse acontecido, já teríamos sabido. *We haven't heard from them for quite a while, I just hope **no news is good news**.*

(someone/something) be bad news

(alguém/algo) ser perigoso, a ser evitado *Stay away from that guy, he's **bad news**.*

---

a new lease on life (EUA)/ a new lease of life (Reino Unido) → SEE (486) lease
break the news → SEE (96) break
carry/take coals to Newcastle → SEE (167) coals
fake news → SEE (279) fake

---

575 next

Better luck next time.

Melhor sorte na próxima vez. *You failed this time, but it's all in the game. **Better luck next time**.*

the next thing I knew

um segundo depois, logo depois *I stopped at the red light, and **the next thing I knew**, some jerk crashed his car into mine.*

576 night

---

a night owl → SEE (603) owl
Bonfire Night → SEE (90) bone; bonfire; bonnet
Guy Fawkes' Night → SEE (390) guy; Guy
in the dead of the night → SEE (211) dead; deaf; death
in the still of the night → SEE (854) still
night and day → SEE (210) day; daylight
ships that pass in the night → SEE (761) ship

---

577 nine; nineteen

have (got) nine lives /laɪvz/

(literalmente: ter nove vidas) ter muita sorte para escapar de situações críticas *Uncle Willie was admitted to hospital and for a couple of days it was touch-and-go several times, but the old man seems to* ***have (got) nine lives*** *and before long he got well. He's at home now, alive and kicking!*

Word Story A expressão tem origem no provérbio inglês, segundo o qual "*cats have (got) nine lives*". A nossa expressão, em português, dá menos tempo aos felinos, dizemos que "os gatos têm sete vidas". Por que os gatos que fazem "*meow*" em vez de "miau" têm direito a um bônus de duas vidas em relação aos bichanos tupiniquins? Não é justo. Respostas para o editor.

talk nineteen to the dozen

(Reino Unido) falar pelos cotovelos, como uma metralhadora, muito rápido e sem parar *I was trying to finish that report and Bart kept* ***talking nineteen to the dozen****, so I told him to put a sock in it.*

Word Story A expressão refere-se à capacidade que algumas pessoas têm de falar muito rapidamente, como que emitindo o som de dezenove palavras no tempo em que outras pessoas só conseguiriam dizer uma dúzia. É o mesmo que *talk a blue streak*, (verbete-âncora 866), sendo essa expressão mais usada nos EUA.

A stitch in time saves nine. → SEE (856) stitch
be on cloud nine → SEE (166) cloud

578 no; nobody; noise; none

a big cheese/fish/gun/name/noise/shot/wheel/wig → SEE (77) big; bigger
A rolling stone gathers no moss. → SEE (713) roll; rolling
be no go → SEE (362) go; goes
be no picnic → SEE (631) picnic
Close, but no cigar. → SEE (165) close; closet; clothes; clothing
cut no ice (with somebody) → SEE (203) cut; cutting
Half a loaf is better than no bread. → SEE (393) half; halfway
it's no good → SEE (368) good; goodbye; goods
it's no use (doing something) → SEE (944) use; usual
(it's) no wonder → SEE (989) wonder; wool
It's none of your business. → SEE (112) business
Long time no see! → SEE (504) long
make no mistake (about it) → SEE (539) mistake; mistaken

No hard feelings. → SEE (292) feel; feelings
No man is an island. → SEE (446) invention; iron; island
no matter what happens → SEE (527) master; matter
No news is good news. → SEE (574) new; Newcastle; news
No pain, no gain./No gain without pain. → SEE (339) gain
No problem. → SEE (663) problem
No sweat. → SEE (887) sweat
No way! → SEE (960) way
point of no return → SEE (648) point
second to none → SEE (743) second
The lights are on, but nobody's home. → SEE (495) light
(there are) no flies on me → SEE (310) flea; flies; flight
with no strings attached → SEE (870) strings

579 nonsense; nose; nosy

look down your nose (at someone/something)

olhar com desdém, achar-se superior (a alguém/algo) *He always **looks down his nose** at the others, he really thinks he is the bee's knees.*

pay through the nose (for something)

(literalmente: pagar pelo nariz por algo) pagar muito caro, uma fortuna *They've finally found the house of their dreams, but I'm afraid they've **paid through the nose** for it.*

Word Story A origem da expressão é muito antiga, vem dos tempos da invasão das ilhas britânicas pelos *vikings*, no século IX. Aqueles nórdicos tinham leis tributárias muito rigorosas, e na Irlanda aplicaram um tributo altíssimo, a que chamavam o "imposto do nariz". Qualquer cidadão que deixasse de pagar esse tributo era punido com um corte no nariz ou então, quando o cobrador de impostos estava de mau humor, com o corte total do nariz do irlandês. Não se faz! Hoje a expressão é usada em um contexto mais brando, sem tanta crueldade, só para dizer que se pagou muito caro por algo. Mas, pelo menos, restou o nariz, intacto.

a nosy parker

(Reino Unido, informal) intrometido, fofoqueiro *Her name is Rosie Parker and she is, indeed, **a nosy parker**. She always has to put her oar in everybody's business.*

a load of garbage/nonsense/trash → SEE (502) load; loaf
lead someone by the nose → SEE (483) lead; leaf; league
poke/stick your nose (into something) → SEE (649) poke; polish; polisher

580 note; nothing

on a different note/on another note

mudando de assunto *I've got a memory like a sieve.* ***On a different note/On another note****, what's a sieve, do you know?*

nothing but

só, apenas, nada mais do que *You shouldn't believe anything he says. He is* ***nothing but*** *a liar.*

Nothing doing.

(informal, inglês falado) Nada feito. De jeito nenhum. *"I can't do my homework today. Will you do it for me?"* ***"Nothing doing."***

There's nothing to it.

Não tem mistério, é muito fácil. *Riding a bicycle is easy,* ***there's nothing to it****. You just have to get the hang of it.*

sweet nothings

(literalmente: doces nadas) juras de amor, palavras doces, gentis *They both had had a few martinis, and he was whispering* ***sweet nothings*** *in her ear.*

---

be nothing but skin and bones → SEE (90) bone; bonfire; bonnet
good for nothing → SEE (368) good; goodbye; goods
think nothing (of something/it) → SEE (905) thick; thickens; thicker; thin; thing; think

---

581 notice

at a moment's notice

sendo avisado em cima da hora, com pouca antecedência *If you get that job you must be prepared to travel* ***at a moment's notice****.*

until further notice

até segunda ordem, até que haja um novo aviso *On account of the coronavirus pandemic, as of today all schools, churches, restaurants, bars, and theaters must remain closed* ***until further notice****.*

582 now; nowhere

any minute now

a qualquer minuto, agorinha mesmo *The train is due to arrive* ***any minute now****.*

now and then

de vez em quando, não com muita frequência *I don't eat pasta very often, just* ***now and then****.*

Now you're talking!

(inglês falado, literalmente: Agora você está falando) Agora sim, essa é uma boa sugestão! *"Forget the beer, let's have a bottle of red wine instead." "**Now you're talking!**"*

---

every now and then/every so often → SEE (267) every
for now/the moment/the present → SEE (543) moment
from now on/as from now/as of now → SEE (331) from
in the middle of nowhere → SEE (532) middle; midnight

---

583 number

have (got) someone's number

(informal, literalmente: ter o número de alguém) ter a ficha de alguém, conhecer seus podres *Stay away fom that guy, he's bad news. But don't worry, **I've got his number**, he doesn't fool us.*

---

my lucky number → SEE (511) luck; lucky

---

584 nut; nuts; nutshell

a hard/tough nut

uma pessoa muito problemática, com quem é difícil lidar *Like many teenagers, Liam is **a hard/tough nut**.*

a hard/tough nut to crack

um osso duro de roer, um problema difícil de resolver/uma pessoa com quem é difícil lidar *The virus pandemic is **a hard/tough nut to crack**.*

be nuts (about/over someone/something)

ser louco por (alguém/algo), gostar muito de (alguém/algo) *Theo **is nuts about/over** his grandchildren.*

the nuts and bolts (of something)

(literalmente: as porcas e os parafusos) as noções básicas, a parte essencial e prática de algo *He worked there for ten years, so he learned **the nuts and bolts** of the business. If he were a sailor, we could say he learned the ropes.*

in a nutshell

(informal, literalmente: em uma casca de noz) em poucas palavras, em resumo *With the coronavirus pandemic, the world economy seems to have gone to the dogs. To put it **in a nutshell**, it's a mess.*

Word Story Na nossa língua portuguesa, quando nos referimos a "uma casca de noz" em geral falamos das velhas embarcações dentro das quais os primeiros navegadores se faziam ao mar, desafiando a natureza e os monstros marinhos. Na língua inglesa, ***in a nutshell*** é usada em outro contexto, para falar de algo que pode ser expresso com um mínimo de palavras. Há milhares de anos, alguns documentos importantes foram transmitidos assim, a mensagem sendo escrita numa letra tão miudinha que cabia dentro da casca de uma noz.

drive (someone) bananas/crazy/insane/mad/nuts → SEE (235) drive; driver

O

585 oak

Great/Tall oaks from little acorns grow.

(literalmente: Grandes carvalhos nascem de pequenas bolotas.) As grandes árvores começam de pequenas sementes. *It may not look so impressive now, but with time and care, I'm sure your project will grow into a big achievement.* ***Great/Tall oaks from little acorns grow.***

Word Story ***Oak*** (carvalho) é uma das árvores mais imponentes das florestas do hemisfério norte. ***Acorn*** (bolota, fruto do carvalho) é aquela simpática sementinha, que parece ter uma coroa na parte de cima e que os esquilos adoram esconder, para comer "em dia de festa". O provérbio defende a ideia de que grandes empreendimentos muitas vezes começam modestamente. Ele aparece pela primeira vez em 1795, em uma publicação norte-americana, que afirma essa ideia duas vezes e em rima: "*Large streams from little fountains flow, tall oaks from little acorns grow.*" Essa mesma ideia é também expressa pela sabedoria oriental, numa frase atribuída ao filósofo chinês Lao Tzu: "*A journey of a thousand miles begins with a single step.*" Todas essas sentenças nos oferecem o mesmo princípio moral, o mesmo incentivo para que pequenos esforços se transformem em grandes realizações.

586 oar

stick/put your oar (in something)

(Reino Unido, informal, literalmente: enfiar/pôr o seu remo lá dentro) dar palpite, meter o bedelho, intrometer-se *Mr. Parker keeps* ***sticking/putting his oar*** *in our new project, although he really does not know anything about that area. But he just can't help it, it's just the way he is, a nosy parker.*

587 oath

be on/under oath

estar sob juramento *The judge had to remind the witness that he* ***was*** *still* ***on/ under oath****.*

588 ocean

---

a drop in the bucket (EUA)/ ocean (Reino Unido) → SEE (104) bucket; bug

---

589 odd; odds

odd jobs

biscates; pequenas tarefas, coisinhas para fazer *Seu Deca does* ***odd jobs*** *of various types for other people, like repairing pipes and pruning roses in the garden.*

odd man/one out

elemento que destoa do grupo *Look at the things in the picture and spot the* ***odd man/one out****, the one that is different from the others.*

against all (the) odds

contra todas as expectativas ***Against all (the) odds****, Mandela was released from prison and became President of South Africa.*

be at odds (with someone about/over something)

estar em conflito, desacordo (com alguém, sobre algo) *Trump* ***was at odds*** *with the rest of the world on many important issues, including climate change.*

---

odds and ends → SEE (259) end; enforcement; English

---

590 of

---

as from/of → SEE (39) as
of course → SEE (192) courage; course; court; cows
of the essence → SEE (264) essence; estimate

---

591 off

off and on/on and off

de vez em quando, não continuamente, intermitentemente *She has been working on her new book, but just* ***off and on/on and off****. She gets tired very easily and has to stop whatever she is doing and just take a rest.*

take a/the day off

ficar/tirar um dia de folga *Cecilia* ***took the day off*** *to visit her grandparents.*

a chip off the old block → SEE (156) chip
day off → SEE (210) day; daylight
disappear/vanish off the face of the earth → SEE (945) value; vanish; vanishing
fall off the wagon → SEE (949) wagon
fly off the handle → SEE (315) fly; flying
get (down) off your high horse → SEE (425) horse
get something off your chest → SEE (151) chest; chestnut
go off the deep end → SEE (259) end; enforcement; English
hit it off (with someone) → (SEE 418) hit
let someone off the hook → (SEE 422) hook; hooky/hookey
off the beaten track → SEE (923) track
off the hook → SEE (422) hook; hooky/hookey
on/off duty → SEE (242) duty
take a load off your feet → SEE (502) load; loaf

592 often

all too often/as often as not/more often than not

muito frequentemente *Unfortunately, those corruption scandals have happened* ***all too often/as often as not/more often than not.***

every now and then/every so often → SEE (267) every

593 oil

burn the midnight oil → SEE (108) burn; burner

594 old

a chip off the old block → SEE (156) chip
an old maid → SEE (519) maid; maiden
old chestnut → SEE (151) chest; chestnut
old flame → SEE (308) flame; flat
Old habits die hard. → SEE (391) habits; had
the good old days → SEE (210) day; daylight

595 on; once

at once

1. imediatamente *The judge told him to stop shouting **at once**.*

2. ao mesmo tempo *The judge warned the lawyers not to speak **at once**.*

once and for all

de uma vez por todas *The judge told them he would decide that matter **once and for all**.*

once in a while

de vez em quando *"**Once in a while** he won't call/ But it's all in the game (...)"* (Johnny Mathis)

once upon a time

era uma vez... ***Once upon a time** in a faraway land there lived an old man who had a way with words...*

---

all at once/all of a sudden → SEE (26) all
from now on/as from now/as of now → SEE (331) from
go on → SEE (362) go; goes
off and on/on and off → SEE (591) off
on my part → SEE (620) part; parting
on sale → SEE (730) sale
on the house → SEE (429) house
on the one hand → SEE (394) hand; handbasket; handle
on the other hand → SEE (394) hand; handbasket; handle
on the whole → SEE (974) whole
Once bitten, twice shy. → SEE (771) shy
once in a blue moon → SEE (86) blow; blue
The lights are on, but nobody's home. → SEE (495) light

---

596 one

be as one

(várias pessoas de um grupo) estar de acordo, unidos e solidários *"You may say I'm a dreamer, /But I'm not the only one/ I hope some day you'll join us,/ And the world will **be as one**."* (John Lennon, "Imagine")

---

at/in one go → SEE (362) go; goes
be a great one for (doing something) → SEE (378) grease; great
be of one/the same mind → SEE (536) mind; minute
do something in/at one sitting → SEE (783) sit; sitting
have one foot in the grave → SEE (376) grave
on the one hand → SEE (394) hand; handbasket; handle

one for the road → SEE (708) road
One good turn deserves another. → SEE (935) turn; turning
one of a kind → SEE (465) kind
One step at a time./Step by step. → SEE (851) step
pull a fast one (on someone) → SEE (286) fast
the one and only → SEE (598) only

597 onion

know your onions → SEE (470) knew; know; knowledge

598 only

the one and only

o incomparável *Ladies and gentlemen, **the one and only**... Francis Albert Sinatra!*

an only child → SEE (154) child
by appointment only → SEE (34) apple; appointment; April
for your eyes only → SEE (272) eye

599 open

an open question

uma questão aberta, em discussão, por resolver *How to solve the problem of global warming is **an open question**, which must be addressed urgently.*

in the open air → SEE (22) air
keep your eyes open/peeled/skinned → SEE (272) eye
with open arms → SEE (36) arm; around

600 order; other

a tall order

uma tarefa ou um pedido muito difícil de fazer ou atender *Getting this dictionary finished by the end of the year is **a tall order**, but I'll have a go at it.*

be out of order

estar enguiçado, sem funcionar *The elevator **is out of order**, I'm afraid we'll have to climb up the stairs all the way up to the ninth floor.*

the other way around/round

o/ao contrário, o inverso *Copernicus firmly believed that the Earth revolved around the Sun, and not **the other way (a)round**, as it was believed until then.*

each other → SEE (243) each; each other
every other day → SEE (267) every
have (got) other/bigger fish to fry → SEE (333) fry; frying
made for each other → SEE (243) each; each other
on the other hand → SEE (394) hand; handbasket; handle
Some (animals) are more equal than others. → SEE (262) equal
tall order → SEE (893) tall

Chegamos ao sexto patamar, 600 *idiomatic expressions* já estudadas! Vamos ver se nos lembramos delas? *How about that?*

O conjunto de testes a seguir tem por objetivo ajudar a fixação do uso e significado de algumas das mais importantes expressões idiomáticas vistas até aqui. Se você me perguntar se isso é importante, eu direi que... *You bet!* Vamos lá, então? Os testes estão a seguir, *the ball is in your court*. As respostas estão ao final do dicionário, a partir da página 442.

Test 6

A. Match the columns so as to complete the following proverbs:

1. (566) Necessity is...	a. is good news.
2. (568) A friend in need...	b. from little acorns grow.
3. (574) No news...	c. next time.
4. (575) Better luck...	d. the mother of invention.
5. (585) Great oaks...	e. is a friend indeed.
6. (505) Look before...	f. like son.
7. (403) Make hay...	g. where the heart is.
8. (421) Home is...	h. while the sun shines.
9. (493) If you lie down with dogs,...	i. you'll wake up with fleas.
10. (496) Like father,...	j. you leap.

B. Complete the following statements with the correct idiom, as adequate. The figures between parentheses show the corresponding entry in the dictionary; you may refer to it if necessary:

1. After Gisele's parents died, she has been

a. (503) *at loggerheads.*
b. (552) *by word of mouth.*
c. (552) *down in the mouth.*

2. If someone tells me about something and then asks me "*What do you make of that?*", (521) he wants to know

a. *my opinion about it.*
b. *if I am going to make do of something.*
c. *if I am going to make the most of it.*

3. If I say that someone *has lost his marbles* (507), I mean

a. *he is at a loss for words.* b. *he is a poor loser.* c. *he has become insane.*

4. If on a certain occasion I simply do not resist and *I give someone a piece of my mind* (536), it's probably because

a. (517) *he has it made.* b. (521) *he has made it.* c. *he has done something wrong.*

5. On account of the present economic crisis, many families have to

a. (501) *live from hand to mouth.* b. (501) *live and let live.* c. (505) *look before they leap.*

6. If I say that Aunt Brunilde is *an old maid*, I mean

a. (519) *she has never married.* b. (513) *she has been left in the lurch.* c. (521) *she has already met her Maker.*

7. If someone tells us a story and I say, "*Tell that to the Marines!*" (526) that means

a. *I don't believe what he said.* b. *I find the story extremely funny.* c. *I believe what he said.*

8. If you and I are *of the same mind* about something (536), that means

a. *we keep it in mind.* b. *we agree about it.* c. *we disagree about it.*

9. If Ann *is wearing a dress that fits her like a glove* (307) that means

a. (442) *she is wearing it inside out.* b. (426) *she is in hot water in it.* c. *that dress looks just perfect for her.*

10. If you bought a new car but you *paid through the nose* for it (579), that means

a. (36) *it cost you an arm and a leg.* b. (146) *it was dirt cheap.* c. (146) *it was cheap at twice the price.*

C. Choose the correct idiom to complete each statement, as adequate:

1. That gadget is very easy to use, once (395)

a. *you get the hang of it.* b. *you hang (on) in there.* c. *you hang around with someone.*

2. It's really very easy to use. (580)

a. *There's nothing to it.* b. *Nothing doing.* c. *Nothing but.*

3. All you have to do is press one button, and (89)

a. *Bob's your uncle.* b. *Bob's your friend.* c. *Bob's your brother.*

601 out; outside

be down and out → SEE (227) down
be out of order → SEE (600) order; other
be out of the question → SEE (675) question
be out of touch → SEE (918) tooth; top; touch
be sold out → SEE (815) sold
chicken out → SEE (153) chicken
Cut it out! → SEE (203) cut; cutting
day in, day out → SEE (210) day; daylight
eat your heart out → SEE (250) eat; eating
get out of hand → SEE (394) hand; handbasket; handle
go out on a limb → SEE (497) limb; line; lining
hang around/out (with someone) → SEE (395) hang
hang (someone/something) out to dry → SEE (395) hang
If you can't stand the heat, get out of the kitchen. → SEE (844) stand
inside out → SEE (442) inside
jump out of your skin → SEE (787) skin; skinned
let the cat out of the bag → SEE (50) bag; baggage
out of breath → SEE (98) breath
out of date → SEE (209) date
Out of sight, out of mind. → SEE (775) sight
out of the blue → SEE (86) blow; blue
Out of the frying pan (and) into the fire. → SEE (333) fry; frying
out of your depth → SEE (218) depth; deserves; development; devil
think outside the box → SEE (93) box; Boxing; boy

602 over; overall

all over again

tudo de novo *I had made a few mistakes and the whole thing didn't work. I had to do it **all over again**, it was back to the drawing board.*

all over the place → SEE (642) place
be over → SEE (59) be
be over the moon → SEE (547) moon
be head over heels in love (with someone) → SEE (404) head; headstand; healer
cry over the spilled (EUA)/ spilt (Reino Unido) milk → SEE (199) cry
Move over. → SEE (553) move
over the counter → SEE (191) count; counter
overall majority → SEE (520); mail; majority
pull the wool over someone's eyes → SEE (668) pull
The party's over. → SEE (621) party

turn over a new leaf → SEE (574) new; Newcastle; news
when hell freezes over → SEE (410) hell

603 owl

a night owl

(literalmente: uma coruja noturna) um notívago, pessoa que tem hábitos noturnos *Tio Bebetim is a* ***night owl****, he often stays up after midnight.*

604 own

(all) on your own

sozinho, sem ajuda ou companhia *Is it true that Michelangelo painted the Sistine Chapel* ***all on his own****?*

a living legend/a legend in their own lifetime → SEE (490) legend; lemon
at your own pace → SEE (606) pace
blow your own trumpet (Reino Unido)/ horn (EUA) → SEE (86) blow; blue
give someone a dose/taste of their own medicine → SEE (530) medicine; meet
mind your own business → SEE (112) business
of your own accord → SEE (6) accord
paddle your own canoe → SEE (608) paddle; page
to each his own → SEE (243) each; each other

605 oyster

The world is your oyster.

(literalmente: O mundo é sua ostra.) Você está com tudo, o mundo é todo seu. *You're young, pretty, smart, free,* ***the world is your oyster****. Go for it!*

P

606 pace

at a snail's pace

a passo de caracol, muito devagar *Once in a while Camila uses the Internet to have classes, she's studying Spanish* ***at a snail's pace****.*

at your own pace

no seu passo, no seu ritmo, na velocidade que você quer *Distance learning is a good method as it allows you to work from home and study* ***at your own pace****.*

keep pace (with someone/something)

1. acompanhar o ritmo (de alguém/algo) *Their production can't **keep pace** with the orders coming in. It's a huge success, well done!*

2. manter-se a par (de algo) *I find it hard to **keep pace** with all the world affairs that are taking place.*

607 pack; packing

a pack of lies

um monte de mentiras *It's amazing the nerve he has to just pick up a microphone, tell **a pack of lies** and get away with it. Not the microphone, the attitude, I mean.*

send someone packing

(informal) mandar embora sumariamente *Sam had been working for less than a week, but he made a lot of foolish mistakes and **was sent packing**.*

608 paddle; page

paddle your own canoe

(informal, literalmente: remar a sua canoa) ganhar o seu próprio sustento, ser independente *Emily's parents died in an accident, and she had to **paddle her own canoe.***

be on the same page → SEE (732) same

609 pain

a pain in the neck/ass/butt

(informal, literalmente: uma dor no pescoço/traseiro) pessoa muito chata *Uncle Willie is always picking holes in the work of others, he's **a pain in the neck/ass/butt**.*

be at (great) pains (to do something)

esforçar-se muito (para fazer algo) *They **were at (great) pains** to make us feel comfortable, they really put out the red carpet for us.*

No pain, no gain./No gain without pain. → SEE (339) gain

610 paint

paint the town red

(informal, literalmente: pintar a cidade de vermelho) fazer uma grande farra *Their team had won the finals so they decided to go out and **paint the town red**.*

611 pajamas (EUA), pyjamas (Reino Unido)

the cat's pajamas (EUA)/ the cat's whiskers (Reino Unido) → SEE (134) cat

612 pale

pale in comparison (with something)

ser muito menos importante em comparação (com algo) *Those problems* ***pale in comparison*** *with the strong negative impact of the virus pandemic.*

beyond the pale → SEE (76) beyond

613 palm

like the palm of your hand → SEE (394) hand; handbasket; handle

614 pan

a flash in the pan → SEE (309) flash
Out of the frying pan (and) into the fire. → SEE (333) fry; frying

615 pants

flying by the seat of your pants

(literalmente: pilotando segundo o seu traseiro) voo cego, algo feito de improviso, sem planejamento, por instinto *He stopped running the country as had been planned and started* ***flying by the seat of his pants****. It didn't work.*

Word Story A expressão vem do tempo em que os pilotos de avião não tinham, como hoje, o benefício do computador e de todos aqueles instrumentos instalados na cabine de comando da aeronave. Os pilotos se baseavam na experiência, no instinto, como se estivessem em voo cego. O ponto de contato mais direto com a anatomia do avião era a anatomia do próprio piloto, sentada e coberta por suas calças.

have ants in your pants → SEE (30) animals; another; ant

616 parade

rain on your parade

(EUA, informal, literalmente: fazer chover no desfile de alguém) jogar água no chope de alguém, estragar os planos de alguém *I don't mean to **rain on your parade**, but there are no more tickets for the show.*

617 parcel

be part and parcel (of something)

ser parte integrante (de algo) *Patience **is part and parcel** of a teacher's job.*

618 pardon

Pardon my French. → SEE (327) French

---

619 park; parker

---

a nosy parker → SEE (579) nonsense; nose; nosy
a walk in the park → SEE (952) walk

---

620 part; parting

do your part

fazer a sua parte *Naturally we can't solve all the problems of the world, but if you decide to **do your part**, it's a good idea.*

on my part

da minha parte *The coronavirus pandemic will one day be over, or is it wishful thinking **on my part**?*

take part (in something)

tomar parte (em algo), participar (de algo) *The suspect swore he didn't **take part in** the robbery.*

a parting shot

(literalmente: um último tiro, ao partir) uma última frase, na despedida *And then she just left. As **a parting shot** she said, "The party's over."*

---

be part and parcel (of something) → SEE (617) parcel
part company → SEE (176) companion; company

---

621 party

The party's over.

A festa acabou. *And then she just left. As a parting shot she said, "**The party's over**."*

622 pass; patience

make a pass (at someone)

paquerar, passar uma cantada (em alguém) *"Men seldom **make passes** at girls who wear glasses."* (Dorothy Parker)

the patience of Job

a paciência de Jó *The kids get in Camily´s hair over and over again, but she never loses her temper. She has **the patience of Job**.*

Word Story Esta expressão ameaça-nos com duas pegadinhas. A primeira é a pronúncia do nome ***Job***. Como sabemos, esse nome está na Bíblia, no Livro de Jó (19:20), fala do santo homem que conseguiu, com muita paciência, resistir às artimanhas do capeta e escapar *by the skin of his teeth* (verbete-âncora 118). Em inglês, esse nome próprio rima com *robe* (roupão; manto) e não com *rob* (roubar), que rima com o substantivo *job* (emprego; serviço). A segunda pegadinha é a estrutura da expressão: ***the patience of Job*** e não, como seria de esperar em inglês, *Job´s patience*. Com muita paciência, sempre conseguimos escapar às pegadinhas!

ships that pass in the night → SEE (761) ship

623 pay; payment

down payment → SEE (227) down
He who pays the piper calls the tune. → SEE (640) pipe; piper
pay through the nose (for something) → SEE (579) nonsense; nose; nosy
rob Peter to pay Paul → SEE (709) rob; robber; robbery

624 peace

peace of mind → SEE (536) mind; minute

625 peel; peeled

banana peel (EUA)/ **skin** (Reino Unido)

casca de banana *In America they say "**banana peel**", in Britain they say "**banana skin**". In British English "**banana skin**" can be used figuratively, to* *describe a foolish mistake, like "When using idiomatic expressions you should be careful not to slip on a **banana skin**." **Banana peel** is not used that way, it is just the part of a banana that you do not eat.*

---

keep your eyes open/peeled/skinned → SEE (272) eye

---

626 peg

---

bring/take (someone) down a peg or two → SEE (101) bright; bring

---

627 penny

A penny for your thoughts.

(literalmente: (eu pago) um centavo pelos seus pensamentos) Em que está pensando? *What's on your mind, sweetheart? **A penny for your thoughts.***

In for a penny, in for a pound.

(literalmente: envolvido por um centavo, envolvido por uma libra) Desgraça pouca é bobagem. Perdido por um, perdido por mil. Uma vez envolvido em algo, é melhor não ficar a meio do caminho. *After thinking for a long time, Tio Alvim decided to risk everything he had. **In for a penny, in for a pound.***

Word Story O substantivo ***penny*** merece ser bem esclarecido, quanto ao significado e quanto ao uso. ***Penny*** é uma moeda de pouco valor, um centavo de dólar (nos EUA e no Canadá), ou um centavo de libra, modernamente, no Reino Unido. Antigamente, no Reino Unido, até 1971, três moedas estavam em circulação: a mais valiosa, que era a *pound* (libra), o *shilling* (xelim) e o *penny*. No complicado sistema não centesimal britânico, vigente até 1971, uma libra valia 20 xelins, 1 xelim valia 12 *pennies* (ou *pence*). Para os britânicos, esse sistema fazia sentido, mas os pobres estrangeiros sofriam bastante antes de se acostumarem. O substantivo ***penny*** ainda apresentava pegadinhas aos incautos. ***Penny*** tem duas formas de plural: ***pennies***, quando falamos das moedas, individualmente; *pence*, quando falamos de uma quantia ou de um preço. Assim, se o jornal custava 5 *pence*, você podia pagar com 5 moedinhas de *penny*, logo 5 ***pennies***. A palavra ainda apresenta outra pegadinha, desta vez na pronúncia. Se você disser ***pennies***, o primeiro *e* com som de *e* mesmo, o *pe* com o mesmo som da nossa letra P, você está aprovado, ***pennies*** rima com *tennis* (o esporte e o calçado). Tudo bem. Mas se você, por erro ou confusão, pronunciar ***pennies***, o primeiro *e* com som de *i*, vamos ter problemas. A palavra vai soar como *penis* (*in English*), pênis (em português), o órgão sexual masculino. Vamos sempre ter muito cuidado com as pegadinhas!

spend a penny

(Reino Unido, expressão antiquada, literalmente: gastar um centavo) urinar *Hold on a minute. I need to **spend a penny** before we leave. I won´t be long, I´ll be right back.*

Word Story A expressão tem origem no fato de que antigamente, na Inglaterra, os banheiros públicos tinham um sistema de fechadura que funcionava quando a pessoa colocava uma moeda de ***penny.***

The penny dropped.

(Reino Unido, informal, literalmente: a moeda caiu) A ficha caiu, de repente algo ficou claro. *At first I didn´t understand what was going on, then suddenly **the penny dropped**.*

Word Story A expressão alude à moeda de um ***penny***, usada antigamente na Inglaterra, nos telefones públicos, para fazer uma ligação. Ela só se completava quando a ficha (que era a própria moeda de ***penny***) caía. Só então o sinal para ligar era dado.

628 perfect; perish; Pete

Honest to God./Pete. → SEE (421) home; honest
Perish the thought! → SEE (906) though; thought
Practice makes perfect. → SEE (656) practical; practice; practise; practitioner

629 pick

pick a fight/quarrel (with someone)

comprar briga/discussão (com alguém) *Would you ever **pick a fight/ quarrel** with a guy called Mike... Tyson?*

pick holes (in something)

procurar defeitos (em algo) *Uncle Willie is always **picking holes** in the work of others. He's a pain in the neck.*

pick (somebody's) brain/brains

consultar, pedir um conselho/uma informação (de um especialista) quanto a um assunto *Sorry to disturb you, but I need to **pick your brain/brains** about a legal matter.*

pick (on someone)

pegar no pé de (alguém), implicar com (alguém) *Uncle Willie is a pain in the neck. He is always **picking on people** whose opinions are different from his.*

have (got) a bone to pick (with someone) → SEE (90) bone; bonfire; bonnet
pick and choose → SEE (157) choice; choose; choosers
pick up the gauntlet → SEE (352) gathers; gauntlet

630 pickle

be in a (pretty/real) pickle

(informal, literalmente: estar em picles, conservado em vinagre) estar perdido, em uma situação difícil *I had been robbed, the thieves took my car and left me in the back of beyond, in the middle of nowhere. I didn´t know where I was, had no money on me, no cell phone, I* ***was in a (pretty/real) pickle****.*

631 picnic

be no picnic

(informal, literalmente: não ser nenhum piquenique) não ser moleza, não ser coisa fácil *Bringing home the bacon for a family of ten* ***is no picnic****.*

632 picture

get the message/picture → SEE (531) memory; message

633 pie

a piece/slice of the cake/pie

(literalmente: um pedaço/uma fatia do bolo/da torta) uma participação nos lucros ou benefícios *The workers are demanding* ***a piece/slice of the cake/pie****, a share of the available money and benefits.*

pie in the sky

(literalmente: torta no céu) utopia, promessa de algo muito bom, mas pouco viável *Having an effective free vaccine available to the whole population of the world in the short term seems to be* ***pie in the sky****.*

Word Story A expressão originou-se em uma musiquinha, criada por um sindicato anarquista norte-americano, chamado *Industrial Workers of the World*, durante a crise econômica do início do século XX. Na verdade, era uma paródia, ironizando o *Salvation Army* (Exército da Salvação), que prometia a todos alegria e felicidade no além, quando mortos, desde que se portassem bem enquanto vivos. A paródia dizia *"You will eat, by and by/In that glorious land above the sky./Work and pray, live on hay;/You'll get* ***pie in the sky*** *when you die."* Satisfazer-se em comer feno (*live on hay)* na dureza da vida terrena, confiando em que, no céu, nos espera uma bela torta – era essa a ideia. Mas a expressão atual fala apenas de uma bela ideia que, sabemos, será muito difícil virar realidade.

eat crow (EUA)/ humble pie (Reino Unido) → SEE (197) crow
have a finger in every pie → SEE (303) finger; fingertips

634 piece

a piece of cake → SEE (121) cake
a piece/slice of the cake/pie → SEE (633) pie
give someone a piece of your mind → (536) mind; minute

635 pig

buy a pig in a poke

(literalmente: comprar um porco em um saco) comprar nabos em saco, gato por lebre, ser enganado *Make sure you take the car for a test drive. Remember the old saying about not* ***buying a pig in a poke.***

Word Story A expressão tem origem nas feiras medievais da Inglaterra, no velho truque aplicado por alguns mercadores que tentavam ludibriar os compradores mais desavisados. Em vez de colocar no saco o leitão que o freguês acabou de comprar, o espertalhão trocava o porquinho por um *stray cat*, um gato de rua ou até mesmo, segundo algumas fontes, por uma ratazana! *Believe it or not*, melhoramos muito daqueles tempos para cá, pelo menos nisso!

Pigs might fly. (Reino Unido)/ **When pigs fly**. (EUA)

(literalmente: Os porcos talvez voem./Quando os porcos voarem.) Quando as galinhas tiverem dentes, no dia de São Nunca. *"Arapiraca stands a good chance of winning the championship this year." "Sure, and* ***pigs might fly/ when pigs fly.****"*

636 pillar

from pillar to post

para lá e para cá, de um lugar para o outro *Frank desperately needed a loan, but no bank seemed to trust him, so he was pushed* ***from pillar to post****.*

Word Story A expressão tem origem bem antiga, na Inglaterra do século XVI, falando de um costume da seita protestante conhecida como os Puritanos. Eles observavam um rígido código moral, e os que o violavam eram punidos com rigor. Em princípio, eram levados para um pilar (*pillar*) ou pelourinho (*pillory*), em praça pública, onde suas mãos e seus pés ficavam presos a esses postos de tortura e de onde era impossível sair. Ali ficavam, sofrendo a humilhação pública, até jurarem que estavam arrependidos de sua má conduta. Os que insistiam em seus erros eram levados para o poste (*whipping post*), e ali eram chicoteados. Em geral, isso atingia resultados satisfatórios para os Puritanos. A expressão ainda é usada hoje em dia, mas certamente para falar de situações menos dramáticas e absurdas.

637 pillow

pillow talk

(literalmente: conversa no travesseiro) conversa íntima com a pessoa amada, na cama *"(...) When all is said and done, two heads together can be better than one," Doris Day said that in "**Pillow Talk**", an old love song of the 1950s.*

638 pinch

take something with a grain/pinch of salt → SEE (371) grain

639 pins

have (got) pins and needles

(literalmente: ter alfinetes e agulhas) ficar com as pernas dormentes, em geral por ficar na mesma posição por muito tempo *When you **have pins and needles** in your leg you should stomp your foot down heavily several times.*

640 pipe; piper

pipe dream

(literalmente: sonho de cachimbo) sonho irrealizável, fantasia *His **pipe dream** was to make a voyage around the world.*

Word Story O que o cachimbo tem a ver com os sonhos? Vamos voltar no tempo: século XIX, Inglaterra da Rainha Victoria, as chamadas "*opium houses*". Lá era tranquilamente dentro da lei pegar um cachimbo e fumar ópio, e assim ser transportado pela droga para um mundo de fantasia. Hoje em dia, para falarmos de belas ideias muito afastadas da realidade, usamos a expressão ***pipe dream***, mas não precisamos de cachimbo e muito menos de ópio.

He who pays the piper calls the tune.

(literalmente: Quem paga ao gaiteiro pede a música.) Amarra-se o burro conforme a vontade do dono. *The whole project is funded by the company, so they have a right to reject parts of it. **He who pays the piper calls the tune.***

641 pit; pitch

make a pit stop

(literalmente: fazer uma parada nos boxes) (numa viagem) parar para descansar, fazer uma refeição, ir ao banheiro etc. *I'm going to **make a pit stop** at the next gas station, Ok?*

---

chip/pitch in → SEE (156) chip

---

642 place

all over the place

por toda a parte *You can see he reads a lot, there are books of all shapes, sizes, colors and types **all over the place**.*

have (got) friends in high places

(literalmente: ter amigos em lugares altos) ter boas relações, bons conhecimentos, conhecer pessoas com poder e influência *Tio Gosendim says he **has friends in high places** but he adds that he is very proud of never having had to ask their favor about anything.*

put yourself in someone's shoes/place

pôr-se no lugar de uma outra pessoa *I know it sounds cowardly, but I wouldn't **put myself in the President's shoes** for a single second.*

take place

ter lugar, acontecer *When and where will the next Olympic Games **take place**?*

643 plague

---

avoid (someone/something) like the plague → SEE (43) avoid

---

644 plain

in plain English

em linguagem simples e clara *Tio Carlim knew he was among economists but he chose to talk to them **in plain English**.*

plain clothes

(à) paisana, (em) roupas civis *The police officer was wearing **plain clothes**, he was not wearing a uniform.*

plain sailing

(literalmente: velejar tranquilamente) de vento em popa, tranquilo, sem problemas *Since the first questions, the test was **plain sailing**.*

Word Story A expressão vem de um termo usado em navegação, para descrever os mapas desenhados ou impressos em folhas de papel planas e não em globos esféricos. Embora esse tipo de mapa fosse mais propenso a apresentar erros, os navegantes o achavam mais fácil e simples de usar do que os esféricos. A expressão passou então a ser usada para descrever qualquer tarefa simples e tranquila, que vai sendo realizada sem complicações: ***plain sailing***.

645 plank

walk the plank

(literalmente: caminhar pela prancha) 1. ser forçado a se jogar ao mar, como castigo *The pirates made the traitor **walk the plank** and fall into the sea.* 2. ser forçado, pelas circunstâncias, a fazer algo que o prejudica *After the Watergate scandals, Nixon was forced to **walk the plank** and resign the presidency.*

646 plant

plant/sow the seeds (of something)

plantar as sementes (de algo) *Who first **planted the seeds** of democracy among those people?*

647 play; plot; pluck up

a play on words arrest.”

jogo de palavras “You are

*That is **a play on words**. Got it? A police officer said those words.*

play hooky/hookey (EUA)/ **truant** (Reino Unido)

matar aulas *Does Camily´s mother know she has **played hooky/hookey/ truant** so many times this year?*

play possum

(literalmente: bancar o gambá) fingir que está dormindo ou que está morto, para enganar alguém *I knew Lelê wasn´t asleep, she was just **playing possum**.*

Word Story Quando o ***possum***, ou ***opossum*** (gambá), é assediado ou apanhado, ele adota a estratégia de ficar quietinho, como se estivesse morto.

the plot thickens

(literalmente: o enredo fica mais denso) a situação se complica, a coisa fica mais interessante ***The plot thickens** when the audience learns that one of the suspects had been an old friend of the victim.*

Word Story A expressão em geral é usada em referência a uma peça, filme, romance, ou uma das *detective stories* de Agatha Christie em que, a certo ponto, a trama fica mais complexa e misteriosa. A expressão também é usada em tom humorístico, com ironia, como, por exemplo:

***The plot thickens** when the readers learn that Mr. Smith´s secretary is not simply his secretary, but his sweetheart.*

act/play the fool → SEE (318) fool
child´s play → SEE (154) child
fair play → SEE (276) fair
keep your cool/play it cool → SEE (185) cool
make a grandstand play → SEE (372) grandstand; granted
play a practical joke (on someone) → SEE (656) practical; practice; practise; practitioner
play ball (with someone) → SEE (53) ball; ballpark
play games → SEE (343) game
play gooseberry → SEE (369) goose; gooseberry; got
play second fiddle (to someone) → SEE (295) fiddle
play the game → SEE (343) game
play to the gallery → SEE (342) gallery
pluck up (the) courage → SEE (192) courage; course; court; cows

648 point

a/your point of view

um/seu ponto de vista *Each of us is allowed to have **his or her point of view**. After all, we live in a democracy.*

point of no return

ponto sem volta, sem retorno, ação irreversível *If you sign that contract, you will reach the **point of no return**. Be careful. Look before you leap.*

Word Story A expressão tem origem na aviação. Ela fala de um ponto alcançado por uma aeronave a partir do qual não há combustível suficiente para voltar, se necessário, ao ponto de partida. A partir do ***point of no return***, o avião não tem combustível suficiente para voltar ao ponto de partida, ele tem de seguir em frente.

to the point

preciso, relevante, objetivo *I didn´t mind her remarks about the book, I think they were fair and **to the point**.*

turning point

ponto de virada, ponto crítico no tempo, em que podem ocorrer grandes mudanças *2020 is a **turning point** in the course of history. The whole world will have to adapt to a new reality after such an incredible year.*

You have a point there.

Você tem razão (no que disse). ***You have a point there**, I totally agree with you. We are of the same mind on that.*

be beside the point → SEE (72) beside

649 poke; polish; polisher

make fun of/poke fun at (someone/something)

caçoar, rir de (alguém/algo) *The media often* ***makes/pokes fun*** *at Tio Montalvim, but he couldn´t care less. He just ignores them and keeps going ahead.*

poke/stick your nose (into something)

meter o nariz (em algo) *Her name is Rosie Parker and she likes to* ***poke/stick her nose*** *into everybody´s business. Rosie Parker, nosy parker.*

---

apple polisher → SEE (34) apple; appointment; April
buy a pig in a poke → SEE (635) pig
polish the apple → SEE (34) apple; appointment; April

---

650 poor

(as) poor as a church mouse

(literalmente: (tão) pobre como um rato de igreja) pobre como Jó *José (Pepe) Mujica, former President of Uruguay, is a different kind of politician. He´s* ***(as) poor as a church mouse****. At least that´s what he says.*

---

be a bad/poor/sore loser → SEE (507) lose; loser; loss; lost

---

651 pop

pop the question

(informal, literalmente: atirar a pergunta) pedir em casamento *And then, out of the blue, Tony kneeled down and* ***popped the question****: "Will you marry me, Stella?"*

652 popular; possible; possum

---

as soon as possible → SEE (819) soon; sooner
by popular demand → SEE (216) demand
play possum → SEE (647) play; plot; pluck up

---

653 post; posted; poster

(as) deaf as a post

(literalmente: (tão) surdo como um poste) surdo como uma porta *Grandpa is* ***(as) deaf as a post****. You will have to shout if you want him to hear you.*

keep someone posted (about something)

manter alguém informado (sobre algo) *There's no news right now, but I'll keep you posted.*

poster child

garoto/a-propaganda *Greta Thunberg is an environmental activist, she became the **poster child** of the climate change movement.*

---

from pillar to post → SEE (636) pillar

---

654 pot

go to pot

ir para o beleléu, arruinar-se, fracassar *Am I being pessimistic, or is the whole thing **going to pot**?*

take pot luck (Reino Unido)/ **potluck** (EUA)

(literalmente: tirar a sorte do tacho) contentar-se com o que houver (para comer), não ter escolha *Of course you can stay, you're most welcome, but I'm afraid you'll have to **take pot luck/potluck**, there's not much food in the fridge.*

The pot calling the kettle black.

(literalmente: O tacho chamando a chaleira de preta.) O roto rindo-se do esfarrapado. Pôr defeitos nos outros sem ver os seus próprios defeitos. *"You shouldn't drink so much coffee, it isn't good for you." "Sure, but neither should you. Talk about **the pot calling the kettle black**!"*

Word Story A expressão é antiga, usada desde o século XVII, vem do tempo em que os utensílios de cozinha, como panelas, tachos, chaleiras ficavam pretos por causa da fuligem, pó negro e pegajoso que resultava da queima do carvão naquelas cozinhas antigas. Segundo Eric Partridge, ilustre lexicógrafo e ensaísta neozelandês-britânico, o provérbio original era ***The pot calling the kettle black arse*** (O tacho chamando a chaleira de bunda preta.), mas com o tempo a última palavra desapareceu. *Pudoris causa* (por razões pudicas), comenta Partridge, em seu monumental *A Dictionary of Slang and Unconventional English.*

655 potato; pound; pours; power

a hot potato

(literalmente: uma batata quente) um assunto melindroso e difícil de resolver *The Middle East conflict continues to be **a hot potato** for world leaders.*

small beer (Reino Unido)/ **potatoes** (EUA)

(literalmente: cerveja pequena/batatas pequenas) café pequeno, pessoa/ coisa sem muita importância ou valor *He isn't an important person in that organization. In fact, he's **small beer/potatoes** there.*

---

a couch potato → SEE (189) couch
In for a penny, in for a pound. → SEE (627) penny
It never rains but it pours. (Reino Unido)/ When it rains, it pours. (EUA)
→ SEE (447) issue; it; ivory
Knowledge is power. → SEE (470) knew; know; knowledge

---

656 practical; practice; practise; practitioner

for all practical purposes

para todos os efeitos, na prática *Because of the pandemic quarantine, all schools in town were, **for all practical purposes**, shut down.*

play a practical joke (on someone)

pregar uma peça (em alguém), fazer uma brincadeira de mau gosto (com alguém) *The kids tried to **play a practical joke** on the new kid. They filled the sugar bowl with salt, but they were frustrated when he took sweetener on his coffee and milk.*

Practice makes perfect.

A prática leva à perfeição. *After having studied Spanish for a few years, Val spent a year in Mexico City, where she put her Spanish into practice. Now that she has become fluent she says that **practice makes perfect**, and she says that in Spanish, without an accent.*

put something into practice

pôr algo em prática *The new president has a few ideas of his own and he's ready to **put them into practice**. Let's hope he is allowed to do so.*

practise what you preach

praticar o que prega ***Practise what you preach** is the obvious attitude that everyone should take. Why don't we?*

---

general practitioner, GP → SEE (353) general

---

657 prayer; preach

Papa, don´t preach.

Papai, não faz sermão. *"**Papa, don't preach**/ I'm in trouble deep/**Papa, don't preach**/ I've been losing sleep (...)"* (Madonna)

(do something) on a wing and a prayer → SEE (980) wing
practise what you preach → SEE (656) practical; practice; practise; practitioner

658 presence; present

presence of mind

presença de espírito *When the flames grew larger and the fire spread, Edu had the **presence of mind** to pick up the phone and call the firefighters.*

at present/the moment

atualmente ***At present/the moment** Sonia Braga is living in New York.*

for now/the moment/the present → SEE (543) moment

659 pretty

be sitting pretty

(literalmente: estar sentado bonitinho) estar numa boa, no seu bem-bom, com a vida que pediu a Deus *They're very happy in their new house. They're young, rich, smart, they love each other, everybody likes them, they**'re** really **sitting pretty**.*

be in a (pretty/real) pickle → SEE (630) pickle

660 price

at any price

a qualquer preço *Don wanted to be reelected **at any price**.*

cheap at the price/at half the price (Reino Unido)/ at twice the price (EUA) → SEE (146) cheap

661 prime

prime of life

flor da idade *Your **prime of life** is when you feel most active or successful, in other words any period of your life, depending on your attitude about everybody and everything around you.*

662 private

private eye → SEE (272) eye

663 problem

have a problem (with something/somebody)

(informal, literalmente: ter um problema (com algo/alguém) não gostar (de algo/alguém), achar ruim, irritante ou ofensivo *"I confess I can't help looking at my cell phone all the time. Do you **have a problem** with that?"*

No problem.

(informal, literalmente: nenhum problema) Sem problema. À vontade. *"**No problem**. You can look at your cell phone whenever you want."*

664 profile

keep a low profile

(literalmente: manter um perfil baixo) manter-se de forma discreta, evitando "aparecer" *Professor Brick is a super star, but he tries to **keep a low profile** and rarely gives an interview.*

665 proof

The proof of the pudding is in the eating.

(literalmente: Só quando se come o pudim é que se sabe se está bom.) Só o futuro o dirá. No frigir dos ovos é que se verá a manteiga que sobra. *We don't really know if our project will work, we'll have to wait until it is put into action. **The proof of the pudding is in the eating.***

666 propose

propose a toast (to someone)

propor um brinde (a alguém) *And so I raise my glass and **propose a toast** to Commander John-John: "Here's mud in your eye!"*

Word Story O que será que um pedaço de ***toast*** (torrada) tem a ver com um brinde à saúde de alguém? No século XII, a qualidade do vinho ou da cerveja era muito ruim, em comparação com a de hoje. Era prática comum molhar um pedacinho de torrada no copo de vinho ou de cerveja para, com isso, melhorar o aroma e o gosto da bebida. Como um pedacinho de pão torrado conseguia esse milagre é um tanto misterioso, mas a verdade é que até hoje a tradição de ***propose a toast*** a esta ou aquela pessoa se mantém. Então, vamos à ***toast***: "*Cheers!*" Ou então à incrível "*Mud in your eye!*"

667 pudding

The proof of the pudding is in the eating. → SEE (665) proof

668 pull

pull the wool over someone's eyes

(informal, literalmente: puxar a lã sobre os olhos de alguém) enganar, esconder a verdade a alguém *Don´t try to **pull the wool over my eyes**, young man. I know you've done something wrong and you're not telling the truth.*

Word Story A expressão tem origem no antigo costume, na Inglaterra, do uso de perucas feitas de lã. No século XVII, o *status* de um inglês era proporcional ao tamanho da peruca que ostentava. Os chamados *bigwigs* eram alvo dos meliantes, que usavam a tática de ataque pelas costas, puxando a peruca de forma a cobrir os olhos da pessoa, e assim ficar mais fácil roubá-la. Hoje a expressão é usada para falar de algo bem mais brando, embora também nada elogiável.

pull yourself together

controlar as emoções, readquirir o autocontrole, recompor-se *I know you're sad, but please try to **pull yourself together**. It's no use crying over spilled milk.*

make/pull faces → SEE (273) face
pull a fast one (on someone) → SEE (286) fast
pull someone's leg → SEE (489) leg
pull strings (for someone) → SEE (870) strings
pull the carpet out from under your feet → SEE (129) carpet
pull/wear a long face → SEE (273) face

669 pulse

have/keep your finger on the pulse (of something)

estar por dentro, saber o que está acontecendo, manter-se a par (de algo) *The boss seems to have complete confidence in us, but he **keeps his finger on the pulse** of the business.*

670 pure; purpose

on purpose

de propósito *I´m so sorry I broke that plate, but I swear I didn't do it **on purpose**.*

to good purpose

(formal) por uma boa causa, com bons propósitos *Bill Gates has used his skills and his money **to good purpose**.*

defeat the purpose → SEE (214) defeat
for all practical purposes → SEE (656) practical; practice; practise; practitioner
for/to all intents and purposes → SEE (444) intents
pure and simple → SEE (779) simple

671 push

if/when push comes to shove

(informal, literalmente: se/quando um empurrão vira um bruto empurrão) se/quando a coisa ficar feia, na hora H *I don´t want to think about it, but **if/ when push comes to shove**, we might have to sell the car.*

Word Story Poderíamos pensar que a expressão tem origem numa fila desorganizada, provavelmente em uma *Black Friday*, um daqueles "empurra-empurra", coisa feia! Mas não é essa a origem da expressão. Ela vem do rúgbi. Depois de uma falta, os atacantes de cada time se defrontam e se empurram até que um deles consegue passar a bola para um de seus companheiros, e assim o jogo recomeça.

push it/your luck

(literalmente: empurrar a sua sorte) abusar da sorte, arriscar demais *I know you have been able to get excellent results, but if I were in your shoes, I wouldn't **push it/my luck**. Moderation is the name of the game, you know.*

be pushing up (the) daisies → SEE (204) daisy
push the envelope → SEE (261) envelope

672 put

stay put

ficar quieto, ficar onde está ***Stay put** until I get back. I´m going to spend a penny, I won't be long.*

Don't put all your eggs in one basket. → SEE (253) egg; eggshells
give yourself airs/put on airs → SEE (22) air
put a damper/ (no Reino Unido também) dampener (on something) → SEE (206) damper/dampener
put a flea in someone´s ear → SEE (310) flea; flies; flight
Put a sock in it. → SEE (813) sock
put/lay (all) your cards on the table → SEE (127) cap; carbon; card
put on an act → SEE (14) act; action

put on weight → SEE (964) weight
put out the red carpet for someone → SEE (129) carpet
put (something – plans, ideas) into action → SEE (14) act; action
put something into practice → SEE (656) practical; practice; practise; practitioner
put the cart before the horse → SEE (65) beer; before; beggars
put up a smokescreen → SEE (805) smoke; smokescreen
put your foot in your mouth/in it → SEE (319) foot
put your shoulder to the wheel → SEE (767) shoulder; shouldn´t
put yourself in someone's shoes/place → SEE (642) place
stick/put your oar (in something) → SEE (586) oar

Q

673 quarrel

pick a fight/quarrel (with someone) → SEE (629) pick

674 queer

a queer fish

(informal, literalmente: um peixe estranho) uma pessoa amalucada *Uncle Thomas is **a queer fish**, but he's a good man at heart.*

675 question

be out of the question

ser fora de questão, impossível *With the pandemic quarantine, a birthday party is **out of the question** this year.*

an open question → SEE (599) open
pop the question → SEE (651) pop

676 quick; quicksilver

a quick fix

um "gatilho", um "quebra-galho", uma solução temporária *There's no easy solution to that problem, and a **quick fix** won't last long.*

be fast/quick on the draw/the trigger

1. ser rápido no sacar/no gatilho *Dirty Harry Callahan **was fast/quick on the draw/the trigger**, as the bad guys soon found out. But that was the last thing they did, before they bought the farm.*

2. ter raciocínio rápido, reagir rapidamente *They tried to pull a fast one on Má Má, but they couldn't fool her, she**'s fast/quick on the draw/the trigger**.*

(as) fast as quicksilver → SEE (286) fast
be quick on the uptake → SEE (943) upper; upside; uptake

---

677 quiet; quite

quite a few

muitos, muitas *I've seen that movie **quite a few** times. It's one of my favorites.*

---

be (quite) a character → SEE (144) character; charge
(do something) on the quiet/sly → SEE (799) sly

R

678 race

---

the rat race → SEE (685) rat

---

679 rack

(go to) rack and ruin

(entrar em) decadência, arruinar-se *With the coronavirus pandemic, the whole health system seems to be **going to rack and ruin**.*

---

rack your brain/brains → SEE (94) brace; brain; brains

---

680 rag; rags

from rags to riches

(informal, literalmente: de trapos a riquezas) da pobreza à riqueza, de muito pobre a muito rico em pouco tempo *"I know I'd go **from rags to riches**/ If you would only say you care/ And though my pocket may be empty/ I'd be a millionaire (...)"* (Tony Bennett, "Rags to Riches")

chew the fat/rag → SEE (152) chew

681 rage

all the rage/thing

a última moda *Wearing ragged old jeans used to be **all the rage/thing**, but not anymore.*

road rage

(literalmente: raiva na estrada) comportamento agressivo de motorista na estrada em relação a outro motorista *"Keep left, you road hog!", yelled the other driver at Uncle Willie, who was driving slowly and blocking the other drivers. **Road rage!***

682 rain; rainy

rain cats and dogs

(literalmente: chover gatos e cachorros) chover canivetes, cair um toró *You'd better stay at home, Tucha. It's **raining cats and dogs**.*

Word Story A expressão vem de longe, no espaço e no tempo. Na Escandinávia, no tempo dos *vikings*, os cães eram símbolo de tempestades. Na mitologia nórdica, Odin, deus do trovão, era um velho zarolho e barbudo, usava uma longa capa e um chapéu de abas largas. Odin parece ter dado a Tolkien a inspiração para o personagem Gandalf, de *O Senhor dos Anéis.* Acreditava-se que, quando Odin entrava em cena e mandava chover forte, eram os gatos os culpados e, quando a chuva vinha acompanhada de forte ventania, eram os cães que tinham entrado em cena, brigando com os gatos, porque o som da ventania fazia lembrar os latidos e os miados dos envolvidos na briga. A expressão aparece pela primeira vez na literatura em 1738, em um trecho de um livro do escritor inglês Jonathan Swift: "*I know Sir John will go, though he was sure it would **rain cats and dogs**.*"

rain or shine

chova ou faça sol, em todas as circunstâncias *You know you can count on us, **rain or shine**.*

for a rainy day

(literalmente: para um dia chuvoso) para uma emergência, para uma situação em que seja preciso dinheiro *Each month the Joneses set aside a little money **for a rainy day**.*

It never rains but it pours. (Reino Unido)/ When it rains, it pours. (EUA) → SEE (447) issue; it; ivory

rain on your parade → SEE (616) parade
take a rain check (on something) → SEE (147) check

683 raise

raise Cain/hell → SEE (119) Cain

684 range

at close range → SEE (165) close; closet; clothes; clothing

685 rat

smell a rat

(informal, literalmente: sentir cheiro de ratazana) estar com a pulga atrás da orelha, desconfiar, suspeitar que algo não está bem *When the sergeant´s wife saw him wearing plain clothes at the party, she* ***smelled a rat****. He never did that, something was wrong about that situation.*

Word Story Para falar de uma situação que levanta suspeitas, que deixa a pessoa desconfiada, de "pé atrás", é interessante observar que, em inglês, o *idiom* fala em "sentir cheiro de ratazana", uma sensação bem desagradável, que faz com que a pessoa fique esperta, algo não está bem. Já em português, a ideia de que uma certa desconfiança possa fazer uma atrevida pulga saltar para trás da sua orelha e lá se instalar também é bastante sugestiva... e incômoda.

the rat race

(literalmente: a corrida de ratazanas) a roda-viva, competição (por ascensão social) entre as pessoas *Tio Piê's pipe dream was to be able to quit* ***the rat race****, buy two acres of land out in the back of beyond and raise a couple of chickens there.*

686 rate

at any rate

de qualquer maneira, em todo caso *Paul's latest song is not the best he has written.* ***At any rate****, it is quite good.*

687 rather

rather than

em vez de *They decided to take a taxi,* ***rather than*** *drive their own car to the airport. Good idea.*

would rather

antes, de preferência *Lili said she **would rather** die than marry that queer fish. She´s probably right.*

688 ray; razor

a/your ray of sunshine → SEE (881) sun; sunny; sunshine
be/live on a razor´s edge → SEE (251) edge

689 reach; reaction

chain reaction → SEE (139) chain
gut reaction → SEE (389) gut
reach across the aisle → SEE (23) aisle
reach for the stars → SEE (845) stars

690 read

read between the lines

ler nas entrelinhas *He did not say it loud and clear, but if you **read between the lines** of his speech, you can say he intends to run for the presidency in the next election.*

Read my lips.

(inglês falado) Leiam meus lábios. Isto é uma promessa. *"**Read my lips**: no more taxes," George W. Bush said while he was campaigning for President of the United States. Unfortunately soon afterward there was a tax increase.*

691 ready

ready to drop

(literalmente: pronto para cair) exausto, muito cansado *Let's take a break right now. I'm **ready to drop**.*

Ready when you are.

(inglês falado, literalmente: Estou pronto quando você também estiver.) Estou pronto, só esperando você. *"Shall we go? **Ready when you are**."*

692 real; reality

for real

para valer, a sério *I know I've said I would quit smoking on several occasions, but this time is **for real**, I swear.*

Get real!

(informal, inglês falado) Cai na real! *"You really think people will vote for you in the next election? **Get real!**"*

the real McCoy

(literalmente: o verdadeiro McCoy, ele mesmo) autêntico, o próprio *Is that thing on your finger a fake diamond or is it **the real McCoy**?*

Word Story Hoje em dia, o tal do McCoy está esquecido, ninguém sabe, nem mesmo nos Estados Unidos, onde ele vivia, ou quem foi esse sujeito. Mas, nos anos 1890, Kid McCoy era um famoso boxeador. Fora do ringue, a aparência dele não chegava a impressionar, o boxeador tinha de provar (às vezes de forma violenta) que era ele mesmo, o famoso e poderoso Kid McCoy, e não um mísero sósia. Hoje em dia, a expressão é usada quando queremos dizer que algo é autêntico e não uma reles cópia ou falsificação.

in reality

na realidade, na verdade *He talked and talked as if he had accomplished a lot, but **in reality** his administration was a total failure.*

reality check

choque de realidade, confrontação com a realidade dos fatos *He lives in denial and keeps clinging to a pack of lies just to save face. He needs to be given a **reality check** about the true situation.*

Word Story Muita atenção para a pegadinha de uso do substantivo ***check***, no sentido de "verificação, checagem", e não *shock* (choque), embora a expressão ***reality check*** corresponda à nossa "choque de realidade", para falar de uma situação que leva alguém a ter de encarar os fatos como são na realidade, e não a sua própria opinião sobre o que acontece. Mas, em inglês, usa-se ***check*** na expressão ***reality check*** e não "*reality shock*", como poderíamos supor.

be in a (pretty/real) pickle → SEE (630) pickle

693 reap

You reap what you sow.

Você colhe o que você semeia. *He gave us the cold shoulder when we needed him, now that he needs our help we just won't give him any. **You reap what you sow**, as the saying goes.*

694 reason; reasonable

for no reason

sem razão, sem motivo *The boss sometimes gets angry **for no reason**. It's a good idea to give him a wide berth when that happens.*

for some reason

por alguma razão, algum motivo (que eu desconheço) ***For some reason**, he wouldn't answer the telephone, don't ask me why.*

within reason

dentro dos limites do que é razoável, aceitável *She said she liked the painting and would pay whatever he asked for it, **within reason**.*

---

beyond (a reasonable/a shadow of a) doubt → SEE (226) doubt
it stands to reason (that)... → SEE (844) stand

---

695 red; red-handed

red tape

(literalmente: fita vermelha) burocracia *If Carol really decides to import a koala from Australia she should be prepared to face a lot of **red tape**.*

Word Story A expressão vem do antigo costume de se amarrar documentos oficiais com uma fita vermelha.

---

be caught red-handed → SEE (135) catch; catch-22; caught
paint the town red → SEE (610) paint
put out the red carpet for someone → SEE (129) carpet
red herring → SEE (414) herring

---

696 rely; respect

with all due respect

(formal) com todo o devido respeito ***With all due respect**, sir, I cannot agree. I would rather die than sign a contract under those conditions.*

---

count on/rely on (someone) → SEE (191) count; counter

---

697 rest

and all the rest (of it)

e todo o resto *Professor Brick talked about a lot of historic events in the Middle Ages: kings, queens, princes, knights **and all the rest (of it)**.*

I rest my case.

(inglês falado, jurídico ou uso figurado, literalmente: Eu descanso meu caso.) Encerro meu caso, é o que tenho a dizer. *"You see what I mean? He keeps telling the same old lies, just playing to the gallery. I've had enough,* ***I rest my case****."*

The rest is history.

(literalmente: o resto é História) O resto é coisa do passado. Já passou, todo mundo sabe o que aconteceu. *The Brazilian soccer team won the World Cup for the first time in Sweden in 1958 and* ***the rest is history****.*

698 return; returns

in return

em troca, de volta *Take it from me: the bottom line in life´s statement is "love and try to be loved* ***in return****". That´s all that matters.*

Many happy returns (of the day). → SEE (397) happy
point of no return → SEE (648) point

---

699 ribbon

yellow ribbon

(literalmente) fita amarela *"Tie a* ***yellow ribbon*** *round the old oak tree / I'm coming home, I've done my time / And I've got to know what is and isn't mine / If you received my letter telling you I'd soon be free / Then you'll know just what to do if you still want me / If you still want me / Oh, tie a* ***yellow ribbon*** *round the old oak tree / It's been three long years, do you still want me? / (...) Now the whole bus is cheering and I can't believe I see / A hundred* ***yellow ribbons*** *round the old oak tree."* (composed by Irwin Levine and Lawrence Russell Brown, sung by Brenda Lee)

Word Story É tradição, nos Estados Unidos, as pessoas amarrarem uma fita amarela à volta de uma árvore no quintal, em lembrança de alguém que, por uma razão ou outra, não está mais em casa. Isso acontece, por exemplo, a respeito de jovens militares, convocados para lutar em algum ponto do planeta e que podem voltar *safe and sound*, sãos e salvos, ou não. Essa fita é como um código de esperança de que um dia essa pessoa volte para casa. No caso da canção cantada por Brenda Lee, quem pede para que a fita amarela seja amarrada na velha árvore é alguém que acaba de sair da prisão, depois de ter cumprido a sua pena (*I've done my time*, verbete-âncora 912) e está em um ônibus voltando para casa. Mas ele não sabe a reação da pessoa a quem ele mandou a carta, comunicando que está em liberdade e que voltaria para casa, caso fosse bem-vindo. O final da letra é emocionante, porque em vez de uma fita, há uma centena delas, e todo mundo naquele ônibus bate palmas para o ex-presidiário. Um *happy ending* com cem fitinhas amarelas...

700 riches

from rags to riches → SEE (680) rag; rags

Chegamos ao sétimo patamar, 700 *idiomatic expressions* já estudadas. Vamos ver se nos lembramos delas? *How about that?*

O conjunto de testes a seguir tem como objetivo ajudar a fixação do uso e significado de algumas das mais importantes expressões idiomáticas vistas até aqui. Se você me perguntar se isso é importante, eu direi que... *You bet!* Vamos lá, então? Os testes estão a seguir, *the ball is in your court*. As respostas estão ao final do dicionário, na página 443.

Test 7

A. The following statements include idioms where a word/color is missing. Complete each of those statements with the missing word, which is one of the colors in the box:

red – blue – black – white – red – yellow – green – black – gray – red

1. (129) They gave the Pope a special welcome, they really put out the .... carpet for him.

2. (377) It's no use trying to explain Mathematics to Charlie. He doesn't have much .... matter, the lights are on but nobody's home.

3. (379) The boss has finally given us the .... light, we can start working on the new project immediately.

4. (256) They gave me a piano for birthday, it's a beautiful present, but I live in a small apartment and that black piano is a .... elephant for me.

5. (80) The two boys had a fight, and one of them had a .... eye.

6. (86) These things don't happen so often, on the contrary, just once in a .... moon.

7. (699) They have tied a .... ribbon round the oak tree in the backyard, and they hope Jack will soon come home, safe and sound.

8. (610) It had been a great victory and they all decided to celebrate, so they really painted the town ....

9. (654) Fred is always picking holes in the work of others, but he makes a lot of mistakes himself. It's the pot calling the kettle ......

10. (695) The government has created a complicated system or rules and processes, a real bureaucracy, what we call .... tape.

B. Now the missing words refer to parts of the human body. Complete the idioms with one of the words in the box:

nose – brain –- eyes – nerves – finger – ears – nose – lips – neck – eye

1. (499) Read my .... and try to understand what I am saying.
2. (609) Some people are admired and loved, others are just a pain in the ....
3. (629) I know you are a lawyer, so I'm going to ask you a few questions about a legal matter. Sorry to pick your .....
4. (649) Be careful, here comes Rosie Parker. She loves poking her .... in other people's business, so be prepared.
5. (669) The boss controls everything in the office. He has his .... on the pulse of the business.
6. (668) You should not trust that guy, he is not telling you the truth. He is trying to pull the wool over your ....
7. (579) Don is extremely arrogant and he thinks he is better than others. He likes to look down his ..... at the people around him.
8. (571) People like him really get on my ....
9. (563) Those viruses are not visible to the naked .....
10. (558) Val had a lot of kind words about my grandchildren, those words were music to my ....

C. What kind of person is that? Choose from the phrases in the box:

(674) A queer fish – (105) A bull in a china shop – (63) An eager beaver – (77) A big wig – (609) A pain in the neck – (603) A night owl – (584) A hard nut to crack – (579) A nosy parker – (519) An old maid – (507) A sore loser

1. .... is a woman who has never married.
2. .... is a person who likes to stay up late and is active at night.
3. .... is a person that everybody finds annoying.
4. .... is a person that everybody finds strange.
5. .... is an extremely zealous person who works harder than others just to impress the boss.
6. .... is a very clumsy person.
7. .... is a very important person in an organization.
8. .... is a person who is difficult to deal with.
9. .... is a person who often interferes with other people's business.
10. .... is a person who does not know how to admit defeat.

701 riddance; riddle

Good riddance (to somebody/something)!

(inglês falado, geralmente em exclamação, com ironia) Adeusinho e vai pela sombra! *"Goodbye and* ***good riddance!****" Grandma Marly said in a whisper to the tax collector as he left.*

solve the riddle

(literalmente: resolver o enigma) matar a charada, desvendar um mistério *The sphinx at Thebes asked Oedipus a riddle. To her despair, he* ***solved the riddle.***

Word Story Segundo a mitologia clássica, havia uma esfinge (metade leão, metade mulher) à entrada da cidade de Tebas, na Grécia Antiga. Essa esfinge tinha o perverso costume de propor um enigma a cada viajante que tivesse pretensões a entrar na cidade. Se o viajante não conseguisse decifrar o enigma, a esfinge ficava muito brava e o devorava ali mesmo, *on the spot* (verbete-âncora 837). Quando Édipo, um jovem viajante, quis entrar em Tebas, a esfinge fez a pergunta de sempre: "Qual é o animal que, pela manhã, anda sobre quatro patas, à tarde sobre duas e à noite sobre três?" A esfinge já se preparava, guardanapo, garfo e faca a postos mas, para sua grande surpresa e desespero, o esperto Édipo deu a resposta certa: "O ser humano. Porque quando é criança engatinha, de quatro, na fase adulta anda sobre seus dois pés e à noite, já velhinho, precisa de uma bengala, logo são três pés." A esfinge jogou longe o guardanapo, o garfo e a faca e, em desespero, jogou-se do alto de uma pirambeira tebana. O rei de Tebas tinha prometido abdicar do reino se alguém um dia decifrasse o enigma da esfinge e assim livrasse Tebas daquela sinistra porteira. Quando o rei soube do sucesso de Édipo, declarou-o seu sucessor. E aí temos Édipo Rei. O mesmo Édipo sobre quem pairava uma trágica profecia de que ele mataria seu pai (lá dele, bem entendido) e casaria com sua mãe (também lá dele, *of course*). A história da esfinge está em uma peça de Sófocles, o dramaturgo grego, que também escreveu a tragédia sobre a profecia de Édipo. Mas essa é uma outra história, outros quinhentos, a *different kettle of fish* (verbete-âncora 221). Mais uma expressão idiomática, isto já virou obsessão!

702 ride

give someone a ride (EUA)/ **a lift** (Reino Unido)

dar uma carona a alguém *Would you like me to* ***give you a ride/a lift****? I'm going downtown in a couple of minutes.*

ride shotgun

(EUA, informal, literalmente: viajar (com) espingarda de caça) viajar, de carro ou caminhão, sentado no assento ao lado do motorista *Wow! It's my turn **to ride shotgun**!*

Word Story No tempo das diligências, quem viajava em regiões perigosas, lá na frente, ao lado do cocheiro, levava uma espingarda de caça, por segurança, caso houvesse algum encontro indesejado com bandidos, ursos ou lobos. Hoje, quem viaja ao lado do motorista não pode levar espingarda, ela é só imaginária.

---

free ride → SEE (325) free
ride out/weather the storm → SEE (861) storm

---

703 right

have a right (to do something)

ter o direito (de fazer algo) *Never put a living creature in a cage. All living creatures **have a right** to be free.*

Word Story A expressão em inglês traz uma pegadinha quanto ao uso do artigo. Em inglês, usa-se o artigo indefinido "*a*", antes de "*right*" e não o definido "*the*", como seria de esperar, quando a comparamos com português, em que dizemos "ter o direito" de fazer algo. "*You are a child of the universe, no less than the trees and the stars, you **have a right** to be here.*" (Max Ehrman, in *Desiderata)*

Might is right.

Quem tem o poder sempre tem razão. *He is a powerful, mean person, who always has his own way. Unfortunately, **might is right**.*

right away

imediatamente *This is an urgent matter, it can't wait. I want you to do it **right away**.*

---

be on the right track → SEE (923) track
I'll be right back! → SEE (47) back; backseat
It serves (someone) right! → SEE (750) servant; serve; served

---

704 ring

give someone a ring

ligar (pelo telefone) para alguém ***Give me a ring** when you get home, OK?*

ring a bell → SEE (69) bell

705 rise

Rise and shine!

(literalmente: Levanta-te e brilha!) Vamos acordar e aproveitar bem o dia! *"**Rise and shine**, guys!", said Ana, but the boys just played possum, refusing to get up.*

be up/rise with the lark → SEE (478) lark
swallow/take/rise to the bait → SEE (886) swallow

706 risk

at risk

correndo risco, em perigo *Those who refuse to wear a mask are **at risk** and putting the others **at risk** too.*

707 river

sell someone down the river

(literalmente: vender alguém rio abaixo) trair a confiança de alguém, ser desleal a alguém *The sad reality is that the workers **were sold down the river** by their own leaders.*

Word Story A expressão tem origem lá pelos anos 1800, nos tempos da escravatura, no sul dos Estados Unidos. Era comum que um escravo fosse vendido a um dono de fazenda que ficava mais abaixo, a jusante do rio Mississippi. Para o escravo isso certamente era ruim, ***to be sold down the river*** significava que ele passava a viver em condições ainda piores do que antes.

708 road

on the road

(também em sentido figurado) viajando, na estrada de lá para cá *Caetano is no Johnny-come-lately, he has been **on the road** for decades.*

one for the road

(literalmente: uma para (aguentar) a estrada) a saideira, a bebida que se toma por último *Time to go. Let's have **one for the road** and get going.*

hit the road → SEE (418) hit
road hog → SEE (419) hog

road rage → SEE (681) rage

709 rob; robber; robbery

rob Peter to pay Paul

(literalmente: roubar Peter para pagar a Paul) despir um santo para vestir outro, tentar resolver um problema negligenciando outro *The only one who likes it when you **rob Peter to pay Paul** is, of course, Paul.*

Word Story A expressão tem origem no dia 17 de dezembro de 1540, quando a igreja de Saint Peter, em Westminster, Londres, passou a ser catedral. Esse elevado *status* de catedral durou apenas dez anos, quando a diocese de Westminster voltou a ser colocada sob a autoridade da Catedral de Saint Paul. Com isso, Saint Peter voltou a ser uma simples igreja, não mais catedral. Para piorar as coisas, *to add insult to injury* (verbete-âncora 15), grande parte do terreno e da propriedade de Saint Peter foi vendida, para com isso financiar obras de restauro na Catedral de Saint Paul. Houve protestos públicos sobre a injustiça de se roubar Pedro para pagar despesas de Paulo, mas a situação se manteve, e assim a expressão se tornou popular.

robber baron

(literalmente: barão ladrão) capitalista inescrupuloso, que acumula riqueza através de táticas e estratégias questionáveis pela ética *The CEOs of those banks can be compared to the **robber barons** of the industrial revolution of the nineteenth century.*

Word Story A expressão ***robber baron*** faz um claro trocadilho com *rubber baron* (barão da borracha), que designa as pessoas que enriqueceram com a grande valorização da borracha (inclusive na Amazônia), no começo do século.

daylight robbery → SEE (210) day; daylight

710 Robinson

before you can/could say Jack Robinson → SEE (65) beer; before; beggars

711 rock

(as) steady as a rock → SEE (848) steady
rock the boat → SEE (88) boat

712 rogues

a rogues' gallery → SEE (342) gallery

713 roll; rolling

roll up your sleeves

arregaçar as mangas *We have a lot of work to do, let's cut the cackle, **roll up our sleeves** and get down to business.*

A rolling stone gathers no moss.

Pedra que rola não cria limo. *Frank has had a lot of different jobs in a lot of different places, and he is still as poor as a church mouse. **A rolling stone gathers no moss**, as they say.*

get/set/start the ball rolling → SEE (53) ball; ballpark

714 roof

hit the ceiling/roof → SEE (418) hit

715 room

at room temperature

à temperatura ambiente *Red wine should not be chilled, it should be served **at room temperature**.*

board and lodging (Reino Unido)/ room and board (EUA) → SEE (87) board; boarding
elbow room → SEE (255) elbow
the elephant in the room → SEE (256) elephant

716 root

the root cause (of something)

a razão principal (de algo) *We need to get to **the root cause** of those problems, and we all know it can be summed up in just one word: poverty.*

grass roots → SEE (375) grass

717 rope

be at the end of your rope

(literalmente: estar no final da sua corda) estar no limite da paciência, quase esgotada *After hearing those politicians making silly speeches, Claudio* ***was at the end of his rope****.*

Word Story Vamos imaginar um animal, uma cabra ou uma ovelha, por exemplo, que está preso por uma corda, pastando. Ele só pode ir até onde a corda permite. A expressão alude a essa situação, mas, em geral, se aplica ao limite da paciência de uma pessoa. Quando você está ***at the end of your rope***, a sua paciência está no fim, é bom não forçar.

learn/know the ropes → SEE (470) knew; know; knowledge

718 rose

a bed of roses

(literalmente: um canteiro de rosas; geralmente usado em negativas) um mar de rosas, tudo certinho, fácil, belo, perfumado *Life is no* ***bed of roses****, Grandpa used to say when one of us experienced a frustration.*

Word Story ***Bed***, todo mundo sabe, significa "cama". Mas ***a bed of roses*** não é uma cama de rosas. Não tem sentido, as rosas nunca têm sono, não precisam de cama. ***A bed of roses*** é um canteiro de rosas, um pedaço de terreno demarcado para o cultivo de rosas. Na expressão correspondente em português, nós, como os velhos navegantes, saímos da terra e vamos para o mar: um mar de rosas. As duas expressões são, em geral, usadas em situações de sentido negativo. De fato, a vida, na sua dura realidade, nunca foi nem será ***a bed of roses***/um mar de rosas. Uma outra expressão com o mesmo sentido de ***a bed of roses*** é *a bowl of cherries* (uma tigela com cerejas). Na frase-exemplo, *Grandpa* poderia ter dito *Life is no bowl of cherries*... com o mesmo sentido.

719 rough

a rough diamond (Reino Unido)/ a diamond in the rough (EUA) → SEE (219) diamond; dickens

720 round

round trip, round-trip ticket

(bilhete de) ida e volta *I told the ticket agent that I wanted a **round-trip ticket** to San Francisco, not a one-way ticket. I don´t live in San Francisco, though at times I wish I did.*

---

around/round the clock → SEE (164) clock; clockwork
round/turn the corner → SEE (187) corner
the other way around/round → SEE (600) order; other

---

721 routine; row

in a row

(literalmente: em fila) um após o outro, consecutivamente *They´ve been very successful lately. They´ ve won five matches **in a row**.*

---

as a matter of course/routine → SEE (527) master; matter

---

722 ruin; rug

(as) snug as a bug in a rug → SEE (810) snug
(go to) rack and ruin → SEE (679) rack

---

723 rule

a rule of thumb

(literalmente: uma regra do polegar) uma regra prática, ditada pela experiência *When you are studying a foreign language it is a good **rule of thumb** to look up all the unknown words in a good dictionary and write them down in context, each of them in a sentence as an example.*

Word Story Como um polegar pode ditar uma regra prática? Como se explica isso? Há várias versões para a origem da expressão. A mais antiga é horrorosa, vem da Idade Média, quando, *believe it or not*, era legal (no sentido de "dentro da legalidade") que um marido batesse na sua mulher com uma vara de bambu, desde que não fosse (a tal da vara de bambu) mais grossa do que o seu (lá dele) polegar. Para quem não acredita nessa maldade permitida, vale dizer que essa barbaridade aparece no *Biographical Dictionary of the Judges of England*, escrito por Edward Foss em 1864. "*A husband may beat his wife, so that the stick with which he administers the castigation is not thicker than his thumb*". Essa era, portanto, ***the rule of thumb***. Não aparece escrito, pelo menos não nesse livro, se seria também dentro da lei que a mulher pudesse castigar o marido usando a tal vara de bambu, da mesma grossura. Uma outra versão vem do século XVII e tem a ver com a produção de cerveja. Naqueles tempos, ainda não havia termômetros de alta precisão, e os mestres-cervejeiros testavam a temperatura das cervejas em fermentação pelo simples e prático gesto de mergulhar o polegar na cerveja. Era o polegar do mestre-cervejeiro que dizia se a cerveja estava no ponto exato ou não. De novo, aqui cabe um "*believe it or not*" quanto à origem da expressão, mas o fato é que ela existe e é usada com frequência até hoje.

the rules of the game

(literalmente e em sentido figurado: as regras do jogo) padrões de comportamento aceitáveis *He acts as if he doesn´t know* ***the rules of the game*** *and he threatens to impose his own rules.*

---

as a rule → SEE (39) as
golden rule → SEE (366) gold; golden

---

724 run

on the run

1. na correria, muito ativo e ocupado *I´ve been* ***on the run*** *all day. I´m ready to drop, all I want is go home and get some rest.*

2. (criminoso) foragido *Two prisoners escaped and are* ***on the run****. The police are hot on their heels.*

Run with the hare and hunt with the hounds.

(literalmente: Correr com a lebre e caçar com os cães.) Agradar a gregos e troianos, servir a dois senhores ao mesmo tempo. *Some politicians often behave in ambiguous ways,* ***running with the hare and hunting with the hounds****, which of course is not ethical.*

---

get/run into debt → SEE (213) debt; decision; deep
in the long run → SEE (504) long
run in the family → SEE (281) family
run the gamut → SEE (344) gamut
run the gauntlet → SEE (352) gathers; gauntlet
run the show → SEE (769) show
Still waters run deep. → SEE (959) water

---

725 rush

---

fools rush in → SEE (318) fool
gold rush → SEE (366) gold; golden

S

726 sack

get the sack

(literalmente: receber o saco) ser despedido, demitido *Harry was late again and **got the sack**.*

Word Story Nos dias de hoje, quando um trabalhador é demitido, recebe uma comunicação do Departamento de Pessoal, passa lá, recebe sua indenização e um documento oficial comunicando a sua demissão. No século XVII, época em que a expressão tem origem, a coisa era muito diferente. Os trabalhadores tinham, cada um deles, suas próprias ferramentas, que eles levavam em um saco de pano. Quando o chefe queria demitir um deles, simplesmente lhe entregava o saco de ferramentas, vazio. Não era preciso mais explicações. Cabia ao despedido pegar as ferramentas, enfiá-las no saco e voltar para casa. "*Put your tools in the sack, and get going.*" Que coisa! Não adiantava reclamar com o Ministério do Trabalho, não havia nada disso. As coisas certamente melhoraram em muitos aspectos, de lá para cá.

hit the sack

(literalmente: bater no saco) ir dormir, ir para a cama *It's late and I'm ready to drop. I'm going to **hit the sack**.*

727 safe

safe and sound

são e salvo *For all the storm, fortunately they managed to get home **safe and sound**.*

to be on the safe side

por segurança, para garantir *It didn't look like rain but, **to be on the safe side**, I took an umbrella when I left.*

728 said

all in all/when all is said and done → SEE (26) all
Enough said. → SEE (260) enough
You can say that again!/You said it! → SEE (735) say; saying

729 sailing

plain sailing → SEE (644) plain

730 sale

for sale

à venda, o dono quer vender *Our neighbors are moving out. They've put their house up* ***for sale****.*

on sale

1. à venda, em loja *The new edition will be* ***on sale*** *next week.*

2. em liquidação, em promoção *The old edition is* ***on sale*** *today. Don't miss the boat!*

garage sale → SEE (348) garage; garbage

731 salt

take something with a grain/pinch of salt → SEE (371) grain
the salt of the earth → SEE (248) earth

732 same

all the same

1. tanto faz, não faz diferença *Hot or cold, it's* ***all the same*** *to me. It really makes no difference, just give me the sandwich.*

2. mesmo assim, apesar disso *I know it doesn't look like rain, the weather is fine.* ***All the same****, I'm going to take my umbrella, just to be on the safe side.*

be on the same page

(EUA, informal, literalmente: estar na mesma página) estar de acordo, na mesma sintonia, ter a mesma opinião *It's very difficult for them to make a deal as they* ***are*** *never* ***on the same page****.*

Same here.

(inglês falado) 1. Eu também (penso assim). *"I don't think Maradona was better than Pelé."* ***"Same here."***

2. (em um restaurante) Para mim também. *"I'll have a steak and fries."* ***"Same here."***

(The) Same to you.

(inglês falado) (Para) Você também. *"Have a good weekend."* ***"Same to you."***

be all in the same boat → SEE (88) boat
be in the same league → SEE (483) lead; leaf; league
be of one/the same mind → SEE (536) mind; minute

733 sauce

Hunger is the best sauce.

A fome é o melhor molho/tempero. *The food was not so good, but Rui was so hungry he didn't even complain about it.* ***Hunger is the best sauce,*** *as the saying goes.*

What's good/sauce for the goose is good/sauce for the gander. → SEE (369) goose; gooseberry; got

734 save; saving; saw

saved by the bell

salvo pelo sino/gongo *Before Micas had time to answer the teacher's question (and he didn't know how to answer it, to be quite frank), the school bell rang. He was actually* ***saved by the bell!***

Word Story Uma das versões para a origem da expressão vem do boxe e é, sem dúvida, a mais plausível. Quando um dos boxeadores está em situação difícil, ele pode ser salvo pelo gongo, que dá fim àquele *round* e lhe dá a chance de se recuperar, pelo menos por alguns instantes, da surra que está levando. Mas existe uma outra versão, que nos leva, como quase sempre, ao passado. Inglaterra, época da Rainha Victoria, Londres, mais precisamente a *Horse Guard*, a guarda a cavalo. Uma noite, um desses guardas foi acusado de estar dormindo durante o seu turno. Ele negou a acusação e, para provar que estava acordado, disse ter ouvido o *Big Ben* (que é o nome do sino, e não do relógio, da torre do parlamento inglês) bater 13 vezes à meia-noite, em vez das habituais 12 vezes. O mecanismo do relógio que regula o *Big Ben* foi verificado e, de fato, para grande alívio do acusado, descobriu-se que um dos dentes de roda da engrenagem estava com defeito, fazendo o *Big Ben* bater uma badalada a mais. Com essa poderosa e sonora prova, o *horse guard* foi absolvido da acusação. Ele tinha sido, de fato, ***saved by the bell.***

A stitch in time saves nine. → SEE (856) stitch
chain saw → SEE (139) chain
daylight-saving time → SEE (210) day; daylight
save face → SEE (273) face
save someone's (own) bacon/neck/skin → SEE (48) bacon

735 say; saying

as they say/as the saying goes

como dizem/como diz o provérbio *What's sauce for the goose is sauce for the gander, **as they say/as the saying goes**.*

just say the word

é só dizer *Don't stand on ceremony. If you need anything, **just say the word**.*

You can say that again!/You said it!

Falou! Falou, tá falado! *"Life is not a bed of roses." "**You can say that again!/ You said it!***

---

before you can/could say Jack Robinson → SEE (65) beer; before; beggars
kiss (something) goodbye → SEE (368) good; goodbye; goods
needless to say → SEE (568) need; needless
to say the least → SEE (487) least

---

736 scene; scenery; school

make a scene

armar um barraco, criar confusão, fazer um escândalo *Ella really **made a scene** when she pushed that blonde away.*

---

a change of scene/scenery → SEE (142) change
cut class/school → SEE (203) cut; cutting

---

737 score; scratch

on that score

quanto a isso *Don´t worry about security, everything will be done to protect those documents. You have nothing to worry about **on that score**.*

(do something) from scratch

(literalmente: fazer algo a partir do risco) (fazer algo) do zero, do início, sem aproveitar nada já feito *I lost all the notes I had taken, so I had to start **from scratch**.*

Word Story Para saber a origem da expressão, mais uma vez entramos na *time machine* e viajamos até a Idade Média. Vamos assistir à largada de uma corrida de cavalos. Os competidores estão todos paradinhos, antes de uma linha que está a ser riscada no solo por um sujeito com uma espada. Feito o risco, quando o dono da espada der o sinal, está dada a largada. Quando algum dos competidores largava antes da hora (nos tempos modernos diríamos que ele *jumped the gun* (verbete-âncora 455), mas nessa época ainda não havia *guns*), a ordem era dada pelo sujeito com a espada, e todos tinham de voltar e começar tudo de novo... ***from scratch***, do risco.

You scratch my back and I'll scratch yours.

(literalmente: Você coça minhas costas e eu coço as suas.) Uma mão lava a outra. *You did the cooking, I'll do the dishes.* ***You scratch my back and I'll scratch yours.***

---

score a goal → SEE (363) goal; goalposts
settle an account/a (*or* the) score (with someone) → SEE (7) account; accountable; accounting

---

738 screw

have a screw loose

ter um parafuso solto, ser amalucado *Uncle Willie is a queer fish. The other day I caught him smoking a cigar and a cigarette at the same time. He must* ***have a screw loose***.

739 sea

be (completely) at sea

(literalmente: estar no mar) estar perdido, confuso, sem entender nada *All of a sudden, Salim and Mohamed started speaking Arabic and I* ***was (completely) at sea***.

740 sealed

My lips are sealed. → SEE (499) lip

---

741 search

Search me!

(inglês falado, literalmente: Podem me revistar!) Sei lá! Não tenho a menor ideia! *"Who was the first king of Swaziland?"* ***"Search me!"***

742 seat

---

flying by the seat of your pants → SEE (615) pants

---

743 second

on second thought (EUA)/ **thoughts** (Reino Unido)

pensando bem ***On second thought(s)****, I'm not going to watch TV, I'm going to call it a day and hit the hay.*

second to none

o melhor de todos, insuperável, sem rival *The food in Tio Paulinho's restaurant is really excellent, it's* ***second to none*** *in this town.*

---

play second fiddle (to someone) → SEE (295) fiddle

---

744 see

I'll believe it/that when I see it.

(informal) Só acredito nisso quando eu vir. *"Uncle Willie says he's going to quit smoking."* ***"I'll believe it when I see it."***

---

can't see the forest for the trees → SEE (321) foremost; forest; forget
Long time no see! → SEE (504) long
see daylight → SEE (210) day; daylight
see eye to eye (with someone) → SEE (272) eye
wait and see → SEE (950) wait

---

745 seeds

---

plant/sow the seeds (of something) → SEE (646) plant

---

746 sell

sell someone short

subestimar, desvalorizar alguém *Don't* ***sell yourself short****. You are a very able nurse.*

---

sell/go like hot cakes → SEE (121) cake
sell someone down the river → SEE (707) river

---

747 send

---

send someone packing → SEE (607) pack; packing

---

748 sense

make sense

fazer sentido *His policies about the right strategy to fight the pandemic **make** perfect **sense** to me.*

make sense (of something)

compreender algo complicado ou pouco comum *The experts have been trying to **make sense** of the way the virus mutates.*

---

common sense → SEE (175) common; community
sense of achievement → SEE (9) achieve; achievement

---

749 separate

---

separate/sort out the sheep from the goats → SEE (759) sheep
separate/sort out the wheat from the chaff → SEE (138) chaff

---

750 servant; serve; served

It serves (someone) right!

(literalmente: Servir direito (a alguém!)) Bem feito!, satisfação irônica por alguém ser penalizado por sua má conduta *"I hear Mr. Owens got the sack from that school." "**It serves** him **right** for being such a lousy teacher."*

Fire is a good servant, but a bad master. → SEE (304) fire; firm
First come, first served. → SEE (305) first

---

751 set

be all set (for something/to do something)

estar pronto, preparado ***I'm all set**, I don't need anything else, we may begin.*

---

get/set/start the ball rolling → SEE (53) ball; ballpark
set (something) on fire/set fire to (something) → SEE (304) fire; firm

---

752 settle

---

settle an account/a (*or* the) score (with someone) → SEE (7) account; accountable; accounting

---

753 sex

fair sex → SEE (276) fair

754 shadow

beyond (a reasonable/a shadow of a) doubt → SEE (226) doubt

755 shake

shake hands (with someone)

cumprimentar, apertar a mão (de alguém) *"Nice to meet you," Henry said, **shaking my hand**.*

shake your head

dizer "não" com a cabeça *When I asked Eneida if she was all set, she **shook her head**. She still had some things to do before we could leave.*

Shake a leg! → SEE (489) leg

756 shame

Shame on you!

(inglês falado) Que vergonha! *I can't believe you hit the poor dog with a stick, why did you do that? **Shame on you**!*

757 shape

be in good shape

estar em boa forma física *Tio Gilbertim works out at the gym every other day, **he's in good shape**.*

be out of shape

estar fora de forma física *After more than a year of the pandemic quarantine, needless to say **I'm out of shape**, I need to blow the cobwebs away.*

in all shapes and sizes

(literalmente: em todas as formas e todos os tamanhos) de todos os tipos *Bank loans come **in all shapes and sizes**. Let's not miss out.*

758 share; shave

a close call/shave → SEE (165) close; closet; clothes; clothing
the lion's share → SEE (498) lion

759 sheep

a wolf in sheep's clothing

(literalmente: um lobo em roupa de ovelha) um inimigo ou um perigo disfarçado *He has a pleasant and friendly appearance, always sweet and nice, a smile on his face, but I've got his number, I know he is nothing but* ***a wolf in sheep's clothing****.*

separate/sort out the sheep from the goats

(literalmente: separar as ovelhas das cabras) separar os bons dos maus *The exams at the end of the year in general help to* ***separate/sort out the sheep from the goats****.*

the black sheep (of the family)

(literalmente: a ovelha negra (da família) a pessoa que destoa do grupo *Uncle Boiler is considered to be* ***the black sheep of the family****, having left home at fifteen to be a sailor.*

Word Story A expressão tem origem na preferência dos pastores pelas ovelhas brancas, já que sua lã é mais valiosa do que a das eventuais ovelhas de lã negra.

760 shift; shine

Make hay while the sun shines. → SEE (403) hay; haystack
move/shift the goalposts → SEE (363) goal; goalposts
rain or shine → SEE (682) rain; rainy
Rise and shine! → SEE (705) rise

761 ship

ships that pass in the night

(informal, literalmente: navios que passam à noite) pessoas que se encontram por acaso, compartilham uns momentos agradáveis e depois se afastam, para nunca mais se verem *We met on holiday in Rome and it was great talking to her over a cappuccino. But we both knew we were like* ***ships that pass in the night****. I can't even remember her name now.*

Word Story A expressão vem de um verso do poeta norte-americano Henry Wadsworth Longfellow, que em 1863 escreveu:

Ships that pass in the night*, and speak with each*
other in passing,
Only a signal shown and a distant voice in the
darkness.

So on the ocean of life we pass and speak to one
another,
Only a look and a voice and darkness again and
silence.

when your ship comes in

(literalmente: quando o seu navio chegar) quando for muito rico *I know what I'll do* ***when my ship comes in****: I'll buy a few acres of land in the Pantanal and raise a couple of chickens there.*

---

jump ship → SEE (455) jump

---

762 shirt; shoe

if I were in your shoes

(literalmente: se eu estivesse com os seus sapatos) se eu fosse você, se eu estivesse no seu lugar ***If I were in your shoes,*** *I wouldn't miss the boat on that investment. It's really a very good opportunity. Strike while the iron is hot, as the saying goes.*

Keep your shirt on!

(informal, literalmente: Não tira a camisa!) Calma! Fica frio! Não esquenta! ***Keep your shirt on!*** *We've got plenty of time.*

Word Story Uma expressão idiomática em que, literalmente, um homem é aconselhado a não se despir, não tirar a camisa, qual seria o contexto mais provável, na sua opinião? Está um calor terrível, e só tirando a camisa a coisa melhora? O sujeito acha que está sendo atacado por insetos, talvez uma pulga, talvez uma abelha, ele não para de se coçar e ameaça tirar a camisa, assim, no meio de uma reunião, no escritório? Nada disso. A expressão é antiga, tem mais de cem anos e tem origem em um contexto de briga, o sujeito que ameaça tirar a camisa quer apenas ter maior mobilidade para sair no sopapo com o seu desafeto. Calma! ***Keep your shirt on!***

lose your shirt

(EUA, informal, literalmente: perder a camisa) perder muito dinheiro (em maus investimentos, crise econômica etc.) *Eike* ***lost his shirt*** *when the market crashed.*

---

put yourself in someone's shoes/place → SEE (642) place

---

763 shoot; shootings

shoot the lights

(informal, literalmente: atirar nas luzes, no sinal vermelho) avançar o sinal de trânsito, atravessar com o sinal vermelho *It's the second time that bus driver **shoots the lights**. It really takes the cake!*

mass shootings → SEE (526) Marines; mass
shoot the breeze/bull → SEE (99) breeze
shoot yourself in the foot → SEE (319) foot

764 shop

a bull in a china shop → SEE (105) bull

765 short

in short

em resumo *The hotel was old, falling to pieces, there was no room service; **in short**, a total disaster.*

have a short fuse → SEE (337) further; fuse
sell someone short → SEE (746) sell
to cut a long story short → SEE (203) cut; cutting

766 shot; shotgun

shotgun wedding

(EUA, informal, literalmente: casamento realizado sob a mira de uma espingarda de caça) casamento realizado às pressas porque a noiva está grávida *I heard through the grapevine that Mary's father arranged a **shotgun wedding** when he found out that his daughter was pregnant.*

Word Story A expressão tem origem no oeste americano, no tempo em que a tal ***shotgun*** (espingarda de caça) era usada, como subtil instrumento de persuasão, pelo pai e/ou os irmãos da moça, para fazer com que o responsável pela gravidez da moça se dispusesse a *walk down the aisle* (verbete-âncora 23) e casar-se com ela.

a big cheese/fish/gun/name/noise/shot/wheel/wig → SEE (77) big; bigger
a long shot → SEE (504) long
a parting shot → SEE (620) part; parting

call the shots/the tune → SEE (122) call
not by a long chalk (Reino Unido)/ shot (EUA) → SEE (140) chalk
ride shotgun → SEE (702) ride

767 shoulder; shouldn´t

put your shoulder to the wheel

(literalmente: pôr o ombro para (mover) a roda) fazer um grande esforço individual, participando da realização de uma tarefa coletiva *It's not going to be a piece of cake, but if we don't start now, it will never be done.* ***So, let's put our shoulder to the wheel.***

Word Story A expressão vem do tempo das carruagens puxadas a cavalos e das estradas lamacentas. Quando acontecia de as rodas da carruagem ficarem presas na lama, o cocheiro pedia aos passageiros que, por favor, descessem do seu conforto e ajudassem a desatolar o veículo, ***putting their shoulder to the wheel.*** Nobres, plebeus, fortes, fracos, velhos, novos, todos tinham de dar uma mãozinha, ou melhor, um "ombrinho", porque de outro jeito a viagem terminava ali.

give someone the cold shoulder → SEE (171) cold
have (got) a chip on your shoulder → SEE (156) chip
It shouldn't happen to a dog! → SEE (224) do; dodo; dog

768 shove

if/when push comes to shove → SEE (671) push

769 show

run the show

(literalmente: dirigir o espetáculo) ser o responsável por algo *Rosie Parker wants to know who is* ***running the show*** *for organizing the event. Watch out, Rosie Parker is a nosy parker.*

The show must go on.

O *show* tem de continuar. A rotina deve prosseguir, não importa o que tenha acontecido. *Senna's death came as a shock to the whole world. But* ***the show must go on****, when and where is the next Grand Prix?*

steal the show → SEE (849) steal

770 shut

shut/close your eyes (to something)

fechar os olhos (para algo), fingir que não vê *It's just not possible to **shut/ close our eyes** to so much suffering all around us, so many people sleeping on the streets, so much social injustice...*

Shut/Lock/Close the stable door after the horse has bolted/ escaped.

(literalmente: Fechar/Trancar a porta do estábulo depois que o cavalo fugiu.) Casa roubada, trancas à porta. *Someone stole the TV set they kept in the garage, and now they've bought a burglar alarm. That's **shutting the stable door after the horse has bolted**, as the saying goes.*

771 shy

Once bitten, twice shy.

(literalmente: Uma vez mordido, duas vezes tímido/medroso.) Gato escaldado tem medo de água fria. *After Gracinha had a car accident, she decided she would never ride a car again. **Once bitten, twice shy**, as the saying goes.*

772 sick

(be) sick and tired (of somebody/something)

(literalmente: (estar) doente e cansado (de alguém/algo) (estar) farto, de paciência esgotada (com alguém/algo) *All those corruption scandals, **I'm sick and tired** of hearing about such things.*

773 side

be on your side

estar do seu lado, apoiar você *Gonças, you know you can count on me, **I'm on your side** in this.*

look on the bright side

(literalmente: olhar para o lado brilhante) ser otimista, pensar positivamente *Eduardo is a positive kind of person who always **looks on the bright side**, even in very difficult situations.*

side effect

efeito colateral *Nausea and headache are the **side effects** of that drug.*

on the sunny side of the street → SEE (881) sun; sunny; sunshine
sunny-side up → SEE (881) sun; sunny; sunshine
to be on the safe side → SEE (727) safe

774 sieve

have (got) a memory like a sieve

(literalmente: ter uma memória igual a uma peneira) ter uma memória fraca ***I've got a memory like a sieve***. *By the way, what's a sieve, I can't remember, do you know?*

775 sight

Out of sight, out of mind.

(literalmente: Fora da visão, fora da mente.) Longe dos olhos, longe do pensamento. ***Out of sight, out of mind*** *is an old saying, the opposite of "Absence makes the heart grow fonder." Which side are you on, which of the two ideas do you agree on?*

---

at first sight → SEE (305) first

---

776 sign

a sign of the times

sinal dos tempos *There are more than a thousand candidates for that job, but there are only two vacancies. Surely* ***a sign of the times***.

777 silence; silent

Silence is golden.

O silêncio é de ouro. *When you have nothing to say, it is better to say nothing.* ***Silence is golden***.

---

the silent majority → SEE (520) mail; majority

---

778 silk; silver

Speech is silver.

A fala é de prata. ***Speech is silver****... but silence is golden.*

(as) smooth as silk/a baby's bottom → SEE (806) smooth
Every cloud has a silver lining. → SEE (166) cloud
magic/silver bullet → SEE (106) bullet

---

779 simple

(It's as) Simple as that.

(É) Simples assim. *He had fewer votes than the other guy, so he lost the election. **(It's as) Simple as that.***

pure and simple

pura e simplesmente, nem mais nem menos *He lost the election, **pure and simple**.*

Word Story Se pensarmos bem, a expressão é redundante, já que, nesse contexto, tanto ***pure*** quanto ***simple*** significam o mesmo: puro, simples, sem adorno, sem enfeite. Oscar Wilde, em *The Importance of Being Earnest*, uma peça teatral de 1895, contradiz essa expressão, quando um dos seus personagens diz "*The truth is rarely pure and never simple.*"

780 since

the best thing since sliced bread → SEE (95) bread

781 single

in single/Indian file → SEE (300) file

782 sink

sink or swim

(literalmente: afunda ou nada) ou vai ou racha, você está sozinho, cabe a você ter sucesso ou fracassar *No one will come to rescue you in this business, Leni. You're on your own, it's **sink or swim**. Come on, swim!*

Word Story A expressão tem origem sinistra, já que alude à antiga prática de, nos tempos de caça às bruxas, atirar à água uma suposta bruxa, "equipada" com algumas pedras na roupa, para a fazer afundar. Se ela de fato afundasse, o que era o que mais frequentemente acontecia, a vítima morria, é claro. Se conseguisse nadar, era considerada em conluio com o diabo e, por isso, executada. Hoje em dia, a expressão é usada com um sentido bem mais brando, dando um incentivo para se alcançar o sucesso, apesar das dificuldades de uma certa situação.

My heart sinks. → SEE (406) heart

783 sit; sitting

sit tight

ficar quieto, esperar pacientemente pelo melhor momento para agir *Let's not rush things, we've got plenty of time. Let's* ***sit tight*** *and see what happens.*

do something in/at one sitting

fazer algo de uma assentada, de uma vez só *That book is so good I just couldn't put it down, I got through it* ***in/at one sitting.***

sitting duck/target

(literalmente: pato/alvo sentado) presa fácil *Those tourists visited a slum without a local guide, they were* ***sitting ducks/targets*** *for muggers and pickpockets.*

---

be/sit on the fence → SEE (293) feet; fence
be sitting pretty → SEE (659) pretty
sit on the aisle/in the aisle seat → SEE (23) aisle

---

784 situation

---

be in a catch-22 (situation) → SEE (135) catch; catch-22; caught

---

785 size

cut somebody down to size

(literalmente: reduzir o tamanho de alguém) fazer alguém ficar mais humilde *I've never seen anybody with such an inflated ego. He really thinks he's the smartest guy on earth. I wish someone would come and* ***cut him down to size.***

---

in all shapes and sizes → SEE (757) shape

---

786 skeleton

a skeleton in the cupboard/closet

(literalmente: um esqueleto no armário) um assunto embaraçoso que as pessoas tentam esconder dos outros *That politician boasted of not* ***having a skeleton in the cupboard/closet,*** *and added that his life was an open book.*

787 skin; skinned

get under your skin

irritar alguém, dar nos nervos *Just ignore Derek, he's just trying to* ***get under your skin,*** *it's a hot day today, tell him to go and jump in the lake.*

have (got) someone under my skin

estar apaixonado por alguém *"I've **got you under my skin**, I've got you deep in the heart of me (...)" Sinatra sang those words in one of Cole Porter's songs.*

jump out of your skin

(literalmente: saltar fora da pele) reagir a um grande susto, tomar um susto enorme *When I heard the shots I nearly **jumped out of my skin**.*

slip on a banana skin

(literalmente: escorregar em uma casca de banana) dar uma mancada, cometer um erro *The journalists kept asking him tricky questions but he knew they wanted him to **slip on a banana skin** and didn't say a word about that scandal.*

---

banana peel (EUA)/ skin (Reino Unido) → SEE (625) peel; peeled
be/get soaked to the skin → SEE (812) soaked
be nothing but skin and bones → SEE (90) bone; bonfire; bonnet
by the skin of your teeth → SEE (118) by
keep your eyes open/peeled/skinned → SEE (272) eye
save someone's (own) bacon/neck/skin → SEE (48) bacon
There is more than one way to skin a cat. → SEE (904) thank; that; then; there

---

788 skip; skunk

(as) drunk as a skunk

literalmente: (tão) bêbado quanto/como um gambá *I had never seen Uncle Willie in such a terrible state. He was **(as) drunk as a skunk**.*

---

your heart misses/skips a beat → SEE (62) beat; beaten

---

789 sky

---

pie in the sky → SEE (633) pie

---

790 slack

cut (someone) some slack

(literalmente: dar um pouco mais de folga a alguém) facilitar as coisas um pouco para alguém *The boss should **cut** Dave **some slack**, the poor guy has been going through hell with his family.*

791 slap; slate

a slap in the face

(literalmente: um tapa na cara) ação ou crítica injusta que ofende ou maltrata *It was **a real slap in the face** for that politician when his candidacy was turned down by his own party.*

a slap on the wrist

(literalmente: um tapa no pulso) uma punição leve *Dave had never been late for work, so the boss just gave him **a slap on the wrist** and made him promise it would never happen again.*

---

clean slate → SEE (162) clean; cleansing; clear

---

792 slaughter

like a lamb to the slaughter

(literalmente: como um cordeiro que vai para o matadouro) inocentemente, de forma passiva *The workers didn't know they would all be fired, so they received the news **like a lamb to the slaughter**, without complaining or arguing, as they didn't know what would happen later.*

793 slave

work like a dog/slave

(literalmente: trabalhar como um cachorro/escravo) trabalhar muito, exaustivamente *"It's been a hard day's night/And I've **been working like a dog** (...)"* (The Beatles, "A Hard Day's Night")

794 sleep; sleeping

sleep like a baby/log/top

(literalmente: dormir como um bebê/uma tora/um pião) dormir bem, profundamente *"It's been a hard day's night/ I should be **sleeping like a log** (...)* (The Beatles, "A Hard Day's Night")

Word Story Sabemos dos perigos e enganos da tradução literal, temos sempre de buscar o sentido da expressão, que nem sempre corresponde ao significado específico das palavras. Isso vale para tudo, inclusive as letras dos Beatles. Aqui eles precisavam de uma rima para *dog*, então a expressão escolhida foi ***sleep like a log***. Ora, o que é *a log*? É uma tora, um pedação de madeira cortado de uma árvore, muitas vezes usado como lenha para a lareira. Mas em português não dormimos como uma tora. Podemos dormir como uma pedra (sono profundo), ou como um bebê (sono tranquilo, inocente), mas também não dormimos como ***a top***. O que é esse *top*? É um pião, brinquedo infantil (antiquado), só o vovô brincava de pião... Mas, como assim, "dormir como um pião"? Só se for daquele tipo de sono irrequieto, em noite de pesadelo, que nos faz girar, virar para lá e para cá, rodopiar na cama como um pião comandado por um cordel imaginário.

sleep on it

(literalmente: dormir em cima disso) pensar bem sobre um assunto a resolver *Let's make a deal. Let me **sleep on it** and I'll give you an answer tomorrow, OK?*

Sleep tight!

(inglês falado, geralmente a uma criança, literalmente: Dorme apertado!) Dorme com os anjos! Dorme bem! *Goodnight, baby! **Sleep tight!***

Let sleeping dogs lie. → SEE (224) do; dodo; dog

795 sleeve

a trick up your sleeve → SEE (928) trick
have an ace/a card up your sleeve → SEE (8) ace
roll up your sleeves → SEE (713) roll; rolling

796 slice; sliced

a slice of life

(literalmente: uma fatia de vida) uma descrição de algo autêntico, uma imagem representativa da realidade *In "A Selva", Ferreira de Castro gives the readers **a slice of life** among the rubber tappers in the Amazon Forest.*

a piece/slice of the cake/pie → SEE (633) pie
the best thing since sliced bread → SEE (95) bread

797 slip; slippery

a Freudian slip

um ato falho *A friend in seed... I mean a friend in need is a friend indeed. A friend in seed... Was that **a Freudian slip**?*

Word Story A expressão tem a ver com Sigmund Freud e suas teorias de pensamentos ditados pelo inconsciente.

a slip of the tongue

(literalmente: um deslize da língua) um pequeno engano ao dizer algo *Did I really say Vasco da Cama? No, sorry, I meant to say Vasco da Gama. That was **a slip of the tongue**, it was late and I was ready to drop.*

(as) slippery as an eel

(literalmente: (tão) escorregadio quanto uma enguia) pessoa difícil de pegar (no erro, na incoerência etc.) *The journalists asked him a few tricky questions, but he avoided them all, he is* ***as slippery as an eel****.*

---

slip on a banana skin → SEE (787) skin; skinned

---

798 slow; slowly

in slow motion

em câmera lenta, com velocidade reduzida *This is an important matter, there's no need to rush. Let's go over it again* ***in slow motion****.*

slowly but surely

(literalmente: lentamente, mas firmemente) devagar e sempre *It didn't happen overnight.* ***Slowly but surely****, the colonial powers kept losing their grip and independence became possible.*

---

be slow on the uptake → SEE (943) upper; upside; uptake

---

799 sly

(do something) on the quiet/sly

(fazer algo – que não devia fazer) em segredo, na moita, sem ninguém saber *Marcia is supposed to be on a diet, but I'm sure she has been "visiting the cookie jar"* ***on the quiet/sly****.*

800 small

(It's a) Small world!

(É um) Mundo pequeno! *I was talking to Dr. Stevens about my friend Tucha and, to my amazement, she's his sister.* ***Small world****, isn't it?*

small talk

papo furado, conversa informal *We were making* ***small talk*** *when, I don't remember why, I mentioned Tucha. I guess there is no other Tucha in town.*

---

small beer (Reino Unido)/ potatoes (EUA) → SEE (655) potato; pound; pours; power
small fry → SEE (333) fry; frying
the early/small/wee hours → SEE (246) earliest; early

Chegamos ao oitavo patamar, 800 *idioms* já estudadas. Vamos ver se nos lembramos delas? *How about that?*

O conjunto de testes a seguir tem por objetivo ajudar a fixação do uso e significado de algumas das mais importantes expressões idiomáticas vistas até aqui. Se você me perguntar se isso é importante, eu direi que... *You bet!* Vamos lá, então? Os testes estão a seguir, *the ball is in your court*. As respostas estão ao final do dicionário, na página 443.

Test 8

A. Escolha a opção que contém a expressão correta para completar as frases a seguir:

1. Quando você viaja em um carro ou caminhão, no assento ao lado do motorista, *you*

a. (388) *stick to your guns.* b. (388) *use gunboat diplomacy.* c. (702) *ride shotgun.*

2. Se você teve um dia muito cansativo e diz que vai "*call it a day*" (122), então está na hora de

a. (726) *get the sack.* b. (726) *hit the sack.* c. (708) *have one for the road.*

3. Quando você quer que alguém acorde e comece as atividades do dia com entusiasmo, você manda a pessoa

a. (705) *"Rise and shine!"* b. (713) *"Roll up your sleeves!"* c. (701) *"Good riddance!"*

4. Quando você promete a alguém fazer algo imediatamente, *you promise to do it*

a. (720) *in a round trip.* b. (706) *at risk.* c. (703) *right away.*

5. Você é o proprietário de uma casa e, por alguma razão, decide vendê-la. Essa casa está

a. (730) *for sale.* b. (730) *on sale.* c. (348) *in a garage sale.*

6. Parabéns! Seu time está em ótima fase e tem uma série de vitórias consecutivas, mais precisamente dez vitórias...

a. (724) *on the run.* b. (721) *in a row.* c. (708) *on the road.*

7. Se a série de coisas desagradáveis não acaba e a sua paciência está quase esgotada, *you are*

a. (707) *sold down the river.* b. (723) *as a rule of thumb.* c. (717) *at the end of your rope.*

8. Se eu fosse você, se eu estivesse no seu lugar, corresponde em inglês a *If I were...*

(757) *in good shape.* b. (762) *in your shoes.* c. (739) *completely at sea.*

9. Você fica sabendo que alguém, que tinha feito algo errado, finalmente foi punido por isso. O que você diz, em forma de comentário?

a. (750) *"It serves him right."* b. (756) *"Shame on you!"* c. (761) *"My ship has come in!"*

10. Você trabalha muito, *you work really hard*. Ou então *you work...*

a. (793) *like a dog.* b. (b) (794) *like a log.* c. (792) *like a lamb to the slaughter.*

B. Match the columns, so as to complete the proverbs:

1. (479) Better late	a. the best sauce.
2. (713) A rolling stone	b. twice shy.
3. (724) Run with the hare	c. silence is golden.
4. (693) You reap	d. than never.
5. (770) Lock the stable door	e. gathers no moss.
6. (775) Out of sight,	f. is in the eating.
7. (665) The proof of the pudding	g. and hunt with the hounds.
8. (778) Speech is silver,	h. after the horse has escaped.
9. (771) Once bitten,	i. out of mind.
10. (733) Hunger is	j. what you sow.

C. Agora combine as colunas, encontrando os provérbios correspondentes, em inglês e em português:

1. Better late than never.	a. Quem semeia ventos, colhe tempestade.
2. A rolling stone gathers no moss.	b. Antes tarde do que nunca.
3. Run with the hare and hunt with the hounds.	c. Só o futuro o dirá.
4. Lock the stable door after the horse has escaped.	d. Agradar a gregos e troianos.
5. Out of sight, out of mind.	e. Pedra que rola não cria limo.
6. You reap what you sow.	f. Casa roubada, tranca na porta.
7. The proof of the pudding is in the eating.	g. Longe dos olhos, longe do coração.

8. Speech is silver, silence is golden. — h. Gato escaldado tem medo de água fria.

9. Once bitten, twice shy. — i. A fome é o melhor tempero.

10. Hunger is the best sauce. — j. A fala é de prata, o silêncio é de ouro.

801 smart; smash

smart alec/aleck

(informal) espertinho, engraçadinho *George is always trying to show off his supposed cleverness, but I've had enough of his lack of respect for the others, he is just a* ***smart alec/aleck****.*

Word Story A expressão tem origem na Nova Iorque dos anos 1840. A polícia da cidade, por algum tempo, soube dos golpes de um vigarista chamado Aleck (ou Alec) Hoag, até que um dia o tal espertalhão foi preso e cumpriu sua pena, como qualquer um, menos esperto. Hoje em dia, o nome dele serve para designar não um vigarista ou golpista, mas alguém que se acha mais esperto do que os reles mortais.

(be) a tough/smart cookie → SEE (184) cook; cookie
blow/smash (something) to smithereens → SEE (804) smithereens

802 smell

the sweet smell of success

o doce cheiro do sucesso *When they asked her about the* ***sweet smell of success****, Gabrielle simply said, "Channel."*

Wake up and smell the coffee.

(EUA, informal, literalmente: Acorda e cheira o café.) Acorda para a realidade e muda de atitude. *If you think you can pass that examination without studying hard, I simply must give it to you straight: get real,* ***wake up and smell the coffee****.*

smell a rat → SEE (685) rat

803 smile

raise a smile

fazer alguém sorrir *They all seemed down in the dumps, so I tried to* ***raise a smile*** *by reading a poem called "Smile".*

Smile

Not too far from our gray cities,
There are skies so clear and blue,
There are beaches, there are valleys,
Where the sweet sun shines on you.

So, count your garden by the flowers
Never by the leaves that fall;
Count your days by golden hours
Don't remember clouds at all.

Count your night by stars, not shadows,
Count your life with smiles, not tears,
And with joy through all your lifetime,
Count your age by friends, not years.

(Amadeu Marques, *in* English 1, p. 15. Ática: São Paulo, 1994).

804 smithereens

blow/smash (something) to smithereens

(informal) destruir (algo) em mil pedacinhos *The bomb* ***blew/smashed*** *the bridge* ***to smithereens****.*

805 smoke; smokescreen

put up a smokescreen

(literalmente: levantar uma cortina de fumaça) tentar esconder suas verdadeiras intenções, desviando-se do assunto *He simply had no answer to those questions, but he tried to* ***put up a smokescreen*** *by pretending to take offense to the journalist's way of addressing him.*

smoke like a chimney → SEE (155) chimney; china

806 smooth

(as) smooth as silk/a baby's bottom

(tão) lisinho quanto seda/bumbum de bebê *He rarely shaves, but when he does, his face is* ***as smooth as silk/a baby's bottom****.*

807 snail

snail mail

(literalmente: correio caracol) correspondência enviada via correios *Grandpa loves writing letters, going to the post-office and sending them by **snail mail**.*

---

at a snail's pace → SEE (606) pace

---

808 snake; snooze

a snake in the grass

(literalmente: uma cobra (escondida) na grama) um inimigo oculto *I thought he was my true friend but unfortunately he turned out to be **a snake in the grass**.*

You snooze, you lose.

(literalmente: Você cochila, você perde.) Cochilou, o cachimbo cai. Bobeou, dançou. Se você não aproveita uma oportunidade, ela vai embora. *If I were in your shoes, I wouldn't miss the boat. Remember: **you snooze, you lose**.*

809 snow; snowed

a snow job

(EUA, informal, literalmente: um serviço de neve) um golpe ou tentativa de golpe, vigarice, enganação *He tried to give me **a snow job**, but I knew he was a snake in the grass and told him to take a hike.*

be snowed under (with something)

(literalmente: estar totalmente coberto de neve) estar atolado de coisas para fazer *I'm sorry I can't come to the party, **I'm snowed under** with work, that dictionary I told you about, I hope you understand.*

810 snug

(as) snug as a bug in a rug

(literalmente: (tão) aconchegado quanto um inseto em um tapete) aconchegado, no maior conforto *This is the life! Inside my old sleeping bag, feeling **as snug as a bug in a rug** and I don't even need a hug.*

Word Story Podemos facilmente visualizar a cena: numa noite de inverno, a neve cai, branca e fria, mas só lá fora. Aqui na cabana a lareira está em plena função, está quentinho e gostoso, estou dentro do meu velho saco de dormir, de frente para a lareira, uma caneca de chocolate quente nas mãos. Estou me sentindo ***as snug as a bug in a rug***. Esse *bug* do símile pode ser uma lagarta aconchegada em um velho tapete, "na maior", em dia de festa, alimentando-se de fios de lã, esgarçados. Delícia. *This is the life!*

811 so

So far, so good.

Até agora, tudo bem. *"I intend to live forever.* ***So far, so good.****"* (Steven Wright)

So long!

(informal, literalmente: Tão longo, tanto tempo!) Tchauzinho! Até breve! ***So long****, guys. I'll see you soon.*

Word Story Essa expressão, usada nas despedidas, quando se espera que em breve haja um reencontro, convida a entender ***so long*** por "tão longo" ou por "tanto tempo". Parece que quem diz esse ***so long*** está subliminarmente lamentando que os encontros com a outra pessoa sejam tão raros, tão espaçados no tempo. Mas a origem da expressão é outra. E ela vem de longe. Mais precisamente da Índia Oriental, nos tempos do Império Britânico. ***So long*** é uma corruptela de "*salaam*" que, nos países muçulmanos islâmicos, como a parte oriental da Índia (hoje Bangladesh), faz parte de uma saudação e significa *"paz"*. A saudação completa é "*Salaam Aleikum*" que, em árabe, quer dizer "Que a paz esteja sobre vós". Os marinheiros ingleses que estiveram por aquelas paragens acharam a expressão simpática e adotaram só o "*salaam*", mas o mais aproximado que as suas habilidades linguísticas conseguiram foi pronunciar "*salaam*" como ***so long***. A expressão completa, "*Salaam Aleikum*", deu origem à palavra portuguesa "salamaleque". Antigamente, quando nos referíamos a alguém e dizíamos que "Fulano é cheio de salamaleques", queríamos dizer que a pessoa é cheia de rapapés, mesuras exageradas. Isso tem a ver com o gestual que acompanha a saudação "*Salaam Aleikum*", que o árabe diz enquanto dobra o corpo em reverência e gesticula, tocando o peito e a testa. Os marinheiros ingleses resumiram isso à expressão ***so long***, usando-a como "tchauzinho, até breve". E dita sem salamaleques, é claro. Então, ***so long***!

So what?

E daí? *He says he is not going to wear a mask during the quarantine.* ***So what?*** *Who cares about what he does or does not do?*

as/so long as → SEE (39) as
every now and then/every so often → SEE (267) every
How so? → SEE (430) how
I suppose so. → SEE (882) suppose; supposed
so far → SEE (283) far
so much the better → SEE (554) much
so to speak → SEE (829) speak
So true! → SEE (930) trouble; truant; true; trumpet; truth

812 soaked

be/get soaked to the skin

(literalmente: estar/ficar encharcado até a pele) estar/ficar encharcado até os ossos, todo molhado *It was raining cats and dogs and I had not taken my umbrella, so when I got home I **was soaked to the skin**.*

813 sock

Put a sock in it.

(Reino Unido, informal, literalmente: Põe uma meia nisso.) Para de fazer barulho. Cala a boca. *I was trying to finish that report and Bart kept talking a blue streak, so I told him to **put a sock in it**.*

Word Story Nos primeiros dias do rádio e dos estúdios de gravação, a capacidade de controlar o volume dos instrumentos musicais era limitada. Em geral, os músicos que tocavam instrumentos de sopro, como o trompete e o trombone, tentavam abafar o som de seus instrumentos colocando literalmente uma meia na boca do instrumento, de modo a trazê-lo para o mesmo nível de som dos outros instrumentos da banda ou da orquestra. Mas, nos dias de hoje, mandar alguém colocar uma meia na boca para abafar o som da sua tagarelice é um tanto desaforado, não?

814 soft

be/go soft in the head

(informal, literalmente: ser/ficar de miolo mole) ser/ficar maluco *The way he refuses to accept reality and clings to his crazy conspiracy theories, I think he **is/has gone soft in the head**.*

have (got) a soft spot (for somebody/something)

(informal, literalmente: ter um ponto fraco (por alguém/algo) gostar muito (de alguém/algo) *I know I **have a soft spot** for my grandchildren, they're so cute...*

815 sold; solve

be sold (on something)

(informal, literalmente: estar vendido em algo) achar (algo) muito bom, estar convencido do valor de (algo) *When Gisele told me her project, I immediately thought it was a great idea. I **was** really **sold on it**.*

be sold out

estar esgotado, tudo vendido *When Paul McCartney came to Rio, the tickets for his concert **sold out** in a couple of days.*

solve the riddle → SEE (701) riddance; riddle

816 some; something

something like that

algo assim *In 1949 George Orwell published his "Nineteen Eighty-four" (Big Brother Is Watching You). George Orwell's real name was Eric Arthur Blair, or* ***something like that****.*

Some (animals) are more equal than others. → SEE (262) equal
some day/someday → SEE (210) day; daylight

---

817 son

Like father, like son. → SEE (496) like

---

818 song

buy (something) for a song

(EUA, informal, literalmente: comprar (algo) por uma canção) comprar (algo) muito barato, a preço de banana *Our next-door neighbors' house is for sale. I heard you can* ***buy it for a song****. Aren't you interested?*

819 soon; sooner

as soon as possible

assim que possível *Please give me an answer* ***as soon as possible****.*

sooner or later

mais cedo ou mais tarde ***Sooner or later****, he will have to wake up to reality. Wake up and smell the coffee!*

---

as soon as → SEE (39) as

---

820 sore

---

be a bad/poor/sore loser → SEE (507) lose; loser; loss; lost
be like a bear with a sore head → SEE (61) bear

---

821 sorry

be/feel sorry (for someone)

estar com/sentir pena (de alguém) ***I'm sorry/I feel sorry*** *for her loss, I also loved that cat.*

822 sort out

separate/sort out the sheep from the goats → SEE (759) sheep
separate/sort out the wheat from the chaff → SEE (138) chaff

823 soul

body and soul

(literalmente: corpo e alma) totalmente, fisica e mentalmente *Mandela devoted himself* ***body and soul*** *to the task of unifying his country.*

824 sound

safe and sound → SEE (727) safe

825 soup

be in the soup

(informal, literalmente: estar na sopa) estar frito, em apuros, em situação difícil *This time I'm really* ***in the soup****. On Monday, I got the sack. The next day I crashed the car and broke my arm. Just my luck!*

826 sour

sour grapes

(literalmente: uvas azedas) pôr defeitos em algo que não conseguimos ter *After she failed the examination, Maggie said it was a good thing because she didn't want to go to college anyway, but I don't believe that nonsense. To me, it's just a case of* ***sour grapes****.*

Word Story A expressão vem de uma conhecida fábula de Esopo, em que uma raposa não consegue chegar a um belo cacho de uvas. O cacho está lá no alto da parreira e a raposa não o alcança. Por fim ela desiste, mas, para *save face* (verbete-âncora 273), de modo a não ficar com cara de tacho ou de raposa trouxa, diz que as uvas estão azedas, por não estarem ainda maduras.

827 sow

plant/sow the seeds (of something) → SEE (646) plant
You reap what you sow. → SEE (693) reap

828 spade

call a spade a spade

(literalmente: chamar "pá" a uma pá) dar nomes aos bois, falar com franqueza, sem meias palavras, ser explícito, "pão, pão; queijo, queijo" *I do not always agree with him, but I have to admit that he **calls a spade a spade**, and that's a good quality in a politician, in my view.*

Word Story A expressão é muito antiga, tem mais de dois mil anos. Vem dos antigos gregos, que a usavam para falar de alguém que "não tinha papas na língua", que "chamava figo a um figo e banheira a uma banheira". Séculos mais tarde, o filósofo holandês Erasmus manteve o figo, mas trocou a banheira por uma pá. Em 1500, Erasmus publicou *Adagia*, o seu livro de provérbios, e lá está a expressão que, em inglês, e esquecidos os figos, ficou como é hoje: ***call a spade a spade***. Cada vez que falamos de alguém que diz "pão, pão; queijo, queijo" (esta é das antigas...), que diz a verdade nua e crua (outra das antigas...), esquecemos o figo e a banheira, mas não esquecemos a pá. ***That's when we call a spade a spade***.

829 speak

so to speak

por assim dizer *No masks, no social distancing, those people are totally irresponsible. They fail to understand that we are all in the same boat, **so to speak**.*

speak your mind

dizer exatamente o que pensa, de forma clara e franca *He always **speaks his mind**, which is a great virtue in a politician.*

Actions speak louder than words. → SEE (14) act; action
speak of the devil → SEE (218) depth; deserves; development; devil

---

830 spectacle

make a spectacle of yourself

(literalmente: fazer um espetáculo de si próprio) armar um barraco, criar confusão, pagar mico, fazer um papelão *He **made a spectacle of himself** when he shouted at the journalist and called him names.*

831 speech; speed; spend

speed bump

quebra-molas *Slow down, there´s a **speed bump** ahead.*

More haste, less speed./Haste makes waste. → SEE (400) haste
Speech is silver. → SEE (778) silk; silver
spend a penny → SEE (627) penny

832 spice

Variety is the spice of life.

(literalmente: A variedade é a especiaria da vida.) Variar para não enjoar. *They visit a different country every year.* ***Variety is the spice of life.***

833 spill; spilled/spilt

spill the beans → SEE (60) beans
cry over spilled (EUA)/ spilt (Reino Unido) milk → SEE (199) cry

834 spit; split

spit feathers/nails

(literalmente: cuspir penas/unhas) cuspir marimbondos, ficar furioso *I tell you quite frankly, I was so angry I could* ***spit feathers/nails!***

Word Story A expressão original falava de alguém que estava com a garganta muito seca e sentia muita sede, precisava beber algo, mesmo que fosse água, pura e simplesmente. Mas, com o tempo, a expressão passou a ser usada para descrever alguém que está tão zangado que mal consegue se controlar. Além de penas e unhas, a expressão é usada com *blood* (sangue) e *venom* (peçonha, veneno). Tudo isso, de fato, é para ser posto para fora, nada bom de engolir.

split hairs

(literalmente: dividir/rachar fios de cabelo) discutir sobre minúcias, detalhes sem importância *Let´s not* ***split hairs*** *over the wording of the contract. Trust is of the essence.*

835 spoil; spoilers

it contains spoilers

(resenha) contém *spoilers*, informações sobre o que acontece em certas cenas de um filme ou trechos de um livro, que podem estragar a surpresa de quem ainda não viu o filme ou leu o livro *I hate it when the review* ***contains spoilers****, giving too much information about the plot.*

Too many cooks spoil the broth.

(literalmente: Cozinheiros demais estragam o caldo.) Panela em que muitos mexem, o caldo sai insosso ou salgado. *He wrote the whole book on his own, no coauthors.* ***Too many cooks spoil the broth**, as the saying goes.*

836 sport

be a (good) sport

(informal, expressão antiquada, literalmente: ser um (bom) esporte) ser uma pessoa gentil, simpática, boazinha *Dorothy was sick and tired of **being a (good) sport**. She wanted to have some fun and do what she wanted, instead of just trying to please the others.*

837 spot

on the spot

1. imediatamente, na hora *He demanded a quick answer and I gave it to him **on the spot**. I said "No!".*

2. no local, ali mesmo *They came to a quiet place and decided to have a picnic **on the spot**.*

3. sob pressão, em situação difícil *He asked me a question and I was **on the spot**, under pressure, as I couldn´t tell him the truth.*

---

have (got) a soft spot (for somebody/something) → SEE (814) soft
The leopard cannot change its spots. → SEE (491) length; leopard

---

838 spread

spread the word

(literalmente: espalhar a palavra) divulgar, dizer aos outros *He asked his friends to **spread the word** about his latest book.*

839 springs

Hope springs eternal. → SEE (423) hope

---

840 spur

(do something) on/at the spur of the moment

(literalmente: (fazer algo) na espora do momento) (fazer algo) de improviso, por impulso *They had not planned anything, but **on/at the spur of the moment** they decided to take a bus to Ouro Preto and spend a couple of days there.*

841 square; squeaky

back to square one → SEE (47) back; backseat
fair and square → SEE (276) fair
The squeaky wheel gets the grease/oil. → SEE (968) wheat; wheel; when; where

842 stable

Shut/Lock/Close the stable door after the horse has bolted/escaped. → SEE (770) shut

843 stake; stall

stop stalling (for time)

parar de fazer cera "*Calvin, **stop stalling (for time)** and get into the bathtub! You´ve been stalling for an hour.*"

at stake → SEE (41) at; attached; attendance
at the stake → SEE (41) at; attached; attendance

844 stand

If you can´t stand the heat, get out of the kitchen.

(literalmente: Se você não suporta o calor, saia da cozinha.) Respeite os seus limites, não faça algo que não está ao seu alcance. *I don´t think I can cope with that responsibility, it´s too much for me, I'd better not try it. **If you can't stand the heat, get out of the kitchen,** as the saying goes.*

it stands to reason (that ...)

é obvio (que) ***It stands to reason that** he is not the right person for that job. His incompetence is visible to all of us.*

stand (somebody) up

dar o bolo (em alguém) *Rui was mad at Susan because she **stood him up** last week. She said she would meet him at the mall but she didn´t show up.*

take a (firm/strong) stand

tomar uma posição (firme/forte) *The grass roots of the party **took a firm/strong stand** against new taxes.*

(not) stand a chance (of doing something) → SEE (141) chance
stand at ease → SEE (249) ease; easy
stand on ceremony → SEE (137) ceremony; certain

stand (something) on end → SEE (259) end; enforcement; English
stand tall → SEE (893) tall

845 stars

have (got) stars in your eyes

(literalmente: ter estrelas nos olhos) estar muito feliz e esperançoso *When the bride said "I do", they both **had stars in their eyes**.*

reach for the stars

(literalmente: tentar alcançar as estrelas) tentar aquilo que parece impossível *Tio Pedrim always taught his children to **reach for the stars**, try to do something that seems to be impossible.*

846 start; starts

a head start (on/over someone) → SEE (404) head; headstand; healer
by/in fits and starts → SEE (307) fit; fits; fittest; fix
get/set/start the ball rolling → SEE (53) ball; ballpark

847 statement; stay

make a statement

(literalmente: fazer uma afirmação) afirmar-se, expressar uma opinião ou atitude através de um novo penteado, jeito de se vestir etc. *She had her hair dyed green and she thinks she **is making a statement**, but frankly I think she looks silly, sorry about that.*

be here to stay

(literalmente: estar aqui para ficar) ser permanente ou definitivo *Camily is feeling happy and trusts her happiness **is here to stay**.*

Stay tuned.

Fica ligado. Fica atento. ***Stay tuned** for a news update.*

stay put → SEE (672) put

848 steady

(as) steady as a rock

(literalmente: (tão) estável quanto uma rocha) estável, firme *Becas seemed to be calm, I would say she was **(as) steady as a rock**, but later on she told me she was absolutely frightened.*

go steady (with someone)

(informal, expressão antiquada) namorar firme (com alguém) *They have been **going steady** for a long time, and plan to get engaged anytime soon.*

849 steal

steal a kiss (from someone)

(literalmente: roubar um beijo (de alguém)) beijar (alguém) de surpresa *On the spur of the moment, Theo decided to **steal a kiss from her**, and so he did.*

steal the show

roubar o *show*, roubar a cena *Gonças is a born actor. Even when he is not on stage he often **steals the show**.*

steal your thunder

(literalmente: roubar o trovão de alguém) roubar os créditos da obra de outra pessoa, assumir como sua a obra de alguém *The new health program was devised by the minister, but the President **stole his thunder** and said it had been his own idea all the way.*

Word Story A origem da expressão ***steal your thunder*** é curiosa. Como assim, como alguém pode roubar o trovão do outro? Quem é que possui, no seu *kit* de novidades, um trovão? A expressão é muito antiga, do início dos anos 1700, e vem de uma frase dita pelo dramaturgo e crítico de teatro John Dennis. Ele descobriu que o som do trovão podia ser imitado com grande efeito pelo simples agitar de algumas folhas de metal, de diferentes espessuras. Tudo isso nos bastidores do teatro *Drury Lane Theatre*, de Londres. Nessa época os efeitos especiais de som não tinham ainda sido descobertos, mas a ideia do dramaturgo ajudou a acrescentar dramaticidade à peça em cartaz, em que havia momentos de tempestade, com muita trovoada. O trovão do John Dennis foi um sucesso, talvez maior do que a peça em si. Depois dessa peça, a próxima a entrar em cartaz foi *Macbeth*. John Dennis foi assistir a essa estreia e ficou furioso quando, em uma determinada cena, o que foi que se ouviu? As mesmas folhas metálicas “inventadas” por John Dennis trovejando de novo, desta vez no contexto da tempestade em *Macbeth*. Ao escrever sua crítica da peça, John Dennis acabou criando a expressão ***they stole my thunder***, porque “usaram a minha ideia sem ao menos pedir a minha permissão”. Não se faz, coisa feia.

850 steam

blow/let off steam

(literalmente: soltar vapor) desabafar *I´m sorry for bothering you with my personal problems, but I really needed to **blow/let off steam**.*

851 step

One step at a time./Step by step.

Um passo de cada vez./Passo a passo. *Don't worry, we'll do it slowly and surely, **one step at a time/step by step**.*

Watch your step.

Cuidado ao andar, para não tropeçar. ***Watch your step**, the floor is slippery.*

---

step on it/the gas → SEE (350) gas

---

852 stick

stick in your mind/memory

ficar grudado na mente/memória *Some scenes in that movie **stuck in my mind/memory** and I simply can't forget them.*

---

poke/stick your nose (into something) → SEE (649) poke; polish; polisher
stick/put your oar (in something) → SEE (586) oar
stick to your guns → SEE (388) gun; gunboat

---

853 stiff

---

keep a stiff upper lip → SEE (460) keep; keeps; keepers; kept

---

854 still

in the still of the night

no silêncio da noite *"**In the still of the night**/ As I gaze from my window/ At the moon in its flight/ My thoughts all stray to you (...)* (Cole Porter, "In the Still of the Night")

Still waters run deep. → SEE (959) water

---

855 stir

---

stir up a hornet's nest → SEE (424) horn; hornet

---

856 stitch

A stitch in time saves nine.

(literalmente: Um ponto de costura/sutura dado a tempo evita nove.) Prevenir é melhor do que remediar. *Let's deal with that problem now, before it gets bigger and more difficult to solve. Prevention is better than cure.* ***A stitch in time saves nine****, as the saying goes.*

857 stomach

feel/have/get butterflies in your stomach → SEE (116) butterflies

858 stone

A rolling stone gathers no moss. → SEE (713) roll; rolling

859 stop

make a pit stop → SEE (641) pit
stop stalling (for time) → SEE (843) stake; stall

860 store

lie in store (for someone)

estar guardado, reservado (para alguém) *No one knows what* ***lies in store*** *for us, the future is a mystery.*

chain store → SEE (139) chain
convenience store → SEE (183) convenience

861 storm

a storm in a teacup

(literalmente: uma tempestade em uma xícara de chá) uma tempestade em um copo de água *Don't worry, that's not so important. Tomorrow no one will even talk about that problem, it's* ***a storm in a teacup****.*

ride out/weather the storm

lidar, com sucesso, com uma situação difícil *The coronavirus pandemic came as a terribly difficult time, but so far they have managed to* ***ride out/weather the storm****.*

the calm before the storm → SEE (123) calm

862 story

a cock-and-bull story → SEE (169) cock; cockles

to cut a long story short → SEE (203) cut; cutting

863 straight

give it to someone straight

(informal) ser franco, sincero (com alguém), falar sem medo de desagradar *Now that you've read my poem, **give it to me straight** – what do you think of it?*

keep a straight face → SEE (273) face
on the home straight/stretch → SEE (421) home; honest
straight ahead → SEE (24) ahead
(straight) from the horse's mouth → SEE (425) horse

864 strapped

be strapped for cash → SEE (132) case; cash

865 straw; stray

the last/final straw

(literalmente: a última palha/a palha final) a gota d'água, o último de uma série de acontecimentos ruins *When Uncle Willie came home as drunk as a skunk it was **the last/final straw**. "That's grounds for divorce," Aunt Maggie said.*

Word Story A expressão completa é *the straw that broke the camel's back* e é fácil de visualizar: o camelo já estava com uma carga tão pesada que o acréscimo de uma simples palhinha causou a quebra do dorso do pobre animal. Também a expressão correspondente, em português, é fácil de visualizar: uma certa vasilha já está cheia de água até a borda, de tal maneira que o acréscimo de uma simples gota, faz com que ela transborde. PING! SPLASH!!!!!

stray bullet → SEE (106) bullet

866 streak; stream

talk a blue streak

(EUA) falar pelos cotovelos, como uma metralhadora, muito rápido e sem parar *I was trying to finish that report and Bart kept **talking a blue streak**, so I told him to put a sock in it.*

Word Story A expressão tem origem na imagem de um relâmpago que, quando ocorre, deixa no céu um rastro azul, luminoso, forte e sonoro.

Talk a blue streak é sinônimo de *talk nineteen to the dozen* (verbete-âncora 577), expressão também interessante, mais usada no Reino Unido.

swim against the stream/current

nadar contra a corrente, ir contra a opinião da maioria *Tio Carlim is a very independent writer and is never afraid of saying what he thinks, even if that means* ***swimming against the stream/current****.*

867 street

on easy street → SEE (249) ease; easy
on the sunny side of the street → SEE (881) sun; sunny; sunshine

868 stretch

at a stretch

de cada vez, de uma vez, a fio *Tiago knows English is very important and studies for hours* ***at a stretch****.*

stretch your legs

esticar as pernas *After sitting for hours at a stretch, it's a good idea to stand up and* ***stretch your legs****.*

on the home straight/stretch → SEE (421) home; honest

869 strike

go on strike

entrar em greve *If the employers refuse to meet them halfway, the workers will* ***go on strike*** *as of tomorrow.*

Strike while the iron is hot.

Malha enquanto o ferro está quente. Aproveita a ocasião. *The boss seems to be in a good mood, he has stars in his eyes. If I were in your shoes, I'd go and ask him for a raise now. We must always* ***strike while the iron is hot****, as the saying goes.*

Word Story A expressão tem origem na atividade do ferreiro, enquanto ele faz, por exemplo, uma ferradura para um cavalo. Ele precisa bater no ferro enquanto está bem quente, para assim poder lhe dar a forma que quiser.

870 strings

pull strings (for someone)

(literalmente: puxar as cordinhas (para alguém) ser pistolão, usar de influência (para favorecer alguém) *Uncle Willie asked me to* ***pull some strings*** *for him, he wants to be admitted to the club and he knows I have a certain influence there. Uncle Willie and his incredible attitudes...*

Word Story A expressão tem origem na França, na antiga arte popular das marionetes. *By the way*, a própria palavra "marionete", o boneco com partes do corpo móveis e articuladas, que fazia a alegria das crianças presentes a esse teatrinho, vem do francês e significa "pequena Marion", daí "marionete". Podíamos, em vez de "marionete", usar o nome "marionzinha", mas o nome "marionete" é simpático e colou. OK, mas o que isso tem a ver com ***pull strings*** (puxar as cordinhas)? Tudo a ver (ou não). Porque o público que assistia ao teatrinho de marionetes só via, no minúsculo palco, os bonecos se movimentarem, dançarem e representarem os seus papéis, suspensos por cordinhas puxadas por mãos invisíveis. Só isso aparecia para o público. Mas, "nos bastidores", as mãos dos que "puxavam as cordinhas" determinavam os movimentos dos bonecos. É isso mesmo que a expressão comunica. Quem ***pull strings*** por alguém, age na retaguarda, sem aparecer, exercendo sua influência em favor do seu protegido.

with no strings attached

(literalmente: sem estar preso a nenhuma cordinha) sem condições ou limites previamente combinados *They had a brief relationship* ***with no strings attached****, without much commitment, where they were both free to do what they wanted.*

871 stroke

a stroke of luck/a lucky stroke

um golpe de sorte *It was only by* ***a stroke of luck/a lucky stroke*** *that the police found the missing child, but the important thing is that they did.*

872 strong

be strong (on something)

ser forte (em algo) *He* ***is strong*** *on creativity but not on organization. His studio is a real mess, you find amazing works of art among lots of silly odds and ends.*

take a (firm/strong) stand → SEE (844) stand

873 stubborn

(as) stubborn as a mule

(tão) teimoso como uma mula *Once Jerry makes up his mind about something, he never changes it, he's (as)* ***stubborn as a mule***.

874 subject

change the subject → SEE (142) change

875 success

the sweet smell of success → SEE (802) smell

876 such

such as

tais como, por exemplo *Professions* ***such as*** *doctors, nurses, and teachers are always in great demand.*

877 suck; sucker

It sucks.

É horrível, muito ruim. *The food at that restaurant* ***sucks.*** *And the service?* ***It sucks****, too.*

be a sucker (for something)

literalmente: ser um otário (por algo), ser doidinho por, gostar muito de (algo) *I know it seems foolish, but I´****m a sucker for word stories****, I think they´re terrific!*

butter (someone) up/suck up (to someone) → SEE (115) butter

878 sudden

all at once/all of a sudden → SEE (26) all

879 suit

Suit yourself.

(inglês falado, geralmente usado no imperativo) Fique à vontade. Faça como quiser. *"I don't want anything to eat now. I'm not hungry." "All right,* ***suit yourself****."*

follow suit → SEE (316) follow; fonder

880 summer

Indian summer → SEE (439) Indian; influence

881 sun; sunny; sunshine

under the sun

de todos os tipos, do mundo inteiro *Debra has tasted bread of all types, all shapes and sizes from every country* ***under the sun****. She has her own bakery.*

on the sunny side of the street

(literalmente: no lado ensolarado da rua) no lado positivo de uma situação *"Grab your coat and get your hat/ Leave your worries on the doorstep./ Life can be so sweet,/* ***On the sunny side of the street****. (...) Louis Armstrong, Billie Holiday, Ella Fitzgerald, Frank Sinatra, all of them sang that song, all of them on a positive mindset, which do you prefer?*

sunny-side up

ovo frito só de um lado *"How would you like the eggs – scrambled or* ***sunny-side up****?"*

a/your ray of sunshine

(literalmente: um raio de sol) algo/alguém que faz a pessoa feliz *My little granddaughter is* ***my ray of sunshine****. What's yours?*

Make hay while the sun shines. → SEE (403) hay; haystack

882 suppose; supposed

I suppose so.

Acho que sim. *"Do I have to do all these exercises?" "Well,* ***I suppose so****..."*

be supposed to ...

espera-se que ... *"****You're supposed to*** *do the exercises and send the answers to me by email. Have you done that?"*

What's that supposed to mean?

(informal) O que é que isso quer dizer, mesmo? *"You said you have no time to do all those exercises.* ***What's that supposed to mean,*** *anyway?"*

883 sure; surely

be sure (to do something)

não deixar de (fazer algo) ***Be sure*** *to shut down the computer if you're not going to use it for the day.*

for sure

com certeza *I'll do that, **for sure**. No doubt about that.*

make sure

certificar-se, confirmar, ter certeza (de algo/que...) ***Make sure** the doors are locked before you go to bed.*

sure enough

de fato, exatamente assim *They said it would rain throughout the weekend and, **sure enough**, it did.*

Sure thing!

(EUA, inglês falado) É claro, com certeza! *"Can you help me with these bags?" "Sure thing!"*

to be sure

(formal) com certeza, sem dúvida, certamente *Democracy is not a perfect system, **to be sure**, but it is still the best one available.*

---

slowly but surely → SEE (798) slow; slowly

---

884 surprise; surrogate; survival

be in for a surprise

vir a ter uma (grande) surpresa *If you think Brazilian wine is for the birds, you **are in for a surprise**.*

surrogate mother

barriga de aluguel *In Russia **surrogate mothers** are entirely legal, anybody can pay a Russian woman for the use of her womb.*

survival of the fittest

sobrevivência dos mais aptos *Darwin taught us about the **survival of the fittest**, only the people or things that are best adapted to their environment will continue to exist.*

885 suspicion; sustainable

be above/beyond suspicion

estar acima/além de qualquer suspeita *Nobody would suspect a judge, he seemed to **be above/beyond suspicion**. And yet, he was involved in corruption and was eventually impeached.*

sustainable development

desenvolvimento sustentável *Creating **sustainable development** for the Amazon will take more than paying farmers not to destroy the forest.*

886 swallow

swallow/take/rise to the bait

(informal, literalmente: engolir a isca) morder a isca, cair em uma armadilha *The police had prepared a trap trying to get him to accept a sum of money and, sure enough, **he swallowed/took/rose to the bait**.*

887 sweat

blood, toil, tears and sweat

sangue, trabalho, suor e lágrimas *In one famous speech during the Second World War, Winston Churchill said he had nothing to offer the nation except **"blood, toil, tears, and sweat"**.*

No sweat.

(literalmente: sem suor) Com certeza, sem problema. *"Can you help me with these bags?" **"No sweat."***

888 sweet

Home sweet home.

Lar doce lar. *North, South, East, West – home is best, delivers the same message as **home sweet home**. That's where you feel comfortable.*

---

sweet nothings → SEE (580) note; nothing
the sweet smell of success → SEE (802) smell

---

889 swim

---

sink or swim → SEE (782) sink
swim against the stream/current → SEE (866) streak; stream

T

890 table; tails

turn the tables

(literalmente: virar as mesas) reverter a situação, passando a ter vantagem *Larry was losing the fight but he **turned the tables** on his opponent and gained the upper hand, he was the winner.*

Word Story A expressão alude ao fato de que, antigamente, era possível, nos jogos de tabuleiro, como o gamão e o xadrez, o jogador trocar de lado com o outro. No século XVII, o *backgammon* (gamão) era conhecido na Inglaterra como ***tables,*** e havia uma regra que permitia aos jogadores ***turn tables*** (virar de lado), passando a jogar na posição tida anteriormente pelo opositor.

Head or tails? → SEE (404) head; headstand; healer
put/lay (all) your cards on the table → SEE (127) cap; carbon; card

891 take; tale

take after (someone in the family)

puxar a (alguém da família), puxar ao pai/à mãe etc. *Bernie **takes after his father**, he really resembles him.*

Take it from me.

Vai por mim. ***Take it from me**: the bottom line in life's statement is "love and try to be loved in return". That's all that matters.*

take it out (on someone)

descontar (em alguém) *I'm sorry your team lost the game, but please don't **take it out on me**.*

bring/take (someone) down a peg or two → SEE (101) bright; bring
carry/take coals to Newcastle → SEE (167) coals
fairy tale → SEE (277) fairy
Get/Hold/Take a grip on yourself! → SEE (382) grip
give and take → SEE (358) give
give or take → SEE (358) give
It takes the biscuit. (Reino Unido) → SEE (78) bill; bird; biscuit
It takes the cake. (EUA) → SEE (121) cake
It takes two to tango. → SEE (894) tango
swallow/take/rise to the bait → SEE (886) swallow
take a backseat → SEE (47) back; backseat
take a bath → SEE (57) bath; bathwater
take a chance/any chances → SEE (141) chance
take a (firm/strong) stand → SEE (844) stand
Take a hike! → SEE (417) hike; history
take a load off your feet → SEE (502) load; loaf
take a rain check (on something) → SEE (147) check
take a/the day off → SEE (591) off
take charge (of somebody/something) → SEE (144) character; charge
take effect → SEE (252) educated; eel; effect

take exception (to something) → SEE (268) except; exception
take French leave → SEE (327) French
take/have a gander (at something) → SEE (345) gander
take issue (with someone about/on/over something) → SEE (447) issue; it; ivory
Take it easy! → SEE (249) ease; easy
take part (in something) → SEE (620) part; parting
take place → SEE (642) place
take pot luck (Reino Unido)/ potluck (EUA) → SEE (654) pot
take something at face value → SEE (273) face
take something for granted → SEE (372) grandstand; granted
take (something) into account → SEE (7) account; accountable; accounting
take (something) to heart → SEE (406) heart
take something with a grain/pinch of salt → SEE (371) grain
take the bull by the horns → SEE (424) horn; hornet
take to your heels → SEE (408) heels
take your breath away → SEE (98) breath
Take your time. → SEE (912) time; times
tall tale → SEE (893) tall

892 talk; talking

Money talks. → SEE (544) money
Now you're talking! → SEE (582) now; nowhere
pillow talk → SEE (637) pillow
small talk → SEE (800) small
talk a blue streak → SEE (866) streak; stream
talk nineteen to the dozen → SEE (577) nine; nineteen

893 tall

stand tall

(EUA, literalmente: ficar alto) manter a cabeça erguida em situações difíceis, uma postura confiante, não se deixar abater *The police officer tried to make Claudio get nervous, but he managed to **stand tall** and behave in a confident way.*

tall order

tarefa ou pedido muito difícil de fazer ou atender *Finishing this dictionary by the end of the year is a **tall order**, but I'll have a go at it.*

tall tale

história exagerada, implausível, fantasiada, difícil de se acreditar *Grandpa would like the kids to listen to his **tall tales**, but they're more interested in playing videogames.*

Great/Tall oaks from little acorns grow. → SEE (585) oak

894 tango

It takes two to tango.

(literalmente: O tango se dança a dois.) É preciso repartir a responsabilidade por algo. Quando um não quer, dois não brigam. *This problem affects us both, so you can't just ignore it. **It takes two to tango**, as they say in Buenos Aires.*

895 tape

red tape → SEE (695) red

896 target

a sitting duck/target → SEE (783) sit; sitting

897 taste

an acquired taste → SEE (12) acorn; acquired
give someone a dose/taste of their own medicine → SEE (530) medicine; meet
There's no accounting for taste. → SEE (7) account; accountable; accounting

898 tat

Tit for tat. → SEE (914) tit

899 tea; teacup

It isn't my bag/cup of tea/thing. → SEE (202) cup; cupboard; curiosity; current
a storm in a teacup → SEE (861) storm

900 tears; teeth

blood, toil, tears, and sweat → SEE (887) sweat
by the skin of your teeth → SEE (118) by

Chegamos ao nono patamar, 900 *idioms* já estudadas. Vamos ver se nos lembramos delas? *How about that?*

O conjunto de testes a seguir tem por objetivo ajudar a fixação do uso e significado de algumas das mais importantes expressões idiomáticas vistas até aqui. Se você me perguntar se isso é importante, eu direi que... *You bet!* Vamos lá, então? Os testes estão a seguir, *the ball is in your court*. As respostas estão ao final do dicionário, na página 443.

Test 9

A. Choose the option that contains the correct idiom to complete the following statements, as adequate:

1. Sometimes people ask you to do very difficult things, and you say that request is

a. (893) *a tall order.* b. (893) *a tall tale.* c. (871) *a stroke of luck.*

2. You and your brother were playing ball in the living room (*shame on you!* verbete-âncora 756) and you broke that precious Chinese vase. Your mother is going to ...... when she finds out about that.

a. (468) *have kittens* b. (814) *go soft in the head* c. (851) *watch your step*

3. (135) I´m sure that when Mama finds out about her broken vase, you two are going to

a. *be caught in the act.* b. *catch it.* c. *catch a cold.*

4. Some opportunities are rare, they come only *once in a blue moon* (verbete-âncora 86). *If I were in your shoes* (verbete-âncora 762), I wouldn´t miss out on that opportunity.

a. (813) *Put a sock in it.* b. (808) *You snooze, you lose.* c. (886) *Don't swallow the bait.*

5. Nick eats chicken almost every day, but today he's eating fish, *just for a change* (verbete-âncora 142).

a. (832) *Variety is the spice of life.* b. (851) *One step at a time.* c. (838) *Spread the word.*

6. Don lives in denial. He refuses to accept reality, so what do you think we should tell him?

a. (802) *"Wake up and smell the coffee."* b. (879) *"Suit yourself."* c. (882) *"What's that supposed to mean?"*

7. There´s an old saying that goes, "*If you lie down with dogs, you'll wake up with fleas.*" (493) That means you can tell a lot about someone by

a. *the company they keep.*
b. *the food they eat.*
c. *the neighborhood where they live.*

8. If you *call a spade a spade* (verbete-âncora 828), you

a. (536) *give someone a piece of your mind.*
b. (536) *make up your mind.*
c. (829) *you speak your mind.*

9. If you make a small problem seem much more serious than it really is, then you make

a. (836) *a good sport.*
b. (861) *a storm in a teacup.*
c. (796) *a slice of life.*

10. I couldn't stop thinking about that problem, I needed someone with whom I could talk about it. I needed someone to

a. (850) *blow off steam.*
b. (866) *talk a blue streak.*
c. (849) *steal my thunder.*

B. Match the columns completing the sentences with the correct word, as adequate:

1. (873) Nick is as stubborn as a
2. (894) It takes two to
3. (869) Strike the iron while it is
4. (876) A stitch in time saves
5. (810) Helen is as snug as a bug in a
6. (835) Too many cooks spoil the
7. (844) If you can't stand the heat, get out of the
8. (806) John-John's face is as smooth as a baby's
9. (887) He had nothing to offer the nation except blood, toil, tears, and
10. (767) Put your shoulder to the

a. hot.
b. bottom.
c. mule.
d. sweat.
e. nine.
f. tango.
g. rug.
h. kitchen.
i. wheel.
j. broth.

C. Complete the sentences with the correct idiom, as adequate:

1. When the workers decide to stop work in order to force the employers to accept their demands, they

a. (869) go on strike.
b. (869) strike while the iron is hot.
c. (870) pull strings for someone.

2. If you can't stand the heat,

a. (886) swallow the bait.
b. (844) get out of the kitchen.
c. (890) turn the tables.

3. (856) A stitch in time saves nine. Prevention is better than

a. death. b. life. c. cure.

4. (829) If a person speaks his mind he always

a. (828) calls a spade a spade. b. (893) stands tall. c. (834) splits hairs.

5. That's an excellent opportunity, you shouldn't miss it.

a. (808) You snooze, you lose. b. (861) It's a storm in a teacup. c. (840) On/At the spur of the moment.

901 tell

kiss and tell → SEE (466) kiss; kitchen
Tell it/that to the Marines! → SEE (526) Marines; mass

902 temper; temperature

at room temperature → SEE (715) room
lose it/your temper → SEE (507) lose; loser; loss; lost

903 terms; test

acid test → SEE (11) acid
on equal terms → SEE (262) equal

904 thank; that; then; there

There is more than one way to skin a cat.

(literalmente: Há mais de uma maneira de se esfolar um gato.) Há várias maneiras de se atingir um objetivo. *Come to think of it, we can always rent a car instead of going by taxi.* ***There is more than one way to skin a cat.***

Word Story Quem gosta de gatos e fica triste quando encontra esta expressão pode ficar descansado, pois sua origem afasta do susto os felinos e quem gosta deles. Na verdade, a expressão fala em ***cat*** mas refere-se a *catfish* (bagre) e não aos nossos amigos felinos. O bagre é um peixe de água doce ou salgada, dotado de longos "bigodes" (na verdade "barbilhões", à volta da boca), daí seu nome em inglês: *catfish*, porque os tais bigodes lembram os *whiskers* dos gatos. O bigodudo é muito apreciado na gastronomia, e a melhor maneira de o esfolar, segundo os entendidos, é mergulhar o peixe em água fervendo, para que a sua pele seja facilmente removida. Essa é uma forma, há outras, já que a expressão, ela própria, lembra que ***there is more than one way to skin a cat(fish)***.

There you have it.

(informal) Aí está, tudo explicadinho. *So, **there you have it**. That's exactly what the expression means. Another mystery solved.*

Been there, done that. → SEE (64) bee; beeline; been
but then (again) → SEE (113) but
every now and then/every so often → SEE (267) every
now and then → SEE (582) now; nowhere
something like that → SEE (816) some; something
Thank God. → SEE (365) God; godmother
Where there's a will there´s a way. → SEE (977) will; willing
You've got me there. → SEE (369) goose; gooseberry; got

---

905 thick; thickens; thicker; thin; thing; think

come to think of it

(inglês falado) pensando melhor, agora me lembro (que) ***Come to think of it**, I met Edu twice and not only once. I remember it quite clearly now, once in Rio and on another occasion in São Paulo.*

Think again.

(literalmente: Pense de novo.) Você errou. Reconsidere o que disse ou pensou. *If you think writing a dictionary is a piece of cake, **think again**.*

Think nothing of something/it.

1. tirar de letra, fazer com facilidade algo que é considerado difícil *When I was younger I **thought nothing of** running a marathon.*

2. (formal, em resposta a agradecimento ou pedido de desculpas) Não foi nada. Esqueça. *"I'm so sorry about it, I really am." "**Think nothing of it.**"*

---

all the rage/thing → SEE (681) rage
Blood is thicker than water. → SEE (85) block; blood; bloody
first things first → SEE (305) first
It isn't my bag/cup of tea/thing. → SEE (202) cup; cupboard; curiosity; current
it's a good job/thing (that)... → SEE (450) job; Job
Sure thing! → SEE (883) sure; surely
the best thing since sliced bread → SEE (95) bread
the next thing I knew → SEE (575) next
the plot thickens → SEE (647) play; plot; pluck up

think outside the box → SEE (93) box; Boxing; boy
think you are the bee's knees → SEE (64) bee; beeline; been
through thick and thin → SEE (908) through; throw
wishful thinking → SEE (985) wish; wishful

906 though; thought

It's the thought that counts.

O que vale é a intenção. *The shirt you gave me for birthday is not my size, but thanks anyway.* ***It's the thought that counts.***

Perish the thought!

Deus me livre! Vira essa boca pra lá! Nem pensar nisso! *He's going to run for the presidency again?* ***Perish the thought!***

A penny for your thoughts. → SEE (627) penny
as if/though → SEE (39) as
even though → SEE (266) even
food for thought → SEE (317) food
on second thought (EUA)/ thoughts (Reino Unido) → SEE (743) second

907 throat

have (got) a frog in my throat → SEE (330) frog
jump down someone's throat → SEE (455) jump

908 through; throw

through thick and thin

para o que der e vier, nos bons e nos maus momentos *"(...) Another girl who will love me till the end/* ***Through thick and thin*** *she will always be my friend. (...)* (The Beatles)

Word Story A expressão tem o mesmo sentido de "*for better or (for) worse*", esta associada ao ritual do matrimônio.

throw in the towel

jogar a toalha, reconhecer a derrota *It looks like I've bitten off more than I can chew, this is not an easy task, but I'm not going to* ***throw in the towel****... at least for now.*

hear something on/through the grapevine → SEE (373) grapes; grapevine
pay through the nose (for something) → SEE (579) nonsense; nose; nosy
throw cold water (on something) → SEE (171) cold

throw down the gauntlet → SEE (352) gathers; gauntlet
throw the baby out with the bathwater → SEE (57) bath; bathwater

909 thumb

give someone the thumbs up

fazer sinal positivo para alguém *I asked her if I could borrow her Portuguese dictionary and she **gave me the thumbs up**.*

Word Story A expressão tem origem bem antiga, vem dos tempos do Império Romano e seus gladiadores. Na hora H, "*the moment of truth*" (verbete-âncora 543), se o público quisesse que o gladiador fosse poupado, fazia sinal com os polegares para cima. Quando, por alguma razão, o pobre do gladiador não tinha agradado à turba, os polegares virados para baixo ditavam o seu fim. E quando o imperador estava presente, a decisão final, é claro, a última palavra, ou o último polegar, era dele, era imperial. Em alguns aspectos, afinal, os tempos modernos estão um pouquinho melhores, né?

a rule of thumb → SEE (723) rule
be all fingers and thumbs (Reino Unido)/ be all thumbs (EUA) → SEE (303) finger; fingertips

910 thunder

steal your thunder → SEE (849) steal

911 tie; tied; tight; tighten; till

end in a draw/tie → SEE (259) end; enforcement; English
fit to be tied → SEE (307) fit; fits; fittest; fix
sit tight → SEE (783) sit; sitting
Sleep tight! → SEE (794) sleep; sleeping
tighten your belt → SEE (70) below; belt
till the cows come home → SEE (192) courage; course; court; cows

912 time; times

all the time

1. sempre *Sometimes you win, sometimes you lose. You can't win **all the time**.*

2. o tempo todo, desde o início *I knew **all along/all the time** that he was not telling the truth.*

do (your) time

ficar preso, cumprir pena *"Tie a yellow ribbon round the old oak tree/ I'm coming home, **I've done my time**/ And I've got to know what is and isn't mine (...)* (composed by Irwin Levine and Lawrence Russell Brown, sung by Brenda Lee)

for the time being

por enquanto, provisoriamente ***For the time being**, we are living in a rented apartment, but we intend to buy a house of our own.*

from time to time

de vez em quando, de tempos em tempos *We don't often go to the movies, just **from time to time**.*

in time (to do something/for something)

1. a tempo (de fazer algo) *We got stuck in a traffic jam and arrived late at the airport but still **in time** to catch the plane.*

2. com o passar do tempo *Things are not clear now, but **in time** she'll understand his attitude and they'll be friends again.*

on time

na hora, pontualmente *We were in luck because there was a delay, our plane did not leave **on time**, so we were able to catch it.*

of all time

de todos os tempos *For my money, Pelé was the best soccer player **of all time**.*

Word Story A atenção aqui não é para a origem da expressão, mas sim para a "pegadinha" que ela propõe a nós, falantes de português. A expressão, em português, fala em "tempos", no plural. Em inglês, a expressão usa ***time***, no singular. ***Isaac Newton was one of the greatest scientists of all time***.

Take your time.

Devagar. Vai nas calmas, sem pressa. *You don't have to hurry, Aluísio. **Take your time**. Haste makes waste.*

time zone

fuso horário *Each **time zone** is one hour earlier than the time zone directly to the east.*

at all times

sempre, continuamente, sem interrupção *Watch out for pickpockets here, keep your bag in sight **at all times**.*

---

a sign of the times → SEE (776) sign
A stitch in time saves nine. → SEE (856) stitch
ahead of your time → SEE (24) ahead

ahead of time → SEE (24) ahead
all along/all the time → SEE (28) along
at a time → SEE (41) at; attached; attendance
at the time → SEE (41) at; attached; attendance
at times → SEE (41) at; attached; attendance
behind the times → SEE (67) behind
Better luck next time. → SEE (575) next
for now/the moment/the present → SEE (543) moment
have a whale of a time → SEE (967) whale; what
it's about time → SEE (1) about
Long time no see! → SEE (504) long
once upon a time → SEE (595) on; once
One step at a time./Step by step. → SEE (851) step
The/Your time is up. → SEE (942) up; upon
Time is money. → SEE (544) money

913 tire; tired

(be) sick and tired (of somebody/something) → SEE (772) sick
flat tire → SEE (308) flame; flat

914 tit

Tit for tat.

Elas por elas. Pagar na mesma moeda. *I saw what happened: Mayer called Dorothy a liar, then she said he was Mayer the liar, it was* ***tit for tat.***

915 to; too; too many

as for/to → SEE (39) as
Here's to (someone/something)! → SEE (413) here
live from hand to mouth → SEE (501) live; live /laɪv/; lives /laɪvz/; living
(The) Same to you. → SEE (732) same
to a certain extent → SEE (270) extent
to a man → (522) man
to date → SEE (209) date
to death → SEE (211) dead; deaf; death
to good purpose → SEE (670) pure; purpose
To hell with you! → SEE (410) hell
to my mind → SEE (536) mind; minute
to the ends of the earth → SEE (248) earth
to the point → SEE (648) point
(to/with) the naked eye → SEE (563) naked

too close to call → SEE (165) close; closet; clothes; clothing
too hot to handle → SEE (394) hand; handbasket; handle
Too many cooks spoil the broth. → SEE (835) spoil; spoilers
You can't have your cake and eat it (too). → SEE (121) cake

916 toast

be toast

(informal, literalmente: ser torrada) estar frito, em apuros, em situação difícil *If Mama finds out we broke her precious Chinese vase, **we're toast**.*

propose a toast (to someone) → SEE (666) propose

917 together; told; tongue

a little bird told me (that...) → SEE (500) little
a slip of the tongue → SEE (797) slip; slippery
Cat got your tongue? → SEE (134) cat
get your act together → SEE (14) act; action
pull yourself together → SEE (668) pull
with tongue in cheek → SEE (148) cheek
your mother tongue → SEE (549) mother; motion

918 tooth; top; touch

be/keep in touch (with someone)

estar/manter-se em contato (com alguém) *I **am/keep in touch** with some of my old friends thanks to Facebook.*

be out of touch

estar desatualizado, fora da realidade *Those politicians **are** totally **out of touch**, they don´t understand what's going on.*

touch and go

(informal, literalmente: toca e vai) situação crítica, de desfecho muito incerto, vai não vai, agora vai! *Uncle Willie was admitted to hospital and for a couple of days it was **touch and go** several times, but the old man seems to have nine lives and before long he got well. He's at home now, alive and kicking!*

Word Story Uma das versões para a origem da expressão fala de um barco velejando em águas quase rasas. O fundo do barco chega a tocar o fundo do mar, mas isso não o danifica a ponto de impedir a navegação e chegar a porto seguro, *safe and sound* (verbete-âncora 727).

touch base (with someone)

(informal, literalmente: tocar a base) voltar a ter contato, atualizar-se, pôr a conversa em dia (com alguém) *Let's get together one of these days to* ***touch base****, OK?*

Word Story A expressão tem origem em uma jogada de beisebol, em que o jogador corre para tocar em cada base sem ser tocado, e assim marcar pontos.

---

fight (someone/something) tooth and nail → SEE (562) nail
sleep like a baby/log/top → SEE (794) sleep; sleeping

---

919 tough

tough guy

(informal) sujeito durão *He likes to be seen as a* ***tough guy*** *but in fact he is nothing but a coward.*

When the going gets tough, the tough get going.

Quando a situação fica difícil, os fortes vão à luta e enfrentam a situação. ***When the going gets tough, the tough get going****. So, hang in there! And never, never give up!*

(be) a tough/smart cookie → SEE (184) cook; cookie

---

920 towel

---

throw in the towel → SEE (908) through; throw

---

921 tower

---

ivory tower → SEE (447) issue; it; ivory

---

922 town

---

paint the town red → SEE (610) paint

---

923 track

be on the right track

estar no caminho certo *They haven't found a solution to the conflict, but they* ***are on the right track****.*

off the beaten track

(lugar) pouco visitado, pouco conhecido, ainda não explorado *Roberta, Dudu and Cecilia like to go to vacation spots that are **off the beaten track**.*

924 trail; trash; traveling

blaze a trail

abrir caminho, ser pioneiro *Alfred Hitchcock **blazed a trail** in making suspense and psychological thrillers.*

---

a load of garbage/nonsense/trash → SEE (502) load; loaf
traveling companion → SEE (176) companion; company

---

925 treat

It´s my treat.

É a minha vez de pagar. Deixa que eu pago. *It was an excellent meal with some old friends and the cherry on the cake was when Roger said, "**It's my treat**!"*

Trick or treat!

(Halloween) Travessura ou gostosura! *When I answered the door, the kids yelled, "**Trick or treat**!", so I gave each of them some candy.*

Dutch treat → SEE (241) Dutch

---

926 tree

---

bark up the wrong tree → SEE (55) bark; baron
can't see the forest for the trees → SEE (321) foremost; forest; forget

---

927 trial

---

trial and error → SEE (263) error; escaped

---

928 trick

a trick up your sleeve

(literalmente: um truque escondido na manga da camisa) pulo do gato *As a cunning politician, Boris always has **a trick up his sleeve**.*

do the trick

quebrar o galho, resolver temporariamente *What I really need here is a monkey wrench, but I hope this tool will **do the trick**.*

hat trick

(literalmente: truque do chapéu/da cartola do mágico) três gols marcados pelo mesmo jogador na mesma partida (de futebol, hóquei, críquete etc) *How many **hat tricks** has Cristiano Ronaldo scored in his career?*

Word Story A expressão pode parecer vir do mundo do circo, o mágico tirando lenços ou coelhos da cartola, mas na verdade ela vem do esporte. Embora seja mais comum que ela venha do futebol, na verdade vem do críquete, esporte popular na Inglaterra e em suas ex-colônias. No jogo de críquete, quando um lançador consegue superar três batedores por três vezes consecutivas, ele passa a ser capitão do time e recebe com isso um "*cricket hat*" (daí o *hat* na expressão) para comemorar a proeza. Nas partidas de críquete, tal proeza é rara, mas no futebol é bem mais comum, embora seja também algo para celebrar (principalmente se quem fez o ***hat trick*** joga no nosso time, *of course*).

---

confidence game/trick, con game/trick → SEE (179) concede; confidence
Trick or treat! → SEE (925) treat

---

929 trigger; trigger-happy; trip

trigger-happy

belicoso, disposto a atirar por qualquer motivo *Police officers are trained to not be **trigger-happy**, that is, they must not be eager to fire a gun.*

---

be fast/quick on the draw/the trigger → SEE (676) quick; quicksilver
round trip, round-trip ticket → SEE (720) round

---

930 trouble; truant; true; trumpet; truth

So true!

Bem assim! *"In a way, we´ve become slaves to our smartphones, we just can´t live without them, don´t you think?" "**So true**!"*

---

ask for trouble → SEE (40) ask; asking; ass
blow your own trumpet (Reino Unido)/ horn (EUA) → SEE (86) blow; blue
come true → SEE (174) come; comfortable
play hooky/hookey (EUA)/ truant (Reino Unido) → SEE (647) play; plot; pluck up
the moment of truth → SEE (543) moment
the naked truth → SEE (563) naked

---

931 try

do/try my best → SEE (73) best; better

932 tune; tuned

call the shots/the tune → SEE (122) call
carry a tune → SEE (130) carry
He who pays the piper calls the tune. → SEE (640) pipe; piper
Stay tuned. → SEE (847) statement; stay

933 tunnel

a light at the end of the tunnel

(literalmente: uma luz no final do túnel) um indício de que uma situação ruim vai melhorar *It has been a terrible year, but I always try to see the bright side of things and I think I'm beginning to see* ***a light at the end of the tunnel****.*

934 turkey

cold turkey → SEE (171) cold

935 turn; turning

One good turn deserves another.

Amor com amor se paga. *Manel was there for me when I needed him, so of course I had to help him now,* ***one good turn deserves another****.*

round/turn the corner → SEE (187) corner
turn a blind eye (to something) → SEE (84) blind; blink
turn over a new leaf → SEE (574) new; Newcastle; news
turn the tables → SEE (890) table; tails
turning point → SEE (648) point

936 twice

cheap at the price/at half the price (Reino Unido)/ at twice the price (EUA) → SEE (146) cheap
Once bitten, twice shy. → SEE (771) shy

937 twist

twist someone's arm

(literalmente: torcer o braço de alguém) coagir, constranger, forçar alguém a fazer algo contra sua vontade *Phil didn't want to accept our invitation to the party, but I* ***twisted his arm*** *until he said "OK, sure, I'll go."*

938 two

bring/take (someone) down a peg or two → SEE (101) bright; bring
It takes two to tango. → SEE (894) tango

U

939 ugly

an ugly duckling → SEE (237) duck; duckling

940 uncle

and Bob's your uncle! → SEE (89) Bob; body; bolt; bolted; bolts

941 under; until

be on/under oath → SEE (587) oath
be snowed under (with something) → SEE (809) snow; snowed
be under a cloud → SEE (166) cloud
be under arrest → SEE (37) arrest
below/under (someone's) breath → SEE (98) breath
come under fire → SEE (304) fire; firm
get hot under the collar → SEE (426) hot
get under your skin → SEE (787) skin; skinned
have (got) someone under my skin → SEE (787) skin; skinned
pull the carpet out from under your feet → SEE (129) carpet
That's water under the bridge. → SEE (100) brick; bridge
under the counter → SEE (191) count; counter
under the influence → SEE (439) Indian; influence
under the sun → SEE (881) sun; sunny; sunshine
under the weather → SEE (961) wear; weather
until further notice → SEE (581) notice

942 up; upon

be up to something

estar aprontando, fazendo algo de errado *The kids are so quiet, they must* ***be up to something****.*

It's up to you.

Você é quem sabe, você decide. ***It's up to you*** *whether we go or stay. You decide.*

The/Your time is up.

O/Seu tempo acabou. *Thank you for taking part in the show, but* ***your time is up****.*

---

be hard up → SEE (398) hard
be up for grabs → SEE (370) grab
be up/rise with the lark → SEE (478) lark
Bottoms up! → SEE (92) bottom; bounds
gang up (on someone) → SEE (346) gang
give someone the thumbs up → SEE (909) thumb
give up → SEE (358) give
Grow up! → SEE (385) grow
keep it up → SEE (460) keep; keeps; keepers; kept
keep someone/something up to date → SEE (209) date
once upon a time → SEE (595) on; once
sunny-side up → SEE (881) sun; sunny; sunshine
The game is up. → SEE (343) game
up front → SEE (332) front
What's up? → SEE (967) whale; what

---

943 upper; upside; uptake

have the upper hand

(literalmente: ter a mão superior, a mão acima) ter o controle, a vantagem *He always insists on* ***having the upper hand*** *even in the least important situations.*

Word Story A expressão é muito antiga, vem de um jogo que envolvia duas ou mais pessoas, no longínquo século XV. O primeiro jogador punha a mão com firmeza na parte de baixo de um longo bastão ou um cajado de pastor, e o outro jogador punha a sua mão logo acima da mão do outro. E o jogo seguia assim, agora era a vez do primeiro jogador agarrar o tal do bastão, pôr sua mão acima da do outro, logo depois seguido pelo outro jogador, colocando sua mão logo acima da do primeiro etc (joguinho sem graça, né? Mas estávamos no século XV, ainda não havia internet...), até que os jogadores chegavam à parte mais alta do bastão.

O último a colocar sua mão no tal bastão era o que tinha ***the upper hand***, literalmente, era o que tinha a mão acima, a mão superior. Era ele que ganhava o jogo.

the upper class/crust

(informal) a alta-roda, a grã-finagem ***The upper class/crust*** *of American society was present at the President's inauguration.*

upside down

de cabeça para baixo, de ponta-cabeça *The coronavirus pandemic has turned the whole world* ***upside down***.

be quick on the uptake

ser rápido na compreensão, ser esperto *Both Bernardo and Tiago* ***are quick on the uptake***. *Intelligence runs in that family.*

be slow on the uptake

ser lento na compreensão *Charlie* ***is slow on the uptake***, *the lights are on but nobody´s home.*

---

keep a stiff upper lip → SEE (460) keep; keeps; keepers; kept

---

944 use; usual

I could use (something)

(inglês falado, literalmente: Eu poderia usar...) eu preciso de... *It's hot in here, isn't it?* ***I could use*** *a glass of beer now. What about you?*

it's no use (doing something)

não adianta (fazer algo) ***It's no use*** *calling the elevator. It's out of order.*

as usual

como de costume, como sempre ***As usual***, *Kevin insisted on having the upper hand in that discussion. He thinks he's the bee's knees, but in fact he's as stubborn as a mule.*

---

business as usual → SEE (112) business
Use your loaf. → SEE (502) load; loaf

V

945 value; vanish; vanishing

disappear/vanish off the face of the earth

desaparecer/sumir da face da Terra *Good manners are as dead as a dodo, they've just **disappeared/vanished off the face of the earth**.*

do a disappearing/vanishing act → SEE (14) act; action
face value → SEE (273) face
take something at face value → SEE (273) face

946 variety

Variety is the spice of life. → SEE (832) spice

947 vegetable; vengeance; very

with a vengeance

(literalmente: com uma vingança, vingativo) para valer, com toda a força, com grande esforço *I decided I would not throw in the towel and set to work **with a vengeance**. I was in luck, it was plain sailing and I managed to finish the job in two months.*

kitchen/vegetable garden → SEE (349) garden

948 view; voyage

in my view

a meu ver, na minha opinião ***In my view** this country is on the wrong track in the fight against infectious diseases.*

a/your point of view → SEE (648) point
maiden voyage → SEE (519) maid; maiden

W

949 wagon

be on the wagon

(literalmente: estar na carroça) parar de beber, manter-se sóbrio, na lei seca, sem bebida alcoólica *I decided it would be a good job if I managed to stop drinking alcohol and luckily it worked. I've **been on the wagon** for almost a year, not a single drop of wine, beer, liquor of any kind.*

Word Story A expressão original, completa, fazia mais sentido, era ***be on the water wagon***. Nos Estados Unidos, lá pelos anos 1900, tempo anterior ao asfalto, a carrocinha puxada por um cavalo vinha regularmente pelas ruas, trazendo água potável para todos que estivessem com sede e também para espargir água nas ruas de terra, e assim fazer baixar a poeira. Quem decidia aderir à lei seca dizia então estar viajando na carrocinha da água. Se a pessoa tinha uma recaída e voltava a beber, ela dizia ter caído da carroça, *fall off the wagon*, expressão que veremos a seguir.

fall off the wagon

(literalmente: cair da carroça) voltar a beber *From time to time it's hard to resist the temptation, but I would hate to **fall off the wagon**, so whenever that happens I drink an extra glass of water.*

950 wait

Just you wait.

(em tom de advertência ou ameaça) Espere só, você vai ver, você não perde por esperar. Deixa estar, jacaré, a lagoa há de secar. *"**Just you wait**, 'enry 'iggins, **just you wait** / You'll be sorry but your tears'll be late / You'll be broke and I'll have money / Will I help you? Don't be funny / **Just you wait**, 'enry 'iggins, **just you wait** (...)"* (Audrey Hepburn in the role of Eliza Doolittle, singing ***Just You Wait***, from *My Fair Lady*, lyrics by Alan Jay Lerner)

wait and see

esperar para ver, ter paciência *The die is cast, there's nothing we can do for now. We'll have to **wait and see**. Hold your horses!*

951 wake; wake up

in the wake of (something)

na esteira dos acontecimentos, como consequência de (algo) ***In the wake of** the virus pandemic a great number of small businesses have gone to the dogs.*

If you lie down with dogs, you'll wake up with fleas. → SEE (493) lie; lie down
Wake up and smell the coffee. → SEE (802) smell

952 walk

a walk in the park

(informal, EUA) moleza, "facinho", tranquilo *Fixing the gate was a piece of cake. It took less than ten minutes, **a walk in the park**.*

people from all walks of life

pessoas de todas as camadas sociais, classes profissionais ***People from all walks of life** came to the open air concert.*

float/walk on air → SEE (22) air
go/walk down the aisle → SEE (23) aisle
walk on eggshells → SEE (253) egg; eggshells
walk the plank → SEE (645) plank

953 walls

Walls have ears.

As paredes têm ouvidos. *Please don't speak so loud. **Walls have ears**, as they say.*

Word Story A respeito de paredes que têm ouvidos, é sabido que o Palácio do Louvre, em Paris, quando ainda era residência dos reis de França, possuía uma rede de tubos embutida nas paredes, de forma que era possível ouvir-se tudo o que era dito nas diferentes salas do palácio. Parece que foi por meio dessa invisível rede de escuta que a Rainha Catherine de Médici descobriu segredos e até conspirações políticas. As paredes, pelo menos as do Louvre, têm ouvidos, sim.

climb the walls → SEE (163) climate; climb

954 want

for want of

por falta de *I turned on the TV **for want of** anything better to do, but I turned it off a few minutes later. Speech is silver, but silence is golden, as the saying goes.*

in want of

precisando de, com falta de *Val looked sad, tired, and **in want of** some sleep.*

Waste not, want not.

Não desperdiçar, para não vir a necessitar. *I want you to eat all the food on your plate, kids.* ***Waste not, want not!***

955 warm; warming

global warming → SEE (360) global
warm the cockles of your heart → SEE (169) cock; cockles

956 warts

warts and all

(informal, literalmente: com verrugas e tudo) autêntico, sem retoques, com defeitos e tudo *He is not exactly an angel, but she loves him,* ***warts and all****.*

Word Story A expressão tem origem em um pedido feito por Oliver Cromwell (1599-1658), militar e líder político inglês, chamado Lorde Protetor da Comunidade da Inglaterra, Escócia e Irlanda, também popularmente conhecido como *Old Ironsides*. Cromwell pediu ao pintor Sir Peter Lely, que tinha sido comissionado para fazer o seu retrato, que o pintasse como ele era, com verrugas e tudo. E de fato, nesse quadro, duas verrugas aparecem, bem visíveis, no rosto de Cromwell: uma acima do olho esquerdo e outra, bem grandona, abaixo do lábio. Um belo retrato de Cromwell, sem retoques. ***Warts and all****.*

957 waste

Waste not, want not. → SEE (954) want
waste your breath → SEE (98) breath

958 watch

Watch out!

Cuidado! *That guy is bad news. He's like a bull in a china shop. If you want to stay safe, give him a wide berth. And* ***watch out****!*

Watch your step. → SEE (851) step

959 water

Still waters run deep.

(literalmente: Águas paradas correm profundamente.) Águas paradas são profundas. As aparências enganam. *Becas is generally very quiet, she doesn't* *say much, but that doesn't mean she has nothing to say; on the contrary, she is very clever. **Still waters run deep**, as the saying goes.*

Blood is thicker than water. → SEE (85) block; blood; bloody
come hell or high water → SEE (410) hell
in hot water → SEE (426) hot
It doesn't hold water. → SEE (420) hold; holes
keep your head above water → SEE (404) head; headstand; healer
That's water under the bridge. → SEE (100) brick; bridge
throw cold water (on something) → SEE (171) cold

---

960 way

have a way with (someone/something)

ter muito jeito, talento, habilidade com (alguém/algo) *Ann is a natural teacher, she **has a way with** children.*

No way!

De jeito nenhum! *"Come along with us to the pub, let's wet our whistles!" "**No way**! I'm on the wagon and I don't want to fall off it."*

Way to go!

Parabéns! É isso aí! *That was a great speech, Kate! **Way to go**!*

---

be way out in left field → SEE (488) leave; left
by the way → SEE (118) by
cut both ways → SEE (203) cut; cutting
That's the way the cookie crumbles. → SEE (184) cook; cookie
the other way around/round → SEE (600) order; other
There is more than one way to skin a cat. → SEE (904) thank; that; then; there
Where there's a will there's a way. → SEE (977) will; willing

---

961 wear; weather

under the weather

(literalmente: debaixo do tempo atmosférico) triste, deprimido, sem graça nem ânimo *From time to time Tio Paulinho feels a bit **under the weather**, but it's OK, it's all in the game.*

Word Story A expressão vem da área náutica. Antigamente, principalmente em dias de tempestade, quando um marinheiro ficava mareado, ele era mandado para fora do convés e do mau tempo, lá para baixo, para seu beliche. Ele ficava *under the decks* e ***under the weather***, até se recuperar. Hoje em dia, a expressão é usada em contextos mais amplos, para falar de alguém sofrendo de ressaca, azares no jogo ou no amor, apertos financeiros, ou qualquer outro desconforto que o faz ficar assim, ***under the weather***.

pull/wear a long face → SEE (273) face
ride out/weather the storm → SEE (861) storm

962 wedding

shotgun wedding → SEE (766) shot; shotgun

963 wee

the early/small/wee hours → SEE (246) earliest; early

964 weight

put on weight

engordar, ganhar peso *Uncle Axe needs to get more exercise, he knows he's been **putting on weight**, especially since the beginning of the pandemic quarantine.*

965 well

Well done!

Parabéns, beleza! ***Well done**, Claudio! That was a great speech!*

All's well that ends well. → SEE (26) all
as well → SEE (39) as
as well as → SEE (39) as

966 wet

all wet

(EUA, informal, literalmente: todo molhado) totalmente enganado, todo errado *No one takes him seriously anymore, he and his crazy theories, he´s **all wet**.*

wet blanket

(literalmente: cobertor molhado) desmancha-prazeres *Uncle Willie is such a **wet blanket**! He always finds a way of throwing cold water on your plans and ideas.*

wet your whistle

(expressão antiquada, literalmente: molhar o seu apito) molhar o bico, tomar um gole *The boys have gone to the bar, to* ***wet their whistles****. They invited me, but I said "No way, I don't want to fall off the wagon."*

Word Story A expressão alude ao fato (em destaque na cartilha dos bebuns...) de que é difícil apitar ou assobiar quando os lábios estão secos.

967 whale; what

have a whale of a time

(literalmente: ter uma baleia de tempo) divertir-se à larga, enormemente *We all had* ***a whale of a time*** *at the party.*

Word Story Esta *idiom* provavelmente tem origem em outra expressão, usada com a palavra *hell* no lugar de *whale*. Seria, portanto, um eufemismo (do tamanho de uma baleia), para se evitar o nome "inferno". Mas há uma diferença importante: se dissermos que ***we had a whale of a time at the party*** a ideia é positiva, nós nos divertimos muito nessa festa. A expressão com a palavra *hell* pode ter o mesmo sentido, positivo. Mas ela também é usada para falar de situações difíceis e desagradáveis. Então, é melhor ficarmos mesmo com a positiva baleia. ***I hope you have a whale of a time there.***

What´s up?

O que é que há? *You look strange.* ***What's up?***

Word Story Além de ***What´s up?***, expressão de uso bem comum, com o mesmo sentido de *What's cooking*? ou *What's happening/going on*? existe também o *WhatsApp Messenger*, que é um aplicativo muito popular para nos correspondermos com os amigos. O nome do aplicativo é um trocadilho bem bolado, já que o som é o mesmo da expressão e o sentido "encaixa" direitinho com a ideia de comunicação rápida e breve.

(and) what's more → SEE (548) more; moss; most
come what may/might → SEE (174) come; comfortable
Guess what! → SEE (386) guess
how/what about...? → SEE (1) about
It is what it is. → SEE (447) issue; it; ivory
know what's what → SEE (470) knew; know; knowledge
practise what you preach → SEE (656) practical; practice; practise; practitioner
So what? → SEE (811) so

that's what (something) is about → SEE (1) about
What a nerve! → SEE (571) nerve
What's cooking? → SEE (184) cook; cookie
What's on your mind? → SEE (536) mind; minute
What's that supposed to mean? → SEE (882) suppose; supposed
What's the damage? → SEE (205) damage
What the dickens...? → SEE (219) diamond; dickens
You know what? → SEE (470) knew; know; knowledge
You reap what you sow. → SEE (693) reap

968 wheat; wheel; when; where

be a fifth wheel

(EUA, literalmente: ser uma quinta roda = play gooseberry, Reino Unido) segurar a vela, ficar junto de um casal, atrapalhando o namoro *Kate and her boyfriend wanted some privacy, but Kate's little brother decided to* ***be a fifth wheel.***

The squeaky wheel gets the grease/oil.

(literalmente: a roda que chia é a que recebe graxa/óleo) Quem não chora não mama. *If you stay quiet and never complain about anything you never get any attention. On the contrary,* ***the squeaky wheel gets the grease/oil****.*

a big cheese/fish/gun/name/noise/shot/wheel/wig → SEE (77) big; bigger
all in all/when all is said and done → SEE (26) all
Home is where the heart is. → SEE (421) home; honest
cross a bridge when you come to it → SEE (100) brick; bridge
if/when push comes to shove → SEE (671) push
I'll believe it/that when I see it. → SEE (744) see
It never rains but it pours. (Reino Unido)/ When it rains, it pours. (EUA) → SEE (447) issue; it; ivory
Ready when you are. → SEE (691) ready
separate/sort out the wheat from the chaff → SEE (138) chaff
put your shoulder to the wheel → SEE (767) shoulder; shouldn't
when hell freezes over → SEE (410) hell
when my ship comes in → SEE (761) ship
when the chips are down → SEE (156) chip
When the going gets tough, the tough get going. → SEE (919) tough
Where there's a will there´s a way. → SEE (977) will; willing

969 whether; while

I wonder whether...? → SEE (989) wonder; wool
Make hay while the sun shines. → SEE (403) hay; haystack

once in a while → SEE (595) on; once
Strike while the iron is hot. → SEE (869) strike

970 whip; whipping

have the whip hand (over someone)

(literalmente: ter a mão com o chicote) exercer domínio (sobre alguém) *The boss **has the whip hand** over us, and he makes us do what he wants.*

the whipping boy

(literalmente: o garoto que é chicoteado) o bode expiatório, alguém que é castigado pelos erros que outros cometem *He tried to blame me for his mistake but I refused to be **the whipping boy** and told him I was jumping ship. Enough is enough.*

Word Story A verdade muitas vezes é mais estranha do que a ficção, e isso acontece muitas vezes com a verdade histórica. Esta expressão tem origem no fato histórico de, na Inglaterra dos tempos remotos, quando um príncipe real cometia algum erro em suas atividades escolares, um outro menino receber o castigo no lugar dele. Enquanto o príncipe real ficava impune, o pobre do ***whipping boy*** recebia um castigo (absurdo, *to say the least*) em seu lugar. *Truth can be stranger than fiction.*

971 whiskers

the cat's pajamas (EUA)/ the cat's whiskers (Reino Unido) → SEE (134) cat

972 whistle

(as) clean as a whistle → SEE (162) clean; cleansing; clear
wet your whistle → SEE (966) wet

973 white

a white lie

uma mentirinha *She asked me if I liked her new hairstyle, I didn´t have the heart to be frank so I told her **a white lie**.*

a white Christmas → SEE (158) Christmas
a white elephant → SEE (256) elephant

974 whole

as a whole

em conjunto, como um todo *The population **as a whole** does not get involved in politics.*

on the whole

de modo geral, em geral ***On the whole**, the people are willing to take the new vaccine.*

---

go (the) whole hog → SEE (419) hog

---

975 wide; wig

---

a big cheese/fish/gun/name/noise/shot/wheel/wig → SEE (77) big; bigger
give (someone/something) a wide berth → SEE (71) berth

---

976 wild

---

the call of the wild → SEE (122) call
wild guess → SEE (386) guess

---

977 will; willing

against your will

contra sua vontade *Bernie's parents made him eat the soup **against his will**.*

Where there's a will there´s a way.

Querer é poder. *It's not an easy task but I'm sure I can do it. **Where there's a will there's a way**.*

Will do.

1. Já dá, já chega. *I don't need any more rice, please. This **will do**.*

2. Serve, quebra o galho. *I'd really like to write the message in pen, but a pencil **will do**.*

3. (geralmente exclamativa, em resposta a um pedido) Deixa comigo, será feito! *"Please remind me to pay those bills." "**Will do**!"*

God willing. → SEE (365) God; godmother

---

978 win

win them all

ganhar tudo, ganhar de todos *Sometimes you win, sometimes you lose. You can't* ***win them all****.*

979 wind

break wind → SEE (96) break

980 wing

(do something) on a wing and a prayer

(informal, literalmente: (fazer algo) com uma asa e uma oração) fazer algo de forma precária, sem grande chance de sucesso *Cecilia had no time to prepare for the exam, she took it* ***on a wing and a prayer****, but luckily enough, she passed.*

Word Story A expressão tem origem na área militar e fala de como alguns pilotos, durante a guerra, eram forçados a arriscar, tentando levar de volta à base seu avião avariado ou atingido pelo fogo inimigo. Mesmo assim, voando só "com uma asa (e um motor) e uma reza", torcendo para tudo dar certo, eles muitas vezes conseguiam retornar à base.

981 winks

forty winks → SEE (322) forth; forty

982 wipe

wipe the floor (with someone)

(informal, literalmente: enxugar o assoalho (com alguém) derrotar amplamente, ter uma vitória fácil (sobre alguém) *Brazil* ***wiped the floor*** *with Venezuela, beating them 4-0.*

983 wire

live /laɪv/ **wire**

1. fio desencapado *On no account should you touch those* ***live wires****.*

2. pessoa muito ativa, cheia de energia *Louis is a* ***live wire****, he always brightens up the group he is in.*

984 wise

wise guy

(EUA, informal, literalmente: cara sábio) espertinho, sabichão *OK, **wise guy**, the door is locked. How do we get out of here now?*

985 wish; wishful

Wish me luck!

(literalmente: Me deseja sorte!) Torce por mim! *Tomorrow we'll have to face the final exams. **Wish me luck!***

wishful thinking

doce ilusão, aceitação como fato de algo que, no íntimo, sabemos ser muito improvável de acontecer *Deaths caused by the coronavirus have been diminishing, or is it just **wishful thinking** on my part?*

986 with; within; without

be without equal/have no equal → SEE (262) equal
beyond/within your grasp → SEE (374) grasp
go with the flow → SEE (313) flow
No pain, no gain./No gain without pain. → SEE (339) gain
To hell with you! → SEE (410) hell
with a heavy heart → SEE (409) heavy
with all due respect → SEE (696) rely; respect
with no strings attached → SEE (870) strings
within reason → SEE (694) reason; reasonable
without fail → SEE (275) fail

987 wits

be at your wits' end

estar todo confuso, em situação difícil e sem saber como sair dela *I´m broke, lots of bills to pay and the bank won´t give me a loan, I don´t know what to do. **I'm at my wits' end**.*

988 wolf

a wolf in sheep's clothing → SEE (759) sheep
cry wolf → SEE (199) cry

989 wonder; wool

do wonders/work miracles (for something)

fazer milagres/funcionar maravilhosamente (para algo) *Getting that new job **did wonders/worked miracles** for his self-confidence.*

I wonder whether...?

Será que ... ? ***I wonder whether** I could borrow your Portuguese dictionary for a while?*

(it's) no wonder

não admira (que) ***(It's) No wonder** Susan speaks Portuguese so fluently, she spent over ten years in Brazil.*

---

pull the wool over someone's eyes → SEE (668) pull

---

990 word

---

a play on words → SEE (647) play; plot; pluck up
Actions speak louder than words. → SEE (14) act; action
by word of mouth → SEE (552) mouth
just say the word → SEE (735) say; saying
have the last word (about something) → SEE (479) last; late; later; latest
Mum's the word. → SEE (557) mum
not mince your words → SEE (535) mince
spread the word → SEE (838) spread

---

991 work

I'm going to work it out.

Vou dar um jeito. *I don't know exactly how, but **I'm going to work it out**. Don't worry, leave it to me.*

---

do wonders/work miracles (for something) → SEE (989) wonder; wool
work like a dog/slave → SEE (793) slave
work your fingers to the bone → SEE (303) finger; fingertips

---

992 world

(It's a) Small world! → SEE (800) small
The world is your oyster. → SEE (605) oyster

---

993 worm

a can of worms → SEE (124) can; cannot; can't
The early bird catches the worm. → SEE (246) earliest; early

994 worse; would

for better or (for) worse → SEE (73) best; better
His bark is worse than his bite. → SEE (55) bark; baron
would rather → SEE (687) rather

995 wrench; wrist

a slap on the wrist → SEE (791) slap; slate
monkey wrench → SEE (545) monkey

996 wrong

Don't get me wrong.

Não me entenda mal, veja bem. ***Don't get me wrong*** *– I have nothing against him, I just think he has bats in his belfry, that´s all.*

bark up the wrong tree → SEE (55) bark; baron

Y

997 year

a bumper crop/year → SEE (107) bump; bumper
donkey's years → SEE (225) done; donkey; door; doornail; dose; dot

998 yellow

yellow ribbon → SEE (699) ribbon

999 yet

as yet → SEE (39) as

it's early days (yet) → SEE (246) earliest; early

1,000 young

young at heart

jovem no coração, de espírito jovem *"Fairy tales can come true / It can happen to you / If you're **young at heart** (...)* (Frank Sinatra, "Young at Heart")

1,001 yourself; zone

(all) by yourself → SEE (118) by
be beside yourself → SEE (72) beside
Brace yourself! → SEE (94) brace; brain; brains
forget yourself → SEE (321) foremost; forest; forget
Get/Hold/Take a grip on yourself! → SEE (382) grip
help yourself → SEE (412) help
make a fool of yourself → SEE (318) fool
make a spectacle of yourself → SEE (830) spectacle
make yourself comfortable → SEE (174) come; comfortable
pull yourself together → SEE (668) pull
shoot yourself in the foot → SEE (319) foot
Suit yourself. → SEE (879) suit
time zone → SEE (912) time; times

E chegamos ao décimo e último patamar, 1.001 *idiomatic expressions* já estudadas. Vamos ver se nos lembramos delas? *How about that?*

O conjunto de testes a seguir tem por objetivo ajudar a fixação do uso e significado de algumas das mais importantes expressões idiomáticas vistas até aqui. Se você me perguntar se isso é importante, eu direi que... *You bet!* Vamos lá, então? Os testes estão a seguir, *the ball is in your court*. As respostas estão ao final do dicionário, na página 444.

Test 10

A. Match the columns so as to complete the proverbs:

1. (771) Once bitten,	a. is better than no bread.
2. (7) There's no accounting	b. than words.
3. (3) Absence makes the heart	c. the tough get going.
4. (479) Better late	d. want not.
5. (393) Half a loaf	e. is in the eating.
6. (954) Waste not,	f. gathers no moss.
7. (14) Actions speak louder	g. grow fonder.

8. (713) A rolling stone	h. the kettle black.
9. (919) When the going gets tough,	i. twice shy.
10. (374) Grasp all,	j. no gain.
11. (318) Fools rush in	k. spoil the broth.
12. (665) The proof of the pudding	l. for taste.
13. (339) No pain,	m. than never.
14. (835) Too many cooks	n. where angels fear to tread.
15. (654) The pot calling	o. lose all.

B. Agora combine as colunas, encontrando os provérbios correspondentes, em inglês e em português:

1. (374) Grasp all, lose all.	a. Pedra que rola não cria limo.
2. (835) Too many cooks spoil the broth.	b. Pouco é melhor do que nada.
3. (713) A rolling stone gathers no moss.	c. Os tolos entram correndo onde os anjos têm medo de pisar.
4. (14) Actions speak louder than words.	d. Gato escaldado tem medo de água fria.
5. (393) Half a loaf is better than no bread.	e. Cozinheiros demais estragam o caldo.
6. (318) Fools rush in where angels fear to tread.	f. Não desperdiçar, para não vir a necessitar.
7. (771) Once bitten, twice shy.	g. Gostos não se discutem.
8. (954) Waste not, want not.	h. O roto falando do esfarrapado.
9. (7) There's no accounting for taste.	i. O futuro assim o dirá.
10. (654) The pot calling the kettle black.	j. Quando a coisa fica feia, os fortes a enfrentam.
11. (339) No pain, no gain.	k. Sem ralar, não há como melhorar.
12. (665) The proof of the pudding is in the eating.	l. Antes tarde do que nunca.
13. (919) When the going gets tough, the tough get going.	m. Longe dos olhos, perto do coração.
14. (479) Better late than never.	n. Quem tudo quer, tudo perde.
15. (3) Absence makes the heart grow fonder.	o. As ações valem mais do que as palavras.

C. Choose the correct word or phrase to complete each idiom, as adequate:

1. (908) Someone gave you a very difficult task, *a tall order* (893), you finally admit defeat and decide to throw in the

a. *jewel* b. *towel.* c. *tower*

2. (967) The party was a huge success, we enjoyed ourselves immensely. We all had ...... of a time there.

a. *an elephant* b. *a bear* c. *a whale*

3. (952) They've got lawyers, doctors, barbers, bus drivers, people from all walks of .... in that club.

a. *society* b. *life* c. *city*

4. (949) Uncle Willie used to *drink like a fish* (306), but that's history now. He has been on the .... for about two years.

a. *wagon* b. *boat* c. *bus*

5. (953) Don't talk so loud, please. Walls have ...., as the saying goes.

a. years. b. legs. c. ears.

Português | Inglês

ÍNDICE REVERSO

Os números entre parênteses indicam o verbete-âncora em que a expressão em inglês pode ser encontrada. Assim, por exemplo, a expressão "acima de tudo" corresponde a ***above all***, que está "ancorada", com frase-exemplo e mais detalhes, no verbete-âncora (2). As eventuais *Word Stories* estão indicadas entre parênteses: (WS).

A

a negócios (112) ***on business***

a noite de 5 de novembro, festa popular britânica (90) (WS) ***Bonfire Night***

a (nossa) Galáxia, a Via Láctea (340) (WS) ***the Galaxy***

(a) olho nu (563) ***(to/with) the naked eye***

a ovelha negra (da família), a pessoa que destoa do grupo (759) (WS) ***the black sheep (of the family)***

a paciência de Jó (622) ***the patience of Job***

(à) paisana, (em) roupas civis (644) ***(wearing) plain clothes***

a parte do leão (498) (WS) ***the lion's share***

a partir de, começando em (39) ***as from/of***

a partir de agora, de agora em diante (331) ***from now on/as from now/as of now***

a passo de caracol, muito devagar (606) ***at a snail's pace***

a pedidos (216) ***by popular demand***

A pessoa não entende ou não está prestando atenção. (495) ***The lights are on, but nobody´s home.***

A prática leva à perfeição. (656) ***Practice makes perfect.***

A pressa é inimiga da perfeição. Quem corre cansa. (400) ***More haste, less speed./Haste makes waste.***

à primeira vista (305) ***at first sight***

a princípio, no começo (41) ***at first***

a propósito, por falar nisso (118) ***by the way***

a qualquer minuto, agorinha mesmo (582) ***any minute now***

a qualquer preço (660) ***at any price***

à queima-roupa (165) ***at close range***

a razão principal (de algo) (716) ***the root cause (of something)***

a roda-viva, competição (por ascensão social) entre as pessoas (685) ***the rat race***

a sangue frio, deliberadamente (85) ***in cold blood***

À saúde de...! (um brinde) (413) ***Here's to (someone/something)!***

a sensação de vazio depois que os filhos de um casal saem de casa, para viver em suas próprias casas (258) ***the empty nest***

a sério, não de brincadeira (247) ***in earnest***

a seu tempo, no devido tempo, oportunamente (192) ***in due course***

a situação se complica, a coisa fica mais interessante (647) (WS) ***the plot thickens***

a sua língua materna, a primeira língua (549) ***your mother tongue***

à temperatura ambiente (715) ***at room temperature***

a tempo (de fazer algo) (912) ***in time (to do something/for something)***

a todo custo, a qualquer custo (188) ***at all costs/at any cost***

a última moda (681) ***all the rage/thing***

a vanguarda, a ponta, o estágio mais avançado (251) ***the cutting edge***

à venda, em loja (730) ***on sale***

à venda, o dono quer vender (730) ***for sale***

a verdade, nua e crua, os fatos como eles são, sem adorno ou polimento (563) (WS) ***the naked truth***

A vida é assim mesmo. É assim que as coisas ruins acontecem e nós temos de as aceitar. (184) ***That's the way the cookie crumbles.***

À vista ou no cartão? (132) ***Cash or charge?***

à vontade, confortável (249) ***at ease***

A voz do sangue fala mais alto. (85) ***Blood is thicker than water.***

abrir caminho, ser pioneiro (924) ***blaze a trail***

abrir o jogo, ser franco, não ter mistérios com os outros (127) ***put/lay (all) your cards on the table***

abrir um sorriso amplo, misterioso, meio debochado (380) (WS) ***grin like a Cheshire cat***

abrir uma exceção (268) ***make an exception***

abusar da sorte, arriscar demais (671) ***push it/your luck***

ação criminosa feita com a participação de funcionário da organização que é vítima (442) ***an inside job***

ação ou crítica injusta que ofende ou maltrata (791) ***a slap in the face***

aceitar as coisas como estão, agir de acordo com a maioria, deixar-se ir (313) ***go with the flow***

aceitar o desafio (352) ***pick up the gauntlet***

acelerar, pisar no acelerador (350) ***step on it/the gas***

acertar/ajustar contas (com alguém) (7) ***settle an account/a*** (or the) ***score (with someone)***

acertar em cheio, acertar na cabeça (418) ***hit the nail on the head***

acertar na mosca, acertar em cheio (105) ***hit the bull's-eye***

Achado não é roubado. (302) (WS) ***Finders keepers.***

achados e perdidos (507) ***lost-and-found*** (EUA)/ ***lost property office*** (Reino Unido)

achar (algo) muito bom, estar convencido do valor de (algo) (815) ***be sold (on something)***

achar/pensar de algo (que alguém disse) (521) ***make of (something/that)***

Acho que sim. (882) ***I suppose so.***

acima de tudo (2) ***above all***

acompanhar, fazer companhia (a) (176) ***keep someone company***

acompanhar o ritmo (de alguém/algo) (606) ***keep pace (with someone/something)***

aconchegado, no maior conforto (810) (WS) ***(as) snug as a bug in a rug***

aconteça o que acontecer (174) ***come what may/might***

acontecer (362) ***go on***

Acorda para a realidade e muda de atitude. (802) ***Wake up and smell the coffee.***

acreditar, achar que é verdade (117) ***buy it/that***

acredite se quiser (68) ***believe it or not***

aderir, seguir a moda, juntar-se aos vitoriosos, entrar no cordão (54) ***climb on/get on/jump on/join the bandwagon***

Adeusinho e vai pela sombra! (701) ***Good riddance (to somebody/something)!***

adiar um evento, aceitar um convite, mas deixar para depois (147) (WS) ***take a rain check (on something)***

Adivinha (a novidade)! (386) ***Guess what!***

advogado "de porta de xadrez" (29) (WS) ***ambulance chaser***

afinal de contas (16) ***after all***

afirmar-se, expressar uma opinião ou atitude por meio de um novo penteado, jeito de se vestir etc. (847) ***make a statement***

agir de modo honesto e limpo (343) ***play the game***

Agora chega, já chega. (260) ***Enough is enough.***

Agora sim, essa é uma boa sugestão! (582) ***Now you're talking!***

Agora você me pegou. (369) ***You've got me there.***

Agradar a gregos e troianos, servir a dois senhores ao mesmo tempo. (724) ***Run with the hare and hunt with the hounds.***

Águas paradas são profundas. As aparências enganam. (959) ***Still waters run deep.***

Aguenta firme! Se segura! Se prepara! (94) ***Brace yourself!***

Aí está, tudo explicadinho. (904) ***There you have it.***

ainda é cedo (para) (246) ***it´s early days (yet)***

ainda (não), até agora (não) (39) ***as yet***

ajudar, dar uma mãozinha a alguém (com algo) (394) ***give someone a hand (with something)***

alcoolizado (439) (WS) ***under the influence***

além da/dentro da minha compreensão (374) ***beyond/within my grasp***

além da sua compreensão, algo que você não consegue entender (218) ***out of your depth***

além de (15) ***in addition to***

aliás, para dizer a verdade, para ser exato (527) ***for that matter***

algo/alguém que faz a pessoa feliz (881) ***a/your ray of sunshine***

algo assim (816) ***something like that***

algo muito difícil de encontrar (403) ***a needle in a haystack***

algo muito prejudicial à sua saúde (562) ***a nail in your coffin***

algo que é feito por prazer e satisfação, e não visando lucro (471) ***a labo(u)r of love***

Alguns (animais) são mais iguais do que outros (262) ***Some (animals) are more equal than others.***

almoço de graça, situação confortável oferecida sem contrapartida (325) (WS) ***free lunch***

amarelar, acovardar-se (153) ***chicken out***

amarelar, acovardar-se, medrar, perder a coragem (171) (WS) ***get/have cold feet***

amarrar a cara, ficar emburrado, ficar de tromba (273) ***pull/wear a long face***

Amarra-se o burro conforme a vontade do dono. (640) ***He who pays the piper calls the tune.***

Amor com amor se paga. (935) ***One good turn deserves another.***

antes, com antecedência (24) ***ahead of time***

antes de mais nada, por ordem de importância (305) ***first things first***

antes, de preferência (687) ***would rather***

antes de tudo, o mais importante (321) ***first and foremost***

Antes pouco do que nada. (393) ***Half a loaf is better than no bread.***

Antes que cases, vê o que fazes. Tem muito cuidado antes de tomar uma decisão. (505) (WS) ***Look before you leap.***

antiquado, ultrapassado (209) ***out of date***

ao amanhecer (210) ***at daylight***

ao ar livre (22) ***in the open air***

ao lado, muito perto; (ao alcance de) (255) ***at your elbow***

ao mesmo tempo (26) ***all at once***

ao mesmo tempo (595) ***at once***

ao que parece, aparentemente, à primeira impressão (273) ***on the face of it***

ao todo, pensando bem, levando tudo em consideração (26) ***all in all/when all is said and done***

aos arrancos, a passos largos e frequentes, muito rapidamente (484) ***by/in leaps and bounds***

aos trancos e barrancos, com dificuldade, em progressão muito irregular (307) ***by/in fits and starts***
apaixonar-se por alguém (280) ***fall for someone***
apertar o cinto (70) ***tighten your belt***
apesar de, a despeito de (320) ***for all***
aplicação da lei (481) ***law enforcement***
aprender/conhecer os segredos de um ofício, aprender/saber o que é necessário para a sua função (470) (WS) ***learn/know the ropes***
apresentar-se, oferecer seus serviços (323) ***come forward***
Aproveita enquanto é tempo. Faz algo útil enquanto dá. (403) ***Make hay while the sun shines.***
aproveitar, tirar o melhor proveito (de algo) (521) ***make the most of it***
aproximadamente, na faixa de (53) ***in the ballpark***
aquecimento global (360) ***global warming***
Aqui está (o que você pediu). (413) ***Here you are/Here it is./Here you go.***
área, assunto ou algo a respeito do qual duas ou mais pessoas concordam (175) ***common ground***
arcar com as consequências (273) (WS) ***face the music***
armar um barraco, criar confusão, fazer um escândalo (269) ***make an exhibition of yourself***
armar um barraco, criar confusão, fazer um escândalo (736) ***make a scene***
armar um barraco, criar confusão (830) ***make a spectacle of yourself***
arraia-miúda, gente/organização sem importância (333) ***small fry***
arregaçar as mangas (713) ***roll up your sleeves***
arremedo de tribunal, com prejulgamento e condenação prévia do acusado (459) (WS) ***kangaroo court***
arriscar-se, botar a mão no fogo (497) (WS) ***go out on a limb***
As ações valem mais do que as palavras. O que você faz é mais importante do que o que você diz. (14) ***Actions speak louder than words.***
as bases de um partido político (375) ***grass roots***
às dúzias, em grande número (228) ***by the dozen***
As grandes árvores começam de pequenas sementes. (585) (WS) ***Great/Tall oaks from little acorns grow.***
as necessidades básicas da vida (566) ***the necessities of life***
as noções básicas, a parte essencial e prática (de algo) (584) ***the nuts and bolts (of something)***
As paredes têm ouvidos. (953) (WS) ***Walls have ears.***
as primeiras horas, bem cedinho (246) ***the early/small/wee hours***
às turras, em conflito, em briga (503) ***at loggerheads***
às vezes (41) ***at times***
assalto à mão armada, algo muito caro (210) ***daylight robbery***
assassinatos (com arma de fogo) em massa (526) ***mass shootings***
assim que (39) ***as soon as***
assim que possível (183) ***at your earliest convenience***
assim que possível (819) ***as soon as possible***
assim, sem mais nem menos, inesperadamente (457) ***just like that***
assinatura, jamegão (451) (WS) ***John Hancock***
assumir o perigo, correr o risco de uma certa ação (69) (WS) ***bell the cat***
Assunto encerrado. (527) ***The matter is closed.***
atacar (alguém) em bando (346) ***gang up (on someone)***

até à data, até hoje (209) ***to date***
até agora, até o momento (283) ***so far***
Até agora, tudo bem. (811) ***So far, so good.***
até certo ponto (270) ***to a certain extent***
até o fim do mundo, a um lugar longínquo (248) ***to the ends of the earth***
até segunda ordem, até que haja um novo aviso (581) ***until further notice***
atingir a maioridade (20) ***come of age***
atrever-se com (alguém), faltar ao respeito (328) ***get fresh (with someone)***
atualmente (658) ***at present/the moment***
autêntico, o próprio (692) ***the real McCoy***
autêntico, sem retoques, com defeitos e tudo (956) (WS) ***warts and all***
avançar o sinal, seguir adiante com o sinal fechado (455) ***jump the lights***
avançar o sinal de trânsito, atravessar com o sinal vermelho (763) ***shoot the lights***
avisar, informar a alguém (492) ***let someone know***

B

bafo, papo furado, conversa fiada (426) ***hot air***
baixar a crista de (alguém), fazer (alguém) adotar uma postura mais humilde (101) ***bring/take (someone) down a peg or two***
bala perdida (106) ***stray bullet***
bancar o bobo (318) (WS) ***act/play the fool***
barriga de aluguel (884) ***surrogate mother***
basicamente, essencialmente (264) ***in essence***
bater à porta errada, estar equivocado, usando uma estratégia errada para aquilo que pretende (55) ***bark up the wrong tree***
bater as botas, esticar as canelas, ir tocar harpa no céu, morrer (104) (WS) ***kick the bucket***
bater o martelo, tomar uma decisão definitiva (213) ***make a final decision***
bater papo, jogar conversa fora (99) ***shoot the breeze/bull***
bater papo, jogar conversa fora (152) (WS) ***chew the fat/rag***
"Bateu na trave", mas não tem direito a prêmio. (165) (WS) ***Close, but no cigar.***
beber demais, exceder-se na bebida alcoólica (306) ***drink like a fish***
beijar (alguém) de surpresa (849) ***steal a kiss (from someone)***
belicoso, disposto a atirar por qualquer motivo (929) ***trigger-happy***
Bem assim! (930) ***So true!***
bem como, assim como (39) ***as well as***
Bem feito!, satisfação irônica por alguém ser penalizado por sua má conduta (750) ***It serves (someone) right!***
bem juntinho (148) ***cheek by jowl***
bem limpinho (162) ***(as) clean as a whistle***
(bilhete de) ida e volta (720) ***round trip, round-trip ticket***
biscates; pequenas tarefas, coisinhas para fazer (589) ***odd jobs***
Boca de siri, é segredo. (557) (WS) ***Mum's the word.***
botar/pôr fogo em (algo) (304) ***set (something) on fire/set fire to (something)***
botar lenha na fogueira, fazer algo que agrava uma situação ruim (15) ***add fuel to the fire/flames***
brinde (promocional), oferta, presente (325) (WS) ***free gift***
burocracia (695) (WS) ***red tape***

C

caçoar, rir de (alguém/algo) (649) ***make/poke fun (of/at someone or something)***

cada um na sua, cada um do jeito que é e com seus gostos (243) ***to each his own***

cadeia alimentar (317) ***food chain***

café pequeno, pessoa/coisa sem muita importância ou valor (655) ***small beer*** (Reino Unido)/***potatoes*** (EUA)

cafundó, onde o diabo perdeu as botas, lugar muito distante (76) ***the back of beyond***

Cai fora!, Vai passear!, Vai ver se eu estou na esquina! (467) ***Go fly a kite!***

Cai na real! (692) ***Get real!***

caixinha (com boneco de molas) de surpresa (448) ***jack-in-the-box***

calcanhar de Aquiles, ponto fraco (10) (WS) ***Achilles' heel***

calma, devagar! (249) ***easy does it***

Calma! Fica frio! Não esquenta! (762) (WS) ***Keep your shirt on!***

Calma! Não se estresse! (249) ***Take it easy!***

calmo, relaxado, tranquilo (185) ***(as) cool as a cucumber***

calote, dívida que não será paga (49) ***bad debt***

cama de gato, brincadeira infantil em que se dão várias formas a um barbante, cujas pontas se entrelaçam nos dedos (134) ***cat's cradle***

Canal da Mancha (143) (WS) ***the Channel/the English Channel***

cantar sem desafinar (130) ***carry a tune***

Cão que ladra não morde. (55) ***His bark is worse than his bite.***

capacete de motoqueiro (193) ***crash helmet***

capitalista inescrupuloso, que acumula riqueza através de táticas e estratégias questionáveis pela ética (709) (WS) ***robber baron***

cara amarrada (504) ***long face***

Cara ou coroa? (404) ***Heads or tails?***

carta branca, liberdade de ação (325) ***free hand***

casa e comida (87) ***board and lodging*** (Reino Unido)/ ***room and board*** (EUA)

Casa roubada, trancas à porta. (770) ***Shut/Lock/Close the stable door after the horse has bolted/escaped.***

casamento realizado às pressas porque a noiva está grávida (766) (WS) ***shotgun wedding***

casar-se, contrair matrimônio (23) ***go/walk down the aisle***

casca de banana (625) ***banana peel*** (EUA)/***skin*** (Reino Unido)

castelo de cartas (429) ***house of cards***

causar infelicidade a alguém, em geral por uma atitude que demonstra falta de afeto (96) ***break (someone's) heart***

ceguinho, que enxerga muito mal (pessoa) (56) (WS) ***(as) blind as a bat***

certificar-se, confirmar, ter certeza (de algo/que...) (883) ***make sure***

cesto (do vigia) da gávea; (em um navio) (197) ***crow's nest***

chave de grifo (545) (WS) ***monkey wrench***

chegar a tempo (521) ***make it***

cheque sem fundos (49) ***bad check***

chope (230) ***draft/draught beer***

choque de realidade, confrontação com a realidade dos fatos (692) ***reality check***

chorar sobre o leite derramado (199) ***cry over spilled*** (EUA)/***spilt*** (Reino Unido) ***milk*** chova ou faça sol, aconteça o que acontecer (410) ***come hell or high water***

chova ou faça sol, em todas as circunstâncias (682) ***rain or shine***

chover canivetes, cair um toró (682) (WS) ***rain cats and dogs***

chover no molhado, fazer uma atividade totalmente supérflua (167) (WS) ***carry/take coals to Newcastle***

"chutar o pau da barraca", jogar tudo para o alto (49) ***break bad***

"chute" (em questão de prova etc.) (386) ***wild guess***

cinco de novembro, feriado nacional no Reino Unido (390) (WS) ***Guy Fawkes' Night***

coagir, constranger, forçar alguém a fazer algo contra sua vontade (937) ***twist someone's arm***

Cochilou, o cachimbo cai. Bobeou, dançou. Se você não aproveita uma oportunidade, ela vai embora. (808) ***You snooze, you lose.***

colaborar, cooperar (com alguém) (53) ***play ball (with someone)***

com a emoção (407) ***in the heat of the moment***

com antecedência (15) ***in advance***

com boa aparência, limpinha, arrumada (204) (WS) ***(as) fresh as a daisy***

com certeza (883) ***for sure***

com certeza, sem dúvida, certamente (883) ***to be sure***

Com certeza, sem problema. (887) ***No sweat.***

com louvor, com distinção (173) (WS) ***with flying colo(u)rs***

com o passar do tempo (912) ***in time***

com todo o devido respeito (696) ***with all due respect***

com tristeza (409) ***with a heavy heart***

Combinado/Está combinado. (212) ***Deal./It's a deal./That's a deal.***

começar a beber em excesso (418) ***hit the bottle***

começar, dar início a (53) ***get/set/start the ball rolling***

começar, finalmente, a entender (algo) (210) ***see daylight***

começar vida nova (574) ***turn over a new leaf***

começar um relacionamento com grande facilidade (418) ***hit it off (with someone)***

comida com muitas calorias, de baixo valor nutritivo (456) ***junk food***

como a palma da mão (394) ***like the palm of your hand***

Como assim? (430) ***How so?***

como de costume, como sempre (944) ***as usual***

como de costume, de rotina (527) ***as a matter of course/routine***

como dizem/como diz o provérbio (735) ***as they say/as the saying goes***

Como é que é? (174) (WS) ***Come again?***

Como é que pode? (430) ***How come?***

como num passe de mágica (518) ***as if by magic***

como se (39) ***as if/though***

como sempre, minha típica falta de sorte (511) ***just my luck***

Como vocês se atrevem? (207) ***How dare you?***

como um todo, como um grupo (41) ***at large***

cômoda, móvel de madeira com gavetas (151) ***chest of drawers***

companheiro de viagem (176) (WS) ***traveling companion***

compartilhar o pão (96) ***break bread***

comportamento agressivo de motorista na estrada em relação a outro motorista (681) ***road rage***

comprar (algo) muito barato, a preço de banana (818) ***buy (something) for a song***
comprar briga/discussão (com alguém) (629) ***pick a fight/quarrel (with someone)***
comprar nabos em saco, gato por lebre, ser enganado (635) (WS) ***buy a pig in a poke***
compreender algo complicado ou pouco comum (748) ***make sense (of something)***
compreender, saber lidar (com alguém/algo) (394) ***get/have a handle (on somebody/something)***
concordar, participar, fazer parte de (87) ***be on board***
concordar totalmente (com alguém) (272) ***see eye to eye (with someone)***
condomínio fechado (351) ***gated community***
Confere! Vê só! (147) ***Check it out!***
confessar, dizer a verdade sobre algo (162) ***come clean***
confessar tudo, abrir o jogo (97) (WS) ***make a clean breast (of something)***
confidencial (documento, carta etc.) (272) ***for your eyes only***
conflito de gerações (347) ***generation gap***
confundir-se, ficar confuso (540) ***get mixed up***
confuso, incoerente, amalucado (78) ***for the birds***
conseguir, atingir o seu objetivo (363) ***achieve your goal***
conseguir, ter sucesso (521) ***make it***
constrangido, pouco à vontade, sem confiança (249) ***ill at ease***
consultar, pedir um conselho/uma informação (de um especialista) quanto a um assunto (629) ***pick (somebody's) brain/brains***
contar com/depender de (alguém) (191) ***count on/rely on (someone)***
(resenha) contém *spoilers*, informações sobre o que acontece em certas cenas de um filme, que podem estragar a surpresa de quem ainda não viu o filme (835) ***it contains spoilers***
contentar-se com o que há, virar-se (com/sem algo) (521) ***make do (with/without something)***
contentar-se com o que houver (para comer), não ter escolha (654) ***take pot luck*** (Reino Unido/***potluck*** (EUA)
conter a ansiedade, ter paciência (420) ***hold your horses***
continuar (362) ***go on***
continuar assim (460) (WS) ***keep it up***
conto de fadas (277) ***fairy tale***
contra sua vontade (977) ***against your will***
contra todas as expectativas (589) ***against all (the) odds***
controlar as emoções, readquirir o autocontrole, recompor-se (668) ***pull yourself together***
Controle-se! (382) ***Get/Hold/Take a grip on yourself!***
conversa íntima com a pessoa amada, na cama (637) ***pillow talk***
correndo risco, em perigo (706) ***at risk***
correr o risco, arriscar (141) ***take a chance/any chances***
correr toda a escala, ir de oito a oitenta, variar muito (344) (WS) ***run the gamut***
correspondência enviada via correios (807) ***snail mail***
corrida do ouro (366) ***gold rush***
creche; centro de cuidados diurnos (para crianças) (210) ***day care***
criar coragem (192) ***pluck up (the) courage***
Cuidado! (958) ***Watch out!***

Cuidado ao andar, para não tropeçar. (851) ***Watch your step.***

Cuidado com as más companhias. (493) ***If you lie down with dogs, you´ll wake up with fleas.***

culpado, responsável por (algo errado) (289) ***at fault***

cumprimentar, apertar a mão (de alguém) (755) ***shake hands (with someone)***

curandeiro (278) ***faith healer***

curso intensivo (193) ***crash course***

curtir, gostar de, ter prazer (em/com alguém/algo) (463) ***get a kick (out of someone/something)***

cuspir marimbondos, ficar furioso (834) (WS) ***spit feathers/nails***

cuspir no prato em que comeu, ser ingrato e desleal (79) ***bite the hand that feeds you***

custar os olhos da cara, um dinheirão, uma fortuna (36) ***cost an arm and a leg***

D

da melhor forma possível, o melhor que você puder (39) (WS) ***as best you can***

da minha parte (620) ***on my part***

da pobreza à riqueza, de muito pobre a muito rico em pouco tempo (680) ***from rags to riches***

daltônico (173) ***colo(u)r-blind***

daqui a pouco, em breve (118) ***by and by***

dar a César o que é de César, reconhecer o valor (de alguém) (394) ***hand it (to someone)***

dar adeus (a algo), aceitar o fato de que algo se perdeu para sempre (368) (WS) ***kiss (something) goodbye***

dar aos calcanhares, escapar, fugir (408) ***take to your heels***

dar com a língua nos dentes, revelar um segredo (343) ***give the game away***

dar com a língua nos dentes, revelar um segredo sem querer (50) (WS) ***let the cat out of the bag***

dar conta do recado, ter sucesso em algo difícil (48) (WS) ***bring home the bacon***

dar (de graça), distribuir (358) ***give away***

dar liberdade, controle total a, não impor limites (82) ***give/hand someone a blank check*** (EUA)/ ***cheque*** (Reino Unido)

dar nomes aos bois, falar com franqueza, sem meias palavras, ser explícito, "pão, pão; queijo, queijo" (828) (WS) ***call a spade a spade***

dar o bolo (em alguém) (844) ***stand (somebody) up***

dar o braço a torcer, reconhecer a derrota (179) ***concede defeat***

dar o devido desconto (ao que alguém diz), aceitar com ressalvas (371) ***take something with a grain/pinch of salt***

dar o sinal verde a alguém (379) ***give someone the green light***

dar palpite, meter o bedelho, intrometer-se (586) ***stick/put your oar (in something)***

dar-se (com alguém) (355) ***get along (with someone)***

Dar um branco, esquecer-se momentaneamente de algo. (82) ***My mind goes a blank/I draw a blank.***

dar um duro danado (303) ***work your fingers to the bone***

dar um fora, uma grande mancada (319) ***put your foot in your mouth/in it*** dar um tiro no pé, fazer algo que vai contra os seus próprios interesses (319) ***shoot yourself in the foot***

dar uma bronca em alguém, repreender (536) ***give someone a piece of your mind***

dar uma bronca, passar um pito em alguém (310) ***put a flea in someone's ear***

dar uma carona a alguém (702) ***give someone a ride*** (EUA)/ ***a lift*** (Reino Unido)

dar uma espiada, olhada (em algo) (345) ***take/have a gander (at something)***

dar uma mancada, cometer um erro (787) ***slip on a banana skin***

dar uma mancada, cometer uma gafe (236) ***drop a brick***

dar uma notícia (geralmente de impacto) (96) ***break the news***

dar uma oportunidade a (alguém) (96) ***give someone a break***

de boca em boca, oralmente, verbalmente (552) ***by word of mouth***

de braço dado (36) ***arm in arm***

de braços abertos (36) ***with open arms***

de brincadeira, de gozação, com ironia (148) ***with tongue in cheek***

de cabeça para baixo, de ponta-cabeça (943) ***upside down***

de cada vez (41) ***at a time***

de cada vez, de uma vez, a fio (868) ***at a stretch***

De cavalo dado não se olha os dentes. Não ponha defeitos em um presente recebido. (357) (WS) ***Don't look a gift horse in the mouth.***

de cor, de memória (118) (WS) ***by heart***

de fato, exatamente assim (883) ***sure enough***

de fato, na verdade (39) ***as a matter of fact***

de fonte fidedigna, de fonte segura; (diretamente) (425) ***(straight) from the horse's mouth***

De jeito nenhum! (960) ***No way!***

de jeito nenhum, muito longe disso (140) ***not by a long chalk*** (Reino Unido)/***shot*** (EUA)

de longe, por uma grande diferença (118) ***by far***

de má-/boa-fé (278) ***in bad/good faith***

De mal a pior. (333) ***Out of the frying pan (and) into the fire.***

de mala e cuia, com todos os seus pertences (50) ***bag and baggage***

de maneira nenhuma (7) ***on no account***

de modo geral, em geral (974) ***on the whole***

De nada, à disposição a qualquer momento. (em resposta a um agradecimento) (31) ***Anytime.***

de plantão/de folga (242) ***on/off duty***

de presente, para você guardar (460) ***for keeps***

de propósito (670) ***on purpose***

de qualquer maneira, em todo caso (686) ***at any rate***

de repente, inesperadamente (26) ***all at once/all of a sudden***

de rosto colado (148) ***cheek to cheek***

de todos os tempos (912) ***of all time***

de todos os tipos (757) ***in all shapes and sizes***

de todos os tipos, do mundo inteiro (881) ***under the sun***

de um jeito ou de outro, custe o que custar (118) (WS) ***by hook or by crook***

de uma vez por todas (595) ***once and for all***

de uma vez só (362) ***at/in one go***

de vento em popa, tranquilo, sem problemas (644) (WS) ***plain sailing*** de vez em quando (267) ***every now and then/every so often***

de vez em quando (595) ***once in a while***

de vez em quando, de tempos em tempos (912) ***from time to time***

de vez em quando, não com muita frequência (582) ***now and then***

de vez em quando, não continuamente, intermitentemente (591) ***off and on/on and off***

de volta à realidade (248) ***down to earth***

de volta ao início, da estaca zero (47) (WS) ***back to square one***

de volta ao início, para correção de erros (47) ***back to the drawing board***

decidido em definitivo, tudo combinado (233) (WS) ***cut and dried***

decidir-se, tomar uma decisão (536) ***make up your mind***

Deixa comigo, eu resolvo. (488) ***Leave it to me.***

Deixa comigo, será feito! (977) ***Will do!***

Deixa quieto. Não mexe em casa de marimbondo. Não cutuca a onça com vara curta. (224) ***Let sleeping dogs lie.***

deixar (alguém/algo) em má situação, sem ajuda ou proteção (395) ***hang (someone/something) out to dry***

deixar (alguém) na mão, em situação difícil, sem ajuda (416) ***leave (someone) high and dry***

deixar (alguém) na mão, desamparado, em situação difícil (513) ***leave (someone) in the lurch***

deixar de, não fazer (algo) (275) ***fail (to do something)***

deixar de ser "besta", arrogante, metido a superior aos outros (425) (WS) ***get (down) off your high horse***

deixar pra lá, deixar ficar por isso mesmo (492) ***let it go at that***

deixar você muito feliz (169) (WS) ***warm the cockles of your heart***

defunto, mortinho da silva (211) (WS) ***(as) dead as a dodo***

dentro dos limites do que é razoável, aceitável (694) ***within reason***

depois do expediente (16) ***after hours***

deprimido, infeliz (552) ***down in the mouth***

deprimido, na fossa (239) (WS) ***down in the dumps***

derrotar amplamente, ter uma vitória fácil (sobre alguém) (982) ***wipe the floor (with someone)***

desabafar (151) ***get something off your chest***

desabafar (850) ***blow/let off steam***

desanimar (406) ***lose heart***

desaparecer/sumir da face da Terra (945) ***disappear/vanish off the face of the earth***

desapontar, decepcionar (alguém) (492) ***let someone down***

desastre natural, acontecimento que está fora do controle humano (365) ***an act of God***

descontar (em alguém) (891) ***take it out (on someone)***

desde que, contanto que, sob a condição de que (39) ***as/so long as***

desenvolvimento sustentável (885) ***sustainable development***

Desgraça pouca é bobagem. Perdido por um, perdido por mil. Uma vez envolvido em algo, é melhor não ficar a meio do caminho. (627) (WS) ***In for a penny, in for a pound.***

desistir (358) ***give up***

desmancha-prazeres (966) ***wet blanket***

desnecessário dizer (568) ***needless to say***

despir um santo para vestir outro, tentar resolver um problema negligenciando outro (709) (WS) ***rob Peter to pay Paul***
destruir (algo) em mil pedacinhos (804) ***blow/smash (something) to smithereens***
detetive particular (272) ***private eye***
Deus ajuda quem cedo madruga. (246) ***The early bird catches the worm.***
Deus me livre! Vira essa boca pra lá! Nem pensar nisso! (906) ***Perish the thought!***
Devagar. Vai nas calmas, sem pressa. (912) ***Take your time.***
devagar e sempre (798) ***slowly but surely***
devido a, causado por (238) ***due to***
devolver (358) ***give (something) back***
Dia da Marmota, 2 de fevereiro (384) (WS) ***Groundhog Day***
dia de folga (210) ***day off***
dia e noite, sem parar (164) ***around/round the clock***
dia sim, dia não (267) ***every other day***
diante de, frente a (273) ***in the face of***
dias de canícula, forte calor (224) (WS) ***dog days***
Direitos iguais. O que é bom/molho/tempero para um, é bom/molho/tempero para o outro também. (369) (WS) ***What's good/sauce for the goose is good/sauce for the gander.***
discutir sobre minúcias, detalhes sem importância (834) ***split hairs***
distinguir (231) ***draw a line***
distinguir entre pessoas ou coisas de boa ou má qualidade (138) (WS) ***separate/sort out the wheat from the chaff***
divertir-se à larga, enormemente (967) ***have a whale of a time***
divertir-se muito (53) ***have a ball***
divulgar, dizer aos outros (838) ***spread the word***
divulgar o(s) seu(s) caso(s) amoroso(s) com outro(s) (466) ***kiss and tell***
dizer exatamente o que pensa, de forma clara e franca (829) ***speak your mind***
dizer "não" com a cabeça (755) ***shake your head***
do avesso (442) ***inside out***
do conhecimento público (175) ***common knowledge***
do nada, de repente e de forma inesperada (86) ***out of the blue***
do outro lado, diretamente em frente a (13) ***across from***
do que se trata, o aspecto mais importante de (1) ***that's what (something) is about***
doce ilusão, aceitação como fato de algo que, no íntimo, sabemos ser muito improvável de acontecer (985) ***wishful thinking***
doidinho da silva, louco varrido (401) (WS) ***(as) mad as a hatter***
doidinho de pedra, louco varrido (399) (WS) ***(as) mad as a March hare***
Dois proveitos não cabem em um saco. (121) ***You can't have your cake and eat it (too).***
dominar, controlar os movimentos de alguém (483) (WS) ***lead someone by the nose***
dominar, tratar (alguém) arrogantemente (506) ***lord it (over someone)***
Dorme com os anjos! Dorme bem! (794) ***Sleep tight!***
dormir bem, profundamente (794) (WS) ***sleep like a baby/log/top***
drinque feito com vodca e suco de tomate (85) (WS) ***Bloody Mary***

E

É a minha vez de pagar./Deixa que eu pago. (925) ***It's my treat.***

E aí, conseguiu? (511) ***Any luck?***

(e) além disso, mais importante do que isso (548) ***(and) what's more***

É assim mesmo. É o que tem de ser. É a realidade. (447) ***It is what it is.***

É claro, com certeza! (883) ***Sure thing!***

é claro, naturalmente! (192) ***of course***

E daí? (811) ***So what?***

E daí? Grande coisa! (77) ***Big deal!***

E essa, hein? (expressando surpresa) (1) ***How about that?***

É horrível, muito ruim. (877) ***It sucks.***

é melhor, é aconselhável (73) ***had better***

É o fim da picada. É o máximo do absurdo. (EUA) (121) (WS) ***It takes the cake.***

É o fim da picada. É o cúmulo do absurdo. (Reino Unido) (78) (WS) ***It takes the biscuit.***

é obvio (que ...) (844) ***it stands to reason (that ...)***

É preciso repartir a responsabilidade por algo. Quando um não quer dois não brigam. (894) ***It takes two to tango.***

e pronto, é fácil! (89) (WS) ***and Bob's your uncle!***

é provável (que) (141) ***(the) chances are (that)***

É segredo, prometo não dizer nada. (499) ***My lips are sealed.***

é só dizer (735) ***just say the word***

é só pedir, se você quiser, se tiver interesse (40) ***for the asking***

(É um) Mundo pequeno! (800) ***(It's a) Small world!***

e todas essas coisas (desse tipo) (449) ***and all that jazz***

e todo o resto (697) ***and all the rest (of it)***

E você? (1) ***How/What about** you?*

efeito colateral (773) ***side effect***

Elas por elas. Pagar na mesma moeda (914) ***Tit for tat.***

elemento que destoa do grupo (589) ***odd man/one out***

em apuros, em situação difícil (426) (WS) ***in hot water***

em atendimento (41) ***in attendance***

em câmara lenta, com velocidade reduzida (798) ***in slow motion***

em conjunto, como um todo (974) ***as a whole***

em contrário (182) ***to the contrary***

em detalhe, por completo (41) ***at length***

em dívida, devendo dinheiro (213) ***in debt***

em dúvida, com (uma) dúvida (226) ***in doubt***

em favor de, em benefício de (66) ***in behalf of***

em fila indiana, uma pessoa seguindo atrás da outra (300) (WS) ***in single/Indian file***

em geral (353) ***in general***

em geral, geralmente (39) ***as a rule***

em geral (118) ***by and large***

em jogo (41) (WS) ***at stake***

em linguagem simples e clara (644) ***in plain English***

em linha reta; (medindo distâncias) (197) (WS) ***as the crow flies***

em liquidação, em promoção (730) ***on sale***

em média (42) (WS) ***on average***

em negação, recusando-se a aceitar a realidade (217) (WS) ***in denial***

em nome de (66) ***on behalf of***

em pé de igualdade (262) ***on equal terms***

espalhar alarme falso, alertar de um perigo que não existe (199) (WS) *cry wolf*
esperar para ver, ter paciência (950) *wait and see*
esperar um momento (420) *hold it*
espera-se que... (882) *be supposed to...*
Espere só, você vai ver, você não perde por esperar. Deixa estar, jacaré, a lagoa há de secar. (950) *Just you wait.*
espertinho, engraçadinho (801) (WS) *smart alec/aleck*
espertinho, sabichão (984) *wise guy*
esquema em que cada pessoa paga a sua despesa (241) *Dutch treat*
essencial, absolutamente necessário (264) *of the essence*
está na hora/mais do que na hora (1) *it's about time*
está na hora/mais do que na hora (416) *it's high time*
estar a bordo (de um navio, avião, trem) (87) *be on board*
estar à mercê divina, nas mãos dos deuses (476) (WS) *be in the lap of the gods*
estar à sua disposição (223) *be at your disposal*
estar acima/além de qualquer suspeita (885) *be above/beyond suspicion*
estar acorrentado (139) *be kept in chains*
estar acuado, encurralado (58) *be at bay*
estar apaixonado por alguém (787) *have (got) someone under your skin*
estar aprontando, fazendo algo de errado (942) *be up to something*
estar atolado de coisas para fazer (809) *be snowed under (with something)*
estar com a pulga atrás da orelha, desconfiar, suspeitar que algo não está bem (685) (WS) *smell a rat*
estar com pouco dinheiro (132) *be strapped for cash*
estar com/sentir pena (de alguém) (821) *be/feel sorry (for someone)*
estar com pressa (434) *be in a hurry*
estar com sorte (511) *be in luck*
estar com vontade (de fazer algo) (292) *feel like (doing something)*
estar com vontade (de algo/fazer algo) (546) *be in the mood (for something/to do something)*
estar completamente equivocado (488) (WS) *be way out in left field*
estar de acordo, na mesma sintonia, ter a mesma opinião (732) *be on the same page*
estar de acordo, unidos e solidários; (várias pessoas de um grupo) (596) *be as one*
estar de castigo (383) *be grounded*
estar de muito mau humor, muito irritado (61) *be like a bear with a sore head*
estar desatualizado, fora da realidade (918) *be out of touch*
estar disponível (para quem quiser/conseguir pegar) (370) *be up for grabs*
estar disposto, com vontade, a fim de (algo novo, arriscado ou difícil) (343) *be game (for something)*
estar do seu lado, apoiar você (773) *be on your side*
estar em ação, em funcionamento (14) *be in action*
estar em boa forma física (757) *be in good shape*
estar em conflito, desacordo (com alguém, sobre algo) (589) *be at odds (with someone about/over something)*

estar em pé de guerra, protestando, revoltado(s) (36) ***be up in arms***
estar em suspenso (planos, decisões) (420) ***be on hold***
estar em um dilema, tendo dois problemas para resolver, os dois igualmente ruins ou um pior do que o outro (135) (WS) ***be caught in the horns of a dilemma***
estar em uma situação difícil (19) ***be up against it***
estar encarregado (de/responsável por), estar no comando (de) (144) ***be in charge (of somebody/something)***
estar enguiçado, sem funcionar (600) ***be out of order***
estar esgotado, tudo vendido (815) ***be sold out***
estar farto de (algo) (291) ***be fed up with (something)***
(estar) farto, de paciência esgotada (com alguém/algo) (772) ***(be) sick and tired (of somebody/something)***
estar/ficar à toa, sem nada para fazer (506) (WS) ***be at a loose end*** (Reino Unido)/***at loose ends*** (EUA)
estar/ficar encharcado até os ossos, todo molhado (812) ***be/get soaked to the skin***
estar/ficar quite(s) (266) ***be even***
estar fora de forma física (757) ***be out of shape***
estar fora de si, muito emocionado (positiva ou negativamente) (72) ***be beside yourself***
estar frito, em apuros, em situação difícil (825) ***be in the soup***
estar frito, em apuros, em situação difícil (916) ***be toast***
estar grávida (154) ***be with child***
estar guardado, reservado (para alguém) (860) ***lie in store (for someone)***
estar incerto, por decidir (planos, assuntos) (22) ***be (up) in the air***
estar indefinido, incerto, por decidir (52) ***be/hang in the balance***
estar loucamente apaixonado (por alguém) (404) (WS) ***be head over heels in love (with someone)***
estar (mais do que) cheio (de algo) (260) ***have had (more than) enough (of something)***
estar/manter-se em contato (com alguém) (918) ***be/keep in touch (with someone)***
estar melhor de vida, em melhor situação (73) ***be better off***
estar morto (204) (WS) ***be pushing up (the) daisies***
estar muito feliz (22) ***float/walk on air***
estar muito feliz (166) (WS) ***be on cloud nine***
estar muito feliz (547) (WS) ***be over the moon***
estar muito feliz e esperançoso (845) ***have (got) stars in your eyes***
estar muito nervoso (251) ***be/feel on edge***
estar na expectativa de que algo venha a acontecer (boatos, rumores) (22) ***be (up) in the air***
estar no caminho certo (923) ***be on the right track***
estar no controle (122) (WS) ***call the shots/the tune***
estar no limite da paciência, quase esgotada (717) (WS) ***be at the end of your rope***
estar no mesmo patamar, no mesmo nível (483) ***be in the same league***
estar no papo, sucesso, vitória garantido/a (50) (WS) ***be in the bag***
estar numa boa, no seu bem-bom, com a vida que pediu a Deus (659) ***be sitting pretty***
estar perdido, confuso, sem entender nada (739) ***be (completely) at sea***

estar perdido, em uma situação difícil (630) ***be in a (pretty/real) pickle***
estar perdido, sem saber o que fazer (507) ***be at a loss***
estar por dentro, de olho vivo, alerta, esperto e pronto para intervir (53) ***be on the ball***
estar por dentro, sabendo de algo que poucos sabem (470) ***be in the know***
estar por dentro, saber o que está acontecendo, manter-se a par (de algo) (669) ***have/keep your finger on the pulse (of something)***
estar por fora, não saber algo que os outros sabem (208) ***be in the dark***
estar preso (37) ***be under arrest***
estar prestes a, a ponto de (acontecer/fazer algo) (1) ***be about to (happen/do something)***
estar pronto, preparado (751) ***be all set (for something/to do something)***
estar realizado (517) ***have it made***
estar sem dinheiro, emprego, casa, estar arruinado (227) (WS) ***be down and out***
estar/sentar-se em cima do muro, estar incerto sobre que lado apoiar (293) (WS) ***be/sit on the fence***
estar sob juramento (587) ***be on/under oath***
estar sob suspeita, desmoralizado (166) ***be under a cloud***
estar todo confuso, em situação difícil e sem saber como sair dela (987) ***be at your wits' end***
estar/viver no fio da navalha, em uma situação perigosa (251) ***be/live on a razor's edge***
estar usufruindo os prazeres do luxo (476) ***be in the lap of luxury***
estarem nas mesmas circunstâncias, juntos e em cooperação uns com os outros em uma determinada situação, geralmente difícil ou desagradável (88) ***be all in the same boat***
estável, firme (848) ***(as) steady as a rock***
esticar as pernas (868) ***stretch your legs***
estorvo, algo que restringe a liberdade, que torna a pessoa prisioneira (53) ***ball and chain***
Estou brincando, estou de brincadeira, não é a sério. (463) ***Just kidding.***
Estou pronto, só esperando você. (691) ***Ready when you are.***
estragar os planos de alguém, acabar com suas esperanças (369) ***cook someone's goose***
eu estou esperto, ligado, ativo, e ninguém me faz de bobo (310) (WS) ***(there are) no flies on me***
Eu não demoro. (504) ***I won't be long.***
eu preciso de..., gostaria de... (944) ***I could use (something)***
Eu também (penso assim). (732) ***Same here.***
evitar contato, manter distância de (43) ***avoid (someone/something) like the plague***
exatamente como foi planejado, como um relógio, sem adiantar nem atrasar (164) ***like clockwork***
exausto, muito cansado (691) ***ready to drop***
exceto, à exceção de (268) ***except for***
exercer domínio (sobre alguém) (970) ***have the whip hand (over someone)***
exibir-se, agir de modo a impressionar os outros com as suas habilidades (372) (WS) ***make a grandstand play***
experimentar, tentar, fazer uma tentativa (362) ***have a go at (something)***
extra, como bônus (529) ***for good measure***

F

faca de dois gumes, algo com vantagens e desvantagens (540) ***a mixed blessing***
facilitar as coisas um pouco para alguém (790) ***cut (someone) some slack***
fada madrinha (277) ***fairy godmother***
Fala sério! (193) ***Cut the crap!***
falar a sério, não estar para brincadeiras, estar disposto a agir (112) ***mean business***
falar no mau, preparar o pau, falar o nome de alguém e ele aparece (218) ***speak of the devil***
falar pelos cotovelos, como uma metralhadora, muito rápido e sem parar (577) (WS) ***talk nineteen to the dozen***
falar pelos cotovelos, como uma metralhadora, muito rápido e sem parar (866) (WS) ***talk a blue streak***
falhar em público (253) ***lay an egg***
Falou! Falou, tá falado! (735) ***You can say that again!/You said it!***
falsa coragem ou confiança, ganha depois de umas cervejas (241) (WS) ***Dutch courage***
faltam (... duas semanas etc.) (362) (... *two weeks etc.*) ***to go***
favorito (em uma eleição ou competição) (332) ***front-runner***
Faz sentido, deve ser isso mesmo. (299) ***It/That figures.***
fazer a diferença, ter um certo efeito (sobre) (221) ***make a difference***
fazer a sua parte (620) ***do your part***
fazer algo de forma precária, sem grande chance de sucesso (980) (WS) ***(do something) on a wing and a prayer***
(fazer algo) de improviso, por impulso (840) ***(do something) on/at the spur of the moment***
fazer algo de uma assentada, de uma vez só (783) ***do something in/at one sitting***
(fazer algo) do zero, do início, sem aproveitar nada já feito (737) (WS) ***(do something) from scratch***
fazer algo sem capricho, do jeito mais direto, para ganhar tempo ou economizar dinheiro (187) (WS) ***cut corners***
fazer alguém ficar mais humilde (785) ***cut somebody down to size***
fazer alguém ficar mais humilde, baixar a crista de alguém (101) ***bring/take (someone) down a peg or two***
fazer alguém sorrir (803) ***raise a smile***
fazer as pazes, esquecer os ressentimentos (110) (WS) ***bury the hatchet***
fazer bem (a alguém) (368) ***do (someone) good***
fazer caretas (273) ***make/pull faces***
fazer cerimônia (137) ***stand on ceremony***
fazer de conta, fingir (68) ***make believe***
fazer efeito (252) ***take effect***
fazer lembrar, trazer à lembrança (69) ***ring a bell***
fazer marola, entornar o caldo, perturbar, criar problemas (88) ***rock the boat***
fazer-me feliz (210) ***make my day***
fazer milagres/funcionar maravilhosamente (para algo) (989) ***do wonders/work miracles (for something)***
fazer o melhor possível em uma situação desfavorável (73) ***make the best of it***
fazer o que foi combinado, cumprir o que foi prometido (215) ***deliver the goods***
fazer o sacrifício, forçar-se a fazer algo difícil ou desagradável (106) (WS) ***bite the bullet***

fazer objeção a, opor-se a (algo) (268) ***take exception (to something)***

fazer sentido (748) ***make sense***

fazer sinal positivo para alguém (909) (WS) ***give someone the thumbs up***

fazer um gesto obsceno com o dedo médio (303) ***give someone the finger***

fazer um grande esforço individual, participando da realização de uma tarefa coletiva (767) (WS) ***put your shoulder to the wheel***

fazer um grande esforço, mas inútil (86) ***be blue in the face***

fazer um papelão (830) ***make a spectacle of yourself***

fazer uma besteira, pisar no tomate (236) ***drop the ball***

fazer uma grande farra (610) ***paint the town red***

fazer uma tempestade em um copo de água, exagerar a importância de um problema (542) ***make a mountain out of a molehill***

fazer uma vaquinha, contribuir para um presente etc. (156) ***chip/pitch in***

fechar os olhos (para algo), fingir que não vê (770) ***shut/close your eyes (to something)***

(feito) à mão (394) ***by hand***

feitos um para o outro (243) ***made for each other***

feriado (no Reino Unido e Canadá), dia 26 de dezembro, dia em que se gratificam empregados, carteiros, garis etc. (93) ***Boxing Day***

Fica ligado. Fica atento. (847) ***Stay tuned.***

Fica na tua. A curiosidade matou o gato. É mais prudente reprimir a curiosidade. (202) ***Curiosity killed the cat.***

ficar à vontade, ficar confortável (174) ***make yourself comfortable***

ficar à vontade (militar) (249) ***stand at ease***

ficar calado, não dizer nada (sobre algo) (557) ***keep mum (about something)***

ficar com as pernas dormentes, em geral por ficar na mesma posição por muito tempo (639) ***have (got) pins and needles***

ficar com cara de bobo, ser motivo de riso (253) ***have egg on your face***

ficar com rodeios, não ir direto ao assunto (62) (WS) ***beat about/around the bush***

ficar de bobeira, desperdiçar tempo com atividades inúteis (318) ***fool around***

ficar de olho em, vigiar (272) ***keep an eye (on someone/something)***

ficar de olho vivo, esperto, alerta (272) ***keep your eyes open/peeled/skinned***

ficar desacreditado, perder a dignidade (273) ***lose face***

ficar em segundo plano, tornar-se menos importante do que outra pessoa (47) ***take a backseat***

ficar excitado, animado, empolgado (33) ***go ape***

ficar furioso, uma arara, muito zangado (33) ***go ape***

ficar furioso, subir pelas paredes (337) ***blow a fuse***

ficar grudado na mente/memória (852) ***stick in your mind/memory***

ficar impune (355) ***get away with it***

ficar irritado, bravo (426) ***get hot under the collar***

ficar maluco, pirar na batatinha, ficar lelé da cuca (507) ***lose your marbles***

ficar muito bravo, enfurecer-se (315) (WS) ***fly off the handle***

ficar muito nervoso, morrer de medo (116) ***feel/have/get butterflies in your stomach*** ficar preso, cumprir pena (912) ***do (your) time***

ficar quieto, esperar pacientemente pelo melhor momento para agir (783) ***sit tight***

ficar quieto, ficar onde está (672) ***stay put***

ficar sabendo, um passarinho me contou... (373) ***hear something on/through the grapevine***

ficar sem controle (394) ***get out of hand***

ficar sério, não rir (273) ***keep a straight face***

ficar/tirar um dia de folga (591) ***take a/the day off***

ficar torcendo (por algo) (196) ***keep your fingers crossed***

ficar totalmente desmoralizado (555) ***his name is mud***

ficar uma fera, irritar-se bruscamente (259) ***go off the deep end***

ficha limpa (162) (WS) ***clean slate***

filho único (154) ***an only child***

finalmente (41) ***at (long) last***

fingir, fazer teatro (14) ***put on an act***

fingir que está dormindo ou que está morto, para enganar alguém (647) (WS) ***play possum***

fingir que não vê, fazer vista grossa (a algo) (84) (WS) ***turn a blind eye (to something)***

fio desencapado (983) ***live*** /laɪv/ ***wire***

Fique à vontade! (387) ***Be my guest!***

Fique à vontade. Faça como quiser (879) ***Suit yourself.***

Fique esperto! (53) ***Keep your eyes on the ball!***

firme e forte, ativo e cheio de energia (25) (WS) ***alive and kicking***

fita amarela (699) (WS) ***yellow ribbon***

flor da idade (661) ***prime of life***

fofocar, espalhar fofocas sobre pessoas conhecidas (222) (WS) ***dish the dirt***

fogo amigo (304) (WS) ***friendly fire***

fogo de palha, moda de pouca duração, sucesso efêmero (309) (WS) ***a flash in the pan***

Foi mal, errei! (49) ***My bad!***

fora do gancho (422) ***off the hook***

foragido (41) ***at large***

foragido (criminoso) (724) ***on the run***

forçar a barra, testar o limite de (261) (WS) ***push the envelope***

forrobodó, briga generalizada, tumulto, confusão (325) (WS) ***free-for-all***

freios e contrapesos (147) ***checks and balances***

fuga de cérebros, migração de intelectuais altamente qualificados para um centro mais avançado (94) ***brain drain***

fulano de tal, nome fictício dado nos tribunais em referência a alguém cuja identidade é mantida em sigilo (451) ***John Doe***

fumar muito (155) ***smoke like a chimney***

furar a fila (455) ***jump the line*** (EUA)/ ***the queue*** (Reino Unido)

furioso, muito zangado (307) ***fit to be tied***

fuso horário (912) ***time zone***

G

gabar-se, fazer propaganda das suas próprias virtudes (86) ***blow your own trumpet*** (Reino Unido)/***horn*** (EUA)

ganha-pão, trabalho com que se ganha a vida (95) ***bread and butter***

ganhar a vida, o sustento (247) ***earn a living***

ganhar a vida, o sustento (501) ***make a living***

ganhar o seu próprio sustento, ser independente (608) ***paddle your own canoe***

ganhar terreno (383) ***gain ground***

ganhar tudo, ganhar de todos (978) ***win them all***

garoto/a-propaganda (653) ***poster child***

gastar o seu latim, perder o seu tempo (98) ***waste your breath***

Gato escaldado tem medo de água fria. (771) ***Once bitten, twice shy.***

geral, abrangente, com efeito sobre todos (87) ***across the board***

golpe baixo, abaixo da cintura, desleal, covarde (70) (WS) ***below the belt***

golpe, vigarice, conto do vigário (179) ***confidence game/trick, con game/trick***

gostar muito de (77) ***be big (on something)***

gostar muito (de alguém/algo) (814) ***have (got) a soft spot (for somebody/something)***

Gosto não se discute. (7) ***There´s no accounting for taste.***

Graças a Deus. (365) ***Thank God.***

gratuito, de graça (325) ***for free***

gripe (314) (WS) ***the flu***

guardado a sete chaves (462) ***under lock and key***

H

Há males que vêm para o bem. (83) ***(It's) A blessing in disguise.***

Há várias maneiras de se atingir um objetivo. (904) ***There is more than one way to skin a cat.***

história da carochinha, história para boi dormir, inacreditável (169) ***cock-and-bull story***

história exagerada, implausível, fantasiada, difícil de se acreditar (893) ***tall tale***

homem dos sete instrumentos, pau para toda obra, pessoa muito versátil (448) ***jack-of-all-trades***

horário de verão (210) ***daylight-saving time***

horta (particular) (349) ***kitchen/vegetable garden***

hostilidade, ódio (49) ***bad blood***

humilhar-se, ser obrigado a admitir um erro ou a derrota (197) (WS) ***eat crow*** (EUA)/***eat humble pie*** (Reino Unido)

I

ideia original, criação, invenção de (alguém) (94) ***(someone's) brain child***

ignorar a presença, esnobar, agir como se fosse superior a (alguém) (171) (WS) ***give someone the cold shoulder***

imediatamente (595) ***at once***

imediatamente (703) ***right away***

imediatamente, na hora (837) ***on the spot***

iminente, muito pertinho, a ponto de acontecer (187) ***just around the corner***

impor limites (231) ***draw the line (at something)***

inaceitável, inadmissível, incivilizado (76) (WS) ***beyond the pale***

incitar, estimular, incentivar (alguém) a fazer algo errado ou tolo (253) ***egg someone on***

incomodando, enchendo a sua paciência (392) ***in your hair***

incomparável, sem igual (76) ***beyond compare***
incompreensível, além da minha compreensão (76) ***beyond me***
informado, "por dentro" e fazendo parte do grupo de pessoas que decidem (505) ***in the loop***
inocentemente, de forma passiva (792) ***like a lamb to the slaughter***
interessar-se por, gostar de (59) ***be into (something)***
interromper a rotina sedentária, sair de casa, pegar um pouco de ar fresco, fazer exercício físico (86) ***blow away the cobwebs/blow the cobwebs away***
intrometido, fofoqueiro (579) ***a nosy parker***
inútil, não serve para nada (368) ***good for nothing***
invalidar, ser contraproducente, ir contra o próprio objetivo (214) ***defeat the purpose***
ir à forra com (alguém) (266) ***be/get even (with someone)***
ir ao que interessa, meter mãos à obra (112) ***get down to business***
ir até o fim, fazer algo por completo (419) ***go (the) whole hog***
ir contra o costume, a normalidade (371) ***go against the grain***
ir direto, rumo a (algo) (64) ***make a beeline (for something)***
ir dormir, ir para a cama (726) ***hit the sack***
ir para a cama, ir dormir (403) (WS) ***hit the hay***
ir levando, sobreviver, manter-se, virar-se (355) ***get by***
ir para o beleléu, arruinar-se, fracassar (224) ***go to the dogs***
ir para o beleléu, arruinar-se, fracassar (394) (WS) ***go to hell in a handbasket***
ir para o beleléu, arruinar-se, fracassar (654) ***go to pot***
ir por água abaixo, fracassar (229) ***go down the drain***
irrelevante, não vem ao caso (413) ***neither here nor there***
irritar, enervar (571) ***get on your nerves***
irritar profundamente (364) (WS) ***get your goat***
irritar alguém, dar nos nervos (787) ***get under your skin***
isso é motivo (para algo) (383) ***that´s grounds (for something)***
Isso é o que interessa. (527) ***That´s all that matters.***
Isso é tudo, nada mais (expressando o fim da conversa). (1) ***That´s about all/it.***
Isso não "cola", não tem fundamento, consistência, coerência, validade. (420) ***It doesn´t hold water.***
Isso são águas passadas, problemas superados pelo tempo. O que passou, passou. (100) ***That´s water under the bridge.***
Isto é que é vida! (494) ***This is the life!***
isto é segredo, fica cá entre nós e que ninguém nos ouça (351) ***between you, me and the gatepost***

J

Já dá, já chega. (977) ***Will do.***
Já vi esse filme. Sei como é. Já passei pela mesma experiência. (64) ***Been there, done that.***
Já volto! (47) ***I'll be right back!***
jogar a toalha, reconhecer a derrota (908) ***throw in the towel***
jogar água fria (em algo), causar uma frustração (171) ***throw cold water (on something)***

jogar água no chope de alguém, estragar os planos de alguém (616) ***rain on your parade***

jogar água no chope de (alguém), tirar um pouco do brilho (de) (206) (WS) ***put a damper/***(Reino Unido também) ***dampener (on something)***

jogar água no seu chope, desapontar você (109) ***burst your bubble***

jogar uma carta do mesmo naipe da anterior (316) ***follow suit***

jogo de palavras (647) ***a play on words***

jogo limpo, comportamento justo e honesto (276) ***fair play***

jogo sujo, infração das regras do jogo, o oposto de "*fair play*" (323) (WS) ***foul play***

Joias da Coroa (449) ***Crown Jewels***

jovem no coração, de espírito jovem (1.000) ***young at heart***

juntamente com, além de (28) ***along with***

juras de amor, palavras doces, gentis (580) ***sweet nothings***

Juro por Deus. (406) ***Cross my heart (and hope to die).***

L

lambe-botas, puxa-saco (91) ***bootlicker***

lançar um desafio, desafiar (352) (WS) ***throw down the gauntlet***

lanterna decorativa do Dia das Bruxas, feita de uma abóbora recortada (448) ***jack-o'-lantern***

lar; centro de cuidados diurnos (para idosos) (210) ***day care***

Lar doce lar. (888) ***Home sweet home.***

laranja, testa de ferro, falso dono (332) ***front man***

largar antes do tempo (em corrida) (455) ***jump the gun***

largar, deixar você em paz (27) ***leave/let you alone***

lavar a égua, faturar alto, ganhar muito dinheiro de uma só vez (464) ***make a killing***

lavar a louça (223) ***do the dishes***

Leiam meus lábios, isto é uma promessa. (690) ***Read my lips.***

ler nas entrelinhas (690) ***read between the lines***

levantar-se bem cedinho (478) (WS) ***be up/rise with the lark***

levar (algo) a sério (406) ***take (something) to heart***

levar algo ao pé da letra (273) ***take something at face value***

levar (algo) em conta, em consideração (7) ***take (something) into account***

levar (alguém) à loucura, deixar (alguém) muito irritado (235) ***drive (someone) bananas/crazy/insane/mad/nuts***

licença (para se ausentar do trabalho ou do serviço) (3) ***leave of absence***

lidar, com sucesso, com uma situação difícil (861) ***ride out/weather the storm***

lidar com um problema no momento oportuno (100) ***cross a bridge when you come to it***

ligar (pelo telefone) para alguém (704) ***give someone a ring***

limpeza étnica (265) ***ethnic cleansing***

loja de conveniência (183) ***convenience store***

loja que pertence a uma rede (de supermercados, farmácias etc.) (139) ***chain store***

Longe dos olhos, longe do pensamento. (775) ***Out of sight, out of mind.***

Longe dos olhos, perto do coração. (3) (WS) ***Absence makes the heart grow fonder.***

(lugar) pouco visitado, pouco conhecido, ainda não explorado (923) ***off the beaten track***

lugar privilegiado, isolado da dura realidade dos outros (447) ***ivory tower***

lutar com unhas e dentes (contra alguém/algo) (562) ***fight (someone/something) tooth and nail***

M

macaco em loja de louça, pessoa estabanada, desastrada, desajeitada, sem equilíbrio no que diz ou no que faz (105) ***a bull in a china shop***

Macacos me mordam! (401) ***I'll eat my hat!***

maioria global (mais votos do que todos os outros concorrentes juntos) (520) ***overall majority***

maioridade (principalmente em questões sexuais) (20) ***age of consent***

mais cedo ou mais tarde (819) ***sooner or later***

mais ou menos (285) ***after a fashion***

mais ou menos, aproximadamente (358) ***give or take***

mais tarde (479) ***later on***

Malha enquanto o ferro está quente. Aproveita a ocasião. (869) (WS) ***Strike while the iron is hot.***

mandar embora sumariamente (607) ***send someone packing***

manipular a contabilidade, alterar os resultados contábeis (184) ***cook the books***

Manipular com cuidado. (394) ***Handle with care.***

manter a cabeça erguida em situações difíceis, uma postura confiante, não se deixar abater (893) ***stand tall***

manter alguém/algo atualizado (209) (WS) ***keep someone/something up to date***

manter alguém informado (sobre algo) (653) ***keep someone posted (about something)***

manter (alguém/algo) sob controle (147) ***hold/keep (someone/something) in check***

manter distância, manter-se afastado (de alguém/algo) (58) (WS) ***hold/keep (someone/something) at bay***

manter-se a par (de algo) (606) ***keep pace (with something)***

manter-se calmo (185) ***keep your cool/play it cool***

manter-se de forma discreta, evitando "aparecer" (664) ***keep a low profile***

manter-se firme e fiel (aos seus princípios, valores, opiniões) (388) ***stick to your guns***

marcar uma consulta (34) ***make an appointment***

marcar um gol (363) ***score a goal***

mas, pensando bem, mas então (o que não surpreende...), em compensação, em contrapartida, por outro lado (113) ***but then (again)***

massa cinzenta, cérebro; inteligência (377) ***gray*** (EUA)/***grey*** (Reino Unido) ***matter***

matar a charada, desvendar um mistério (701) (WS) ***solve the riddle***

matar a vaca para acabar com o carrapato, agir precipitadamente, rejeitando tudo para se livrar de uma parte defeituosa (57) (WS) ***throw the baby out with the bathwater***

matar aulas (203) ***cut class/school***

matar aulas (647) ***play hooky/hookey*** (EUA)/ ***truant*** (Reino Unido)

mau elemento, que destoa do grupo (34) ***a bad apple***

mau hálito (49) ***bad breath***

Me aguardem, tenham paciência. (61) ***Bear with me.***
Me dá um tempo! (96) ***Give me a break!***
médico, clínico geral (353) ***general practitioner, GP***
meio surdo (398) ***hard of hearing***
meio, um pouco (465) ***kind of***
melhor ainda (554) ***so much the better***
Melhor/Antes tarde do que nunca. (479) ***Better late than never.***
Melhor é impossível. (368) ***As good as it gets.***
Melhor sorte na próxima vez. (575) ***Better luck next time.***
mercadorias vendidas secreta ou ilegalmente (191) (WS) ***under the counter***
mesmo assim (266) ***even so***
mesmo assim, apesar disso (732) ***all the same***
mesmo, em absoluto, nem um pouco (41) ***(not) at all***
mesmo se (266) ***even if***
meter o nariz (em algo) (649) ***poke/stick your nose (into something)***
meter-se a importante, achar-se superior aos outros (22) ***give yourself airs/put on airs***
meter-se em confusão (40) ***ask for trouble***
meter-se na sua própria vida (112) ***mind your own business***
meus pêsames, meus sentimentos (406) ***my heart goes out (to someone)***
mexer em casa de marimbondo (424) ***stir up a hornet´s nest***
mexer-se, apressar-se (553) ***get a move on***
mexer-se, mover-se (553) ***make a move***
"mina de ouro", "máquina de produzir dinheiro" (132) ***cash cow***
Missão cumprida. (5) ***Mission accomplished.***
miudezas, bugigangas, coisinhas diversas (259) ***odds and ends***
mixaria, ninharia, quantia de pouco valor (153) ***chicken feed***
moderação, meio-termo (366) ***golden mean***
moleza, algo muito fácil) (154) ***child´s play***
moleza, "facinho", tranquilo (952) ***a walk in the park***
moleza, sopa, algo muito fácil e agradável de fazer (121) ***a piece of cake***
molhar o bico, tomar um gole (966) ***wet your whistle***
morder a isca, cair em uma armadilha (886) ***swallow/take/rise to the bait***
morrer (521) ***meet your Maker***
morrer, chegar ao fim (79) ***bite the dust***
morrer de inveja (250) ***eat your heart out***
morrer em grandes números (310) ***die/drop/fall like flies***
morrer, ir tocar harpa no céu, esticar as canelas (117) ***buy the farm/it***
morto ao chegar (38) ***dead on arrival***
morto, esquecido (há muito tempo) (211) ***dead and buried***
morto, mortinho da silva (225) (WS) ***(as) dead as a doornail***
motivo de discórdia (90) ***bone of contention***
motivo de grande orgulho (290) (WS) ***a feather in your cap***
motivo para reflexão, algo que faz você pensar (317) ***food for thought***
motorista tranca-rua (419) ***road hog***
motosserra (139) ***chain saw***
mudança climática (163) ***climate change***
mudando de assunto (580) ***on a different note/on another note***

mudar as regras no meio do jogo (363) ***move/shift the goalposts***
mudar de assunto (142) ***change the subject***
mudar de opinião (142) ***change your mind***
muitas e muitas vezes, repetidamente (18) ***again and again***
muito (212) ***a good/great deal of***
muito além de, muito mais do que seria esperado (2) ***above and beyond***
muito apertado, difícil de prever (resultado de competição, eleição) (165) ***too close to call***
muito barato, a preço de banana (146) ***dirt cheap***
muito barato, uma pechincha (146) (WS) ***cheap at half the price*** (Reino Unido)/***at twice the price*** (EUA)
muito diferente de (algo) (283) ***a far cry (from something)***
muito em breve (65) ***before long***
muito embora, apesar de que (266) ***even though***
muito, realmente, extremamente, fatalmente (211) ***to death***
muito frequentemente (592) ***all too often/as often as not/more often than not***
muito menos (expressando uma situação que é altamente improvável de acontecer) (27) ***let alone***
muito pouca chance (287) (WS) ***a fat chance***
muito rapidamente (286) (WS) ***(as) fast as quicksilver***
muito ruim, sem valor, uma porcaria (78) (WS) ***for the birds***
muito saudável, em boa forma (295) (WS) ***(as) fit as a fiddle***
muito sinceramente, do fundo do meu coração (92) ***from the bottom of my heart***
muito solicitado (216) ***in (great) demand***
muito tempo (225) (WS) ***donkey's years***
muitos, muitas (677) ***quite a few***
multidão que lincha ou tenta linchar alguém (515) (WS) ***lynch mob***

N

na correria, muito ativo e ocupado (724) ***on the run***
na esteira dos acontecimentos, como consequência de (algo) (951) ***in the wake of (something)***
na gaveta, sem prioridade, esperando vez, sem atenção imediata (108) ***on the back burner***
na hora, pontualmente (912) ***on time***
na hora H, na hora da verdade, da decisão (156) (WS) ***when the chips are down***
na realidade, na verdade (692) ***in reality***
na reta final (421) (WS) ***on the home straight/stretch***
Nada feito. De jeito nenhum. (580) ***Nothing doing.***
nada mudou, vida que segue (depois que algo ruim aconteceu) (112) ***business as usual***
nadar contra a corrente, ir contra a opinião da maioria (866) ***swim against the stream/current***
Não acredito nisso, vai contar isso aos trouxas! (526) (WS) ***Tell it/that to the Marines!***
não adianta (fazer algo) (944) ***it's no use (doing something)***
não adianta, é inútil (368) ***it's no good***
não admira (que) (989) ***(it's) no wonder***

Não concentre todos os seus recursos em um único investimento. (253) ***Don't put all your eggs in one basket.***

não conseguir ver uma determinada situação no seu todo, por focalizar apenas nos detalhes (321) ***can't see the forest for the trees***

Não contes com o ovo na galinha. Não faças planos com base em algo que ainda não aconteceu. (153) ***Don't count your chickens before they hatch.***

não dar a mínima atenção para, não estar nem aí para (190) ***couldn't care less***

não dar valor a (algo), não achar nada de mais (372) ***take something for granted***

não deixar de (fazer algo) (883) ***be sure (to do something)***

Não desperdiçar, para não vir a necessitar. (954) ***Waste not, want not.***

Não é a minha praia. (202) ***It isn't my bag/my cup of tea/my thing.***

Não é da sua conta (em resposta a uma pergunta considerada indiscreta). (112) ***It's none of your business.***

Não é importante, sem problema. (77) ***It's no big deal.***

não estar nem aí, não dar a mínima importância para (alguém/algo) (297) ***not care/give a fig (about someone/something)***

não faz diferença para mim, não ligo a mínima (320) ***for all I care***

Não faz mal. Não tem importância. (536) ***Never mind.***

Não foi nada. Esqueça. (formal, em resposta a agradecimento ou pedido de desculpas) (905) ***Think nothing of it.***

não gostar (de algo/alguém), achar ruim, irritante ou ofensivo (663) ***have a problem (with something/somebody)***

não hesitar, falar sem rodeios, sem meias palavras (90) ***make no bones (about something)***

não importa o que aconteça (527) ***no matter what happens***

não impressionar (alguém) (203) ***cut no ice (with someone)***

não mais incomodando, deixando (alguém) em paz (392) ***out of your hair***

Não me entenda mal, veja bem. (996) ***Don't get me wrong.***

Não me venha com essa! (358) ***Don't give me that!***

não poder evitar (fazer algo) (412) ***can't help it/doing something***

Não precisa dizer mais nada. (260) ***Enough said.***

Não que eu saiba./Não que seja do meu conhecimento. (44) ***Not that I know of./Not to my knowledge.***

Não se pode mudar a natureza essencial e o caráter das pessoas. (491) ***The leopard cannot change its spots.***

não ser moleza, não ser coisa fácil (631) ***be no picnic***

Não tem mistério, é muito fácil. (580) ***There's nothing to it.***

(não) ter a coragem (para fazer algo) (406) ***(not) have the heart (to do something)***

(não) ter a mínima chance (de algo) (356) ***(not) have a ghost of a chance (of doing something)***

(não) ter chance (de fazer algo) (141) ***(not) stand a chance (of doing something)***

não ter direito a, não poder (112) (WS) ***have no business (doing something)***

não ter papas na língua, falar com franqueza, "pão, pão; queijo, queijo" (535) (WS) ***not mince your words*** nadar contra a corrente, agir em desacordo com a tendência dos outros (313) ***go against the flow***

namorar firme (com alguém) (848) ***go steady (with someone)***

naquela época (41) ***at the time***

Nem tudo está perdido, sempre pense positivo. (166) ***Every cloud has a silver lining.***

nem uma coisa nem outra, pessoa ou coisa que não se encaixa totalmente em um determinado grupo (324) ***neither fish nor fowl***

Ninguém merece! (224) ***It shouldn't happen to a dog!***

ninguém sabe (386) ***it's anybody's/ anyone's guess***

no final das contas, levando tudo em consideração, o que é mais importante (259) ***at the end of the day***

no fundo, basicamente (92) ***at bottom***

no fundo, no seu íntimo (41) ***at heart***

no lado positivo de uma situação (881) ***on the sunny side of the street***

no local, ali mesmo (837) ***on the spot***

no mais tardar (479) ***at the latest***

no máximo (41) ***at (the) most***

no máximo, quando muito, na melhor das hipóteses (73) ***at best***

no meio do nada, num lugar longe de tudo (532) ***in the middle of nowhere***

no meio/na calada da noite (211) ***in the dead of the night***

no mínimo, pelo menos (41) ***at least***

no mínimo (tempo) (246) ***at the earliest***

no poste (41) (WS) ***at the stake***

no seu passo, no seu ritmo, na velocidade que você quer (606) ***at your own pace***

no silêncio da noite (854) ***in the still of the night***

no último momento (257) (WS) ***at the eleventh hour***

nome de solteira (519) ***maiden name***

notícias falsas (279) ***fake news***

novato, pessoa que acabou de chegar (451) ***Johnny-come-lately***

num instante, antes que o diabo esfregue um olho (65) (WS) ***before you can/could say Jack Robinson***

num instante, muito rapidamente (84) ***in the blink of an eye***

num sussurro, bem baixinho (98) ***below/under (someone's) breath***

número da sorte (511) ***my lucky number***

nunca, no dia de São Nunca (410) ***when hell freezes over***

O

o além, a vida após a morte (76) ***the great beyond***

O amor é cego. (509) ***Love is blind.***

o/ao contrário, o inverso (600) ***the other way around/round***

o Ártico, a região à volta do Polo Norte (35) (WS) ***the Arctic***

o autêntico, o próprio (692) (WS) ***the real McCoy***

o bode expiatório, alguém que é castigado pelos erros que outros cometem (970) (WS) ***the whipping boy***

o chamado/requisito do dever (242) ***the call of duty***

o chamado selvagem (122) ***the call of the wild***

o coração "pula" um batimento (com a emoção) (62) ***your heart misses/ skips a beat***

o custo de vida (188) ***the cost of living***

o dever chama, o dever acima de tudo (242) ***duty calls***

o doce cheiro do sucesso (802) ***the sweet smell of success*** o dom da palavra, palavra fácil, eloquência (338) ***the gift of (the) gab***

o essencial da questão, o ponto mais importante (406) ***the heart of the matter***

O fim justifica os meios. (458) (WS) ***The end justifies the means.***

O fogo é útil quando mantido sob controle, mas perigoso quando fora do nosso controle. (304) ***Fire is a good servant, but a bad master.***

o incomparável (598) ***the one and only***

O Irmãozão (77) (WS) ***Big Brother***

o mato (região inculta, na Austrália ou na África) (111) ***the bush***

o máximo, excelente, o melhor que há (95) ***the best thing since sliced bread***

o melhor de todos, insuperável, sem rival (743) ***second to none***

o nome do jogo, o mais importante de tudo (343) ***the name of the game***

o primeiro dentre todos (262) ***first among equals***

O que é que há? (967) ***What's up?***

O que é que isso quer dizer, mesmo? (882) ***What's that supposed to mean?***

O que está acontecendo? (184) ***What's cooking?***

o que se espera (que aconteça) é... (882) ***be supposed to...***

O que vale é a intenção (906) ***It's the thought that counts.***

O que você quiser, é só dizer. (564) ***You name it.***

O resto é coisa do passado. Já passou, todo mundo sabe o que aconteceu. (697) ***The rest is history.***

O roto rindo-se do esfarrapado. (654) (WS) ***The pot calling the kettle black.***

O seu lugar é onde o seu coração está. (421) ***Home is where the heart is.***

O/Seu tempo acabou. (942) ***The/Your time is up.***

O silêncio é de ouro. (777) ***Silence is golden.***

O *show* tem de continuar. A rotina deve prosseguir, não importa o que tenha acontecido. (769) ***The show must go on.***

o tal, o máximo, o melhor de todos (134) ***the cat's pajamas*** (EUA)/ ***whiskers*** (Reino Unido)

O tempo é dinheiro. (544) ***Time is money.***

o tempo que (for indicado) (39) ***as long as***

o tempo todo, desde o início (28) e (912) ***all along/all the time***

o tempo todo, todo o tempo (210) ***night and day***

ofender-se, levar (algo) a mal (268) ***take exception to (something)***

OK, tudo bem. (276) ***fair enough.***

Olha só para isto/aquilo. (502) ***Get a load of this/that.***

olhar com desdém, achar-se superior (a alguém/algo) (579) ***look down your nose (at someone/something)***

olho roxo, hematoma no olho (80) ***black eye***

opção pelo uso da força (388) ***gunboat diplomacy***

organizar-se, emendar-se, aprumar--se, tomar jeito, entrar na linha (14) ***get your act together***

os bons tempos de antigamente (210) ***the good old days***

Os velhos hábitos são difíceis de largar. (391) ***Old habits die hard.***

ou vai ou racha, você está sozinho, cabe a você ter sucesso ou fracassar (782) (WS) ***sink or swim***

ouro de tolo, pirita, mineral amarelo que, por sua cor, é confundido com ouro (318) (WS) ***fool's gold***

ouro em pó, algo muito raro e valioso (366) ***gold dust***

P

para uma emergência, para uma situação em que seja preciso dinheiro (682) ***for a rainy day***
para valer, com toda a força, com grande esforço (947) ***with a vengeance***
para viagem (... duas pizzas etc.) (362) *(... two pizzas etc.)* ***to go***
(Para) Você também. (732) ***(The) Same to you.***
Parabéns, beleza! (450) ***Good job!***
Parabéns, beleza! (965) ***Well done!***
Parabéns! É isso aí! (960) ***Way to go!'***
Parabéns! Muitos anos de vida! (397) ***Many happy returns (of the day)!***
parar de beber, manter-se sóbrio, na lei seca, sem bebida alcoólica (949) (WS) ***be on the wagon***
parar de conversar (120) ***cut the cackle***
parar de fazer cera (843) ***stop stalling (for time)***
parar para descansar, fazer uma refeição, ir ao banheiro etc. (numa viagem) (641) ***make a pit stop***
parte do cotovelo que causa uma dor intensa quando é atingida (336) (WS) ***funny bone***
participar de tudo, envolver-se em tudo o que acontece (303) ***have a finger in every pie***
passar a perna, aplicar um golpe (em alguém) (286) ***pull a fast one (on someone)***
passar bem ao largo, manter grande distância, evitar (algo/alguém) (71) ***give (someone/something) a wide berth***
passar o pior de uma situação difícil, vencer a crise (187) ***round/turn the corner***
passar pela cabeça (196) ***cross your mind***
passar pelo "corredor polonês", sofrer críticas e protestos de muitas pessoas ao mesmo tempo (352) (WS) ***run the gauntlet***
passar tempo (com alguém) (395) ***hang around/out (with someone)***
paz de espírito (536) ***peace of mind***
pé-de-meia, dinheiro economizado e posto de parte (253) ***nest egg***
pé-frio (171) ***jinx*** (WS)
pedir demais, querer o impossível (40) ***ask for the moon***
pedir em casamento (651) ***pop the question***
Pedra que rola não cria limo. (713) ***A rolling stone gathers no moss.***
pegada de carbono (127) ***carbon footprint***
pegar fogo (304) ***catch fire***
"pegar leve" com (algo) (249) ***go easy (on something)***
"pegar leve" com (alguém) (249) ***go easy (on somebody)***
pegar no pé de (alguém), implicar com (alguém) (629) ***pick (on someone)***
pegar o jeito (395) ***get the hang (of something)***
pegar um resfriado (135) ***catch a cold***
pelas costas, sem você saber (47) ***behind your back***
pelo contrário (182) ***on the contrary***
pelo que todos dizem (7) ***by/from all accounts***
pensando bem (743) ***on second thought*** (EUA)/ ***thoughts*** (Reino Unido)
pensando bem, levando tudo em consideração (52) ***on balance***
pensando melhor, agora me lembro (que) (905) ***come to think of it***
pensar bem sobre um assunto a resolver (794) ***sleep on it***
pequena dose de bebida alcoólica que a pessoa toma na manhã seguinte, quando ainda está de ressaca (392)

(WS) ***the hair of the dog (that bit you)***

perder a cabeça/as estribeiras/o autocontrole (507) ***lose it/your temper***

perder as estribeiras, perder a cabeça/calma, irritar-se (321) ***forget yourself***

perder muito dinheiro em uma transação ou empreendimento, ter prejuízo (57) ***take a bath***

perder muito dinheiro (em maus investimentos, crise econômica etc.) (762) ***lose your shirt***

perder tempo tentando algo impossível (312) ***flog/beat a dead horse***

perder uma oportunidade (88) ***miss the boat***

perder uma oportunidade (537) ***miss out***

perdoar, deixar de punir alguém por algo errado que fez (422) ***let someone off the hook***

Perdoem-me o palavrão. (327) (WS) ***Pardon my French.***

perigoso, difícil demais para resolver (394) ***too hot to handle***

perseguir, ir atrás de (145) ***give chase***

persistir, perseverar (460) ***keep at it***

personificação do inverno (448) ***Jack Frost***

personificação do povo inglês (451) ***John Bull***

pés de galinha, rugas nos cantos dos olhos (197) ***crow's feet***

pessoa difícil de pegar (no erro, na incoerência etc.) (797) ***(as) slippery as an eel***

pessoa irresponsável e pouco confiável, perigosa, que pode eventualmente causar estragos, por seu comportamento (126) (WS) ***a loose cannon***

pessoa muito ativa, cheia de energia (983) ***live*** /laɪv/ ***wire***

pessoa muito chata (609) ***a pain the neck/ass/butt***

pessoa nascida em um súbito período de alto índice de nascimentos, especificamente nos EUA e na Europa, depois da Segunda Guerra Mundial, de 1946 a 1964 (46) ***baby boomer***

pessoa ou coisa que a princípio parece ser inferior aos outros, mas com o tempo afirma-se e passa a ser admirada (237) ***an ugly ducking***

pessoa que insiste em dar instruções ao motorista de como ele deve dirigir (47) ***backseat driver***

pessoas de todas as camadas sociais, classes profissionais (952) ***people from all walks of life***

pessoas que se encontram por acaso, compartilham uns momentos agradáveis e depois se afastam, para nunca mais se verem (761) (WS) ***ships that pass in the night***

piada ou história muito conhecida de todos e sempre repetida (151) ***old chestnut***

pisar em ovos, ter muito cuidado ao fazer algo (253) ***walk on eggshells***

pista falsa (414) (WS) ***red herring***

plano dissimulado, razão secreta, carta na manga, motivo não revelado para agir de uma certa forma (21) ***hidden agenda***

plantar as sementes (de algo) (646) ***plant/sow the seeds (of something)***

plantar bananeira (404) ***do a headstand***

pneu furado (308) ***flat tire***

pobre como Jó (650) ***(as) poor as a church mouse***

Pode repetir, por favor? (174) (WS) ***Come again?***

pois não, à vontade (529) ***by all means***

político despojado do poder (237) ***a lame duck***

ponto de virada, ponto crítico no tempo, em que podem ocorrer grandes mudanças (648) ***turning point***
ponto sem volta, sem retorno, ação irreversível (648) ***point of no return***
por acaso (em perguntas, de forma polida, inglês falado) (141) ***by any chance***
por acaso, sem querer (4) ***by accident***
por agora, no momento (543) ***for now/the moment/the present***
pôr algo em pé (259) ***stand (something) on end***
pôr algo em prática (656) ***put something into practice***
pôr algo (planos, ideias) em prática (14) ***put (something – plans, ideas) into action***
por alguma razão, algum motivo (que eu desconheço) (694) ***for some reason***
por assim dizer (829) ***so to speak***
por causa de (7) ***on account of***
por conta da casa (bebidas) (429) ***on the house***
pôr defeitos em algo que não conseguimos ter (826) (WS) ***sour grapes***
pôr defeitos (em alguém/algo) (302) ***find fault (with someone/something)***
por dentro, no íntimo (442) ***on the inside***
por engano (539) ***by mistake***
por enquanto, provisoriamente (912) ***for the time being***
por experiência própria, diretamente (305) (WS) ***at first hand***
por falta de (954) ***for want of***
por muito tempo (41) ***at length***
por muito tempo, para sempre (192) ***till the cows come home***
pôr o carro adiante dos bois, fazer algo na ordem errada (65) (WS) ***put the cart before the horse***
pôr o pé na estrada, sair, ir embora (418) ***hit the road***
Por ordem de chegada. (305) ***First come, first served.***
por outro lado (394) ***on the other hand***
Por que você está tão calado? (134) ***Cat got your tongue?***
pôr-se no lugar de uma outra pessoa (642) ***put yourself in someone's shoes/place***
por segurança, para garantir (727) ***to be on the safe side***
por sorte, felizmente, ainda bem que... (450) ***it's a good job/thing (that)...***
por sorte, por acaso (141) ***by chance***
por sorte, por coincidência (141) ***as chance/luck would have it***
por toda a parte (416) ***high and low***
por toda a parte (642) ***all over the place***
por último, mas não que seja menos importante (479) ***last but not least***
por um lado (394) ***on the one hand***
por um triz, por muito pouco (118) (WS) ***by the skin of your teeth***
por uma boa causa, com bons propósitos (670) ***to good purpose***
portão de embarque (em aeroporto) (351) ***boarding gate***
pouco a pouco (500) ***little by little***
pouco comuns ou frequentes (294) ***few and far between***
pouso de emergência (193) ***crash landing***
praça de alimentação (317) ***food court***
praticar o que prega (656) ***practise what you preach***
precisando de, com falta de (954) ***in want of***
preciso (de algo) (190) ***could do (with something)***
preciso, relevante, objetivo (648) ***to the point***

Q

quebrar a cabeça, pensar por muito tempo (94) ***rack your brain/brains***
quebrar o galho (de alguém) (412) ***help (someone) out***
quebrar o galho, resolver temporariamente (928) ***do the trick***
quebrar o galho, resolver, alcançar o resultado esperado, fazer o que é preciso (450) ***do the job***
queimar as pestanas, estudar/trabalhar até tarde da noite (108) (WS) ***burn the midnight oil***
Quem não chora não mama. (968) ***The squeaky wheel gets the grease/oil.***
Quem tem dinheiro tem poder. (544) ***Money talks.***
Quem tem o poder sempre tem razão. (703) ***Might is right.***
Quem tudo quer, tudo perde. (374) ***Grasp all, lose all.***
Quer saber (de uma coisa)? (470) ***You know what?***
querer briga, ter uma mágoa, um recalque, vontade de brigar (156) (WS) ***have (got) a chip on your shoulder***
Querer é poder. (977) ***Where there's a will there's a way.***

R

"rachar" a despesa (com alguém) (241) ***go Dutch (with somebody)***
reação em cadeia (139) ***chain reaction***
reação instintiva (389) ***gut reaction***
reagir a um grande susto, tomar um susto enorme (787) ***jump out of your skin***
reagir furiosamente ao que alguém disse ou fez (455) ***jump down someone's throat***
realizar-se, tornar-se realidade (sonhos, planos, esperanças) (174) ***come true***
receber alguém em grande estilo (129) ***put out the red carpet for someone***
receio, lamento dizer que (antes de dizer algo que não vai agradar ao interlocutor) (17) ***I'm afraid***
recentemente (479) ***of late***
regra de ouro (366) ***golden rule***
relaxar, ficar à vontade (492) (WS) ***let your hair down***
render o espírito, dar o último suspiro, morrer (356) ***give up the ghost***
render-se, entregar-se (358) ***give in***
resistir, sobreviver, não morrer (521) ***make it***
Respeite os seus limites, não faça algo que não está ao seu alcance. (844) ***If you can't stand the heat, get out of the kitchen.***
revelar um segredo, informações secretas (60) (WS) ***spill the beans***
reverter a situação, passando a ter vantagem (890) (WS) ***turn the tables***
rico, bem de vida (249) ***on easy street***
rígidas, inflexíveis, irrevogáveis (leis, regulamentos) (398) ***hard and fast***
rir por último (480) ***have the last laugh***
romper a formalidade (96) (WS) ***break the ice***
roubar o *show*, roubar a cena (849) ***steal the show***
roubar os créditos da obra de outra pessoa, assumir como sua a obra de alguém (849) (WS) ***steal your thunder***

S

saber das coisas, ser experiente e esperto (470) ***know what's what***

Saber é poder. (470) ***Knowledge is power.***

sacrificar-se, fazer um esforço a mais (por alguém/algo) (533) ***go the extra mile (for someone/something)***

Sai pra lá. Dá lugar (a outro). (553) ***Move over.***

saideira, a bebida que se toma por último (708) ***one for the road***

sair, abandonar a empresa (funcionário) (455) ***jump ship***

sair de fininho, "à francesa" (no serviço) sem pedir permissão ao patrão ou (em uma festa) sem se despedir do anfitrião ou anfitriã. (327) (WS) ***take French leave***

sair do navio sem autorização, abandonar o navio (marinheiro) (455) ***jump ship***

sair para almoçar (512) ***be out to lunch***

sair-se bem (de uma situação difícil), ter sorte (293) ***fall/land on your feet***

salvar as aparências (273) ***save face***

salvo pelo sino/gongo (734) (WS) ***saved by the bell***

sangue, trabalho, suor e lágrimas (887) ***blood, toil, tears and sweat***

são e salvo (727) ***safe and sound***

Saúde! À nossa! (um brinde) (555) (WS) ***Here's mud in your eye!***

Se algo ruim tivesse acontecido, já teríamos sabido. (574) ***No news is good news.***

se correr o bicho pega, se ficar o bicho come, estar em uma situação sem saída, cujas soluções excluem uma à outra (135) (WS) ***be in a catch-22 (situation)***

Se Deus quiser. (365) ***God willing.***

se eu fosse você (436) ***if I were you***

se eu fosse você, se eu estivesse no seu lugar (762) ***if I were in your shoes***

se não estou enganado (539) ***if I'm not mistaken***

se não fosse (113) ***but for***

se/quando a coisa ficar feia, na hora H (671) (WS) ***if/when push comes to shove***

se você não conhece ou não tem experiência em um certo assunto, é bom ter cuidado (318) (WS) ***fools rush in***

se você tem mesmo (de fazer isso) (559) ***if you must***

Sebo nas canelas! Anda logo! (489) ***Shake a leg!***

seguir cumprindo o que foi prometido (278) ***keep faith (with someone)***

seguir o exemplo de, fazer o mesmo (que outro fez) (316) ***follow suit***

Segura as pontas aí, não desiste! (395) ***Hang (on) in there!***

segurar a vela, ficar junto de um casal, atrapalhando o namoro (Reino Unido) (369) ***play gooseberry***

segurar a vela, ficar junto de um casal, atrapalhando o namoro (EUA) (968) ***be a fifth wheel***

segurar firme, continuar acreditando em (286) ***hold fast (to something)***

Sei lá! Não faço a mínima ideia. (62) ***(It) Beats me.***

Sei lá! Não tenho a menor ideia. (741) ***Search me!***

sem chance de ser aprovado (38) ***dead on arrival***

sem condições ou limites previamente combinados (870) ***with no strings attached***

Sem dúvida!/É claro! (74) ***You bet!/You can bet on it!/You bet your life!***

sem falta (275) ***without fail***

sem fôlego (98) ***out of breath***

sem hesitação, rápida e imediatamente (236) (WS) ***at the drop of a hat***

sem muito esforço (394) (WS) ***hands down***

sem mutreta, honestamente, com justiça (276) (WS) ***fair and square***

sem nenhuma importância (7) ***of no account***

Sem problema. À vontade. (663) ***No problem.***

sem razão, sem motivo (694) ***for no reason***

sem receita, sem prescrição médica (remédios) (191) ***over the counter***

Sem ressentimentos. (292) ***No hard feelings.***

sem (sombra de) dúvida (226) ***beyond (a reasonable/a shadow of a) doubt***

sempre (912) ***all the time***

sempre, continuamente, sem interrupção (912) ***at all times***

sempre em frente (dando direções) (24) ***straight ahead***

sendo avisado em cima da hora, com pouca antecedência (581) ***at a moment's notice***

sensação de realização (9) ***sense of achievement***

senso comum, bom senso (175) ***common sense***

sentar-se (502) ***take the load off your feet***

sentar-se no assento próximo ao corredor (23) ***sit on the aisle/in the aisle seat***

sentir-se muito ansioso, principalmente em situações de confinamento (163) ***climb the walls***

separar os bons dos maus (759) ***separate/sort out the sheep from the goats***

separar-se, ir cada um para um lado (temporariamente ou em definitivo) (176) ***part company***

ser alvo de críticas (304) ***come under fire***

ser apanhado em flagrante, com a boca na botija (135) ***be caught in the act***

ser apanhado em flagrante, com a boca na botija (135) (WS) ***be caught red-handed***

ser "burro" (Reino Unido) (490) ***be a lemon***

ser chamado à atenção, ser severamente repreendido (122) (WS) ***be/get called on the carpet***

ser comparável (a alguém) (125) ***hold a candle (to someone)***

ser craque em, fazer algo bem, ter sucesso em (560) (WS) ***cut the mustard***

ser criativo, ter ideias originais (93) ***think outside the box***

ser de família, estar no sangue, no DNA, ser hereditário (281) ***run in the family***

ser demagogo, populista (342) (WS) ***play to the gallery***

ser despedido, demitido (726) (WS) ***get the sack***

ser doidinho por, gostar muito de (algo) (877) ***be a sucker for (something)***

ser duro de morrer, persistir (220) ***die hard***

ser enganado ou acreditar em algo impossível (280) ***fall for something***

ser/estar muito ativo, cheio de energia (60) ***be full of beans***

ser/estar muito magro (90) ***be nothing but skin and bones***

ser/ficar maluco (814) ***be/go soft in the head***

ser fora de questão, impossível (675) ***be out of the question***

ser forçado a se jogar no mar, como castigo (645) ***walk the plank***

ser forçado, pelas circunstâncias, a fazer algo que o prejudica (645) ***walk the plank*** ser forte (em algo) (872) ***be strong (on something)***

ser franco, sincero (com alguém), falar sem medo de desagradar (863) ***give it to someone straight***

ser impossível, não dar certo (362) ***be no go***

ser irrelevante, algo que não vem ao caso (72) ***be beside the point***

ser lento na compreensão (943) ***be slow on the uptake***

ser louco por (alguém/algo), gostar muito de (alguém/algo) (584) ***be nuts (about/over someone/something)***

ser mau perdedor (507) ***be a bad/poor/sore loser***

ser melhor (do que os outros), ter mais qualidade, estar em outro patamar (203) ***be a cut above (other people/things)***

(ser) menor de idade (20) ***(be) under age***

ser muito ativo e ocupado (362) ***be on the go***

ser muito diferente(s) (149) ***be like/as different as chalk and cheese***

ser muito estabanado, desastrado (303) ***be all fingers and thumbs*** (Reino Unido) / ***be all thumbs*** (EUA)

ser muito idoso (376) ***have one foot in the grave***

ser muito menos importante em comparação (com algo) (612) ***pale in comparison (with something)***

ser muito rico (544) ***have (got) money to burn***

ser música para os meus ouvidos (558) ***be music to my ears***

ser o alvo de piadas ou críticas (114) ***be the butt (of something)***

ser o responsável por algo (769) ***run the show***

ser otimista, pensar positivamente (773) ***look on the bright side***

ser ótimo para (uma certa atividade), ter muito jeito para (378) ***be a great one for (doing something)***

ser parte integrante (de algo) (617) ***be part and parcel (of something)***

ser perigoso, a ser evitado (alguém/algo) (574) ***be bad news***

ser permanente ou definitivo (847) ***be here to stay***

ser pistolão, usar de influência (para favorecer alguém) (870) (WS) ***pull strings (for someone)***

ser provável ou quase certo de vir a acontecer (127) (WS) ***be in*** (EUA)/ ***on*** (Reino Unido) ***the cards***

ser rápido na compreensão, ser esperto (943) ***be quick on the uptake***

ser rápido no sacar/no gatilho (676) ***be fast/quick on the draw/the trigger***

ser repreendido ou castigado (135) ***catch it*** (Reino Unido) / ***get it*** (EUA)

ser responsabilizado (por algo) (7) ***be held accountable (for something)***

ser subordinado a (alguém) (295) ***play second fiddle (to someone)***

ser um "abacaxi" (EUA) (490) ***be a lemon***

ser uma faca de dois gumes, ter vantagens e desvantagens (203) ***cut both ways***

ser uma figura/figuraça (144) ***be (quite) a character***

(ser) uma pessoa durona/esperta (184) ***(be) a tough/smart cookie***

ser uma pessoa gentil, simpática, boazinha (836) ***be a (good) sport***

ser único, não ter igual (262) ***be without equal/have no equal***

ser vaidoso, achar-se o máximo, "o tal" (64) (WS) ***think you are the bee's knees***

Será que...? (989) ***I wonder whether...?***

Serve, quebra o galho. (977) ***Will do.***

servir como uma luva a alguém (307) *fit someone like a glove*
servir-se (412) ***help yourself***
sexo frágil (o antigamente chamado) (276) ***fair sex***
(É) Simples assim. (779) ***(It's as) Simple as that.***
sinal dos tempos (776) ***a sign of the times***
sinal, primeiro pagamento (332) ***up front***
Sinto-me triste. (406) ***My heart sinks.***
situação crítica, de desfecho muito incerto, vai não vai, agora vai! (918) (WS) ***touch and go***
situação em que as duas partes envolvidas em um problema acusam-se mutuamente de serem os culpados pelo que aconteceu (81) ***the blame game***
situação sem alternativa (157) (WS) ***Hobson's choice***
Só acredito nisso quando eu vir. (744) ***I'll believe it/that when I see it.***
só, apenas, nada mais do que (580) ***nothing but***
só com hora marcada (34) ***by appointment only***
só com um olhar, de imediato (359) (WS) ***at a glance***
Só o futuro o dirá. No frigir dos ovos é que se verá a manteiga que sobra. (665) ***The proof of the pudding is in the eating.***
(só) para variar (142) ***(just) for a change***
sob pressão, em situação difícil (837) ***on the spot***
sobrevivência dos mais aptos (884) ***survival of the fittest***
socorrer, ajudar alguém a sair de uma situação difícil (48) ***save someone's (own) bacon/neck/skin***
sofrimento da pessoa viciada que se submete ao método de interrupção abrupta do consumo de uma droga (171) (WS) ***cold turkey***
soltar pipa, empinar papagaio (467) ***fly a kite***
soltar um pum (96) ***break wind***
solução mágica, saída milagrosa para um problema difícil (106) ***magic/silver bullet***
Some! Desaparece! Vaza! (507) ***Get lost!***
soneca, cochilo (322) (WS) ***forty winks***
sonho irrealizável, fantasia (640) (WS) ***pipe dream***
sorrir e aguentar firme (380) ***grin and bear it***
sortear, tirar à sorte, decidir ao acaso (133) ***cast/draw lots***
sozinho, sem ajuda ou companhia (118) ***(all) by yourself***
sozinho, sem ajuda ou companhia (604) ***(all) on your own***
sua cara-metade, seu esposo/sua esposa (393) ***your better half***
subestimar, desvalorizar alguém (746) ***sell someone short***
subir pelas paredes, ficar bravo (119) (WS) ***raise Cain/hell***
subir pelas paredes, ficar furioso (337) ***blow a fuse***
subir pelas paredes, ficar furioso (418) ***hit the ceiling/roof***
Sucesso! (96) (WS) ***Break a leg!***
sujeira, trapaça, situação ou comportamento desonesto (545) ***monkey business***
sujeito durão (919) ***tough guy***
sumir, desaparecer (14) ***do a disappearing/vanishing act***
surdo como uma porta (653) ***(as) deaf as a post***

tais como, por exemplo (876) ***such as***
tal pai, tal filho (156) (WS) ***a chip off the old block***
Tal pai, tal filho. (496) ***Like father, like son.***
também (39) ***as well***
também, além disso (15) ***in addition***
tanto faz, não faz diferença (732) ***all the same***
tanto... quanto... (91) ***both... and***
(tão) bêbado quanto/como um gambá (788) ***(as) drunk as a skunk***
(tão) lisinho quanto seda/bumbum de bebê (806) ***(as) smooth as silk/a baby's bottom***
(tão) teimoso como uma mula (873) ***(as) stubborn as a mule***
tarefa ou pedido muito difícil de fazer ou atender (893) ***tall order***
Tchauzinho. Até breve (811) (WS) ***So long!***
Tenha dó! Por favor! (406) ***Have a heart!***
tentar aquilo que parece impossível (845) ***reach for the stars***
tentar esconder suas verdadeiras intenções, desviando-se do assunto (805) ***put up a smokescreen***
tentar impressionar os outros mencionando nomes de pessoas famosas ou importantes que supostamente o conhecem (236) ***drop names***
tentar (indiretamente) receber elogios (306) ***fish for compliments***
tentar um entendimento político com representantes do partido que não é o seu (EUA) (23) (WS) ***reach across the aisle***
ter a audácia, a cara de pau (de fazer algo) (341) ***have the gall (to do something)***
ter a audácia, o atrevimento, a cara de pau (de fazer algo) (148) ***have the cheek (to do something)***
ter a certeza, saber que é um fato (274) ***know for a fact***
ter a coragem (de fazer algo) (389) ***have the guts (to do something)***
ter a culpa, ser culpado (por algo) (81) ***be to blame (for something)***
ter a ficha de alguém, conhecer seus podres (583) ***have got someone's number***
ter a mesma opinião (que outra pessoa) (536) ***be of one/the same mind***
ter a última palavra (sobre algo), decidir (479) ***have the last word (about something)***
ter (algo) como certo, achar que algo vai certamente acontecer (372) ***take something for granted***
ter assuntos mais importantes para tratar (333) ***have (got) other/bigger fish to fry***
ter bicho-carpinteiro, não parar quieto (30) (WS) ***have ants in your pants***
ter boas relações, bons conhecimentos, conhecer pessoas com poder e influência (642) ***have (got) friends in high places***
ter contas a ajustar (com alguém) (90) (WS) ***have (got) a bone to pick (with someone)***
ter em mente, não se esquecer de (que...) (536) ***bear/keep in mind (that...)***
ter/estar com muito pouco dinheiro (398) ***be hard up***
ter lugar, acontecer (642) ***take place***
ter macaquinhos no sótão, ter um parafuso a menos, ser meio louco (56) ***have bats in the/your belfry***
ter mais juízo (470) ***know better***

ter muita sorte para escapar de situações críticas (577) (WS) ***have (got) nine lives*** /laɪvz/

ter muito jeito, talento, habilidade com (alguém/algo) (960) ***have a way with (someone/something)***

ter o atrevimento/a cara de pau (de fazer algo) (571) ***have (got) the nerve (to do something)***

ter o controle, a vantagem (943) (WS) ***have the upper hand***

ter o dinheiro minimamente necessário para viver (259) (WS) ***make (both) ends meet***

ter o direito (de fazer algo) (703) (WS) ***have a right (to do something)***

ter os olhos maiores do que a barriga, confiar demais em sua capacidade (79) ***bite off more than you can chew***

ter pavio curto, enfurecer-se com facilidade (337) ***have a short fuse***

ter raciocínio rápido, reagir rapidamente (676) ***be fast/quick on the draw/the trigger***

ter sangue azul (86) (WS) ***have blue blood***

ter sentimentos contraditórios (sobre alguém/algo) (292) ***have (got) mixed feelings (about someone/something)***

ter sucesso (24) ***get ahead***

ter sucesso (em algo) (362) ***make a go (of something)***

ter um efeito importante (para alguém) (221) ***make all the difference (to somebody)***

ter um encontro/sair (com alguém) (209) ***have/go out on a date (with someone)***

ter um parafuso solto, ser amalucado (738) ***have a screw loose***

ter um pigarro (330) ***have (got) a frog in your throat***

"ter um troço", ficar uma onça, ficar histérica (468) ***have kittens***

ter uma carta na manga, um plano secreto (8) ***have an ace/a card up your sleeve***

ter uma ideia fixa, estar obcecado com algo (64) (WS) ***have a bee in your bonnet***

ter uma memória fraca (774) ***have (got) a memory like a sieve***

ter uma ótima ocasião, "fazer a festa" (296) ***have a field day***

ter uma razão pessoal, escondida, para fazer algo (45) (WS) ***have an ax(e) to grind***

ter uma vantagem sobre (alguém/algo) (251) ***have an edge (over somebody/something)***

ter uma vida luxuosa, além das suas próprias posses (76) ***live beyond your means***

terminar, chegar ao fim (59) ***be over***

terminar um relacionamento com (alguém) (255) ***give someone the elbow***

testículos (449) ***family jewels***

tirar a sorte grande, ganhar muito dinheiro (418) ***hit the jackpot***

tirar de letra, fazer com facilidade algo que é considerado difícil (905) ***think nothing of something/it***

tirar o fôlego (98) ***take your breath away***

tirar um sarro, mentir, aplicar uma pegadinha em alguém (489) (WS) ***pull someone's leg***

Tô fora disso, me deixa fora disso. Não quero participar disso. (438) (WS) ***Include me out.***

todo santo dia, todos os dias, por muito tempo (210) ***day in, day out***

Todos nós precisamos uns dos outros. (446) (WS) ***No man is an island.***

todos, sem exceção, por unanimidade (522) ***to a man***

toma lá dá cá, entendimento mútuo (358) ***give and take***

tomar a iniciativa, ser o primeiro a jogar (553) ***make the first move***

tomar parte (em algo), participar (de algo) (620) ***take part (in something)***

tomar um banho (de banheira) (57) ***take a bath***

tomar um chá de espera, ter de esperar por muito tempo (185) ***cool your heels***

tomar uma atitude irrevogável (108) (WS) ***burn your bridges*** /(Reino Unido também) ***boats***

tomar uma posição (firme/forte) (844) ***take a (firm/strong) stand***

Torce por mim! (985) ***Wish me luck!***

torcer e esperar pelo melhor possível (423) ***hope for the best***

tornar-se amigo de, fazer amigos (329) ***make friends (with someone)***

totalmente enganado, todo errado (966) ***all wet***

totalmente, física e mentalmente (823) ***body and soul***

trabalhar muito, exaustivamente (793) ***work like a dog/slave***

trabalhar noite e dia, sem descanso (108) (WS) ***burn the candle at both ends***

trabalhar para sustentar a família (48) (WS) ***bring home the bacon***

trair a confiança de alguém, ser desleal a alguém (707) (WS) ***sell someone down the river***

trair, deixar de ser leal a (278) ***break faith***

tratamento especial, vantagem, benefício, mordomia (325) ***free ride***

tratar alguém de forma desonesta, para levar vantagem (343) ***play games***

tratar alguém do mesmo jeito (ruim) com que foi tratado (530) ***give someone a dose/taste of their own medicine***

Travessura ou gostosura! (Halloween) (925) ***Trick or treat!***

três gols marcados pelo mesmo jogador na mesma partida (de futebol, hóquei, críquete etc) (928) (WS) ***hat trick***

treze, uma dúzia mais um (51) (WS) ***baker's dozen***

triste, deprimido, sem graça nem ânimo (961) (WS) ***under the weather***

tudo de novo (602) ***all over again***

Tudo está bem quando acaba bem. (26) (WS) ***All's well that ends well.***

Tudo isso faz parte do jogo. (343) ***It´s all in the game.***

tudo menos, muito pelo contrário (31) ***anything but***

U

ultrapassado, antiquado (67) ***behind the times***

um afobadinho, pessoa ansiosa para fazer tudo certinho, impressionar os outros (principalmente o patrão) pelo seu zelo e entusiasmo pelo trabalho (63) (WS) ***an eager beaver***

Um amigo na necessidade é um amigo de verdade. (568) ***A friend in need is a friend indeed.***

um ao outro, uns aos outros (243) ***each other***

um após o outro, consecutivamente (721) ***in a row***

um assunto embaraçoso que as pessoas tentam esconder dos outros (786) ***a skeleton in the cupboard/closet***

um assunto melindroso e difícil de resolver (655) ***a hot potato***

um ato de consequências imprevisíveis (208) ***a leap in the dark***

um ato falho (797) (WS) ***a Freudian slip***

um azarão, uma pessoa dotada de habilidades que os outros não conhecem (208) (WS) ***a dark horse***

um "chute" com base em algum conhecimento (em uma prova, exame etc.) (252) ***an educated guess***

um dia "daqueles", em que tudo parece dar errado (392) ***a bad hair day***

um dia, no futuro (210) ***some day/someday***

um elefante branco, algo que se recebe de presente, mas acaba sendo um trambolho, por não se ajustar à realidade de quem o recebeu (256) (WS) ***a white elephant***

um empata, alguém que não come nem deixa comer, literal ou metaforicamente (523) (WS) ***a dog in a manger***

um empreendimento ou uma iniciativa que não tem chances de sucesso (84) ***a blind alley***

um figurão, alguém muito importante (77) ***a big cheese/fish/gun/name/noise/shot/wheel/wig***

um "gatilho", um "quebra-galho", uma solução temporária (676) ***a quick fix***

um golpe de sorte, pura sorte (96) ***a lucky break***

um golpe de sorte (871) ***a stroke of luck/a lucky stroke***

um golpe ou tentativa de golpe, vigarice, enganação (809) ***a snow job***

um gosto adquirido (12) ***an acquired taste***

um indício de que uma situação ruim vai melhorar (933) ***a light at the end of the tunnel***

um inimigo oculto (808) ***a snake in the grass***

um inimigo ou um perigo disfarçado (759) ***a wolf in sheep's clothing***

um intrometido (200) (WS) ***a cuckoo in the nest***

um mar de rosas, tudo certinho, fácil, belo e perfumado (718) (WS) ***a bed of roses***

um mega milionário (287) ***a fat cat***

um meio de se chegar a um (certo) fim, uma forma de se atingir um (certo) objetivo (529) (WS) ***a means to an end***

um monte de lixo/bobagens (502) ***a load of garbage/nonsense/trash***

um monte de mentiras (607) ***a pack of lies***

um Natal com neve (158) ***a white Christmas***

um notívago, pessoa que tem hábitos noturnos (603) ***a night owl***

um número aproximado, uma estimativa (53) ***a ballpark estimate/figure***

um osso duro de roer, um problema difícil de resolver/uma pessoa com quem é difícil lidar (584) ***a hard/tough nut to crack***

um passarinho me contou (que...) (500) ***a little bird told me (that...)***

Um passo de cada vez./Passo a passo. (851) ***One step at a time./Step by step.***

um pequeno engano ao dizer algo (797) ***a slip of the tongue***

um problema bem visível, que precisa ser enfrentado, mas que as pessoas preferem ignorar, por ser incômodo (256) ***the elephant in the room***

um problema não resolvido, uma culpa que não se consegue superar (25) (WS) ***an albatross around your neck***

um quase desastre, quando se escapa por um triz (165) ***a close call/shave***

um segundo depois, logo depois (575) ***the next thing I knew***

um/seu ponto de vista (648) ***a/your point of view***

um voo da imaginação (310) ***a flight of fancy***

Uma bobagem foi feita e vai haver consequências desagradáveis, algo saiu errado. (287) (WS) ***The fat is in the fire.***

Uma certa decisão/atitude foi tomada, não há como voltar atrás. (133) (WS) ***The die is cast.***

uma chamada de *telemarketing* (171) ***a cold call***

uma competição que termina em empate, sem vencedor claro (211) ***a dead heat***

uma descrição de algo autêntico, uma imagem representativa da realidade (796) ***a slice of life***

uma desculpa esfarrapada (473) ***a lame excuse***

Uma desgraça nunca vem só. (447) ***It never rains but it pours.*** (Reino Unido) / ***When it rains, it pours.*** (EUA)

uma figura caricata, um motivo de riso (336) ***a figure of fun***

uma fonte de problemas de difícil solução (124) ***a can of worms***

uma lenda viva, pessoa muito famosa que ainda está viva (490) (WS) ***a living legend/a legend in their own lifetime***

uma lufada, um pouco de ar fresco, algo original (98) ***a breath of fresh air***

uma luz no fim do túnel, um indício de que uma situação ruim vai melhorar (933) ***a light at the end of the tunnel***

Uma mão lava a outra. (737) ***You scratch my back and I'll scratch yours.***

uma mentirinha (973) ***a white lie***

uma mudança de ares (142) ***a change of scene/scenery***

uma mudança de atitude (142) ***a change of heart***

uma nova vida, uma renovada oportunidade de viver (486) ***a new lease on life*** (EUA)/ ***of life*** (Reino Unido)

Uma ova! (272) ***My eye!***

Uma ova! (319) ***My foot!***

uma participação nos lucros ou benefícios (633) ***a piece/slice of the cake/pie***

uma pessoa amalucada (674) ***a queer fish***

uma pessoa boa, honesta, nobre, de excelente caráter (248) ***the salt of the earth***

uma pessoa de bom caráter, mas sem boas maneiras (219) ***a rough diamond*** (Reino Unido)/***a diamond in the rough*** (EUA)

uma pessoa muito problemática, com quem é difícil lidar (584) ***a hard/tough nut***

uma pessoa/organização em situação difícil ou afastada do poder (237) ***a lame duck***

uma pessoa sedentária, que passa muito tempo sentada no sofá, vendo TV (189) ***a couch potato***

uma punição leve (791) ***a slap on the wrist***

uma quantidade muito pequena, comparada com a que é necessária para algo (104) ***a drop in the bucket*** (EUA)/ ***ocean*** (Reino Unido)

uma questão aberta, em discussão, por resolver (599) ***an open question***

uma questão de vida ou morte (211) ***a matter of life and death***

uma regra prática, ditada pela experiência (723) (WS) ***a rule of thumb***

uma rua sem saída (211) ***a dead end***

uma safra/um ano excepcional (107) ***a bumper crop/year***

uma série de fotos de criminosos fichados pela polícia para fins de identificação (342) ***a rogues' gallery***

uma situação sem chance de melhorar, sem futuro (211) ***a dead end***
uma solteirona (519) ***an old maid***
uma surpresa total, um acontecimento inesperado (89) (WS) ***a bolt from the blue***
uma tarefa ou um pedido muito difícil de fazer ou atender (600) ***a tall order***
uma tempestade em um copo de água (861) ***a storm in a teacup***
uma tentativa sem compromisso, um "chute" (504) ***a long shot***
uma última frase, na despedida (620) ***a parting shot***
uma vantagem (sobre alguém) (404) ***a head start (on/over someone)***
uma vez na vida, outra na morte, muito raramente (86) ***once in a blue moon***
unanimemente, de comum acordo, todos juntos (6) ***with one accord***
único, sem igual (465) ***one of a kind***
urinar (627) (WS) ***spend a penny***
Use a cuca, a cabeça. (502) (WS) ***Use your loaf.***
utopia, promessa de algo muito bom, mas pouco viável (633) (WS) ***pie in the sky***

V

Vá em frente! (24) (WS) ***Go ahead!***
Vá entender! (299) ***Go figure.***
Vai nessa! Não desiste! (362) ***Go for it!***
Vá para o inferno! (410) ***To hell with you!***
Vai passear! Vai ver se eu estou na esquina! (455) ***Go (and) jump in the lake!***
Vai por mim. (891) ***Take it from me.***
vale tudo, liberou geral, tudo é permitido (31) ***anything goes***
valor nominal (273) ***face value***
Vamos acordar e aproveitar bem o dia! (705) ***Rise and shine!***
Vamos ao que interessa. Vamos parar de falar em rodeios. (145) (WS) ***Cut to the chase.***
vamos ser realistas, vamos encarar a realidade (273) ***let's face it***
Variar para não enjoar. (832) ***Variety is the spice of life.***
Vaza! Sai daqui! Vai embora! (62) ***Beat it!***
Vaza! Sai daqui! Vai andar! (417) ***Take a hike!***
velha paixão, ex-namorado/a (308) ***old flame***
venda de objetos usados (348) (WS) ***garage sale***
vender aos montes, como água, ser um grande sucesso comercial (121) ***sell/go like hot cakes***
veranico, breve sucessão de dias amenos ao final do outono; metaforicamente: um período tranquilo e agradável ao final de um processo ou ao final da vida (439) ***Indian summer***
Vê se cresce! (385) ***Grow up!***
vestida com roupa que chama a atenção (232) ***dressed to kill***
viagem inaugural (519) ***maiden voyage***
viajando, na estrada de lá para cá (708) ***on the road***
viajar, de carro ou caminhão, sentado no assento ao lado do motorista (702) (WS) ***ride shotgun***
viajar na maionese, ser amalucado (512) ***be out to lunch***
vida agitada, rica, cheia de emoções (e de perigos) (475) (WS) ***life in the fast lane***
vilão, bandido/mocinho (390) ***bad guy/good guy***
violência criminosa, assassinato (323) (WS) ***foul play***

vir a ter uma (grande) surpresa (884) ***be in for a surprise***

Vira, vira, vira! (convidando a beber o resto) (92) (WS) ***Bottoms up!***

virar-se, ir levando, sobreviver, manter-se (355) ***get by***

Vivendo e aprendendo. (485) ***Live and learn.***

viver da mão para a boca, precariamente, com pouco dinheiro (501) ***live from hand to mouth***

viver de aparências, na competição social (453) (WS) ***keep up with the Joneses***

Viver e deixar viver. (501) ***Live and let live.***

viver ou manter um negócio em funcionamento, embora em situação precária, à beira da falência (404) ***keep your head above water***

Você colhe o que você semeia. (693) ***You reap what you sow.***

Você é quem sabe, você decide. (942) ***It's up to you.***

Você errou. Reconsidere o que disse ou pensou. (905) ***Think again.***

Você está com tudo, o mundo é todo seu. (605) ***The world is your oyster.***

Você se importa (se...)? (536) ***Do you mind (if...)?***

Você tem razão (no que disse). (648) ***You have a point there.***

voltar a beber (949) ***fall off the wagon***

voltar a ter contato, atualizar-se, pôr a conversa em dia (com alguém) (918) ***touch base (with someone)***

voluntariamente, por querer, da sua própria vontade (6) ***of your own accord***

voo cego, algo feito de improviso, sem planejamento, por instinto (615) (WS) ***flying by the seat of your pants***

Vou dar um jeito. (991) ***I'm going to work it out.***

X

xingar (alguém) (122) ***call (somebody) names***

GABARITO

Test 1

A
1 c
2 c
3 a
4 b
5 a
6 b
7 c
8 a
9 b
10 c

B
1 c
2 g
3 e
4 h
5 i
6 a
7 j
8 d
9 f
10 b

C
1 b
2 c
3 b
4 a
5 a
6 b
7 a
8 a
9 a
10 b

Test 2

A
1 b
2 c
3 a
4 c
5 a
6 c
7 b
8 a
9 a
10 a

B
1 d
2 g
3 j
4 h
5 a
6 b
7 i
8 f
9 e
10 c

C
1 a
2 b
3 c
4 a
5 a
6 c
7 b
8 c
9 b
10 a

Test 3

A
1 b
2 a
3 a
4 b
5 c

B
1 fast
2 dead
3 fresh
4 dead
5 fit

C
1 b
2 a
3 a
4 c
5 a

D
1 c
2 b
3 c
4 a
5 c
6 b
7 b
8 a
9 c
10 c
11 b
12 c
13 c
14 c

Test 4

A
1 b
2 b
3 a
4 c
5 b
6 a
7 b
8 a
9 b
10 a

B
1 k
2 m
3 n
4 b
5 l
6 c
7 d
8 e
9 h
10 g
11 i
12 f
13 j
14 a

C
1 b
2 d
3 f
4 a
5 g
6 c
7 n
8 k
9 j
10 e
11 m
12 h
13 l
14 i

Test 5

A
1 b
2 c
3 b
4 a
5 a
6 b
7 a
8 c
9 b
10 b

B
1 c
2 d
3 e
4 a
5 b

C
1 *a road hog*
2 *a front-runner*
3 *a Johnny-come-lately*
4 *a big shot*
5 *a living legend*
6 *a fat cat*
7 *an ambulance chaser*
8 *an old flame*
9 *a front man*
10 *a figure of fun*

Test 6

A
1 d
2 e
3 a
4 c
5 b
6 j
7 h
8 g
9 i
10 f

B
1 c
2 a
3 c
4 c
5 a
6 a
7 a
8 b
9 c
10 a

C
1 a
2 a
3 a

Test 7

A	B	C
1 red	1 lips	1 *an old maid*
2 gray	2 neck	2 *a night owl*
3 green	3 brain	3 *a pain in the neck*
4 white	4 nose	4 *a queer fish*
5 black	5 finger	5 *an eager beaver*
6 blue	6 eyes	6 *a bull in a china shop*
7 yellow	7 nose	7 *a big wig*
8 red	8 nerves	8 *a hard nut to crack*
9 black	9 eye	9 *a nosy parker*
10 red	10 ears	10 *a sore loser*

Test 8

A	B	C
1 c	1 d	1 b
2 b	2 e	2 e
3 a	3 g	3 d
4 c	4 j	4 f
5 a	5 h	5 g
6 b	6 i	6 a
7 c	7 f	7 c
8 b	8 c	8 j
9 a	9 b	9 h
10 a	10 a	10 i

Test 9

A	B	C
1 a	1 c	1 a
2 a	2 f	2 b
3 b	3 a	3 c
4 b	4 e	4 a
5 a	5 g	5 a
6 a	6 j	
7 a	7 h	
8 c	8 b	
9 b	9 d	
10 a	10 i	

Test 10

A		B		C	
1	i	1	n	1	b
2	l	2	e	2	c
3	g	3	a	3	b
4	m	4	o	4	a
5	a	5	b	5	c
6	d	6	c		
7	b	7	d		
8	f	8	f		
9	c	9	g		
10	o	10	h		
11	n	11	k		
12	e	12	i		
13	j	13	j		
14	k	14	l		
15	h	15	m		

REFERÊNCIAS BIBLIOGRÁFICAS

Ammer, Christine. *The American Heritage Dictionary of Idioms, Second Edition.* Boston: Houghton Mifflin Harcourt, 2013.

Ayto, John. *Dictionary of Word Origins.*New York: Arcade Publishing, 1990.

Brown, Keith, ed. *Oxford Idioms Dictionary for Learners of English.* Oxford: Oxford University Press, 2004.

Cryer, Max. *Common Phrases and the Amazing Stories Behind Them.* New York: Skyhorse Publishing, 2010.

Funk, Charles Earle. *Heavens to Betsy and Other Curious Sayings,* Quill. New York: HarperCollins Publishers, 1955.

Garrison, Webb. *Why You Say It.* New York: MJF Books, 1992.

Jack, Albert. *Red Herrings and White Elephants.* London: Metro Publishing, 2007.

_________. *Black Sheep and Lame Ducks,* A Perigee Book. New York: Penguin, 2010.

Magalhães Jr., R. *Dicionário de Coloquialismos Anglo-Americanos.* Rio de Janeiro: Editora Civilização Brasileira, 1964.

Makkai, Adam. *A Dictionary of American Idioms,* Fifth Edition, New York: Barron's, 2013.

Marques, Amadeu. *Dicionário Inglês-Português, Português-Inglês.* São Paulo: Editora Ática, 2016.

_______________. *The ABC of Nature.* São Paulo: Editora Ática, 2000.

_______________. *English 1.* São Paulo: Editora Ática, 1980.

Meade, Marion, ed. *The Portable Dorothy Parker.* New York: Penguin Classics, 2006.

Murdock, John & Korach, Myron. *Common Phrases and Where They Come From.* New York: The Lyons Press, 2001.

Oliver, Harry. *March Hares and Monkey's Uncles.* London: Metro Publishing, 2005.

Partridge, Eric. *A Dictionary of Slang and Unconventional English.* New York: The Macmillan Company, 1950.

Perrault, Stephen J., ed. *Advanced Learner's English Dictionary.* New York: Merriam-Webster's,, 2010.

Rundell, Michael. *English Dictionary for Advanced Learners of American English.* Oxford: Macmillan, 2002.

Serpa, Oswaldo. *Dicionário de Expressões Idiomáticas, Inglês-Português; Português--Inglês.* Rio de Janeiro: FAE, Ministério da Educação, 1988.

Speake, Jennifer, ed. *The Oxford Dictionary of Idioms.* Oxford: Oxford University Press, 1999.

Thorndike, E. L./Barnhart, Clarence L. *Junior Dictionary.* Glenview, Illinois: HarperCollins Publishers, 1997.

Walter, Elizabeth. *Cambridge Advanced Learner's Dictionary*, Third Edition. Cambridge: Cambridge University Press, 2008.

SOBRE O AUTOR

Amadeu Marques nasceu em Lisboa, Portugal, e veio para o Brasil com 13 anos de idade. É formado em língua inglesa pela UFERJ (atual UFF), tem o Certificado de Proficiência em Inglês da Universidade de Michigan, EUA, e o da Universidade de Cambridge, Inglaterra. Foi professor por mais de trinta anos em escolas públicas, particulares, cursos pré-vestibulares e de idiomas no Rio de Janeiro. Escreveu apostilas para cursos pré-vestibulares, as quais foram os embriões de seus livros, publicados desde 1978. A longa experiência em sala de aula tem norteado sua reconhecida produção literária e lexicográfica.

CONHEÇA OUTRO TÍTULO DO AUTOR

Dicionário e prática de false friends

365 false friends – one for each day of the year

Este dicionário é o resultado de uma longa, cuidadosa e – *believe it or not* – prazerosa pesquisa sobre algumas das palavras escritas em textos em inglês, que podem confundir o leitor quanto ao seu real significado. Exemplo:

Um belo dia você encontra esta frase em inglês, "*Against the assault of laughter, nothing can stand.*" (Mark Twain) Como você a entende? Escolha a opção correta: "Contra o *a)* assalto; *b)* ataque de riso, nada pode resistir." Se você optou pela letra *a), think again. Assault* parece "assalto", mas não é. O contexto e a verdade nos conduzem ao significado: "ataque". E então concluímos que *assault* é um *false friend*, uma palavra que parece, mas não é. *Assault* é um dos "365 *false friends – one for each day of the year*" – selecionados, explicados e praticados no *Dicionário e prática de false friends.*

O mais curioso da obra e seu maior mérito é que, ao entrar em contato com um verbete que se domina em português – mesmo em inglês – acaba-se por ampliar as possibilidades de uso, em duas línguas, de palavras que sempre achamos que tivessem seu significado limitado. Ao ver como uma pequena palavra pode se desdobrar em tantos significados, principalmente quando o seu uso como verbo, substantivo ou adjetivo altera significativamente seu significado é absolutamente espantoso e encantador. Este dicionário, mais do que uma obra fechada, é um convite a um jogo, uma oferta de coparticipação, uma gentileza do autor ao leitor.